Practical Labor Law for Workers

직장인을 위해 쉽게 풀어쓴
직장인 노동법

공인노무사 김성권

서 문

 '누구도 다른 사람을 돈으로 살 수 있는 만큼 부자가 되어서는 안 되며, 누구도 자기를 팔아야 할 만큼 가난해서도 안된다'(장 자크 루소의 '사회계약론'). 그러나 250년이 지난 21세기인 오늘 날에도 그가 개탄해 마지않았던 현실은 여전히 반복되고 있다.

 우리나라 대법원은 '근로계약이 타인을 위하여 근로를 제공하고 보수를 받는 여타의 고용·도급·위임 계약과 구분되는 점은 사용자와의 종속관계하에서 그의 지시·명령에 따라 근로를 제공하는지의 여부에 있다'고 하여 '근로자성'의 핵심 표지는 사용자에 대한 '사용종속성'임을 인정하면서, 이것이 바로 사용자가 우월한 지위에서 근로자에게 지휘·명령권을 행사하는 것을 정당화하는 근거라고 한다.

 나도 한때 조그만 사업체를 경영한 적이 있었다, 그런데, 나는 단 한 순간도 내가 월급을 주는 근로자보다 우월한 지위에서 그들에게 지휘·명령을 한다는 생각을 해본 적이 없었다. 아니, 그런 것은 상상조차 할 수 없는 일이었다. 만일, 우리 인류가 영원히 진보한다면, 인류의 먼 후손들은 한 인간이 우월한 지위에서 한 인간을 지휘·명령하는 오늘날을 포함하는 시대, 즉, 다른 사람을 돈으로 살 수 있는 이 시대를 '노예의 시대'의 연속으로 정의할 지도 모른다.

 그나마 다행히 우리나라에도 최근에 '직장내 괴롭힘 금지'와 같이 근로자를 보호하기 위한 제도들이 하나씩 정착되고 있기는 하다. 그러나 아직 멀어도 한참 멀었다. 우리나라에는 아직 '병가'조차 법정 휴가로 부여되지 않고 있기 때문에 근로자들이 아프면 연차휴가를 사용해야만 한다. 이게 G7을 바라본다는 대한민국이 맞나 싶다. 한 달에 1일 부여하는 여성의 생리휴가는 또 왜 무급인가? 도대체 왜 대한민국의 산재 인정 비율은 세계 최하위인가?

그런데, 더욱 안타까운 것은 우리 직장인들은 이미 법으로 주어진 자신들의 권리마저 알지 못하여 제대로 보호받지도 못한다는 것이다. 이것이 필자가 본서를 집필한 직접적인 동기이다.

본서에는 노동법 중 주로 근로기준법을 중심으로 직장인이라면 반드시 알고 있어야 하는 내용을 총망라하고 있다. 따라서, 적어도 자신의 권리에 눈을 뜨고자 하는 직장인이라면 본서를 반드시 일독해 보실 것을 권해드린다. 또한, 본서는 단순히 근로자의 권리를 알려주는 데에서 나아가 적극적으로 근로자들이 자신의 권리를 행사할 수 있는 구체적인 방법까지 제공하고 있다. 이를테면, 사용자로부터 임금을 받지 못하거나 부당하게 해고당하는 경우에 근로자들이 구체적으로 어떻게 대응해야 하는지를 구체적인 매뉴얼과 함께 서식까지 제공해 주고 있다. 따라서, 본서는 한 번 보고 던져 버리는 그런 책이 아니라 직장생활을 하는 직장인이라면 항상 비치하고 있으면서 의문이 있을 항상 참고하여 그때 그때 대처해야 할 지침서라고 할 것이다.

본서가 직장인 여러분의 권익 향상에 조금이라도 보탬이 되기를 기원하며, 본서의 출판을 맡아 주신 학연 출판사 대표 이인규 박사님 그리고 편집부 여러분께 감사드립니다.

2023년 02월
김성권

목 차

직장인 노동법

제1장 노동법의 기초 개념 ········· 1
1. 근로자에게만 유리한 노동법? ········· 1
2. 근로기준법이란 무엇인가? ········· 6
3. 프리랜서, 보험설계사, 레미콘 기사 등도 근로기준법이 적용되는가? ········· 11
   ▎근로자 해당여부 판단 ········· 14
4. 가사도우미에게도 퇴직금을 주어야 하는가? ········· 16
5. '상시 5인 이상 사업장'의 의미 ········· 23
   ▎상시 근로자수 산정 연습 ········· 25
6. 근로자인 내가 '사용자'로 처벌받을 수도 있다고? ········· 26

제2장 근로계약 ········· 36
1. 근로계약이란 무엇인가? ········· 36
2. 근로계약의 성립과 근로계약서의 작성 및 교부 ········· 39
3. 근로계약 체결시 금지되는 약정 ········· 43
4. 경업금지 약정이란 무엇인가? ········· 54
5. 사용자가 채용시 제시한 근로조건을 위반하는 경우에는 어떻게 구제받을 수 있을까? ········· 60
6. 수습기간중에는 근로자를 쉽게 해고할 수 있나요? ········· 63

제3장 근로시간과 휴게시간 ········· 68

1. 손님이 없어서 일하지 않고 대기하는 시간도 근로시간인가요?
   ·· 68
2. 법정근로시간이란 무엇인가? ································· 71
3. 소정근로시간이란 무엇인가? ································· 73
4. 연장근로란 무엇인가? ··· 75
5. 유연적 근로시간제란 무엇인가? ····························· 80
6. 야간근로와 휴일근로는 어떻게 제한되나? ············· 90
7. 휴게시간의 부여에도 규칙이 있습니다. ················ 91
8. 근로시간, 휴게·휴일 적용 제외 근로자(근로기준법 제63조) ···· 95
   - 제1차산업 종사자(농림·축산·수산업자) ············· 97
   - 감시·단속적 근로자로서 고용노동부장관의 승인을 받은 경우 97
   - 감독·관리 업무자·기밀을 취급하는 업무자 ············ 97

제4장 휴일 및 휴가 등 ···································· 99

1. 휴일과 휴가의 차이는 무엇인가? ··························· 99
2. 휴일의 종류 ·· 101
3. 주휴일과 주휴수당이란 무엇인가? ······················· 102
   - 주휴일 부여 ··· 104
   - 주휴수당 산정 ··· 107
4. 휴일근로수당은 어떻게 산정하나? ······················· 110
   - 휴일근로수당 산정 ·· 112
5. 휴일을 소정근로일과 대체(휴일의 대체)할 수 있는가? ········ 115
6. '근로자의 날'이란 무엇인가? ································ 124
   - 근로자의 날 휴일 가산수당 지급 ······················ 126
7. 휴가란 무엇이고 휴가의 종류에는 어떤 것이 있나? ············ 128
8. 연차유급휴가는 어떻게 부여하나? ······················· 134

9. 출산휴가나 육아휴직 기간 등에 대한 연차휴가는 어떻게 산정하나? ········· 137
10. 회계연도 기준의 연차휴가제도란 무엇인가? ··············· 139
   ▌회계연도기준의 연차휴가제도 매뉴얼 ··············· 140
11. 연차휴가의 사용과 미사용연차유급휴가수당의 산정 ········ 142
12. 연차유급휴가촉진제도를 제대로 알아 두자 ··············· 144
   ▌연차유급휴가 사용촉진절차 ··············· 146
13. 연차유급휴가의 이월사용이나 선사용은 가능한가? ········· 151
14. 연차휴가의 대체란 무엇인가? ··············· 153
15. 선택적 보상휴가제란 무엇인가? ··············· 155

제5장 임금 ··············· 160

1. 임금과 기타금품을 구별하는 이유 ··············· 160
2. 임금과 기타금품의 구체적인 구별 ··············· 162
3. 평균임금은 무엇이고 어떻게 산정하나? ··············· 170
   ▌퇴직금(평균임금) 산정 ··············· 173
4. 산재기간, 육아휴직 기간 등은 평균임금의 산정기간에서 제외한다. ··············· 176
5. 통상임금이란 무엇인가? ··············· 178
6. 통상임금의 구체적인 구별 방법 ··············· 183
   ▌통상임금의 산정 ··············· 186
   ▌격일제 근무자의 통상임금 산정 ··············· 190
7. '월통상임금산정기준시간'이란 무엇인가? ··············· 191
8. '포괄임금제계약'과 '포괄역산형계약'을 구별하자 ··············· 194
9. 연봉제 계약이란 무엇인가? ··············· 200
10. 최저임금제도란 무엇인가? ··············· 202
    ▌최저임금 계산 및 최저임금위반 판단 ··············· 205

11. 임금삭감의 제한 ·· 208

제6장 임금체불 구제 210

1. 임금체불과 임금체불죄란 무엇인가? ······················· 210
2. 임금지급의 4대원칙이란 무엇인가? ························· 214
3. 임금채권의 지연이자 ·· 220
4. 임금채권 소멸시효 ··· 222
5. 임금체불 실무의 단계적 적용 ·································· 230
6. 근로자의 임금은 가장 먼저 지급되어야 합니다. ········· 244
7. 대지급금(체당금)이란 무엇인가? ······························ 247
8. 대지급금의 신청 요건 ··· 249
9. 대지급금의 범위 ·· 255
   ▌대지급금의 산정 ·· 258
   ▌대지급금 신청 ··· 259

제7장 부당인사명령 및 부당징계(해고) 구제 270

1. 인사권과 징계권의 구별 ·· 270
2. 대기발령(직위해제)이란 무엇인가? ··························· 274
3. 인사이동을 하는 데 근로자의 동의가 필요한가? ········ 278
4. 휴직중에도 임금이 지급되어야 하는가? ···················· 285
5. 휴업하는 경우에도 임금이 지급되어야 하는가? ········· 289
6. 해고란 무엇인가? ··· 292
7. 해고의 종류 ·· 296
8. 근로자 해고의 법정 요건 ·· 306
9. 징계나 해고 등이 부당한 경우에는 어떻게 해야 하나? ······ 317
10. 노동위원회에 의한 부당해고 등 구제 절차 ················ 320

제8장 근로계약 종료 ... 329

1. 근로관계 종료의 법률관계 ... 329
2. 영업양도, 합병 등 기업변동시의 근로관계 ... 338
3. 퇴직급여제도 ... 343
4. 퇴직금 중간정산과 퇴직금분할지급약정 ... 351
   ▍퇴직금분할지급약정 사례 ... 353
5. 퇴직시 금품청산제도 ... 357
6. 실업급여의 수급 ... 359
7. 권고사직과 실업급여 ... 368
   ▍권고사직 사례 ... 369

제9장 비정규직 근로관계 ... 372

1. 비정규직 근로자란 무엇인가? ... 372
2. 비정규직 근로자에 대한 차별은 금지됩니다. ... 380
   ▍비정규직 차별판단 매뉴얼 ... 381
3. 비정규직 근로자에 대한 차별시정제도 ... 384
4. 무기직 근로자의 근로조건 ... 387
5. 기간제 근로자의 갱신 기대권 ... 391
6. 불법파견이란 무엇인가? ... 394

제10장 직장 근로자의 보호 ... 402

1. 직장내 괴롭힘 금지란 무엇인가? ... 401
2. 직장 내 성희롱 금지 ... 407
3. 산재보상이란 무엇인가? ... 414
   ▍산재보상의 청구 ... 423

제1장 노동법의 기초 개념

1. 근로자에게만 유리한 노동법?

'노동법은 노동자들만을 위한 법입니까? 근로기준법은 근로자에게만 유리한 법이란 말입니까?' 필자가 실무에서 사장님들로부터 가장 많이 받는 항의성 질문입니다. 그렇다면 과연 노동법은 정말로 사장님이 말하는 것과 같이 근로자들에게만 일방적으로 유리한 법일까?

놀랍게도 그러한 질문에 대한 답변은 '정말로 그렇다'는 것입니다. 아마도 사장님들은 필자의 이러한 답변에 대해 '세상에 그렇게 불공평한 법이 어디 있느냐?'고 반문할 것입니다. 그런데, 노동법은 정말로 원래 그런 법입니다. 이와 같이 모든 당사자에게 공평하게 적용되지 않고 일방 당사자에게 유리하거나 혹은 불리하게 적용될 것이 예정된 법을 우리는 '사회법'이라 부릅니다. 그렇다면, 도대체 '사회법'이란 무엇인가 의문이 드실 것입니다.

처음부터 너무 어려운 문제를 다루는 것 같기는 하지만, 노동법을 그 본질부터 제대로 이해하려면 어쩔 수 없습니다. '사회법'이란 사회적 약자를 보호함으로써 '사회의 불공정성을 시정'하는 '기능'을 수행하는 일종의 '기능성 법률'의 성격을 가지는 법률을 의미합니다. 이러한 기능성 법률로서의 성질을 가지는 사회법에는 노동법, 경제법, 임대차보호법 등이 있는데, 노동법은 '근로자'를, 경제법은 '소비자'를, 임대차보호법은 '임차인'을 보호하는 것이 이들 기능성 법률인 '사회법'의 고유한 목적입니다. 임대차계약을 하려는 임차인이라면 반드시 임대차보호법을 알아 두어야 하는 것과 마찬가지로, 근로자인 직장인이라면 근로자의 권익을 보호하는 법률인 노동법의 내용을 반드시 알고 있어야 한다는 것은 너무도 당연할 것입니다.

노동법과 같은 기능성 법률은 일방적으로 사회적 약자(근로자)를 보호하는 기능을 수행하는 특징이 있다고 하였는데, 사회적 약자인 일방 당사자에게 유리하게 적용될 것이 예정된 이러한 사회법의 특징을 일컬어 '편면적 강행성'이라고 합니다. '편면적 강행성'이란 편면적(일방적)으로 어느 한쪽에만 강제적으로 유리하게 적용된다는 것을 의미합니다. 이러한 사회법의 편면적 강행성이 노동법에서는 '유리조건 우선의 원칙'으로 나타납니다.

'유리조건 우선의 원칙'은 문자 그대로 근로자에게 '유리한 근로조건'을 정한 '법원'이 항상 우선한다는 원칙을 의미합니다. 따라서, 유리조건 우선의 원칙을 이해하려면 먼저 '법원'이 무엇인지 알아야 할 것입니다.

▌노동법에서의 법원과 상위법 우선의 원칙

노동법에서의 '법원'이란 근로자가 자신의 권리를 행사하는 경우 그 행사하는 권리의 근거(기초)가 되는 것, 즉 '근로자의 권리의 근거'를 의미합니다. 노동법의 법원을 형성하는 근로자의 권리의 근거에는 '노동법, 단체협약, 취업규칙, 근로계약'이 있습니다. 따라서, 근로자는 노동법의 법원인 노동법을 근거로 자신의 권리를 행사할 수 있고, 근로자는 단체협약이나 취업규칙에 규정된 자신의 권리를 주장할 수 있는 것입니다. 그런데, <u>이러한 노동법의 법원은 노동법 〉 단체협약 〉 취업규칙 〉 근로계약의 순서</u>로 효력이 있으니, 이를 '<u>상위법 우선의 원칙</u>'이라고 합니다. 즉, <u>상위법인 취업규칙에 미달하는 근로계약의 내용은 그 효력이 없으며, 마찬가지로, 상위법인 단체협약에 위반되는 취업규칙이나 근로계약의 내용도 효력이 없습니다.</u> 예컨대, 회사의 취업규칙에서 명절 상여금을

제1장 노동법의 기초 개념 3

> 200%로 정하고 있는데, 근로자 홍길동의 근로계약에서 명절상여금을 100% 로 정하고 있다면, 상위의 법원인 취업규칙의 명절상여금(200%)에 미달하는 내용을 정한 하위의 법원인 근로계약의 명절상여금(100%)을 정한 약정은 효력이 없으므로, 결국 홍길동에게는 상위법원인 취업규칙에서 정한 명정 상여금(200%) 규정이 적용되어야 합니다. 상위법 우선의 원칙이 필요한 이유는 위의 경우와 같이 서로 다른 법원들의 내용(예: 취업규칙과 근로계약의 내용)이 충돌하는 경우의 문제를 해결하기 위해서입니다.

위에서 본 바와 같이, 근로계약과 취업규칙의 내용이 서로 다른 경우에는 '상위법 우선의 원칙'에 따라 상위법원인 취업규칙이 근로계약에 우선하는 것이 원칙입니다. 그런데, '유리조건 우선의 원칙'은 이와 같은 '상위법 우선의 원칙'에 대한 예외로서, 하위의 법원이라도 상위의 법원보다 근로자에게 '유리한 내용'을 규정하고 있는 경우에는 상위법 우선의 원칙에도 불구하고 근로자에게 유리한 내용을 규정하고 있는 하위의 법원이 우선적으로 적용된다는 것입니다. 즉, 상위법 우선의 원칙에 따라 취업규칙에 미달하는 근로조건을 정한 근로계약은 그 부분에 관하여 무효로 되는 것이지만, 만일 하위법원인 근로계약에서 정한 근로조건이 오히려 상위법원인 취업규칙의 기준보다 유리한 경우에는, 상위법 우선의 원칙에 따라 상위의 법원인 취업규칙이 적용되는 것이 아니라, '유리조건 우선의 원칙'에 따라 상위법원보다 유리한 내용을 정한 하위법원인 근로계약의 내용이 유효한 것입니다. 이를테면, 취업규칙이 근로자 집단의 동의를 받으면 불리하게 변경할 수 있는데, 취업규칙이 법이 규정한 바에 따라 근로자 집단의 동의를 받아 사업장에 임금피크제가 유효하게 도입된 경우라 하더라도, 회사에 임금피크제가 도입되기 이전에 이미 개별 근로자가 회사와 체결한 근로계약의 내용보다 불리한 임금피크제의 적용을 근로자에게 강제할 수 없습니다. 다시 말하면, 임금피크제를 정한 불리한 근로조건을 정한 취업규칙과 임금피크제가 없는 유리한 근로조건을 정한 기존의 근로계약이 동시에 존재하는 경우라면 근로자에게 유리한 근로조건이 효력이 있는 것이므로(유리조건 우선의 원칙), 결국 유효하게 변경된 취업규칙상의 임금피크제가 기존의 근로자에게 적용되지 않을 수도 있는 것입니다.

▍취업규칙의 불이익 변경

'취업규칙'이란 사업장 내 '근로조건'과 '복무질서'를 통일적으로 처리하기 위하여 사용자가 일방적으로 작성한 '규칙'을 말합니다. 따라서, 명칭에 관계없이 사업장의 모든 근로자에게 적용되는 복무규율과 임금 등 당해 사업의 근로자 전체에 적용될 근로조건 등을 포함하고 있다면 취업규칙이라고 해석합니다. 비록 취업규칙은 사용자가 일방적으로 작성하는 것이기는 하지만 취업규칙은 근로계약과 함께 근로자의 근로조건의 내용을 구성하는 중요한 법원이기 때문에, 사용자가 근로계약의 내용을 일방적으로 불이익하게 변경할 수 없는 것과 마찬가지로, 작성된 취업규칙의 내용을 근로자에게 불이익하게 변경하는 경우에는 반드시 근로자 집단의 동의를 받아야 합니다. 즉, 사용자가 취업규칙을 근로자에게 불이익하게 변경하는 경우에는 근로자 과반수로 조직된 노동조합이 있는 경우에는 그 노동조합, 그렇지 않은 경우에는 근로자 과반수의 동의를 얻어야 합니다(근로기준법 제97조 제1항 단서). 따라서, 사용자가 불이익한 취업규칙의 변경에 대하여 근로자 과반수의 동의를 받지 않고 변경한 취업규칙의 해당 부분은 적어도 기존의 근로자에 대하여는 그 효력이 없음은 물론입니다. 반면에, 취업규칙의 내용이 근로자들의 동의를 얻어 적법하게 불이익하게 변경된 경우에는 취업규칙의 불이익 변경에 반대한 근로자를 포함하는 모든 근로자들에게게 적용되는 것이 원칙입니다. 그러나, 유리조건우선의 원칙상 불리하게 변경된 취업규칙보다 기존의 유리한 근로계약서가 우선합니다.

신문기사 따라잡기

> 대법 "불리하게 변경된 취업규칙보다 유리한 근로계약서가 우선".(파이낸셜 뉴스 2020 .04. 13. 박지애 기자)

변경된 취업규칙이 근로계약에서 정한 근로조건보다 근로자에게 더 불리한 때에는 근로계약에서 정한 근로조건이 더 우선된다는 판결이 대법원에서 확정됐다.
대법원 1부(주심 김선수 대법관)는 김모씨 등 2명이 A산업 등을 상대로 낸 임금청구 소송에서 원고승소 판결한 원심을 확정했다고 13일 밝혔다.
김씨 등은 대우조선해양 사내하청업체인 A산업과 B산업에서 근무했다. 이들은 2016년초 근로계약 체결시 연간 상여금을 550%로 정했다.
A사와 B사 대표 최모씨는 2016년 7월 소속 근로자들을 상대로 연간상여금을 550%에서 400%로 삭감하는 내용의 취업규칙 변경절차를 설명했고, 같은 사업장의 근로자중 70%가 취업규칙 변경에 동의했다.
A사는 또 2017년 12월에는 상여금을 없애고 이를 기본급에 포함시켜 지급하는 내용의 취업규칙 변경절차를 진행했다.
변경된 취업규칙에 동의하지 않은 김씨 등은 근로계약시 정해진 조건에 따라 상여금을 지급해야 한다며 최씨와 회사를 상대로 소송을 냈다.
앞서 1심은 "취업규칙은 사용자가 일방적으로 작성한 것인데 반해 근로계약은 사용자와 근로자의 합의에 기초한 것"이라며 "어떤 근로조건에 관해 취업규칙과 근로계약이 다르게 정하고 있다면, 취업규칙이 근로자에게 유리하다는 등의 특별한 사정이 없는 이상, 근로계약이 우선 적용된다고 봐야한다"고 밝혔다.
이어 "근로계약을 체결한 이후에 취업규칙이 적법한 절차를 거쳐 근로자에게 불리하게 변경되었다고 하더라도 해당 근로자가 취업규칙에 동의하지 않았다면, 기존 근로계약이 취업규칙이 정한대로 당연히 변경된다거나 취업규칙이 근로계약에 우선 적용된다고 할 수 없다"고 설명했다.
전국금속노동조합 거제통영고성조선하청지회는 이날 보도자료를 내고 "이번 대법원 판결은 근로계약서의 유리한 내용이 적법한 절차를 거쳐 불이익

> 변경된 취업규칙의 내용보다 우선한다는 기존의 대법원 판결을 다시 한번 확인한 것"이라며 "이 사건의 상여금 조항처럼 근로계약서와 취업규칙에 같은 내용이 규정되어 있는 경우에 취업규칙을 적법한 절차를 거쳐 불리하게 변경하였더라도, 개별 노동자가 그것에 동의하지 않았다면 근로계약서에 남아 있는 유리한 내용이 여전히 우선하여 유효함을 확인했다는 점에서 의미 있는 판결"이라고 밝혔다.

2. 근로기준법이란 무엇인가?

'노동법은 근로자에게 일방적으로 유리하게 적용되는 법'이라고 하였는데, 법전을 아무리 찾아도 '노동법'이라는 법은 찾을 수 없을 것입니다. 왜냐하면, '노동법'은 특정한 법의 명칭이 아니라 근로기준법, 파견근로자보호에 관한 법률 등과 같은 수 십개의 노동관련 개별법들을 통칭하는 것이기 때문입니다.

이러한 '노동법'은 크게 두 가지의 범주로 분류하는데, 하나는 근로자(Employee) 개인의 근로조건을 보호하기 위한 '개별적 노동관계'이고, 다른 하나는 근로자 개인의 근로조건을 보호하는 것이 아니라 노동자(Worker)의 노동3권을 보장하기 위한 '집단적 노동관계법'입니다.

> **▎ 근로자(Employee)와 노동자(Worker)**
>
> '근로자(Employee)'와 '노동자(Worker)'라는 용어는 혼용되어 사용하기도 하지만, '근로자(Employee)'란 현재 사용자에게 고용되어 근로를 제공하고 있는 자만을 의미하는 반면, '노동자(Worker)'란 현재 고용관계를 전제로 근로를 제공하는 근로자(Employee)뿐 아니라 고용관계를 전제로 하지 않는 학습지교사, 택배기사 등과 같은 이른바 특수형태근로종사자나 개인사업자라고 할지라도

'노동3권'을 행사할 필요성이 인정되는 경우라면 여기에 포함되는 보다 넓은 개념입니다. 따라서, 근로자(Employee)보다 노동자(Worker)의 범위가 보다 넓다고 할 것인데, 이러한 '근로자'와 '노동자'를 각각 '근로기준법 근로자', '노동조합법상 근로자(노조법상 근로자)'라고 부릅니다. 따라서, '근로자'에는 근로기준법상 근로자만 있는 것이 아니라 노조법상 근로자도 있는 것입니다. 신문 등을 보면, '화물차 지입기사들은 근로자가 아닌데 불법파업을 한다'는 문구가 보이기도 하는데, 화물차 지입기사들은 근로계약을 체결한 근로자가 아니라 자영업자들이라는 점에서는 '근로기준법상 근로자(Employee)'가 아닌 것은 맞지만, 화물차 지입기사들도 자신들에 비하여 우월한 지위에 있는 사용자에 대하여 노동3권 행사할 필요성이 인정된다면 그러한 범위에서는 '노조법상 근로자(Worker)'에는 해당합니다. 따라서, '화물차 지입기사들은 근로자가 아니다'라는 신문의 문구는 정확한 표현은 아닙니다. 근로자에는 근로기준법상 근로자뿐 아니라 노조법상 근로자도 포함되기 때문입니다.

본서에서는 노동법 중에서도 '근로기준법'과 같이 개별 근로자의 근로조건의 기준을 보장하는 노동 법률들을 중심으로 다루도록 하겠습니다.

그렇다면 근로기준법이란 무엇일까요? 그것은 법의 명칭 그대로 근로자의 '근로조건'의 (최저)'기준'을 정한 법을 의미합니다. 즉, 근로기준법은 근로자의 근로조건의 최저 기준을 정하고, 사용자로 하여금 근로조건을 결정할 때에는 반드시 근로기준법이 정한 기준 이상으로 하여야 하는 의무를 부여하고 있습니다. 따라서, 근로기준법이 정한 이러한 최저기준에 미달하는 근로조건을 정한 당사자의 근로계약의 내용은 그 부분에 한하여 무효가 되고, 그렇게 무효가 되어 아무런 효력이 없게 된 근로계약의 내용은 근로기준법에서 정한 기준으로 자동적으로 대체되는 것입니다.

이를테면, 근로계약을 체결하면서 회사의 일정이 바쁘니 연차휴가를 부여하지 않을 것을 약정하더라도, 그러한 약정은 근로자의 휴식권을 보장하기 위한 근로기준법의 연차휴가 규정을 배제하는 약정이므로 아무런 효력이 없습니다. 간혹 입사하면서 퇴직금을 받지 않기로 합의하고 각서나 합의서를 작성하는 경우가 있는데, 그러한 합의는 모두 노동법에 위반되는 합의로서 아무런 효력이 없습니다.

근로기준법은 이와 같이 근로기준법에 위반되는 근로계약의 내용을 무효화시키는 데에서 그치는 것이 아니라, 그러한 위반행위를 한 사용자는 근로기준법 위반으로 벌금이나 징역형으로 처벌되기도 합니다. 이러한 근로기준법 위반에 대하여 근로자가 동의하였다고 하더라도 사용자가 처벌을 면할 수 있는 것도 아닙니다.

▌근로계약과 3.3%계약

사용자는 근로기준법의 적용을 회피하기 위하여 마땅히 근로계약을 체결하여야 함에도 불구하고 용역계약이나 위임계약과 같이 근로계약이 아닌 다른 형태의 계약인 이른바 '3.3% 계약'을 체결하는 것을 선호합니다. 따라서, 그 실질이 '근로계약'임에도 불구하고 형식적으로 근로계약이 아닌 용역계약이나 프리랜서계약과 같은 명칭의 계약서를 작성하고 사업소득세 3.3%를 원천징수하는 경우에는, 추후에 근로자가 퇴사하면서 퇴직금이나 연차휴가수당 등에 대한 임금체불로 근로감독관에게 진정할 가능성이 높습니다. 그 결과 이들이 체결한 3.3% 계약의 실질이 근로계약이라고 인정되는 경우에는, 세법상으로 소득세법상 사업소득 원천징수가 부인되고 근로소득 원천징수로 재산정 될 것이지만, 근로소득세보다 사업소득 원천징수세액이 더 높으므로 (이를 테면 200만원의 사업소득세는 66,000원이지만, 근로소득세는 17,660원입니다) 본세는 없으며 원천징수납부 등 불성실가산세가 부과되지 않겠지만, 근로소득지급명세서를 제출하지 않았으므로 지급명세서 미제출가산세(2%)의 불이익이 있을 수 있으며, 특히, 4대보험을 소급하여 가입하여야 하므로 추가적인 비용부담 문제가 발생할 것입니다. 이를테면, 1개월 당 200만원에 대한 4대 보험료 326,320원을 추가로 부담해야 합니다. 나아가, 퇴직금이나 연차휴가 수당을 추가로 지급해야 할 뿐 아니라, 경우에 따라서는 '부당해고'가 문제될 수 있습니다.

 신문기사 따라잡기

> 근로기준법 회피 꼼수 '가짜 3.3', 전 분야 확산 조짐(MTN 뉴스 2023 .01. 17. 천재상 기자)

"일하는 동안 제대로 임금을 받지 못하는 것도 억울한데, 퇴직공제에서도 차별받고 있습니다. 문제의 근본적인 원인은 마루회사들이 근로계약서 작성을 의도적으로 기피하고, 우리를 사업소득자로 신고하기 때문입니다."
최우영 한국마루노동조합 위원장은 17일 오후 국회에서 열린 '2022 가짜 3.3 노동실태 연구조사 노동개혁과제 국회토론회'에서 이같이 폭로했다.
'가짜 3.3'이란 사업주가 사업장을 근로기준법 적용을 받지 않는 5인 미만 사업장으로 만들기 위해, 노동자를 사업소득세 3.3%를 납부하는 개인사업자로 위장하는 수법을 일컫는다.
최 위원장의 경우도 그랬다. 그는 서류상 개인사업자였지만 사업주는 최 위원장의 노무를 직접 관리하고 급여도 지급했다.
하지만 최 위원장은 임금명세서를 교부받지 못해 자신의 임금이 어떻게 산정됐는지 알 수 없었다. 노동자에게 부여되는 연차휴가와 주휴수당도 없었다. 노무관리에 따르지 않을 경우 해고하겠다는 경고를 들어야 했다.
이번 토론회를 주최한 권리찾기유니온이 전국 20여개 노동권익센터 등과 함께 실태조사를 실시한 결과 이같은 가짜 3.3 노동이 거의 모든 산업으로 확산하는 정황을 확인했다.
권리찾기유니온 등이 지난해 6월 23일부터 10월 20일까지 노동자 1008명을 대상으로 조사한 결과 '가짜 3.3 노동자였다'는 응답이 한국표준산업 중분류 77개 업종 중 66개 업종에서 나왔다.
직업분류로는 한국표준직업 중분류 52개 업종 중 48개 업종에서 가짜 3.3 노동을 경험한 것으로 나타났다.

권리찾기유니온은 이같은 가짜 3.3 노동자가 1000만명에 이를 것이라고 보고 있다.

권리찾기유니온은 "이번 조사는 표본조사가 아닌 개방된 공간에서 진행돼 가짜 3.3 비율을 정확하게 추정하긴 어려우나, 가짜 3.3 노동이 특별한 제한 없이 광범위하게 확산되고 있는 정황을 확인했다"고 설명했다.

권리찾기유니온은 근로기준법을 회피하기 위한 가짜 3.3 노동 유형이 3가지로 나뉜다고 분석했다.

노동자는 근로계약으로 알고 있으나 계약서에는 4대보험 미가입 조항을 포함하는 '무작정형', 실질은 근로계약이나 서류상 용역, 프리랜서로 체결하는 '이상한 계약형', 직원을 개인사업자로 위장 등록하는 '사장님 위장형' 등이다.

권리찾기유니온이 분석한 가짜 3.3 노동 유형 /사진=권리찾기유니온

> 정진우 권리찾기유니온 위원장은 "직장 4대보험 체계에 인입되지 못한 노동자들은 실업급여 외 긴급지원에서도 배제되는 경우가 많다"며 "특수형태 근로종사자 등 별도의 분류 기준에 부합하지 못하는 가짜 3.3 노동자의 경우, 사회적 대책과 안전망에서 극단적으로 배제되어 있는 상황"이라고 말했다.

3. 프리랜서, 보험설계사, 레미콘 기사 등도 근로기준법이 적용되는가?

근로기준법은 오로지 '근로자'에 대해서만 적용됩니다. 따라서, 프리랜서, 학습지 교사, 보험설계사, 레미콘 기사 등과 같이 근로계약이 아니라 3.3%계약을 하는 '특수형태근로종사자'에게도 근로기준법이 적용되느냐의 문제는 결국 이들 특수형태근로종사자를 '근로기준법상 근로자'로 볼 수 있느냐와 동일한 문제입니다. 따라서, 이 문제를 해결하기 위해서는 먼저 '근로기준법상 근로자'가 무엇인지 살펴보아야 할 것입니다.

근로기준법 제2조는 '근로자란 직업의 종류와 관계없이 임금을 목적으로 사업이나 사업장에 근로를 제공하는 자'라고 정의하고 있습니다. 근로자는 '임금'을 목적으로 근로를 제공하여야 하므로, 임금이 아닌 일정한 '보수'를 목적으로 노무를 제공하는 자는 근로자라 할 수 없을 것입니다. 따라서, '임금'과 '보수'의 차이가 무엇인지 문제될 것인데, 결론적으로 임금은 '근로'의 대가임에 비하여 보수는 '노무 내지 위임사무'의 대가'라 할 것입니다.

그렇다면, '근로'와 '노무내지 위임사무'를 어떻게 구별할까? 그것은 바로 '사용자의 지휘·명령에 따라 근로를 제공한다'는 '사용종속성'의 유무입니다. 용역계약이나 위임계약에서의 용역내지 위임사무의 처리는 특정한 일을 완성한다든지 특정한 사무를 처리하는 것을 의미하지만, 근로계약에서 근로자가 사용자에게 제공하는 '근로'는 단순히 특정한 일을 완성하거나 특정한 사무를 처리하는 것이 아니라 근로자가 사용자에 대한 종속적인 관계에서 사용자의 지휘·명령을 받으면서 사용자에게 근로를 제공한다는 '종속노동'을 의미합니다.[1] 따라서, 근로자의 업무 내용이나 형태가 사용자에 의하여 결정될 뿐 아니라 사용자의 지휘·명령을 받으면서 종속적으로 근로를 제공하는 경우에는 '사용종속성'이 높아질 것이지만, 업무 내용이나 형태에 있어서 근로자의 재량이 인정되고 사용자의 지휘·명령으로부터 자유롭다고 평가되는 경우에는 그 만큼 상대적으로 '사용종속성'이 낮으므로 근로자로 인정되지 않을 가능성이 높을 것입니다.

　이를테면, 학원 강사의 계약에는 두 가지 형태가 있는데, ① 만일 강사가 학원에서 단순히 강의만을 하고 보수도 수강생의 수에 비례해서 일정한 비율제에 의하여 결정되는 경우라면 근로자라기보다는 독립 사업자로서의 성격이 강하므로 근로자로 보기 어려울 것입니다. ② 반면에, 강사의 업무가 단순히 강의만 하는 것이 아니라 학원

---

[1] '종속 노동'을 의미하는 '사용종속성' 여부는 어떻게 판단될 것일까요? 이와 관련하여 대법원이 '사용종속성'의 인정여부로 판단하는 징표는 다음과 같습니다. 즉, 대법원은 ① 업무 내용을 사용자가 정하고 ② 취업규칙 또는 복무(인사)규정 등의 적용을 받으며 ③ 업무 수행 과정에서 사용자가 상당한 지휘·감독을 하는지, ④ 사용자가 근무시간과 근무장소를 지정하고 근로자가 이에 구속을 받는지, ⑤ 노무제공자가 스스로 비품·원자재나 작업도구 등을 소유하거나 ⑥ 제3자를 고용하여 업무를 대행케 하는 등 독립하여 자신의 계산으로 사업을 영위할 수 있는지, ⑦ 노무 제공을 통한 이윤의 창출과 손실의 초래 등 위험을 스스로 안고 있는지, ⑧ 보수의 성격이 근로 자체의 대상적 성격인지, ⑨ 기본급이나 고정급이 정하여졌는지 및 ⑩ 근로소득세의 원천징수 여부 등 보수에 관한 사항, ⑪ 근로제공 관계의 계속성과 사용자에 대한 전속성의 유무와 그 정도, ⑫ 사회보장제도에 관한 법령에서 근로자로서 지위를 인정받는지 등의 경제적·사회적 여러 조건을 종합하여 사용종속성이 있는 지 여부를 판단하여야 한다는 것이 대법원의 입장입니다.

의 행정사무의 일부도 맡아서 수행하거나 학원의 지시에 의하여 학원교재를 만든다든지 학보모를 상담해야 하고, 보수도 수강생 수에 비례하여 일정한 비율제로 정해지는 것이 아니라 일정한 금액으로 정해진 경우에는 사용종속성이 인정되는 근로자로 보는 것이 타당할 것입니다. 그 결과, 형식적으로는 용역계약(3.3% 계약)을 한 학원강사라도 실질적으로는 근로자로 인정되는 경우에는 근로기준법 등이 적용되므로 최저임금 위반문제, 퇴직금 문제, 연차휴가 문제 등이 발생할 수 있습니다.

▌법인의 이사나 감사에게도 근로기준법이 적용되는가?

법인의 이사나 감사 등의 경우도 마찬가지입니다. 이들 회사의 임원은 회사로부터 일정한 사무처리의 '위임계약'을 체결한 것이지 종속노동관계에서 사용자의 지휘·명령을 받아 그가 원하는 내용의 근로를 제공하기로 하는 근로계약을 한 것은 아닙니다. 따라서, 이들 회사의 임원은 근로자로 볼 수 없는 것이 원칙입니다. 그런데, 근로기준법이 적용되는 '근로자'인지 여부는 계약의 명칭이나 지위와 같은 형식이 아닌 실질관계에 기초하여 판단하므로, 회사나 법인의 이사 또는 감사 등 임원이라고 하더라도 그 지위 또는 명칭이 형식적·명목적인 것에 불과하고 실제로는 매일 출근하여 업무집행권을 갖는 대표이사 등 사용자의 지휘·감독 아래 일정한 근로를 제공하면서 그 대가로 보수를 받아 왔다고 평가된다면, 그러한 임원은 근로기준법상의 근로자에 해당한다고 할 것이므로 근로기준법의 보호를 받을 수 있음은 당연합니다. 다만, 법인의 이사나 감사가 법인등기부에 등재된 경우에는 이들이 적법절차에 따라 이사나 감사로 선임되었다는 것이 추정되기 때문에 법인의 이사나 감사로 선임된 것은 단지 형식에 불과하고 실질적으로는 사용자의 지휘·감독하에 근로를 제공한 근로자라는 사실을 적극적으로 증명하여 입증하는 것이 비등기 임원의 경우에 비하여 상대적으로 어렵기는 합니다. 그러나, 등기된 법인의 이사나 감사라고 하여 근로자로 인정되는 것이 불가능한 것만은 아닙니다.

근로자 해당여부 판단

1. 사용종속성 요소

아래의 체크리스트에서 Y(예)가 N(아니오)보다 많다면 근로자로 인정될 가능성이 높습니다.

1	취업규칙 또는 복무(인사)규정 등의 적용을 받는지 여부	Y/N
2	사용자로부터 표창이나 징계를 받는지 여부	Y/N
3	시업과 종업의 시간이 정해지고 업무수행의 장소에 제약이 있는지 여부	Y/N
4	업무의 내용을 사용자가 정하는지 여부	Y/N
5	시업과 종업의 시간이 정해지고 업무수행의 장소에 제약이 있는지 여부(근태관리 여부)	Y/N
6	업무수행과정에서 구체적으로 지휘감독을 받는지 여부	Y/N
7	보수가 근로 자체의 대상적 성격을 가지는 지의 여부	Y/N
8	업무의 실적이나 능률에 관계없이 고정된 보수를 받는지 여부	Y/N
9	사회보장제도상 근로자 (4대보험 가입) 여부	Y/N

2. 독립사업자성 요소

아래의 체크리스트에서 N(아니오)가 Y(예)보다 많다면 근로자로 인정될 가능성이 높습니다.

1	업무의 자율성 및 거부권 존재 여부	Y/N
2	근로자 스스로가 제3자를 고용하여 업무를 대행케 하는 등 업무의 대체성 유무	Y/N
3	비품, 원자재, 작업도구 등이 근로자의 소유인지 여부	Y/N
4	노무 제공을 통한 이윤의 창출과 손실의 초래 등 위험을 근로자 스로 안고 있는지 여부	Y/N
5	근로소득세를 원천징수하는 지 여부	Y/N

신문기사 따라잡기

> 프리랜서에게 기상캐스터·아나운서·라디오·리포트·회사 업무 등 지시
> UBC, 지난해 7월 울산지노위 "위법 해고" 판정에 불복, 같은 해 8월 중노위
> 에도 '재심' 신청했으나 기각당해(미디어 오늘 2022.12.26. 박서연 기자)

기상캐스터와 아나운서·취재기자·라디오 진행·회사행사 업무 등 울산방송(UBC)과 관련한 여러 일을 수행한 프리랜서 아나운서는 근로기준법상 '근로자'라는 법원 판단이 나왔다.

지난해 4월4일 UBC는 4년 넘게 일한 이미연(31·가명)씨를 해고하면서 해고통지서조차 주지 않았다. 이에 지난해 5월4일 이씨는 UBC를 상대로 울산지방노동위원회(울산지노위)에 부당해고 구제신청서를 제출했다. 울산지노위는 지난해 7월1일 이씨의 부당해고 구제신청을 인용했다. 울산지노위는 "이 사건 근로자는 사용자와 사용·종속 관계 아래서 근로를 제공한 근로기준법상 근로자에 해당한다. 또 이 사건 사용자가 이 사건 근로자에게 계약해지를 통보한 것은 해고에 해당하고 서면통지 의무를 위반했다"고 밝혔다. UBC는 이에 불복해 지난해 8월6일 중앙노동위원회에 재심 신청을 했다. 그러나 중노위 역시 지난해 11월11일 울산지노위와 같은 이유를 들며 UBC의 재심 신청을 기각했다. UBC는 중노위의 재심 신청 기각 결정을 받아들일 수 없다며 법원의 판단을 받기로 했다. UBC는 "이씨는 UBC와 프리랜서 계약을 체결하고 독자적인 업무를 수행했으므로 근로기준법상 근로자에 해당하지 않는다. 또 당사자 간 합의로 계약이 해지됐으므로 해고가 존재하지도 않는다"고 주장했다.

그러나 지난 16일 재판부 역시 이씨의 근로자성이 인정된다는 판단을 내놨다. 재판부는 "원고(UBC)는 이미연(가명)과 사이에 근로계약서뿐 아니라 위임계약서도 작성하지 아니한 채 구두로 참가인에게 업무를 지시해 수행하도록 했다"며 "또 이씨는 기상캐스터, 뉴스앵커, 라디오 진행자, 취재기자 등의 다양한 업무를 수행했는데, 이는 모두 원고가 이씨에게 그와 같은 업무를 제안한 데에 따른 것이다. 위와 같은 사정들은 모두 원고가 이씨보

다 경제적·사회적으로 우월한 지위에 있었음을 뒷받침한다"고 했다.

재판부는 "이씨가 수행했던 뉴스 진행 업무의 내용은 UBC의 정규직 아나운서와 특별히 다른 점이 없었다"며 "이씨가 취재업무를 하면서 이아무개 팀장과 나눈 대화의 내용에 비춰 이씨는 이아무개 팀장과 대등한 입장에서 상호 업무 협조를 했다고 보기는 어렵고, 이아무개 팀장이 이씨의 취재활동에 어느 정도 지휘·감독을 한 것으로 봄이 옳다"고 했다.

재판부는 "이씨가 업무를 수행하면서 근무할 장소를 직접 정할 수는 없고 UBC가 이씨에게 사무실이나 사물함, 분장실 자리 등을 배정해 업무를 수행하도록 했다"며 "또 스튜디오 등 공간은 원고 소유일뿐이고 이씨 별도로 자신의 자본을 투자하거나 장비를 갖춰야 했던 것은 아니다. 한편 참가인은 취재를 위해 밖에서 근무해야 할 경우 보고를 해 UBC의 감독을 받았다"고 했다.

특히 이씨가 프리랜서 신분이지만 외부 업무를 자유롭게 하지 않았던 점도 짚었다. 재판부는 "이씨가 UBC 외 다른 방송사의 업무를 하는 등 별도로 자신만의 다른 업무를 함께 했다고 인정할 만한 증거가 없다. 오히려 이씨는 대가를 받지 아니하고 시보를 녹음했고, UBC의 비상연락망에도 기재됐던 점에 비춰 이씨는 UBC의 직원 중 일부로 종속된 형태의 업무를 수행했다고 봐야 한다"고 했다.

이씨 측 소송대리인인 정일호 변호사(법률사무소 시선)는 미디어오늘에 "이씨는 UBC에서 5년가량 근무했고, 회사의 필요나 지시에 따라 기상캐스터, 아나운서, 라디오 진행, 취재 등 다양한 업무를 했다. UBC 회사 행사 등도 참여해 회사 업무를 수행했다"며 "그렇게 회사를 위해 열심히 일한 이씨를 근로자로 인정하기 그렇게 힘든지 의문"이라고 말했다.

4. 가사도우미에게도 퇴직금을 주어야 하는가?

유의할 점은, 사용종속성이 인정되는 '근로자'라고 하더라도 근로자 혹은 사업장의 특성에 비추어 근로기준법이 적용되기에 곤란한 사정이 있는 경우에는 근로기준법을 비롯한 노동관계 법령이 아예 적용되지 않거나, 혹은 일부 중요한 규정들의 적용이 배제되는 경우가 있다는 것입니다.

먼저, 근로기준법이 아예 적용되지 않는 경우를 살펴보도록 하겠습니다. 대표적인 경우가 '가사사용인'입니다. 가사사용인이란 가사도우미(파출부), 아기돌보미와 같이 개인 가정집에 고용되어 집안일을 하는 근로자나 일용직 인부 등을 말합니다.

간혹, 가사도우미에게 퇴직금을 주어야 하느냐는 질문을 받기도 하는데, 개인 가정집과 직접 근로계약을 체결한 가사도우미 등 가사사용인에게는 근로기준법뿐 아니라 최저임금법 등 일체의 노동법이 적용되지 않습니다. 일반 개인 가정집의 프라이버시에 국가 행정권(노동법)이 개입하는 것은 부적절하지 않다는 것이 그 이유입니다. 그러나, 외국에서는 오히려 가사노동자를 일반 근로자보다 두텁게 보호하는 경우도 있다는 것을 고려한다면, 가사사용인에게 근로기준법 등 일체의 노동법이 적용되지 않는다는 것은 이해하기 어려운 측면이 있습니다.

한편, 2022.06.16.부터 '가사근로자의 고용개선등에 관한 법률'이 시행되고 있는데, 이 법에 따라 가사서비스를 제공하는 기관에 직접 고용된 가사도우미는 근로기준법, 최저기준법, 사회보험법 등의 적용을 받게 됩니다. 그러나, 이 법은 가사도우미를 제공하는 '기관'에 적용되는 법률이므로, 가사서비스 제공기관을 통하지 않고 일반 가정집에 직접 고용된 가사도우미는 여전히 근로기준법 등 노동법의 적용이 배제됩니다.

가정집에서 인력소개소로부터 일용근로자를 소개받아 일을 시키는 일이 있습니다. 그런데, 인력소개소는 가정집과 일용근로자의 중간에서 일용근로자만 가정집에 소개해 주고 그 수수료를 받는 일종의 중개인에 불과하고, 근로계약은 가정집과 일용근로자가 직접 체결하는 것입니다. 즉, 일용근로자는 가정집에 직접 고용된 가사사용인에 해당합니다. 따라서, 이를테면, 일용근로자가 가정집에서 지붕을 수리하다가 다친 경우라 하더라도 가사사용인인 일용근로자에게는 근로기준법이든 산재법이든 모두 노동법이 적용되지 않으므로 산재보상과 같은 노동법의 보호를 받을 수 없습니다.

가사사용인 외에도 동거하는 친족만을 사용하는 사업장에도 근로기준법이 아예 적용되지 않습니다. 여기에서 ① '동거'란 세대를 같이 하면서 생활을 공동으로 하는 것을 의미하며 ② '친족'이란 민법 제1770조에서 규정하는 친족 즉, 8촌 이내의 혈족과 4촌 이내의 인척, 배우자를 의미합니다. 그러나, 설령, 동거친족으로 구성된 사업장의 경우라도 동거 친족이 아닌 아르바이트 1명만 고용해도 그 사업장은 더 이상 동거친족 사용장이 아니므로, 오늘날에 있어서 동거의 친족만으로 구성된 사업장을 찾아보는 것은 극히 어렵습니다.

그런데, 근로기준법이 적용되기는 하지만, 근로기준법의 중요한 규정들의 적용이 배제되는 경우가 있습니다. 상시 5인 미만의 사업장, 즉 '상시 4인 이하'의 근로자를 고용하는 사업 또는 사업장이 바로 그것입니다.

근로기준법은 상시 5인 이상의 근로자를 사용하는 사업 또는 사업장에 한하여 모든 규정들이 전면적으로 적용되고, 상시 4인 이하를 고용하는 사업 또는 사업장의 경우에는 이들 사업 또는 사업장의 영세성을 고려하여 사용자에게 부담이 되는 적지 않은 근로기준법의 규정이 배제됩니다. 구체적으로 말하자면, ① 근로기준법상의 해고, ② 임금, ③ 근로시간, ④ 휴가와 관련된 일부 규정 등이 적용되지 않습니다(상세한 내용은 아래의 '상시 5인 미만 사업장에 적용되지 않는 주요 법규정' 참고).

제1장 노동법의 기초 개념 19

상시 5인 미만 사업장에 적용되는 주요 법규정

① 해고 시기의 제한 (산재 또는 산전·산후 기간과 그 후 30일 해고 금지), 해고예고
② 주휴일(유급휴가)와 주휴수당(주휴수당 가산임금은 미적용), 근로자의 날
③ 산전후 휴가 규정과 육아휴직 규정, 퇴직금, 금품청산(제36조), 미지급이자에 대한 지연이자(제37조)
④ 가족관계기록사항에 대한 증명서와 친권자 또는 후견인의 동의서(법 제66조)
⑤ 근로조건의 서면명시(법제17조)=근로계약서의 작성
⑥ 근로기준법의 주요원칙: 제1조부터 제13조까지의 규정(강제근로 근지 등)
⑦ 여성과 소년: 최저 연령과 취직인허증(제64조), 사용금지(제65조제1항·제3항(임산부와 18세 미만인 자로 한정한다)), 연소자증명서 등 연소자의 보호(제66조부터 제69조까지의 규정), 연소자와 임산부의 야간근로, 휴일근로의 제한(제70조 제2항·제3항), 산부의 시간외 근로(제71조), 갱내근로의 금지(제72조), 임산부의 조호(제74조)

상시 5인 미만 사업장에 적용되지 않는 법규정	
제2장 근로계약	· 사용자의 근로조건 위반 시 노동위원회에의 손해배상 신청 및 사용자의 귀향여비 지급의무(제19조 제2항) · 해고 등의 제한(제23조 제1항) · 경영상 이유에 의한 해고의 제한(제24조) · 우선재고용 등(제25조) · 해고사유 등의 서면통지(제27조) · 부당해고등의 구제신청제도(제28조~제33조)
제3장 임금	· 휴업수당(제46조)
제4장 근로시간과 휴식	· 근로시간(제50조) · 탄력적 근로시간제(제51조) · 선택적 근로시간제(제52조) · 연장근로의 제한(제53조) · 연장·야간·휴일근로에 대한 가산임금 지급(제56조) · 보상휴가제(제57조) · 근로시간 계산의 특례(제58조) · 연차유급휴가제도(제60조~제62조) · 적용의 제외(제63조)
제5장 여성과 소년	· 임산부 아닌 18세 이상 여성에 대한 유해·위험 사업 사용 금지(제65조 제2항) · 18세 이상 여성의 야간·휴일근로 제한(제70조 제1항) · 생리휴가(제73조) · 태아검진시간의 허용 등(제74조의2) · 육아시간(제75조)
제6장의 2	· 직장 내 괴롭힘의 금지(제76조의2)

상시 4인 이하 사업 또는 사업장의 근로자들에게는 근로기준법상 연장근로 제한이 적용되지 않으므로 1주 최대 52시간이라는 연장근로의 제한 없이 무제한 근로를 시킬 수 있음은 물론, 그러한 연장근로에 대하여 50%의 가산임금을 주지 않아도 무방합니다. 심지어 야간근로(오후 10시부터 다음날 오전 6시까지의 근로)와 휴일근로에 대한 가산수당도 지급하지 않습니다. 또한, 상시 4인 이하의 사업 또는 사업장에 근로하는 근로자들에게는 연차휴가나 생리휴가도 적용되지 않습니다. 나아가, 이들 상시 4인 이하 사업 또는 사업장에 근로하는 근로자를 해고하는 경우에는 '정당한 이유'를 필요로 하지 않으며 해고의 서면 통지도 적용되지 않습니다. 다만, 4인 이하 사업장이라 하더라도 퇴직금과 주휴수당은 반드시 지급하여야 하며 해고예고제도의 적용은 배제되지 않습니다.

한편, 정부는 2023년부터 상시 5인 미만사업장에도 근로기준법을 점진적으로 확대적용하는 방안을 추진한다고 하니, 향후 그 추이를 지켜보아야 하겠습니다.

신문기사 따라잡기

> 정부가 올해부터 5인 미만 사업장의 근로기준법 전면 적용 추진을 공식화 했다. (이데일리 2023 .01. 14. 최정훈 기자)

13일 고용노동부에 따르면 고용부는 올해 5인 미만 사업장의 근로기준법 전면 적용을 추진한다. 지난 9일 이정식 고용부 장관은 윤석열 대통령에게 업무보고를 하면서 근로기준법 전면 적용을 정부 차원에서 추진하겠다고 공식적으로 밝혔다.

5인 미만 사업장 근로기준법 미적용 항목	
부당해고 구제신청	정당한 이유 없이 해고 시 3개월 내 노동위원회 구제 신청
근로시간	1일 8시간·1주 40시간 제한, 합의 시 12시간 연장근로 가능
가산(연장·휴일·야간)수당	법정 근로시간 초과 등 50%~100% 수당 가산
연차휴가	1년간 80% 이상 출근 시 15일 유급휴가
휴업수당	사용자 귀책 휴업 시 휴업수당(평균임금 70%) 지급
직장 내 괴롭힘	신고 시 사용자 즉시 조사, 근무장소 변경 조치 등

1953년 제정된 근로기준법은 수차례 개정을 거치며 1998년 5인 이상 사업장까지 범위가 넓어졌다. 그러나 4인 이하 사업장의 경우 일부 조항만 적용하기로 했다. 영세사업장의 형편이 어렵고, 영세사업장이 법을 지키는지 일일이 감독하기에는 공무원이 부족하다는 현실 때문이다.

직원이 4명 이하인 사업장에 적용되지 않는 근로기준법은 크게 6가지다. 먼저 근로시간 제한 관련 규제를 받지 않는다. 법정 근로시간 40시간과 연장근로시간 12시간으로 구성된 '주52시간제'는 5인 이상 사업장에서만 적용된다. 4인 이하 사업장은 사업주가 한 주에 80시간 일을 시켜도 불법이 아니라는 뜻이다.

4인 이하 사업장은 연장·야간·휴일근로 가산 수당도 적용되지 않는다. 5인 이상 사업장은 연장이나 야간, 휴일 근로를 하면 가산 수당을 받는다. 한 시간을 일하면 기본적으로 통상임금의 50%가 가산되기 때문에 1.5배의 임금을 받을 수 있다. 그러나 4인 이하 사업장은 일하기로 한 것보다 더 일하거나 야간에 일하거나, 휴일에 일해도 일한 시간만큼의 임금만 받을 수 있다. 휴가를 보장받는 것도 4인 이하 사업장에서는 남의 나라 얘기다. 연차유급휴가는 1년 동안 일한 대가로 주어지는 근로기준법상 유급휴가라는 뜻으로, 쉬어도 급여가 지급된다. 또 근속연수가 늘어날수록 연차휴가는 늘어난다. 그러나 4인 이하 사업장은 법적으로 보장된 휴가가 없다. 수년 동안 같은 사업장에서 일해도 법적으로 보장받는 휴가가 없다는 뜻이다.

4인 이하 사업장은 해고도 상대적으로 자유롭다. 5인 이상 사업장은 해고할 때 서면으로 통보해야 하고 또 해고해야 하는 합당한 사유가 있어야 한다. 그러나 4인 이하 사업장은 해고를 서면으로 통지하지 않아도 된다. 4인 이하 사업장 근로자가 부당해고를 당했다고 생각해도 노동위원회에 구제신청을 할 수도 없다.

직장 내 괴롭힘 방지법도 5인 이상 사업장에만 적용할 수 있기 때문에 4인 이하 사업장 근로자는 문제 제기를 할 수 없다. 근로자가 일하는 도중 크게 다치거나, 사망하면 사업주까지 처벌할 수 있도록 한 중대재해처벌법도 4인 이하 사업장에는 적용되지 않는다.

5인 미만 사업장 근로기준법 적용은 노동계의 숙원이다. 통계청에 따르면 2021년 기준 5인 미만 사업장은 134만6091개로 전체 사업장(200만5323개)의 67%에 달한다. 종수자 수도 293만 8457명으로 전체 근로자(1889만5911명)의 15% 수준이다. 그러나 영세업체의 부담와 행정력 등을 이유로 번번이 추진되지 못했다.

권기섭 고용부 차관은 지난 8일 브리핑에서 "5인 미만 사업장에 관해서는 정부도 나름대로 실태조사 등을 통해서 기초적인 연구를 진행해왔다"며 "5인 미만 근로기준법 개정 수용에 대한 인식도 상당히 높아졌다고 봐서 본격적으로 이번에 추진할 예정"이라고 설명했다.

권 차관은 이어 "다만 5인 미만 사업장은 한 2~3년간 코로나도 있었고 최저임금 문제도 있었다"며 "근로기준법에 대한 적용규정을 제외됐던 모든 규정을 다 한꺼번에 적용하기는 여력이 충분치 않다는 판단도 하고 있다"고 전했다. 그는 이어 "할 수 있는 것부터는 빨리하고, 여력이 생기는 대로 추가하는방식으로 진행해야 수용성도 높아지고 저항이나 거부감도 해소될 것으로 생각하고 있다"고 덧붙였다.

5. '상시 5인 이상 사업장'의 의미

반면에, '상시 5인 이상 사업장'의 경우에는 근로기준법이 전면적으로 적용됩니다. 따라서, 내가 다니는 회사가 '상시 5인 이상 사업장'에 해당하는 지 여부를 먼저 판단해야 할 것인데, 이를 위해서는 먼저 '상시 근로자수'의 의미가 무엇이고, 이를 어떻게 산정하는 지 구체적으로 알아보아야 할 것입니다.

먼저, '상시 근로자수'란 일정한 기간 동안 근로한 근로자들의 평균적인 인원을 의미합니다. 즉, '상시 5명 이상'이란 근로자수가 '항상' 5명 이상이라는 것을 의미하는 것이 아니라, 때로는 5명 미만이라 하더라도 일정 기간 동안 상태적으로 '평균' 5명이라는 것을 의미합니다. 근로기준법 시행령 제7조의 2에 따르면 해당 사업 또는 사업장에서 법 적용 사유 발생일 전 1개월 동안 사용한 근로자의 인원(휴직자 포함)을 같은 기간 중의 가동일수로 나누어서 상시근로자수를 산정합니다. 즉, 1개월의 가동기간 동안 사용한 근로자의 연인원의 합을 해당 사업장의 가동일수로 나눈 것이 해당 사업장의 상시 근로자수입니다. 여기에서의 연인원에 포함시키는 근로자에는 정규직 근로자뿐 아니라 아르바이트나 일용직 근로자와 같은 임시직 혹은 시간제 근로자(다시간 근로자) 등은 물론 심지어 불법 외국인 취업자 등도 모두 포함됩니다.

다만, 파견사업자로부터 파견받아 사용하는 파견근로자는 여기에서의 연인원에서 제외하여야 합니다. 파견근로자는 사용사업주가 아닌 파견사업주의 사업장의 연인원에 포함시키기 때문입니다. 극단적인 예를 들자면, 모든 직원을 파견회사로부터 파견받아 사용하는 사업장의 상시근로자수는 0명이 될 것입니다.

예) 법적용 기간 (1개월) 중 사용한 근로자의 연인원이 156명이고 가동일수가 31일인 경우의 상시 근로자수
→ 연인원 : 156명, 가동일수 : 31일이므로, 상시 근로자수 : 156 ÷ 31 = 5.032명이므로 상시 근로자수는 5인 이상입니다.
- 가동일수: '가동일수'란 해당 사업장의 휴일 혹은 휴무일인 날을 제외한 날을 의미합니다.
- 연인원: 연인원은 '일정사업 기간내에 고용관계가 유지되는 인원', 즉, 일정한 기간동안 재직하는 근로자의 수를 합한 것을 의미합니다. 이를테면, 다섯 사람이 10일 걸려서 완성한 사업의 연인원은 '50명'(5명×10일=50명)입니다.

예를 들어보도록 하겠습니다. 상시 5인 이상 사업장의 경우에는 '휴업수당'을 지급하여야 하는데, 해당 사업장이 상시 5인 이상 사업장에 해당하는 지 여부는 위의 근로기준법 시행령 제7조의 2에 따라 '법 적용사유 발생일'인 '휴업을 시작한 날' 이전 '1개월'간의 상시 근로자수를 기준으로 판단합니다. 마찬가지로, 상시 5인 이상 사업장에서 근로자를 해고하는 경우에는 반드시 해고의 '정당한 이유'가 필요한데, 이 경우 상시 5인 이상 사업장에 해당하는 지 여부는 해고의 효력이 발생하는 날, 즉, 근로자의 근로관계가 종료하는 날 이전 '1개월'간의 상시 근로자수를 기준으로 판단합니다.

상시 근로자수 산정 연습

상시 근로자수 산정은 대단히 중요하므로, 현재 이 책을 읽고 계신 독자의 사업장의 상시 근로자수를 스스로 계산해 보시기 바랍니다,

만일 2023년 10월 1일자로 휴업을 실시한다고 가정한다면 2023년 10월 1일 현재 귀사의 상시근로자수는?

먼저 '가동일수'를 계산하여야 합니다. 민법에서는 초일불산입의 원칙을 따르므로, 휴업하는 당일인 10월 1일은 제외하고 달력에 따라 '1월'은 9월 1일부터 9월 31일(1개월)이 됩니다. 그렇다면, 9월1일부터 9월 31일까지 1개월간의 가동일수는 몇일인가? '가동일수'는 휴일이나 휴무일을 제외하고 '근로자가 근로를 제공하는 날'을 의미합니다. 따라서, 만일 회사가 월요일부터 금요일까지 1주 5일 가동하는 회사라면 9월달 한달의 가동일수는? 그것은 2023년 9월 달력을 보면 바로 알 수 있는데, 달력상의 2023년 9월의 가동일수는 '22일'입니다.

그 다음에는 '연인원'을 구해야 하는데, 연인원이란 '일정 기간내에 고용관계가 유지되는 인원'을 의미하고, 여기에서의 '일정 기간'이란 '가동일수'를 의미합니다. 따라서, '연인원'은 9월의 가동일수(22일)에 근로한 근로자들의 수를 합한 인원수를 말하게 됩니다. 그런데, 유의해야 하는 점은, 여기에서 '연인원'은 해당 근로일에 실제로 근로를 제공하는 근로자의 수의 합을 의미하는 것이 아니라 해당 일에 재직하는 근로자의 수의 합을 의미한다는 것이라는 점 입니다. 이를테면, 격일제 사업장의 경우에는 비번일에 근로하지 않는 인원도 '연인원'에 포함시켜야하며, 교대제 근무의 경우에는 교대근무자 전원을 1일 연인원수에 산입하여야 합니다. 또한, 현재 휴직중인 자도 연인원에 포함된다는 점을 유의해야 합니다.

그런데, 위와 같은 방식으로 상시 근로자수를 산정하면 불합리한 결과가 발생하는 경우도 있습니다. 이를테면, 상주직원으로 경리 1명만을 고용하면서 이삿짐을 나를 때마다 일당을 주고 운전기사나 대학생 아르바이트생 등을 고용하여 작업을 하는 이삿짐 운송업체의

경우에는, 비록 정규 근로자가 단 1명에 불과한 전형적인 상시 근로자 5인 미만의 영세 사업장이지만, 위의 상시 근로자 계산 공식대로 산정하게 되면, 성수기 동안 우연히 상시 근로자 수가 5명 이상이 되는 경우도 있을 수 있을 것입니다. 따라서, 위의 예에서와 같이 상시 근로자의 변동이 심한 경우에는 예외적으로 산정 기간 동안 상시 5인 이상 되는 날이 2분의 1 넘는 지의 여부도 고려하여야 합니다(아래의 상시근로자수의 예외적인 산정방법을 참조).

> **- 상시근로자수의 예외적 산정방법**
> ① 상시 5명 미만 사업장이라도 적용되는 경우
> 산정한 상시 근로자수가 5인 미만에 해당하지만, 산정기간 동안 일별로 근로자수를 파악하였을 경우 5인 미만인 날이 전체의 1/2 미만인 경우는 상태적인 고용현황이 5인 이상인 것으로 보아서 해당 법규정을 적용합니다.
> ② 상시 5명 이상 사업장이라도 적용되지 않는 경우
> 산정한 상시 근로자수가 5인 이상에 해당하지만, 산정기간 동안 일별로 근로자수를 파악하였을 경우 5인 미만인 날이 전체의 1/2 이상인 경우는 상태적인 고용현황이 5인 미만인 사업장으로 보아서 해당 법규정을 적용하지 않습니다.

6. 근로자인 내가 '사용자'로 처벌받을 수도 있다고?

일반적인 의미에서의 '사용자'란 근로자로부터 근로를 제공받고 그에 대한 대가로서 임금을 지급하는 '근로계약 체결의 당사자'를 의미합니다. 그런데, '근로기준법상 사용자'는 그러한 근로계약 체결의 당사자를 의미하는 것이 아니라, '근로기준법을 지켜야하는 의무가 있는 자'를 말합니다. 즉, '근로기준법상 사용자'와 '근로계약 체결의

주체'로서의 '사용자'는 구별됩니다.

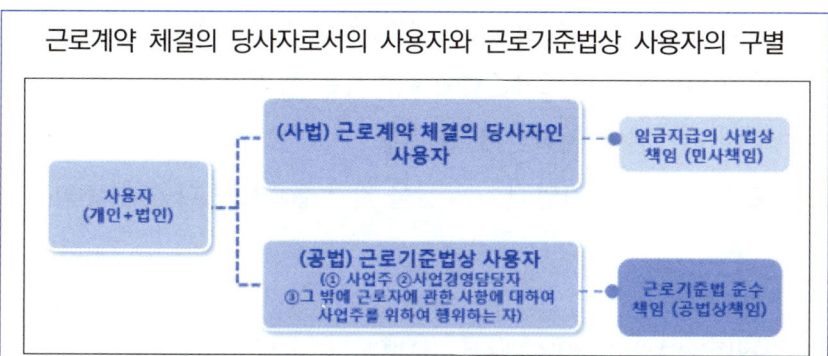

근로기준법이 사용자 개념을 규정하고 있는 것은 근로기준법을 준수할 의무가 있는 사용자의 범위를 명확히 하기 위한 것입니다 따라서, '사용자'의 개념은 ① 근로계약 체결의 당사자로서 '사법상 권리의 무의 주체인 사용자'와 ② 근로기준법을 비롯한 공법상 의무의 수범 주체로서의 '근로기준법상 사용자'의 두 가지 개념으로 '이원화' 됩니다.

'근로기준법상 사용자'는 근로기준법 제2조 제1항 제2호가 정의하고 있습니다. 근로기준법 제2조 제1항 제2호는 '사용자란 사업주 또는 사업경영담당자, 그 밖에 근로자에 관한 사항에 대하여 사업주를 위하여 행위하는 자를 말한다.'고 규정하고 있습니다. 따라서, 근로기준법상 사용자란 ① 사업주 ② 사업경영담당자 ③ 그 밖에 근로자에 관한 사항에 대하여 사업주를 위하여 행위하는 자를 의미한다 할 것인데, ①,②,③ 중 오로지 '①사업주'만이 좁은 의미의 사용자, 즉, '근로계약 체결의 주체'로서의 사용자를 의미합니다.

근로기준법이 좁은 의미의 사용자인 '사업주' 외에도 '사업경영담당자' 및 '사업주를 위하여 행위하는 자'도 근로기준법상 사용자로 정의하는 이유는 근로기준법을 준수하여야 하는 의무자의 범위를 확대함으로써 근로기준법의 실효성을 높이기 위해서 입니다. 따라서, 사업주 외에도 사업경영담당자나 사업주를 위하여 행위하는 자가 그 권한의 범위내에서 근로기준법에 위반하는 행위를 하는 경우에는 사업주와 마찬가지로 처벌받게 됩니다.

근로기준법상 사용자인 ①, ②, ③을 각각 살펴보면 다음과 같습니다.

1. 사 업 주

'사업주'란 사업의 경영주체로서 근로계약의 당사자를 뜻합니다. 개인사업의 경우 '개인'이 사업주이지만, 법인이나 단체가 행하는 사업의 경우 그 법인이나 단체 그 자체가 '사업주'가 됩니다. 따라서, 개인사업의 경우에는 자연인인 개인이 사업주가 되므로 문제 없지만, 법인(혹은 단체)사업의 경우에는 자연인이 아니라 법인(또는 비법인 사단인 단체) 그 자체가 사업주가 된다는 점을 유의해야 합니다. 그런데, 법인사업체의 경우에는 법인 그 자체가 사업주라고는 하지만 자연인과 달리 법인은 법인이 스스로 행위를 할 수 없고, 따라서 법인이 행위를 하는 경우(예: 근로계약을 체결하는 경우)에 법인은 필연적으로 법인 자신의 손발격인 법인의 기관, 즉 법인의 대표이사 등과 같은 사업경영담당자를 통하여 법률행위나 사실행위를 하게 됩니다. 따라서, 근로계약을 체결하는 경우에도 법인의 경우에는 'OO법인 대표이사 홍길동'로 근로계약의 당사자를 표시하지만, 근로계약의 당사자(주체)는 대표이사가 아니라 어디까지나 사업주인 '법인' 그 자체라는 점을 유의해야 합니다. 또한, 이러한 '사업주'는 실질적 관점에서 판단하여야 하므로, 이른바 '형식적 사용자(예: 바지사장)'는 원칙적으로 사용자에 해당하지 않으며, 그 배후에서 실질적으로 근로자를 지휘·명령하는 '실질적 의미의 사용자'가 근로기준법상 사용자라는 점도 유의해야 합니다. 따라서, 회사가 근로기준법을 위반하는 경우에는 형식적 사용자인 속칭 '바지사장'이 처벌되는 것이 아니라, 실질적인 사용자인 사업주를 처벌하는 것입니다.

2. 사업경영담당자

'사업경영담당자'란 대표이사 등과 같이 대외적으로 사업을 대표하고 회사를 경영하는 주체를 의미합니다. 특히, 법인의 경우에는 법인의 대표기관인 대표이사의 행위가 곧 법인 그 자체의 행위로 취급되므로, 만일 회사가 근로기준법을 위반하는 경우라면 당연히 법인의 대표이사가 처벌받게 될 것입니다. 그러나, 법인 회사의 경우의 사업주는 사업경영담당자(법인의 대표이사)가 아니라 법인 그 자체라는 점을 유의하여야 합니다. 이를테면 임금체불이 발생하는 경우에 사업경영담당자인 대표이사는 근로기준법상 사용자로서 처벌은 받게 되겠지만, 근로자에 대하여 근로계약을 이행할 책임을 부담하는 근로계약의 당사자는 사업경영담당자인 대표이사가 아니라 '사업주'인 법인 그 자체입니다. 즉, 법인의 대표이사 개인이 근로계약의 당사자(사업주)로서 임금지급에 대한 책임을 지는 것은 아닙니다. 따라서, 임금체불이 발생하는 경우에 근로자는 법인 명의의 재산에 대해서만 강제집행을 하여 체불된 임금을 보존받을 수 있을 뿐이고, 법인의 대표이사 개인이 아무리 재산이 많더라도 법인의 대표이사의 재산에 대해서는 강제집행을 할 수 없습니다.

3. 사업주를 위하여 행위하는 자

'근로자에 관한 사항에 대하여 사업주를 위하여 행위하는 자'란 근로자의 인사, 급여, 후생, 노무관리 등 근로조건 결정 또는 업무상의 명령이나 지휘 감독을 하는 등의 사항에 대하여 사업주로부터 일정한 권한과 책임을 부여받은 자를 의미합니다. 이들 '사업주를 위하여 행위하는 자'는 대부분의 경우에 근로자이고, 다만 근로자인 이들 '사업주를 위하여 행위하는 자'는 사업주로부터 부여받은 권한 범위 내에서 사용자인 동시에 근로자라는 '이중적 지위'를 가집니다.

결론적으로, '근로기준법상 사용자'란 근로기준법을 이행하여야 하는 일종의 '노동법상 의무'가 있는 자(①, ②, ③)를 의미하고, 이러한 노동법상 의무가 아니라 '근로계약의 당사자'로서 근로자에게 임금을 지급할 사법상 의무가 있는 '사용자'란 근로기준법상 사용자(①, ②,③) 중에서 좁은 의미에서의 사용자인 '① 사업주'만을 의미합니다. 이러한 '사업주'는 개인회사의 경우에는 '개인', 법인회사의 경우에는 '법인' 그 자체입니다. 따라서, 개인사업체의 경우에는 회사의 대표가 사업주인 동시에 사업경영담당자가 될 수도 있지만, 법인사업체의 사업주는 '법인' 그 자체이므로 어느 경우에도 법인의 대표가 사업주가 될 수는 없습니다. 법인의 대표는 사업주(①)가 아니라 사업주(법인)의 경영을 담당하는 '사업경영담당자(②)'일 뿐입니다.

법인사업체의 경우, 근로계약서에는 사업주인 '법인'의 명의뿐 아니라 사업경영담당자인 '대표이사'의 명의도 포함되기 때문에(예: 'OO주식회사 대표이사 홍길동') 근로자는 자신이 법인의 대표이사와 근로계약을 체결한 것으로 착각하기 쉬운데, 법인회사의 경우 근로계약의 당사자는 '법인' 그 자체이지 법인의 대표이사가 아닙니다. 따라서, 임금체불이 발생하는 경우, 근로자는 오로지 법인 명의의 재산에 대하여만 체불된 임금을 보전받기 위하여 강제집행을 할 수 있을 뿐이고, 설령 법인의 대표이사가 아무리 개인적으로 아무리 많은 재산을 가지고 있다고 하더라도 근로자는 법인의 대표이사의 재산에는 강제집행할 수 없는 것입니다.

근로기준법상 사용자, 즉, 위의 ①, ②, ③ 중에서 ① 사업주, ② 사업경영담당자가 근로기준법상 사용자에 해당한다는 것은 어렵지 않게 이해할 수 있을 것입니다. 그런데, 주의하여야 하는 개념이 '③ 사업주를 위하여 행위하는 자'입니다. ③ 사업주를 위하여 행위하는 자라 함은 '근로자의 인사, 급여, 후생, 노무관리 등 근로조건 결정 또는 업무상의 명령이나 지휘 감독을 하는 등의 사항에 대하여 사업주로부터 일정한 권한과 책임을 부여받은 자'를 의미합니다. 따라서, ③ 사업주를 위하여 행위하는 자는 원래 그 본질은 사용자에 대하여 사용종속관계가 인정되는 '근로자'이지만, 그 업무의 특성으로 인하여 근로기준법을 준수해야하는 의무가 부과되는 근로기준법상 사용자에 해당하는 것입니다. 결국, 근로자인 나도 사용자로 처벌받을 수 있다는 의미인데, 그렇다면 과연 그 범위가 어디까지인지 문제될 것입니다.

일단, 근로자의 임금, 승진, 전보, 복리후생, 근로시간 등 근로조건에 대한 결정권이 있는 사람이라면 사용자에 해당할 것입니다. 일반적으로 이러한 사항은 사업주나 사업경영담당자인 대표이사가 행하지만, 법인이나 사업주가 관리이사나 관리부장 등에게 채용권, 임금결정권 등을 위임할 수도 있는데, 이러한 경우에는 관리부장 등은 근로자이지만 동시에 그 위임받은 범위 내에서 사용자(사업주를 위해 행위하는 자)에 해당합니다.

또한, 근로자에게 업무상 명령과 지휘감독권을 행사하는 사람도 사용자에 해당할 것입니다. 이를테면, 한 부서나 팀을 대표하고 하급직원을 관리·감독하는 지위에 있다면 부장, 과장 등의 직급과 관계없이 사용자(사업주를 위하여 행위하는 자)에 해당합니다. 만일, 규모가 작은 회사라면 평사원인 경리가 회사의 대표로부터 권한을 위임받은 범위에서는 근로기준법상 사용자로서 처벌되는 경우도 있을 수도 있습니다. 따라서, 경우에 따라서는 직장인 여러분도 근로자인 동시에 근로기준법상 사용자로서 처벌받을 수도 있다는 것을 유념하시기 바랍니다.

▎실질적 의미의 사용자와 묵시적 근로관계의 성립

좁은 의미의 사용자를 의미하는 '사업주'는 형식이 아니라 실질적 관점에서 판단하여야 합니다. 이를테면, 근로자와 바지사장(형식적 사업주)이 근로계약을 체결하였더라도 형식적 사업주인 바지사장을 근로기준법상 사용자로 볼 수 없고, 실질적인 근로관계는 바지사장이 아니라 바지사장 뒤에 있는 실질적 사용자와 근로자 사이에 가 성립합니다(실질적 의미의 사용자). 마찬가지로 사용자의 지위를 인정하는 데 있어서는 반드시 당사자 사이의 명시적 의사의 합치가 필요한 것은 아니고, 묵시적으로 당사자 사이에 실질적인 의사의 합치가 있는 것으로 보게되는 경우, 즉 '묵시적 근로계약관계'가 인정되는 경우도 있습니다. 이를테면, 근로자 홍길동이 A 회사와 근로계약을 체결하였는데(명시직 근로계약의 당사자는 A회사), 명시적으로 근로계약을 체결한 A회사가 사실은 B회사가 설립한 껍데기에 불과하여 실질적으로는 B회사가 사용자로서 홍길동을 지휘·명령한 경우, 즉, 실질적으로 사용자로서의 권한을 행사한 경우, A회사는 사업경영상 독립상이 없는 껍데기로서 그 존재 자체가 부정되기 때문에, 결국 근로자 홍길동은 자신에 대하여 실질적으로 지휘·명령한 B회사와 처음부터 묵시적으로 근로계약을 체결한 것으로 보게 될 것입니다(묵시적 근로관계의 성립)[2].

대법원은 '형식적으로는 피고 회사와 도급계약을 체결하고 소속 근로자들인 원고들로부터 노무를 제공받아 자신의 사업을 수행한 것과 같은 외관을 갖추었다고 하더라도, 실질적으로는 사업경영의 독립성을 갖추지 못한 채 피고 회사의 일개 사업부서로서 기능하거나, 노무대행기관의 역할을 수행하였을 뿐이고, 오히려 피고 회사가 원고들로부터 종속적인 관계에서 근로를 제공받고 임금을 포함한 제반 근로조건을 정하였다고 봄이 상당하므로, 원고들과 피고 회사 사이에는 직접 피고 회사가 원고들을 채용한 것과 같은 묵시적 근로관계가 성립되어 있었다고 보는 것이 타당하다.'(대법원 2008.07.10. 선고 2005다75088 판결)고 하여 묵시적 근로관계의 성립을 명시적으로 인정하고 있습니다.

---

2) 묵시적 근로관계의 성립은 제3자인 원청 등에게 직접 고용의무가 인정되는 불법파견과 구별하여야 합니다. '불법파견'에 대해서는 제9장 비정규 근로관계의 '불법파견'을 참고하시기 바랍니다.

신문기사 따라잡기

> 법원, 직접 계약 없는 '2차 하청'에 묵시적 근로파견계약 첫 인정(경향신문 2014 .09. 18. 김한솔 기자)

재판부는 현대차 자회사 현대글로비스 등과 도급계약을 체결한 사내협력업체(2차 하청업체)에 소속된 일부 원고들 사이에는 '묵시적인 근로자 파견계약' 관계가 성립한다고 판결했다. 현대글로비스 등은 현대차와 도급계약을 한 뒤 다시 다른 업체들에 하청을 줬다. 재판부는 현대차가 이들에게도 2년이 지나면 '고용의 의사표시'를 할 의무가 있다고 판결했다. 1차 하청업체인 현대글로비스와 계약을 맺었을 뿐 2차 하청업체와는 아무런 법률관계가 없기 때문에 근로자 파견 관계가 성립하지 않는다는 현대차의 주장을 인정하지 않은 것이다.

현대차 사내하청 노동자 소송 쟁점과 판결 내용

1차 사내하청업체 소속 노동자의 현대차 노동자 여부

현대차 입장	"사내협력업체의 지휘명령을 받아 도급 업무를 수행했을 뿐 현대차와 고용 관계 없다."
재판부 판단	"현대차의 사업장에서 현대차의 지휘명령에 따라 현대차를 위한 근로에 종사했다." ('실질적 근로자파견계약'에 해당)

2차 사내하청업체 소속 노동자의 현대차 노동자 여부

현대차 입장	"현대글로비스와 도급계약을 맺은 업체 소속으로서 근로를 제공했을 뿐 현대차와는 아무런 법률적 관계가 없다."
재판부 판단	"1차 사내하청업체와 맺은 계약서의 내용이 현대차와 1차 업체 사이에 체결한 내용과 차이가 없다. 직접 계약을 맺은 1차 업체가 아닌 현대차로부터 업무 지시를 받았다." ('묵시적인 근로자파견계약'에 해당)

이전 대법원과 하급심 판례는 직접 계약을 맺은 원청업체와 하청업체 사이에 '묵시적 근로계약' 관계를 인정한 적은 있어도, 아무런 법률관계가 없는 원청업체와 2차 하청업체 사이의 '근로파견' 계약을 인정한 적은 없다.

재판부는 현대차와 현대글로비스 등 1차 하청업체, 현대글로비스 등과 2차 하청업체 사이에 체결한 계약서의 내용이 사업장명과 대표자 성명을 제외하곤 별다른 차이가 없고, 2차 사내하청업체에 직접적인 업무지시를 한쪽이 현대차였다는 점을 주목했다. 재판부는 판결문에서 "현대글로비스는 현대차의 동의하에 도급 받은 업무를 사내협력업체들에 하도급했고, 현대차는 이 업체들로부터 근로를 제공받게 된다는 사실을 명백하게 인식하고 있었던 것으로 보인다"고 밝혔다.

간접고용 상황 반영… 다른 업종도 문제 제기 가능성
서울중앙지법이 18일 현대자동차 사내하청 노동자들이 제기한 소송에 대해 내린 판결은 1차 하청 노동자들뿐 아니라 현대차와 직접적인 법률상 계약관계가 없는 2차 하청 노동자들에 대한 고용의무를 처음으로 인정했다는 점에서 의미가 크다.

재판부는 격론 끝에 이 같은 결론을 내린 것으로 전해졌다.
재판부는 현대차 자회사 현대글로비스 등과 도급계약을 체결한 사내협력업체(2차 하청업체)에 소속된 일부 원고들 사이에는 '묵시적인 근로자 파견계약' 관계가 성립한다고 판결했다. 현대글로비스 등은 현대차와 도급계약을 한 뒤 다시 다른 업체들에 하청을 줬다. 재판부는 현대차가 이들에게도 2년이 지나면 '고용의 의사표시'를 할 의무가 있다고 판결했다. 1차 하청업체인 현대글로비스와 계약을 맺었을 뿐 2차 하청업체와는 아무런 법률관계가 없기 때문에 근로자 파견 관계가 성립하지 않는다는 현대차의 주장을 인정하지 않은 것이다.

법원, 직접 계약 없는 '2차 하청'에 묵시적 근로파견계약 첫 인정
이전 대법원과 하급심 판례는 직접 계약을 맺은 원청업체와 하청업체 사이에 '묵시적 근로계약' 관계를 인정한 적은 있어도, 아무런 법률관계가 없는 원청업체와 2차 하청업체 사이의 '근로파견' 계약을 인정한 적은 없다.
재판부는 현대차와 현대글로비스 등 1차 하청업체, 현대글로비스 등과 2차 하청업체 사이에 체결한 계약서의 내용이 사업장명과 대표자 성명을 제외하곤 별다른 차이가 없고, 2차 사내하청업체에 직접적인 업무지시를 한쪽이 현대차였다는 점을 주목했다. 재판부는 판결문에서 "현대글로비스는 현대차의 동의하에 도급 받은 업무를 사내협력업체들에 하도급했고, 현대차는 이 업체들로부터 근로를 제공받게 된다는 사실을 명백하게 인식하고 있었던 것으로 보인다"고 밝혔다.

또 "현대차는 (2차 하청업체들에) 업무를 직접 지휘하거나 사내협력업체 소속 현장관리인 등을 통해 구체적 작업지시를 했다"고 밝혔다. 민주사회를위한변호사모임(민변)의 권영국 변호사는 "훨씬 열악한 지위에 있는 2차 하청업체가 사실상 원청의 관리하에 있다는 것을 인정한 판결"이라고 말했다. 1·2·3차로 이어지는 복잡한 간접고용 상황을 반영한 판결이 나온 만큼 현대차뿐 아니라 조선이나 철강, 유통·서비스 업종에서도 비슷한 문제제기가 뒤따를 여지가 생겼다.

재판부는 현대차에 이미 신규채용돼 직접고용 관계가 이뤄진 40명의 소송을 각하하고, 나머지 원고들에 대한 근로자 지위확인 청구·고용의사표시 청구를 모두 받아들였다. 재판부는 현대차가 1·2차 하청업체에 사양일람표, 작업표준서, 일일작업지시서, 작업사양서 등을 통해 작업방식을 지시했고, 업체는 그와 다른 방식으로 작업을 수행할 독자적 권한이 없었다고 판단했다. 하청업체의 현장관리인이 원고들에게 지휘를 했다고 해도, 이는 현대차의 결정한 사항을 전달한 것에 불과하다고 봤다.

공정별 업무에 상관없이 소송을 제기한 원고 모두를 파견근로자로 인정한 것도 의미 있다. 재판부는 프레스, 차체, 도장, 의장, 엔진·변속기, 시트제작 등으로 세분화되어 있는 자동차 공정의 범위에 따라 개별적으로 근로자성을 따지지 않고, 모두 파견근로자로 인정했다. 공정 범위에 따라 원고들의 희비가 갈릴 것이라는 예상과 다르다. 재판부는 "컨베이어벨트 시스템을 이용한 공정을 담당하던 사내협력업체 소속 근로자들은 물론, 그 밖의 공정에서도 일련의 작업이 연속적으로 진행돼야 하는 자동차 생산공정의 특성상, 사내협력업체 소속 근로자들의 업무는 현대차 소속 근로자들의 업무와 밀접하게 연동돼 이뤄졌다"고 판결했다.

원고 측 대리인 김태욱 변호사는 "법원이 간접고용에 대해 적극적인 판단을 내린 것 같다. 사실상 전부 승소한 것이나 다름없다"고 반겼다.

이번 소송으로 현대차가 원고들에게 지급해야 할 밀린 임금·손해배상금액은 215억여원이다.

제2장 근로계약

1. 근로계약이란 무엇인가?

근로계약은 일반적인 계약과는 그 성질이 전혀 다른 특수한 계약입니다. 따라서, 근로계약을 제대로 이해하기 위해서는 다른 계약과 구별되는 근로계약의 특이성을 먼저 알고 있어야 합니다. 근로계약도 기본적으로는 다른 일반적인 계약과 마찬가지로 계약의 당사자가 무엇인가를 서로 주고 받고 하는 것, 즉 '근로'와 '임금'을 서로 주고 받는 것이기는 하지만, 근로계약의 목적은 단순한 '물건'이나 '용역'과 같은 상품이 아니라 '인격체'인 사람의 '노동(종속노동)'입니다. 즉, 사람의 노동은 상품이 아닙니다.

'근로계약'은 단순히 근로'와 '임금'을 서로 주고 받는 것이 아니라, 근로자가 사용자의 지휘·감독 아래 '근로(노동)'를 제공하는 계약이라는 것을 의미합니다. 다시 말하면, 근로계약은 단순히 사용자에게 노무를 제공하는 것이 아니라 사용자에 대한 종속적인 관계에서 근로를 제공하는 '종속노동'을 그 특징으로 하기 때문에, 종속 노동적 인적 계약인 근로계약의 특성상, 근로계약의 당사자인 근로자와 사용자에게는 다른 계약과는 비교할 수 없을 정도의 고양된 '신의성실의 원칙[1]'을 준수해야 하는 의무를 부과하고 있습니다. 그 결과, 근로자에게는 '근로제공 의무'라는 주된 의무 외에도 신의칙에 따른

---

[1] 계약의 당사자는 자신의 권리를 행사하거나 의무를 이행함에 있어 신의와 성실로써 행동해야 하는데, 이를 '신의성실의 원칙(신의칙)'이라고 합니다.

부수적 의무로서 '충실의무' 등이, 그리고 사용자에게는 '임금지급 의무'라는 주된 의무 외에 부수적 의무로서2) 자신의 지휘 감독아래에서 근로를 제공하는 근로자에 대한 보호의무와 안전배려 의무 등이 인정되고 있는 것입니다. 이러한 사용자의 안전배려의무의 내용에는 업무상 질병 등 산업재해의 위험으로부터 근로자를 안전하게 보호하고 사업시설, 기계, 기구 등의 위험으로부터 근로자를 보호하기 위하여 인적·물적 환경을 정비하는 등 필요한 조치를 적극적으로 강구하아야 할 의무가 포함됩니다. 그 외에도 근로자가 회사에 출근하면서 가지고 오는 물건이나 소지품 등에 대하여 도난, 훼손을 방지하기 위한 적절한 조치를 취하여야 하고, 근로제공 과정에서 근로자의 인격이 침해되지 않도록 배려해야 하는 의무를 부담합니다. 따라서, 사용자가 근로자에게 임금만 지급하고 정당한 이유 없이 업무를 부여하지 않는 것은 사용자의 안전배려의무 위반일 뿐 아니라 근로자의 인격권에 대한 침해로서 불법행위가 될 수 있습니다. 산업안전보건법상 사용자의 '안전조치의무', 근로기준법상 '사용자의 직장 내 괴롭힘 금지' 등은 근로자에 대한 사용자의 보호의무내지 안전배려의무가 구체화된 대표적인 예라 할 것입니다.

이러한 근로계약에서의 고양된 신의성실의 원칙은 근로계약의 성립에서부터 그 이행과정 및 종료뿐 아니라, 심지어 근로관계가 종료한 이후에도 다양한 형태로 나타납니다. 이를테면, 일반적인 계약의 경우에는 계약기간이 종료하면 당연히 그 계약관계는 종료합니다. 그런데,

---

2) '주된 의무'란 당사자가 계약을 체결한 목적을 달성하는 데 직접적으로 요구되는 의무를 의미하는 것이고, '부수적 의무'란 당사자가 계약을 체결한 목적을 달성하는 데 직접적으로 요구되는 의무는 아니지만 계약을 이행하는 과정에서 신의성실의 원칙상 당연히 요구되는 의무를 말합니다.

근로계약의 경우에는 근로계약 기간이 종료하는 경우에도 근로자에게 근로계약 '갱신기대권'이라는 근로계약 특유의 '기대권'이 인정되고 있습니다. '계약갱신 기대권의 법리'는 근로계약 외의 다른 계약에서는 거의 찾아보기 어려운 법리로서, 계약갱신 기대권의 법리란 근로계약기간이 종료하는 경우에도 근로자에게 계약이 갱신이 될만한 일정한 사정이 인정되는 경우에는 사용자가 근로계약기간이 종료하였다는 것만으로 당연히 근로계약을 종료시킬 수 없고, 사용자가 근로계약을 종료하기 위해서는 근로계약을 갱신하지 않을 '합리적인 이유'가 있어야 함을 의미합니다. 또한, 업무수행과정에서 근로자는 사용자에 대하여 손해배상 책임을 부담하게 될 수도 있는데, 이 때 사용자는 근로자가 수행한 업무 내용 및 해당 업무의 위험성, 가해행위의 예방이나 손실의 분산에 관한 사용자의 배려 정도, 기타 제반 사정에 비추어 손해의 공평한 분담이라는 견지에서 신의칙상 상당하다고 인정되는 한도 내에서만 피용자에 대하여 손해배상을 청구할 수 있다는 것이 법원의 확립된 태도입니다(대법원 1996. 4. 9. 선고 95다5261 판결).

이와 같이, 근로계약에 고양된 신의성실의 원칙이 적용된다는 의미는 결국 계약 상대방의 정당한 신뢰를 보호하는 것이라고 할 것인데, 갱신기대권이 근로자의 정당한 신뢰를 보호하는 것과 마찬가지로 사용자의 정당한 신뢰 또한 보호되고 있습니다. 이를테면, 사용자가 근로자를 전출시키는 경우에는 원칙적으로 근로자의 동의가 필요한 것인데, 근로자가 사용자의 전출 명령에 응하여 일정 기간 아무런 이의를 제기하지 않고 꾸준히 근무하였다면, 사용자로서는 근로자가 그러한 인사명령에 묵시적으로 동의한 것으로 여기게 될 것이므로, 결국 근로자가 사용자의 전출이 부당함을 주장할 수 없게 될 수도 있습니다.

2. 근로계약의 성립과 근로계약서의 작성 및 교부

'근로계약'도 다른 계약의 경우와 마찬가지로 당사자의 합의만으로 유효하게 성립합니다. 이를테면, 갑과 을이 만나서 대화 도중에 갑이 을에게 '내일부터 우리 회사에 와서 일해 달라'고 제의하고 이에 대하여 을이 '알겠다'고 대답하는 바로 그 순간에 갑과 을의 '근로계약'은 완전히 유효하게 성립하며 그 계약의 내용은 상대방을 구속합니다. 따라서, 근로계약의 성립에 근로계약서와 같은 특별한 형식을 요구하는 것은 아니며, 서면계약이 아닌 구두(말)에 의해서도 근로계약은 유효하게 성립할 뿐 아니라, 심지어 명시적으로 합의한 바 없더라도 묵시적인 합의, 관행·관습에 의해서도 근로계약은 성립할 수 있습니다. 이를테면, 특정한 관행에 따라 근로자가 근로를 제공하고, 사용자가 그에 대하여 아무런 이의를 제기하지 아니하고 그러한 근로자의 근로를 수령하는 경우에는, 설령 구두나 서면에 의한 명시적인 계약이 없더라도 당사자들이 묵시적으로 혹은 관습에 따라 근로계약을 체결할 것을 합의한 것으로 볼 수 있습니다. 따라서, 이 경우 근로를 제공한 근로자는 사용자에 대하여 임금을 지급할 것을 요구할 수 있고, 만일 사용자가 이를 거부하면 임금체불이 발생할 것입니다.

한편, 근로계약의 성립과 무관하게 국가는 근로기준법을 통하여 사용자에게 일정한 근로조건은 반드시 서면으로 명시할 의무를 부과하고 있습니다(근로기준법 제17조 참조). 즉, 근로기준법 제17조는 사용자로 하여금 근로계약을 체결할 때 일정한 근로조건은 반드시 서면으로 명시하고 이를 근로자에게 교부까지 하도록 '근로조건의 명시 및 교부의무'를 규정하면서, 만일 사용자가 근로기준법에서 정한 근로조건을 명시 및 교부하지 않는 경우, 즉, 근로계약서를 작성하여 근로자에게 교부하지 않는 경우에는 벌금이나 과태료를 부과하도록 규정하고 있습니다.

사용자에게 이러한 근로조건 서면 명시의무, 즉, 근로계약서 작성의무를 강요하는 이유는 근로자를 보호하기 위해서입니다. 왜냐하면, 사용자가 근로계약을 체결하면서 근로자에게 한 약속(근로조건)을 지키지 않은 경우, 그러한 약속(근로조건)이 있었다는 사실 그 자체는 근로자가 증명하여야 하는데, 사용자와의 약속을 단지 구두로 한 경우에 근로자는 그러한 내용의 약속이 있었다는 것을 스스로 증명하는 것은 대단히 어렵기 때문입니다. 이를테면, 근로자가 구두로 월 500만원을 받기로 하고 근로를 제공했는데 회사가 첫 달부터 임금을 주지 않아 근로자가 근로감독관에게 임금체불을 진정한 경우, 월 500만원을 받기로 한 사실은 근로자가 증명하여야 합니다. 그런데, 근로계약서를 작성하지 않았기 때문에 월 500만원을 받기로 하였다는 사실을 근로자가 증명하지 못하였다면, 근로감독관은 월500만원이 아니라 최저임금을 기준으로 월급을 산정하여 사용자에게 지급할 것을 명령합니다. 따라서, 근로자는 가능하다면 근로계약을 체결하는 단계부터 근로계약서를 먼저 보내 달라고 요구하는 것이 좋으며, 만일 그것이 여유치 않다면 근로조건에 대한 협상은 가급적 구두(말)로 하지 말고 이메일이나 문자 메시지로 하여 증거를 남겨두는 것이 좋습니다.

요즈음 웬만한 규모의 회사에서는 근로계약서 정도는 갖추어 두고 있기는 하지만, 소규모 회사의 경우에는 아직 그렇지 않거나 심지어 의도적으로 근로계약서를 작성하지 않는 경우도 있습니다. 특히, 임시직이나 일용근로계약을 체결할 때는 근로계약서를 반드시 작성하지 않아도 무방한 것으로 잘못 알고 있는 경우도 있습니다. 그러나, 근로의 형태나 근로기간의 장단을 불문하고, 심지어 하루를 일하는 일용근로자의 경우에도 근로계약서는 반드시 작성하여 근로자에게 교부까지 하여야 하는 것이고, 이를 위반하는 사용자에게는 과태료나 벌금이 부과됩니다.

사용자는 반드시 근로계약서를 작성하고 교부까지 하여야 한다고 하였는데, 그렇다고 하여, 반드시 근로계약서 그 자체를 반드시 작성해야 하는 것은 아닙니다. 이것은 말장난이 아닙니다. 왜냐하면, 근로기준법 제17조는 근로조건의 명시 및 교부의무를 규정한 것이지, 근로계약서 작성의무를 규정한 것은 아니기 때문입니다. 그런데, 이들 서면명시사항은 결국 '근로계약서'에 기재하게 될 것이므로, 실무상으로는 편의상 '근로조건의 서면명시의무'를 '근로계약서 작성의무'라 부르는 것 뿐입니다.3) 따라서, 사용자가 아래의 서면 명시 근로대상인 근로조건을 어떤 형식으로든 명시하여 근로자에게 서면으로 교부하면 근로기준법 제17조의 근로조건을 서면으로 명시한 것이지만, 설령 근로계약서를 작성하더라도 아래의 명시사항을 기재하지 않으면 근로기준법 제17조 서면명시의무 위반입니다.

---

3) 실무에서 주의하여야 하는 것은 근로계약서에 양 당사자의 서명이 없는 경우입니다. 통상 근로계약서는 사용자가 작성하기는 하지만, 계약서에는 반드시 계약 당사자의 서명 혹은 날인이 있어야 하는 것입니다. 그런데, 사용자가 계약서를 교부하면서 서명 혹은 날인을 하지 않은 경우가 있습니다. 이 경우에는 이론적으로는 적어도 서면명시사항을 교부한 것으로 보아야 할 것인데, 고용노동부 감독관은 이러한 경우에는 근로계약서로 인정하지 않을 뿐 아니라 근로기분법 제17조의 서면명시사항을 명시한 것으로 보지도 않습니다.

> (1) 공통사항 (정규근로자+기간제+단시간 근로자)
>   가. 공통 1 : 소정근로시간 (소정근로시간 및 휴게시간)
>   나. 공통 2 : 제55조에 따른 휴일 (주휴일, 공휴일 및 대체공휴일)
>   다. 공통 3 : 임금 (① 임금의 구성항목 ② 임금의 계산방법 ③ 임금의 지급방법)
>   라. 공통 4 : 연차유급 휴가
> (2) 추가사항 1 (기간제 + 단시간 근로자의 경우)
>   가. 계약기간,   나. 취업의 장소와 종사하는 업무
> (3) 추가사항 2 (단시간 근로자의 경우)
>   근로일 및 근로일별 근로시간

근로기준법 제17조에 따라 근로계약서에 모든 근로자에게 공통적으로 명시하여야 하는 사항은 ① 임금의 구성항목·계산방법·지급방법 ② 소정근로시간 ③ 제55조에 따른 휴일 (주휴일) ④ 연차유급 휴가입니다. 그리고, 이에 추가하여 기간제 근로자(근로계약 기간의 정함이 있는 근로자)와 단시간 근로자(사업장의 통상 근로자보다 소정 근로시간이 짧은 근로자)의 경우에는 ① 근로계약기간 ② 근로장소 ③ 종사업무를 반드시 기재하여야 하고, '단시간 근로자'의 경우에는 추가로 '근로일 별 근로시간'까지 명시한 근로계약서를 작성하여 교부해야 합니다. 특히, 임금의 경우에는 ① 임금의 구성항목 ② 임금의 계산방법 ③ 임금의 지급방법을 모두 서면으로 명시하여 근로자에게 교부하여야 합니다. 이러한 근로조건 명시 사항 위반시에는 아래와 같이 벌금내지 과태료가 각각 부과됩니다.

구분	정규직 근로자(기간의 정함이 없는 근로자)	비정규직 근로자(기간제 및 단시간 근로자)	
서면 명시 대상	1. 임금(구성, 계산, 지급방법) 2. 소정근로시간, 휴게시간 3. 주휴일 4. 연차유급휴가	1. 근로계약기간 2. 임금(구성, 계산, 지급방법) 3. 소정근로시간, 휴게시간 4. 휴일, 휴가(주휴일, 연차휴가) 5. 취업장소와 종사업무 6. 근로일별 근로시간	
조치 기준	14일 이내 시정 미시정시 벌금부과	적발 즉시 과태료 부과(2014.8.1부터)	
위반시 벌칙	500만원 이하 벌금(사법처리)	500만원 이하 과태료 - 6가지 모두 미작성시 총 240만원 과태료 부과 (50만x3)+(50만x3)	
		근로계약기간 미작성	50만원
		임금 미작성	50만원
		근로/휴게시간미작성	50만원
		휴일,휴가 미작성	50만원
		취업장소/업무미작성	50만원
		근로일근로시간미작성	50만원

　벌금(정규직 근로자)내지 과태료(비정규직 근로자)는 위반되는 근로자별로 각각 부과됩니다. 따라서, 정규직 근로자의 경우는 위반시 500만원 이하의 벌금(단, 14일 시정기간 있음), 비정규직 근로자의 경우에는 근로조건을 전혀 서면으로 명시하지 않은 경우라면 근로자 1인당 최대 240만원의 과태료가 부과될 수 있습니다(단, 벌금과 달리 과태료는 시정기간 없이 즉시 부과합니다).

3. 근로계약 체결시 금지되는 약정

　근로계약을 체결하면서 회사는 근로계약의 내용으로 혹은 근로계약의 내용과 별도의 약정으로 근로자들이 준수해야 하는 사항을 요구하는 경우가 있습니다. 이 경우, 근로자로서는 사실상 선택의 여지 없이 그러한 약정을 받아들여야 하는 경우가 대부분이기 때문에, 노동법은 근로자를 보호하기 위하여 근로계약을 체결하는 경우에 다음과 같은 내용의 약정을 하는 것을 엄격하게 금지하고 있습니다.

1. 위약금 약정 금지(근로기준법 제20조)
2. 전차금 상계의 금지(근로기준법 제21조)
3. 강제저금의 금지(근로기준법 제22조)
4. 퇴직금분할약정금지(근로자퇴직급여보장법 제8조)

(1) 위약금 약정 금지(근로기준법 제20조)

계약을 체결하면서 계약의 당사자는 상대방이 계약을 위반하는 경우에 그 계약 위반에 따른 '위약금' 혹은 계약위반으로 발생하는 손해배상을 미리 '일정한 금액'으로 할 것을 약정(예: 계약을 위반하는 경우에는 일천만원을 위약금으로 지급한다)하는 경우가 있는데, 이것을 '위약금 약정' 혹은 '손해배상의 예정'이라고 합니다. 그런데, 근로계약을 체결하면서 근로자의 근로계약의 불이행, 즉, 근로자가 근로를 제공하지 않는 것에 대하여 위약금 등을 예정하게 된다면, 결국 근로자가 근로를 제공하지 않는 경우에는 사용자에게 '위약금'을 물어 주어야 하기 때문에, 근로자로서는 위약금을 물지 않기 위해서 자신의 의사에 반하여 근로를 제공하게 될 위험이 있습니다. 따라서, 근로기준법 제20조는 근로계약을 체결하는 경우에 근로계약 불이행에 대한 위약금 또는 손해배상액을 예정하는 계약(약정)을 체결하는 것을 금지하고 있는 것입니다.

그 약정의 취지가 근로계약에서 약정한 근무기간 이전에 퇴직하면 그로 인하여 사용자에게 어느 정도의 손해가 발생하였는 지 묻지 않고 곧바로 소정의 금액(위약금)을 사용자에게 지급하기로 한다거나, 혹은 약정한 근무기간 이전에 퇴직하였다는 이유만으로 마땅히 근로자에게 지급되어야 할 임금을 지급하지 않거나 이미 지급받은 임금을 반환하기로 한 것(예: '약정된 계약기간 이전에 사직하는 경우에는 임금에서 OOO원을 차감하기로 한다')이라면, 이는 위 조항에 반하는 것이어서 그 효력이 인정되지 않습니다. 즉, 그러한 약정은 무효입니다. 이를테면, 장학금 수령을 조건으로 일정기간 근무하지 않으면 장학금 상당액을 임금이나 퇴직금에서 상쇄하기로 하는 약정이라든지, '근로자가 퇴직할 때는 30일전에 고지해야 하며, 만일 그 이전에 사직하는 경우에는 10일분의 일당을 차감 한다.'는 따위의 약정은 위약금 예정 금지에 위반되는 약정으로 볼 수 있으므로, 설사 근로자가 이에 동의하였다 하더라도 그러한 약정은 근로기준법 제20조에 위반되어 모두 무효입니다.

　그런데, '위약금 예정의 금지'는 근로자가 근로하고 싶지 않은 경우에도 '위약금' 때문에 퇴직하지 못하는 것을 방지하기 위한 것이지 (즉, 근로자의 자유의사에 반하여 강제로 근로시키는 것을 금지하는 것이지), 근로자가 사용자에게 실제로 손해를 발생시킨 경우에 배상해야 할 '실손해액'까지 면제해 준다는 의미는 아닙니다. 따라서, 위약금을 예정하는 것은 근로기준법에 위반되어 효력이 없지만, 사용자에게 발생한 '실손해'를 배상하도록 하는 것은 효력이 있습니다. 이를테면, 유니폼을 착용하거나 일정한 개인용 도구가 필요한 업종에 종사하는 근로자들의 경우, 회사는 이런 유니폼이나 개인용 도구를 무상으로 지급하지만, 이런 물품을 지급한 이후 6개월 이내에 퇴사하는 경우에 물품 제작에 필요한 비용을 회수한다는 규정이 있을 수 있는데, 이러한 규정은 위약예정의 금지에 위배되어 효력이 없을까요?

  결론적으로, 금지되는 위약금 또는 손해배상의 예정의 금지인지 혹은 허용되는 실비변상 약정인지는 구체적인 사안에 따라 개별적으로 판단되어야 합니다. 먼저 그 약정의 취지가 약정한 근무기간 이전에 퇴직하였다는 이유만으로 근로자에게 지급되어야 할 '임금'을 지급하지 않거나 '임금'을 반환하기로 한 것이라면, 이는 금지되는 위약금약정에 해당합니다. 따라서, 위의 사안에서 만일 퇴사하는 경우에 유니폼이나 개인용 도구의 비용에 해당하는 '임금'을 지급하지 않겠다는 취지의 약정이라면 그러한 '임금'을 지급하지 않는 약정은 금지되는 위약금 약정으로서 무효입니다(아래의 신문기사 따라잡기의 경우와 같이 '무사고 승무수당'을 20만원씩을 '월급'에서 공제하기로 한 약정은 결국 '임금'을 지급하지 않는 약정이므로 당연히 무효입니다). 그런데, 위의 사안에서는 마땅히 지급하여야 할 '임금'을 지급하지 않는 것이 아니라 지급한 물품을 제작하는 '일정액'의 '비용'을 회수한다는 약정입니다. 따라서, 회사에서 회수하고자 하는 유니폼이나 물품 회수 비용이 (실비정도가 아닌) 상당한 금액으로서 근로자에게 부당한 근로의 계속을 강요하고 직장 선택의 자유를 제한하는 정도에 이른다면 그러한 규정은 근로기준법 제20조에 반할 여지가 있을 것입니다. 반면에, 근로자가 반납해야 할 금액이 단순히 제복이나 물품을 제작하는 실비 정도에 그쳤다면, 이는 단순한 '실비변상'으로 보아야 할 것이므로 금지되는 위약금 또는 손해배상의 예정으로 보기는 어려울 것입니다.

신문기사 따라잡기

> 대법원 "교통사고 내면 기사수당 공제…근로계약 무효".(한겨레 2019 .06. 30. 최우리 기자)

기사가 교통사고를 안 내면 매월 20만원의 수당을 지급하되 사고를 내면 3개월 동안 '무사고 승무수당' 20만원씩을 월급에서 공제하도록 한 버스회사의 근로계약은 무효라는 대법원 판결이 나왔다.
대법원 3부(주심 조희대 대법관)는 근로기준법 위반 혐의로 기소된 버스회사 대표 장아무개(64)씨의 상고심에서 벌금 30만원을 선고한 원심판결을 확정했다고 30일 밝혔다.
장씨는 자신의 회사에서 2년 4개월 동안 근무하다 퇴직한 김아무개씨에게 무사고 승무수당 120만원과 연차휴가 수당 34만원을 지급하지 않은 혐의로 기소됐다.
이 회사는 기사들에게 매달 무사고 승무수당으로 20만원씩 주면서 기사가 교통사고를 낸 경우에는 3개월 동안 월급에서 20만원씩을 공제하기로 약정했다. 재판에서는 무사고 승무수당을 임금으로 볼 수 있는지가 쟁점이 됐다.
1·2심은 "무사고 승무수당은 매월 고정적으로 지급하기로 약정됐기 때문에 근로기준법상 임금에 해당한다. 교통사고를 낸 경우 무사고 승무수당을 임금에서 공제하기로 한 약정은 무효"라고 판단했다. 무사고 근로수당을 공제하기로 한 약정이 근로기준법이 금지하는 '근로계약 불이행에 대한 위약금 또는 손해배상액 예정'에 해당한다는 것이다. 또 재판부는 연차휴가 수당도 미지급됐다고 봤다.
대법원은 "근로기준법 관련 법리를 오해한 잘못이 없다"고 하급심 판단이 옳다고 봤다.

(2) 전차금 상계의 금지(근로기준법 제21조)

근로할 것을 조건으로 금전을 빌려주는 약정은 금지됩니다. 예컨대, 사용자가 근로자에게 이자부로 금전을 빌려주면서, 근로자가 전차금 채무를 모두 변제할 때까지 근로자가 장래에 받게 될 임금에서 원금과 이자를 모두 갚아 나가도록 한다면, 근로자가 원금과 이자를 모두 갚을 때까지 사실상 강제로 근로하는 결과가 초래될 수 있습니다. 따라서, 사용자는 전차금(前借金)이나 그 밖에 근로할 것을 조건으로 하는 전대(前貸)채권과 임금을 상계하지 못합니다(근로기준법 제21조)[4].

근로기준법 제21조에서 금지하고 있는 것은 사용자가 근로자에게 전차금 등을 대여하는 것 그 자체가 아니라 사용자가 그 대여금채권으로 근로자의 임금채권에 대해 일방적으로 상계를 하는 것입니다. 즉, '전차금 상계의 금지'는 근로자와 사용자 사이의 금전대차관계와 근로관계를 분리시킴으로써 근로자의 신분이 부당하게 구속되는 것을 방지하려는데 그 취지가 있는 것입니다. 따라서, 근로자 복지의 차원에서 이루어지는 주택자금 대여, 자녀 학자금 대여, 임금 가불 등의 경우에는 그것이 근로자의 요구에 따라 그의 편의를 도모하기 위해 이루어진 조치로서 이들 대여금의 변제와 근로관계가 서로 연관되지 않아 근로자가 대여금을 모두 변제하지 않아도 언제든지 근로관계를 종료할 수 있다면, 즉, 근로자의 퇴직의 자유가 확보되어 있다면, 이는 근로기준법 제21조 위반에 해당되지 않습니다.

---

[4] 전차금이란 근로계약을 체결하면서 근로를 제공할 것을 조건으로 사용자로부터 빌려 차후에 임금으로 변제해 나갈 것을 약정하는 돈을 의미하며, 전대채권이란 근로를 제공할 것을 조건으로 빌려주는 돈을 말한다.

신문기사 따라잡기

> 마에킨(前金).(서울신문 2011 .10. 03. 박대출 논설위원)

1863년 미국의 노예제도가 폐지됐다. 남북전쟁 직후였다. 해방 흑인들은 노동력밖에 없었다. 식료품이나 옷을 살 돈이 필요했다. 농장주에게 전차금(前借)을 받고 일했다. 일종의 선급금(先給)이었다. 전차금엔 높은 이자가 매겨졌다. 노동자들은 늘 빚에 쪼들렸다. 해방 흑인뿐만 아니었다. 가난한 백인도 마찬가지였다. 전차금 제도는 신(新)노예계약이었던 셈이다. 이런 악순환은 남부의 농업을 더 뻗어나지 못하게 했다.

2차 세계대전 전까지 이런 나라는 허다했다. 전차금이란 미리 받는 임금이었다. 일을 해서 갚기로 약정하는 돈이었다. 저임금으론 전차금을 갚기 어려웠다. 고리(高利)일수록 더했다. 근로자 착취로 이어졌다. 국가 개입은 전후에 이르러서다. 우리 근로기준법도 엄격하다. 전차금 상계의 금지를 명시하고 있다. 전차금을 임금으로 갚을 수는 있다. 이를테면 가불 같은 형태로 가능하다. 학자금 대여나 주택구입자금 대부 등이 이에 해당된다. 그러나 임금과의 상계 조건을 달지는 못한다. 빌려 쓴 '빚'과 미리 받은 '임금'을 구분한 것이다.

현실은 법과 다르다. 빚과 임금의 경계가 모호하다. 오히려 빚으로 더 많이 쓰인다. 전차금은 일본에선 전금(前金)으로 불린다. '마에킨'으로 발음된다. 우리나라에선 '마이낑' '마이킹'으로 변용됐다. 다양한 분야에서 쓰이는 속어다. 유흥가에서 많이 쓴다. 업주가 여종업원에게 빌려주는 돈이다. 고리의 이자가 붙기 십상이다. 여종업원들에겐 목돈이 필요하다. 성형은 아예 초기 투자다. 의상비, 주거비도 한두 푼이 아니다. 업주로부터 마에킨을 받아 충당할 도리밖에 없다. 수천만원에서 1억원대도 있다고 한다. 제일저축은행이 대형 사고를 쳤다. 마에킨을 담보로 불법 대출을 했다가 탈이 났다. 유흥업소에 빌려준 규모가 1546억원에 이른다. 밤무대 종사자를 상대로 무리한 짓을 벌였다. '강남 유흥업소 대출 특화상품'이란 이름으로. 이를테면 아가씨 담보 대출인 셈이다. 이자가 무려 18~23%에 달했

> 다. 멀쩡한 고객이 찾을 리 만무하다. 30개 업소는 폐업했고, 업주 36명은 신용불량자였다.
> 2000년 음반 발행이 연간 4000만장을 넘었다. 당시 음반업계는 전속금 명목으로 마에킨을 줬다. 마에킨이 수십억원에 달한 가수도 있었다. 마에킨은 몸값을 가늠하는 척도다. 하지만 수입이 보장될 때 얘기다. 그러지 못하면 마에킨의 노예가 된다. 어느 분야든 예외가 없다. 그 위험률은 액수와 정비례한다.

(3) 강제저금의 금지(근로기준법 제22조)

사용자가 임금의 일정액을 강제로 저축하게 하여 그 반환을 어렵게 한다면 근로자는 그 의사에 반하여 사업장에 구속될 우려가 있습니다. 따라서, 근로기준법 제22조는 근로계약에 덧붙여 강제저축 또는 저축금의 관리를 규정하는 계약을 체결하지 못하도록 강제저축의 계약을 금지하고 있습니다. '강제저축의 계약'은 사용자 자신이 근로자와 계약하는 것은 물론 은행, 우체국, 공제조합 등과 같은 제3자와 저축계약을 하는 것을 포함하며, 여기서 '근로계약에 덧붙여'라고 함은 근로계약의 체결 또는 존속 조건으로 하는 것을 말합니다. 예컨대, 저축하지 않으면 고용하지 않는다거나, 취업 후 저축계약을 체결하지 않으면 해고하는 경우 등이 여기에 해당할 것입니다. 또한, 사용자가 직접 근로자의 예금을 받아 관리하는 사내예금은 물론 사용자가 근로자의 예금을 받아 근로자 개인 명의로 은행 기타 금융기관에 예금하여 그 통장과 인감을 보관하는 경우라든지 예금의 인출을 금지·제한하는 것도 여기에 포함됩니다.

반면에 근로계약과 결부시키지 않고 근로자의 자유의사에 의한 저축금을 위탁받아 관리하는 계약을 금지할 이유는 없을 것입니다. 또한, 법률에 의한 근로자저축인 경우에는 특별법에 의한 것이므로 그 범위 안에서 강제저축이 가능할 것이지만, 이 경우에도 그 범위를 넘는 부분의 저축금을 관리할 경우에는 법위반이 될 것입니다.

 신문기사 따라잡기

> 한화證 월급 때 직원연금 도입…'불법' 논란.(연합뉴스 2015 .05. 22. 김경림 기자)
>
> 한화투자증권이 직원들의 월급을 떼어내 자사 주식을 매입하고 수익을 나눠주는 형태의 직원연금을 도입하는 안이 근로기준법에 저촉될 수 있어 논란이 불가피할 것으로 보인다.
> 22일 금융투자업계에 따르면 한화증권은 이르면 하반기부터 직원들의 월급의 일정부분을 떼어내 자사 주식을 사 연금 형태로 수익을 돌려주는 제도를 시행할 계획이다.
> 주진형 한화증권 사장의 아이디어로 적극적으로 추진되고 있지만, 이는 근로기준법에 위배된다는 지적이 나온다.
> 근로기준법 제22조 1항에는 '강제 저금의 금지' 항목이 있다. '사용자는 근로계약에 덧붙여 강제 저축 또는 저축금의 관리를 규정하는 계약을 체결하지 못한다'고 명시돼 있다. 회사가 근로자의 월급을 떼서 자사주를 사들이는 행위는 기본적으로 법 위반이라는 뜻이다.
> 사측이 근로자의 위탁으로 저축을 관리하는 경우에도 저축의 종류와 기간, 금융기관을 근로자가 결정해야 하고 근로자 본인의 이름으로 저축해야 한다. 또한 근로자가 저축증서 등 관련 자료를 열람하고자 하거나 반환을 요구할 때는 즉시 이에 따라야 한다고 돼 있다.
> 한화증권이 추진하는 제도를 그대로 인용할 경우 월급의 급여를 때 자사주를 산다는 것은 근로자 스스로가 저축의 종류를 결정하지 못한다는 뜻

이다. 근로자는 강제로 월급이 떼이는 판에 고스란히 자사주에 투입되는 것을 지켜봐야 한다.

다만, 회사측과 직원이 근로계약서 상 자신의 월급을 떼 자사주를 사는 것을 용인할 경우는 제도 시행이 가능하다.

개개인의 합의가 없는 한 전 직원이 월급을 강제로 떼일 이유가 없을 뿐 아니라 사측이 이를 강행한다면 불법이 된다는 뜻이다.

대부분의 증권사나 일반 회사들이 회사의 이익금으로 스톡옵션을 직원들에게 나눠주거나 이익이 나면 보너스로 주는 경우와 달리 한화증권은 직원들의 월급을 직접 떼내는 것이어서 논란이 불가피할 것으로 예상된다. 금융투자업계 한 노무사는 "임금은 전액 지불하는 것이 원칙이기 때문에 임금의 일부를 떼어낸다는 것부터 이미 말이 안된다"면서 "이를 적립, 펀드로 운용한 다음에 연금으로 돌려주겠다는 부분도 강제성 탓에 문제가 될 수 있다"고 전했다.

그는 "성과금이나 임금인상분에서 일부를 떼어내서 적립하는 건 있을 수 있으나 이 역시도 강제성이 문제가 된다"고 지적했다.

노동법에 정통한 한 로스쿨 교수는 "강제 저축이 허용되는 경우는 단체협약에 의해서만 가능하다"며 "보통의 경우 근로자측에서 먼저 요청할 경우에만 한다"고 설명했다.

그는 "사측에서 강제 저축을 시행하는 경우에는 근로자에게 이익이 되는 게 확실할 때 가능하다"고 말했다.

한화증권 측에서는 제도 추진은 맞지만, 아직 언제 시행할지 확정되지는 않았다는 입장이다. 노동조합 측에서는 아직 어떠한 합의 사항도 전달받은 게 없다고 선을 그었다.

한화증권 노동조합 관계자는 "직원들의 월급을 떼 자사주를 사는 안을 들어보기만 했지 사측에서 어떤 의견을 낸 것도 없다"면서 "아직 노조의 입장을 전할 단계가 아니다"고 설명했다.

(4) 퇴직금분할지급약정금지(근로자퇴직급여보장법 제8조)

퇴직금은 사용자에게 가장 부담이 되는 부채이기 때문에, 우리나라에서는 매달 임금을 지급할 때마다 임금과 함께 퇴직금을 분할하여 지급하는 이른바 '퇴직금 분할지급약정'이 일반적으로 통용되던 때가 있었지만, 2012년 7월 26일 근로자퇴직금보장법이 개정되면서 퇴직금 중간정산의 일종인 이러한 퇴직금 분할지급약정은 전면적으로 금지됩니다. 그럼에도 불구하고, 여전히 일부 회사에서는 근로계약을 체결하면서 '연봉'안에 각종 가산수당 등과 함께 퇴직금을 포함시키는 경우도 있습니다. 그러나, 퇴직금은 근로자가 퇴직하는 시점에 비로소 발생하는 것이기 때문에, 근로자가 퇴사하기 이전에 향후에 발생할 퇴직금을 임금과 함께 매달 지급하는 것은 허용되지 않습니다. 따라서, 회사가 매달 분할하여 퇴직금을 지급한 경우라 할지라도 근로자는 퇴직시 퇴직금을 지급할 것을 사용자에게 요구할 수 있습니다. 다만, 이러한 퇴직금분할지급약정이 근로자퇴직급여보장법에 위반되어 무효인 경우라 하더라도, 당사자의 의사가 임금과 별도로 퇴직금을 매달 지급하기로 사전에 맹백하게 약정하였고 실제로 매달 월급과 명확하게 분리하여 지급하였다면, 퇴사시 회사는 퇴직 당시의 평균임금을 기초로 퇴직금은 전액 지급한 후에 그동안 퇴직금조로 분할하여 지급한 금원은 부당이득이므로 반환할 것을 요구할 수는 있습니다. 그러나, 이 경우에도 근로자는 퇴사 당시의 평균임금으로 산정한 퇴직금과의 차액을 지급할 것을 요구할 수 있습니다. (부당이득 반환에 대한 자세한 사항은 퇴직금 중간정산을 참조하시기 바랍니다).

4. 경업금지 약정이란 무엇인가?

기업의 영업 비밀을 보호하기 위하여, 회사에서 기술직이나 영업비밀을 취급하던 근로자가 퇴직하여 경쟁 업체와 같은 동종업종에 진출하는 것을 일정기간 제한 또는 금지하는 계약을 '경업금지 약정' 혹은 '전직금지 약정'이라 합니다.

> **▌경업금지 약정(예)**
> 을은 갑의 사전동의를 얻지 아니하면 갑에서 퇴사한 후 2년 동안 갑과의 동종업종의 업체를 운영하거나 동종업체에 근무 할 수 없다.

'근로계약의 존속 중'에 근로자는 경업금지의무를 부담하고, 이는 근로계약에 수반되는 신의칙상의 의무라 할 것입니다. 그러나 '퇴직 후'의 경업금지 의무는 원칙적으로 당사자 사이에 약정이 있고 그 약정의 내용이 직업선택의 자유를 부당하게 제한하지 않는 범위 내에서 인정됩니다. 명시적인 경업금지 약정이 없음에도 신의칙 등에 의하여 사회통념상 퇴사한 근로자의 경업금지 의무가 인정된 사례는 존재하지 않고, 존재할 수도 없습니다.

'경업금지 약정' 혹은 '전직금지 약정'은 기업의 영업비밀 내지 주요영업자산을 보호하는 취지에서 인정되고 있기는 하지만, 반면에 이러한 약정은 근로자의 '직업선택의 자유'를 침해할 위험성이 있기 때문에, 특히 퇴사 후의 경업금지 약정은 매우 엄격한 요건하에 제한적인 범위 내에서 그 유효성이 인정되고 있습니다.

유효한 경업금지약정으로 인정되기 위해서는 먼저 보호되는 기업의 영업비밀이 경업금지 약정'에 의하여 '보호할 가치가 있는 사용자의 이익'으로 인정되어야 합니다. 보호할 가지가 있는 사용자의 이익'이란 공연히 알려져 있지 아니하고 독립된 경제적 가치를 가지는 것으로서, 상당한 노력에 의하여 비밀로 유지된 생산방법, 판매방법 그 밖에 영업활동에 유용한 기술상 또는 경영상의 정보를 말합니다. 또한, 경업금지 약정을 유효성을 판단하기 위해서는 근로자의 종전 회사에서의 지위 및 직무의 내용, 즉 근로자가 회사의 영업비밀에 접근할 수 있는 지위(직급)에 있었는지 여부, 근로자가 퇴직하게 된 동기나 사유 등 여러 사정을 종합적으로 고려합니다. 따라서 근로자가 종전 회사에서 영업비밀에 접근할 만한 위치에 있지 않았다거나, 혹은 근로자가 사용자로부터 원하지 않는 일방적인 해고를 당하였다거나 하는 사유 등이 있는 경우에는 근로자에게 경업금지 의무를 인정하기 어려울 것입니다.

시중의 근로계약서에 경업금지약정이 범람하고 있지만, 그러한 경업금지약정 중에서 실제로 유효한 경업금지약정은 1%도 되지 않을 것입니다. 특히, 대상조치가 따르지 않은 단순한 경업금지약정은 99.999% 무효입니다. '대상조치'라 함은 퇴사하는 근로자에게 경업금지 약정을 부가하는 대신, 그에 대한 대가로서 일정 금액을 지급하는 것 등을 의미합니다5).

---

5) '대상조치'에는 단순한 금전뿐 아니라 대상조치로 평가될 수 있는 모든 금전적 비금전적 조치를 포함합니다. 이러한 대상조치는 근로계약을 종결할 때에 근로자에게 '위로금' 형식으로 일정 금액을 지급하는 것이 일반적이지만, 대상조치의 시기에는 특별한 제한이 없는 것이므로 근로계약을 체결하면서 대상조치를 선행할 수도 있는 것입니다. 이를테면, 평소에 연봉 5천만원을 받는 근로자에게 이례적으로 연봉 1억원으로 계약을 체결하는 것도 대상조치를 선행하는 예의 하나로 볼 수 있을 것이고, 설령 금전적 보상이 아니라도 근로자가 사용자의 배려하에 오랜기간 고용을 보장받고, 한 가지 분야에서 전문성을 키우면서 적정한 승진 및 승급의 기회를 가질 수 있었던 것도 경업금지 약정에 대한 대상으로 볼 수 있다는 사례도 있습니다(서울고법 1998. 10.

설령 경업금지약정의 유효성이 인정되는 경우라 하더라도, 경업금지약정은 근로자의 생계수단을 심각하게 훼손하는 것이기 때문에, 경업제한의 기간은 과도하게 장기간이어서는 안되며 경업이 제한되는 직종은 사용자의 영업비밀과 직접 관련되는 직종으로 한정하여야 합니다. 따라서, 근로자의 지위나 재직기간 등에 비하여 지나치게 장기간에 걸친 경업제한은 허용되지 않으며, 대상 직종이나 업무를 한정하지 않고 '회사의 전 영업종목'이라는 식으로 포괄적으로 정하는 것도 인정되지 않습니다. 법원은 경업금지 약정에서 금지 기간이나 지역, 대상 직종을 정하고 있는 경우에도, 그것이 합리적인 범위를 벗어나 과도한 것이라고 판단되는 경우에는 합리적인 수준으로 감축하거나 조정하는 것이 일반적입니다. 예를 들면, 퇴직 후 2년의 경업을 금지 약정의 유효성 여부가 다투어진 사안에서, 법원은 12개월 정도의 기간에 한하여 약정의 정당성과 합리성이 인정되고 이를 초과하는 부분은 공서양속에 반하여 무효라고 판단할 수 있습니다.

 신문기사 따라잡기

> '경업금지'에 동의했다면, 이유 불문 동종업계 재취업은 불가능?(로톡뉴스 2022.08.14. 최희봉 기자)

모 드라마 제작사에서 약 2년간 일했던 A씨는 최근 동종 업계로 이직을 했다. 그런데, 새 회사에 적응할 새도 없이 A씨는 전 회사 사장으로부터 내용증명을 받았다.
전 회사 사장은 "근로계약서 작성 당시, A씨는 퇴직 후 3년간 국내외 동

---

29. 선고 98나35947 판결),

종 업계로는 이직하지 않겠다는 약정을 했다"면서 "이러한 경업금지 약정을 위반한 것"이라고 주장했다. 게다가 한 달 안에 이직한 회사에서 나오지 않으면, 손해배상을 청구하겠다는 내용까지 있었다.

하지만 A씨는 억울한 심정이다. 직전 회사에선 말단 직원에 불과했고, 특별한 기술을 배우거나 업무상 기밀을 다루지도 않았기 때문이다. 그런데도 근로계약을 맺을 때 경업금지 약정서를 썼다는 이유로 새 회사를 그만둬야 하는 걸까?

이와 관련해 변호사들은 "경업금지 약정서에 서명한 것만으로 그 내용이 모두 효력을 갖는 것은 아니다"라고 선을 그었다.

법률사무소 HY의 황미옥 변호사는 "설사 A씨가 경업금지 약정을 했더라도, 그 약정 내용이 근로자가 자유롭게 직업을 선택할 권리를 침해한다면 무효"라고 지적했다.

제이엘 파트너스 법률사무소의 임영호 변호사도 동일한 의견이었다. 임 변호사는 △경업금지 약정으로 보호해야 하는 사용자의 이익이 있는지 △경업금지 기간과 제한 지역은 합리적인지 △전 직장에서의 업무가 무엇이었는지 등을 종합적으로 따져봐야 한다고 반박했다.

그러면서 임 변호사는 "실무적으로 볼 때, 경업금지 약정 위반 여부는 상당히 엄격하게 판단이 이뤄진다"며 "이로 인해 경업금지 약정이 무효로 판단되는 경우가 많다"고 부연했다.

특히 법무법인 명율의 차인환 변호사는 "A씨가 전 직장에서 말단 직원으로 근무했을 뿐, 영업비밀 등을 다루는 업무에 종사하지 않은 것으로 보인다"며 "국내외를 통틀어 취업을 막는 등, 지역적인 제한이 없다는 점에서도 해당 경업금지 약정은 무효로 볼 수 있다"고 짚었다.

3년간 경업관계에 있는 국내외 업체에 취업하지 못한다는 조항 자체가 지나치게 포괄적이고 광범위하다는 지적이었다. 이런 경우 근로자의 직업 선택의 자유를 제한하게 되는 만큼 유효성을 인정받기 어렵다는 게 변호사들의 공통된 지적이다.

▌겸업금지 약정과의 구별

경업금지 약정과 구별하여야 하는 것이 '겸업금지 약정'입니다. '겸업금지 약정'이라 함은 근로자가 회사에 재직 중에 그 재직하는 직장 이외의 회사 등에 취업(이중취업) 한다든지 혹은 근로자가 부업으로 근로시간 외에 별도의 부수입을 가져오는 일체의 경제활동을 하지 않을 것을 약정하는 것을 의미합니다. '경업금지'와 달리 '근로계약의 존속 중에 근로자는 겸업금지'를 근로계약에 수반되는 신의칙상의 의무로서 당연히 부담하는 것은 아닙니다. 경업과 달리 '겸업'은 본질적으로 근로자 개인의 사생활 범주에 속하는 것이므로, 겸업이 근로자의 정상적인 직장생활에 지장을 초래하지 않는 한, 사용자가 이를 문제 삼는 것은 근로자 개인의 사생활에 대한 침해가 될 수 있기 때문입니다. 그러나 겸업으로 인하여 사용자에 대한 근로자의 노무제공에 지장을 초래한다든지 하는 등의 사정이 발생한다면, 이는 더 이상 근로자 개인의 사생활의 문제가 아니므로 사용자로서는 근로자의 겸직을 제한할 수도 있을 입니다. 따라서 사용자는 근로계약서 혹은 취업규칙에 근로자의 겸직금지를 규정할 수도 있으며, 이러한 겸직금지의 약정이 근로자의 사생활을 침해하여 무효라고 볼 수는 없습니다. 그러나, 구체적인 사정은 전혀 고려하지 않고 근로자의 일상적인 업무에 영향이 없는 근로자의 겸업에 대하여 무조건 징계에 처한다든지, 심지어 해고를 하는 겸업금지 약정은 불공정한 약정으로서 효력이 없을 것입니다.

 신문기사 따라잡기

"회사 다니며 배달 알바…'투잡' 해도 되나요?"(뉴시스 2022.02.05. 강지은 기자)

중소 유통회사에서 사무직으로 일하고 있는 A씨는 요즘 부업으로 배달 아르바이트를 해볼까 생각 중이다. 면세점에서 일하던 아내가 코로나19 여파로 지난해 일을 그만두면서 가계 수입이 크게 줄었기 때문이다. 그런데 몇 가지 마음에 걸리는 게 있다. '회사를 다니고 있는데 겸업을 해도 되는 걸까?' 특히 올해부터 배달 라이더 등도 고용보험 가입이 의무화되면서 A씨는 혹시라도 회사가 알게 될까봐 신경이 쓰인다.

코로나19 영향으로 배달 서비스 이용이 급증하면서 최근 일반 직장인들 사이에선 스마트폰 앱을 매개로 한 배달 알바를 부업으로 알아보는 이들이 적지 않다. 시간에 크게 구애받지 않는데다 일하는 만큼 벌 수 있어서다. 그런데 직장인들이 배달 알바 같은 부업을 알아보면서 가장 궁금해하는 것은 바로 '회사를 다니고 있는데 부업을 해도 괜찮냐'는 점이다.

우선 헌법 제15조를 보면 모든 국민은 '직업 선택의 자유'를 갖는다고 명시하고 있다. 즉 원칙적으로는 일반 직장인들이 겸직을 해도 법적으로 문제가 되진 않는다는 얘기다.

하지만 많은 회사들이 근로계약서나 취업규칙 등에 '겸직(겸업) 금지 조항'을 두고 있어 이를 확인할 필요가 있다.

만약 겸직에 대한 별다른 조항이 없거나, 겸직 금지 조항이 있더라도 회사로부터 사전 승인을 받아 업무시간 외인 퇴근 후나 주말 등을 활용한다면 부업을 할 수 있다.

다만 겸직으로 인해 지각이나 조퇴가 잦다면 징계 사유에 해당한다. 업무시간에 겸업을 하거나 회사 기밀을 누설한 경우, 회사의 명예를 심각하게 훼손한 경우 등도 문제가 될 수 있다.

일단 겸업 자체가 불법은 아니지만 현실적으로 회사에 얘기하는 것이 쉽지 않은 만큼 대다수의 직장인들은 회사 업무에 지장이 가지 않는 선에서 조용히 부업을 하고 있는 실정이다.

그러나 스마트폰 앱 매개의 플랫폼 종사자인 퀵서비스 기사(음식배달 기사 포함), 대리운전 기사도 올해부터 고용보험 적용을 받을 수 있게 되면서 배달 알바 등을 부업으로 하고 있는 이들은 회사가 알게 될까 우려하고 있다.

산재보험의 경우 중복가입이 가능해 부업으로 인해 산재보험을 신청해도 회사에 통보되지 않는다. 하지만 고용보험은 중복가입이 안 돼 이중 신청되면 회사에 통보된다.

다만 플랫폼 종사자의 고용보험 적용 기준은 월 보수 80만원 이상으로, 배달 등으로 번 월 소득이 80만원 미만이라면 고용보험 적용이 안 돼 회사에 통보되지 않는다.
그럼 부업으로는 월 79만원까지만 벌 수 밖에 없는 걸까.
그렇지 않다. 근로자와 택배기사 같은 특수고용직 종사자(특고) 간, 특고와 특고 간, 특고와 예술인 간은 고용보험의 이중 취득이 가능해 회사에 통보되지 않기 때문이다. 월 80만원 이상 벌어도 된다는 얘기다.
고용보험 외 하나 더 체크해야 할 것은 건강보험료다.
부업으로 소득이 늘어 건보료가 오르면 회사에 통보되는데, 그 기준은 '보수 외 소득'이 연 3400만원을 초과하는 경우다. 부업으로 연 3400만원 넘게 벌었다면 회사에 통보된다는 얘기다. 이 기준은 오는 7월부터 연 2000만원으로 하향된다.
다만 배달 등 일부 업종의 소득은 직장 가입자가 아닌 지역 가입자로 구분돼 회사에 통보되지 않는 만큼 업종별로 그 여부를 확인할 필요가 있다.

5. 사용자가 채용시 제시한 근로조건을 위반하는 경우에는 어떻게 구제받을 수 있을까?

근로계약을 체결하는 경우, 신의성실의 원칙을 준수해야 하는 의무는 근로자와 사용자 모두에게 인정되어야 하므로 구직자는 물론 사용자도 '진실고지의무'를 부담합니다. 즉, 사용자도 채용 절차를 진행하면서 구직자에게 근무환경이나 근로조건에 대해 미리 제시하고, 신의성실의 원칙에 따라 근로자에게 진실을 고지할 의무를 부담합니다.

그런데, 근로자가 막상 일을 시작하고 보니 회사가 애초에 제시한 근로조건이 제대로 지켜지지 않는 경우가 있습니다. 이를테면, 회사가 근로계약상 명시된 근로시간이 있음에도 근로자의 동의 없이 연장근로를 강요한다든지, 임금을 제대로 지급하지 않는 등 근로계약의 내용을 어기는 경우가 있습니다. 이러한 경우에 근로자는 이직을 고민하게 될텐데, 근로기준법은 이와 같이 근로기준법 제17조의 명시된 근로조건이 사실과 다를 경우에 근로자는 즉시 근로계약을 해지할 수 있는 근로계약 '즉시해지권'을 인정하고 있습니다'(근로기준법 제19조 제1항), 즉, 근로기준법 제17조의 명시된 근로조건이 사실과 다를 경우에 근로자는 사용자에게 사전에 통보나 예고를 하지 않고 근로계약을 즉시 해지할 수 있는 것입니다.6) 다만, 이러한 즉시해지권은 근로기준법 제17조에서 규정하고 있는 명시의무 위반의 경우(이를테면, 애초에 지급받기로 한 임금보다 적은 보수를 지급한다든지, 계약에서 정하지 않은 연장근로, 야간근로, 휴일근로 등을 강요한다든지 기타 근로기준법 제17조에서 명시하도록 사용자에게 의무를 부과하는 근로조건이 사실과 다를 경우)에 한하여 인정되는 것이고, 그 범위에 있지 않은 근로조건 위반의 경우에는 근로계약을 즉시 해지할 수 없고, 민법에서 정한 일정한 해지예고기간이 경과하여야 합니다(해지예고기간에 대해서는 제8장의 '1. 근로관계 종료의 법률관계'의 해당 부분을 참고하시기 바랍니다.)' 이러한 근로계약 즉시 해지권은 근로자가 근로조건이 사실과 다른 것을 안 경우에 즉시 행사하여야 합니다.

또한, 사용자가 거짓으로 근로조건을 고지·설명하거나 누락하거나 이행하지 않는 등 근로자의 채용을 유도하기 위해 진실고지의무의 이행을 다하지 않은 경우 근로자는 사용자에게 손해배상을 청구할 수 있습니다. 여기에서 손해배상의 산정 기준은 사용자가 명시된

---

6) 원래 계약을 해지하려면 민법에서 정한 일정한 해지예고기간을 지켜서 일정기간 이전에 사직할 것을 미리 통보해야 하는 것이지만, 그러한 해지예고기간을 정한 민법 제660조(기간의 약정이 없는 고용의 해지 통지)에 대한 특칙으로서 근로기준법 제17조가 적용되므로, 명시된 근로조건이 사실과 다를 경우에 근로자는 즉시 근로계약을 해지하고, 즉, 사직하고 당장 그 다음 날부터 출근하지 않아도 되는 것입니다.

근로조건을 제대로 이행하였다면 근로자가 받게 될 이익과 사용자가 이를 이행하지 않음으로써 발생된 상태와의 차액이 될 것인데, 이를테면, 애초에 지급받기로 한 임금보다 적은 보수를 지급하였다면 그 차액이 손해배상액이 될 것입니다. 나아가, 사용자가 제시한 근로조건을 믿고 취업하였는데 이것이 사실과 다르다면 그 회사에 취업하느라 다른 회사에 취업할 기회를 잃거나 종전 회사를 그만두었기 때문에 발생한 손해도 여기에 포함될 수 있을 것입니다. 그런데, 이러한 손해, 즉, 그 회사에 취업하느라 다른 회사에 취업할 기회를 잃거나 종전 회사를 그만두었기 때문에 발생한 손해는 '특별손해'라고 하는데, 이러한 특별손해는 당연히 인정되는 것이 아니라, 회사가 그러한 특별손해가 발생할 수도 있었음을 알거나 알수 있었을 경우에 한하여 인정된다는 것을 유의하여야 합니다.

특별손해가 인정되지 않는 이상 근로자의 통상손해에 해당하는 손해배상액은 그 액수가 높지 않은 것이 일반적인데, 근로자가 그러한 소액의 손해배상을 청구하기 위하여 법원에 소송까지 제기하는 것은 번거로운 일입니다. 따라서, 근로기준법은 근로자를 보호하기 위하여 근로계약 즉시해지권 외에도 손해배상청구를 법원이 아닌 노동위원회에 간이하게 청구할 수 있도록 하였습니다.

또한, 근로기준법은 법정 특별손해의 일종으로서 '귀향여비'를 인정하고 있습니다(근로기준법 제19조 제2항). 즉, 근로계약이 해지되었을 경우에 사용자는 취업을 목적으로 거주를 변경하는 근로자에게 귀향 여비를 지급하여야 합니다. 여기서 귀향여비는 귀향(거주 변경)에 필요한 일체의 비용을 말하는 것으로서, 근로자 본인뿐만 아니라 그와 생계를 함께 하는 가족 모두가 거주를 변경하는 과정에서 소요되는 교통비, 식비, 숙박비 및 가재도구의 이사 비용이 포함됩니다. 따라서, 취업을 목적으로 거주를 변경한 근로자는 만일 사용자가 임의로 귀향여비를 지급하지 않는 경우에는 노동위원회에 근로자에게 귀향 여비를 지급하도록 할 것을 청구할 수 있을 것입니다.

6. 수습기간중에는 근로자를 쉽게 해고할 수 있나요?

결론적으로 말해서 수습기간중에도 근로자를 쉽게 해고할 수 없습니다. 왜냐하면 수습기간이 있든 없든 근로자는 입사일로부터 정식 근로계약을 체결한 것이기 때문입니다. 수습근로자이든 일반근로자이든 근로자를 해고하기 위해서는 근로기준법 제23조의 '정당한 이유'가 필요합니다.

근로기준법 제23조의 해고의 정당한 이유라는 것은 사회통념상 도저히 더 이상 근로관계를 계속 유지하는 것이 불가능하다는 것을 의미하고, 단순히 근로자의 업무능력이 부족하거나 태도가 불량하다는 것만으로는 정당한 이유로 인정받을 수 없습니다. 따라서, 사용자가 해고를 할만큼 정당한 이유가 있다고 인정되는 것은 대단히 어렵습니다. 다만, 해고의 정당한 이유는 모든 근로자들에게 100% 동일하게 적용될 수는 없는 것이기 때문에, 수습기간 중에는 심각한 근태불량이 해고사유가 될 수도 있다는 것을 유념할 필요가 있습니다. 따라서, 수습기간 중에는 근퇴관리에 보다 신경을 쓸 필요가 있을 것입니다.

한편, 실무에서 수습과 시용을 혼동하는 경우가 많은데, 수습과 시용은 구별되어야 합니다. '수습'이란 일단 근로계약을 체결한 후에 근로자의 직업능력이나 사업장에서의 업무 적응 등을 위하여 일정 기간을 수습 기간으로 정하여 근무하도록 하는 것을 말합니다. 일반적으로 기업 내에서 수습은 견습생, 연수생 등으로도 불리웁니다. 반면에 '시용'이란 근로자를 본채용 전에 업무의 적격성을 판단하기 위하여 일정기간 시험적으로 고용하는 것을 말합니다. 즉, 사용자가 근로자 채용의 신중을 기하기 위하여 처음부터 근로자를 정규직원으로 임명하지 않고 일정한 기간을 정하여 시험적으로 근무하도록 하여 그 기간 중에 근로자로서의 적격 여부를 평가하여 본채용 여부를 결정하는 것을 시용이라고 합니다. 수습은 본채용이 된 것을 전제로 하지만, 시용은 아직은 본채용이 되지 않은 일종의 시험적 고용기간을 의미하므로, 시용기간이 경과하여 본채용이 되어야 비로소 정식 근로계약을 체결한 것으로 볼 수 있습니다.

수습의 경우에도 회사에서는 관행적으로 '본채용'이라는 용어를 사용하기도 하지만 (예: 수습근로자의 본채용을 거부할 수 있다), 시용과 달리 수습은 이미 본채용된 것을 전제로 한다는 점에서 이러한 용어 사용은 부적절하다는 것을 유의하여야 합니다. 따라서, 근로계약을 체결하는 경우에 만일 회사가 제시한 근로계약서에, 가령 '회사는 수습근로자의 본채용을 거부할 수 있다.'는 문구가 기재되어 있는 경우에는 반드시 회사의 의사가 무엇인 지 확인할 필요가 있습니다. 근로계약이 시용이냐 수습이냐에 관한 분쟁이 발생하는 경우에는 그 명칭이 아니라, 실질이 무엇인지에 따라서 법률관계가 결정되기 때문입니다.

한편, 수습기간과 달리 시용기간은 업무적격성 여부를 결정하는 단계이므로 해고의 정당성 여부는 통상적인 해고의 경우보다는 광범위하게 인정될 수 있습니다. 다만, 시용근로자의 경우라고 하더라도 회사가 본채용을 거부하는 경우, 즉, 시용근로자를 해고하는 경우에는 적어도 본채용을 거부할 만한 합리적인 이유는 존재하여야 합니다. 따라서, 회사가 아무런 이유 없이 본채용을 시용근로자의 본채용을 거부하는 경우에는 노동위원회에 부당해고구제신청을 제기하여 구제를 받을 수 있습니다.

▌ 수습 및 시용 근로계약의 근로관계

시용근로계약이든 수습근로계약이든 모두 사용종속관계를 전제로 하는 근로계약이라는 점에서는 동일하므로 양자 모두 근로기준법이 전면적으로 적용됩니다. 따라서, 4대보험 신고도 입사일로부터 14일 이내에 해야하고, 계속근로기간(근속연수)도 입사일로부터 기산하여야 합니다. 회사에 따라서는 재직기간을 산정하는데 있어서 시용기간이나 수습기간을 제외하는 경우도 있는데, 적어도 퇴직금이나 연차유급휴가를 산정하기 위한 계속기간에는 시용기간이나 수습기간을 반드시 포함시켜야 합니다.

수습이나 시용기간을 적용하기 위해서는 반드시 근로계약서상에 수습기간이나 시용기간이 적용됨을 명시하여야 하고, 수습기간 중에 임금을 적게 주려면 반드시 취업규칙이나 근로계약서에 수습기간 중 임금을 구체적으로 얼마를 지급한다는 규정이 있어야만 합니다. 만일, 그러한 규정이 없다면 수습기간 중에 임금을 감액할 수 없습니다. 한편, 1년 이상의 근로계약을 체결한 경우라면 수습기간중에는 3개월까지는 최저임금보다 적음 임금(최저임금의 90퍼센트 이상)을 지급할 수도 있고, 입사한 후 3개월 미만인 근로자를 해고하는 경우에는 해고예고를 하지 않아도 됩니다.

신문기사 따라잡기

> 아파트의 시설관리원이 수습기간 중 정당한 사유 없이 해고된 것과 관련해 관리원의 해고는 부당하다는 노동위원회의 판정을 인정하는 판결이 나왔다.(한국아파트신문 2022.11.16. 박상현 기자)

대전지방법원 제2행정부(재판장 윤성묵 부장판사)는 A경비용역회사가 중앙노동위원회 위원장을 상대로 제기한 부당해고 구제 재심판정 취소 소송에서 A사의 청구를 기각했다.

B씨는 2021년 1월부터 1년간 광주 북구의 한 아파트에서 시설 관리원으로 일하기로 A사와 근로계약을 체결했다. 입사 후 3개월의 수습기간을 거치는 조건이었다. 하지만 A사는 입사 다음 달 B씨에게 '수습기간이 끝나는 날 근로계약을 종료한다'고 통고했다. 입주민들로부터 민원이 잦다는 것이 그의 해고 사유였다.

이에 B씨는 전남지방노동위원회에 부당해고를 당했다며 구제신청을 냈다. 지노위는 'B씨는 수습근로자에 해당하고 해고에 합리적인 이유가 없으므로 부당해고에 해당한다'며 B씨의 주장을 받아들였다. 중노위도 지노위의 초심 판정을 인정했다. 그러자 A사는 노동위의 판정에 불복해 재심판정 취소를 요구하는 소송을 냈다.

재판에서 A사 측은 "B씨는 근로계약 체결 전부터 입주민을 밀어 넘어지게 하는 등으로 불화를 일으켰으며, 계약 후에도 근무태도에 대한 입주민들의 민원이 여러 차례 들어왔다"고 주장했다. B씨는 이 아파트에서 일하기 전인 2020년 12월 입주민 C씨와 서로 넘어뜨리고 밀친 혐의로 기소돼 광주지법으로부터 B씨는 벌금 300만 원에 집행유예 1년, C씨는 벌금 100만 원에 집행유예 1년을 각각 선고받은 바 있다.

재판부는 "B씨의 해고에 객관적이고 합리적인 이유가 없다"며 노동위의 판정을 인정했다. 재판부는 "B씨의 수습기간 중 실제로 민원이 제기됐다거나 민원의 구체적인 내용 및 경위 등을 확인할 수 있는 자료가 전혀 없다"고 지적했다. B씨가 폭행치상으로 유죄판결을 받은 것과 관련해 재판부는 "B씨의 형사사건은 근로계약 체결 전에 발생한 사건이었다"며 근로계약관계가 아닌 상태에서 벌어진 일은 정당한 해고 사유가 될 수 없다고 판단했다.

▎'채용 내정자'도 근로자인가?

'채용내정'이란 회사가 정한 전형절차에 의해 최종적으로 합격이 결정되었으나 아직 정식으로 입사하기 전의 상태, 이를테면, 공개 시험이나 추천을 통하여 학교 졸업예정자에 대해 채용예정자를 확정하고 일정기간이 경과한 후 "졸업" 등의 요건이 충족되면 채용할 것으로 약정한 상태를 의미합니다. '채용내정'은 '근로계약' 자체는 성립되었지만 아직 구체적인 '근로관계'에 편입되지 않았다는 점에서 시용이나 수습계약과 구별되며, 채용내정자가 현실적인 근로를 제공하고 있지 않다는 점에서는 '휴직' 유사한 상태에 있다고 해석됩니다. 따라서, 휴직의 경우와 마찬가지로 채용내정기간 중에는 임금 청구권이 발생되지 않는 것이 원칙이겠지만, 만일 사용자측의 사유로 인하여 예정된 취업기일이 연기된 경우에는 채용내정자에게 그에 해당하는 '휴업수당'을 지급하거나 혹은 그에 준하는 보상을 하여야 할 것입니다.

사용자가 채용내정을 통지한 후 정당한 사유 없이 내정을 취소한 때에는 불법행위가 성립하므로 회사는 근로자에 대하여 이에 대한 손해배상책임을 부담합니다. 이를테면, 근로자가 회사의 신입사원 채용 절차를 거쳐서 최종합격 통보를 받았는데, 신입사원 집체교육 일정이 연기되어 추후 공지한다는 연락을 받은 후 한달이 지나도록 연락이 없다가 이런저런 예상하지 못한 일들이 발생하여 회사가 부득이하게 채용을 취소한다고 통보한 경우, 채용 내정자는 회사에 대하여 손해배상을 청구할 수 있을 것입니다. 이 때의 손해배상의 내용은 근로자가 대기기간 동안 회사의 직원으로 정식채용되기를 기대하면서 다른 취업의 기회를 포기함으로써 입게 된 손해를 배상할 책임이 될 것인데, 그 구체적인 내용은 근로자가 채용되었으면 받았을 임금 상당액이며 사안에 따라서는 일정한 위자료가 인정될 수도 있을 것입니다.

제3장 근로시간과 휴게시간

1. 손님이 없어서 일하지 않고 대기하는 시간도 근로시간인가요?

'근로자가 아무 일도 하지 않고 그냥 대기하는 시간도 근로시간으로 보고 임금을 줘야 하나요?' 사장님이 가장 많이 하는 질문 중의 하나입니다.

'근로시간'이란 근로자가 '현실적'으로 근로를 제공하는 시간을 의미하는 것이 아니라 근로자가 사용자에게 근로를 제공할 수 있는 '상태'를 의미합니다. 따라서 근로자가 현실적으로 작업에 종사하지 않는 '대기시간'이나 '휴식시간'이라 하더라도 실질적으로 사용자의 지휘·감독 하에 놓여 있는 시간이라고 평가되는 경우에는 '근로시간'으로 보아야 합니다. 이를테면, 식당에서 손님이 뜸한 오후 시간에는 대기하다가 손님이 오면 일을 해야 한다면, 그것은 휴게시간이 아니라 실질적으로 사용자의 지휘·감독 하에 놓여 있는 대기시간이므로 근로시간으로 보아야 합니다(실근로시간주의). 따라서, 대기시간을 휴게시간으로 보고 임금을 지급하지 않았다면 근로자는 임금시효 소멸시효인 3년간 지급하지 않은 임금(대기시간에 해당하는 임금)을 지급할 것을 사용자에게 요구할 수 있으며, 근로자가 이미 퇴사하였다면 과거 3년간의 미지급 임금뿐 아니라 대기시간에 해당하는 임금을 평균임금에 포함하여 퇴직금을 재산정하여 퇴직금을 추가로 지급할 것을 요구할 수 있습니다.

제3장 근로시간과 휴게시간

> **▌실근로시간주의**
>
> 우리나라에서는 '실근로시간주의'에 따라 근로자가 실제로 근로를 제공한 '실근로시간'을 기준으로 근로자의 임금을 산정합니다. 이를테면, 업무시간이 오전 9시 ~ 오후 6시 (휴게시간 12시~13시)인 사업장의 근로자가 특정일에는 오전 10시에 출근하여 오후 7시에 퇴근하였다면, 오후 6시 이후의 근로는 업무시간 이후의 근로이므로 초과근로수당이 지급되어야 할까요? 아닙니다. 근로자의 실근로시간은 8시간이므로 초과근로수당이 지급되지 않습니다(실근로시간주의). 우리나라에서는 시간급으로 환산된 '월통상임금산정기준시간'으로 근로자의 임금을 지급하는데(통상시급(시간당 단가) x 근로시간 = 임금), 여기에서의 근로시간도 '실근로시간'을 의미합니다.

자! 이제 본론으로 들어가도록 하겠습니다. 과연 '근로시간'인지는 어떻게 판단할까요? 교육시간이나 회사 워크샵도 근로시간인가요? 업무시간 전에 출근하여 업무를 준비한다든지, 제복으로 갈아 입는다든지 하는 시간도 근로시간인지요?

이러한 질문에 대한 답변은 다음의 '근로시간 판단 공식'에 따르면 됩니다. 즉, ① 해당 근로시간이 근로계약, 취업규칙, 단체협약 혹은 사용자의 명령에 의하여 근로자에게 참석의무가 부여되어 있으며, ② 만일 참석하지 않는 경우에는 특정한 불이익이 따른다고 평가될 수 있다면 그것은 근로시간입니다. 예를 들어, 근무시간 이외의 교육이 사용자의 지시명령에 의해 이뤄질 뿐 아니라 그러한 지시명령에 따르지 않는 경우 일정한 불이익이 발생한다면 이는 근로시간으로 보아야 합니다. 반면에, 참석 여부가 근로자의 자율에 맡겨져 있어 참여가 강제되지 않는다면 근로시간으로 평가하기 어려울 것이며, 설령, 사용자가 교육에 근로자의 참석을 독려하는 차원에서 교육수당을 지급하였다고 하여 근로시간으로 인정되는 것은 아닙니다.

'근로시간'이란 사용자에 의하여 '의무'가 부과된 '상태'를 의미하므로, 근로자가 작업복으로 갈아입거나 업무를 준비하는 행위가 사용자의 구체적인 지시 등에 따른 것으로 평가될 수 있다면 근로시간이 개시된 것이므로 볼 수 있을 것입니다. 그러나, 사용자에 의하여 의무가 부과되지 않았음에도 근로자가 자의적으로 시업시간 이전에 출근하여 작업복으로 갈아입는다든지, 자발적으로 업무를 준비한다든지 한 것이라면 아직은 근로시간이 시작된 것으로 보기 어렵습니다.

마찬가지로, 근로시간이 끝나는 종업시각은 근로자가 사용자의 지휘·감독으로부터 벗어났다고 볼 수 있어야 하므로, 설령 작업이 끝났어도 계속하여 사용자의 지휘·감독아래 있다고 평가될 때는 여전히 근로시간이 종료하지 않았다고 보아야 합니다. 이를테면, 사용자의 지휘·감독아래 하는 작업도구의 정돈, 기계·기구의 정비·점검, 사업장의 청소·인계·인수 등은 근로시간의 연속으로 보아야 할 것이므로 사용자의 지휘감독아래 있는 한 근로시간으로 볼 수 있을 것입니다. 그리고, 이러한 근로시간 시업과 종업시간 전후의 시간들은 연장근로에 해당하므로, 상시 5인 이상 사업장의 경우에는 연장근로수당을 추가로 지급하여야 합니다.

그 외에 법률의 규정 등에 의하여 근로시간으로 간주되는 경우는 당연히 '근로시간'으로 보아야 할 것입니다. 이를테면, 근로자의 노사협의회 참석시간(근로자참여및협력증진에관한법률 제9조제 3항), 법령에 따라 사용자가 행하는 교육훈련(예: 산안법상 사업주의 의무로 되어 있는 교육, 소방법 제8조의3에 의한 소화, 통보, 피난 등의 소방훈련) 등이 그것입니다. 따라서, 이러한 교육이나 훈련을 소정근로시간외에 행하여 진다면 이를 근로시간으로 보고 그 시간에 해당하는 임금이 지급되어야 합니다.

2. 법정근로시간이란 무엇인가?

'법정근로시간'이란 '법'으로 정한 '기준 근로시간'을 의미하는데, 현행 노동법상 법정근로시간의 규제 방식은 원칙과 예외의 규율방식을 취하고 있습니다. 즉, 근로기준법은 원칙으로서 1일 8시간 및 1주 40시간(연소자는 1일 7시간, 1주일 35시간)이라는 기본 법정근로시간의 상한을, 그리고 그에 대한 예외로서 근로자와의 '합의'하에 1주 12시간(연소자는 1일 1시간 1주5시간)의 연장근로시간을 인정하고 있습니다. 따라서, 근로자의 1주 최대 근로시간은 52시간(소정근로시간 40시간 + 연장근로 12시간)입니다[1]. 다만, ① 임신중인 근로자는 어느 경우에도 연장근로가 절대적으로 금지되며 ② 1년 미만 산후여성은 1일 2시간, 1주 6시간, 1년 150시간을 초과하는 연장근로가 금지됩니다.

유의할 점은, 1일 8시간, 1주 40시간이라는 근로시간의 제한은 각각 독립된 '1일'과 '1주'의 법정 상한시간을 의미한다는 것입니다. 이를테면, 1일 10시간을 1주 4일 근로하는 경우의 1주 근로시간은 40시간(10시간 × 4시간)으로서 1주 최대 근로시간인 40시간을 넘지 않지만, 1일 근로시간(10시간)은 1일 최대 근로시간인 8시간을 넘기 때문에, 결국 법정근로시간을 초과한 것으로서, 1일 2시간의 초과근로가 발생하므로 상시 5명이상 사업장의 경우라면 초과근로에 대해서는 통상임금의 50%를 추가로 지급해야 합니다. 따라서, 동일하게 1주 40시간을 근로하는 사업장임에도 불구하고 어떤 사업장은 1일 근로시간이 8시간을 넘는다면 초과근로가산수당(통상임금 50%)을 근로자에게 지급해야 하는 것입니다. 마찬가지로, 연소자(15세 이상 18

---

[1] 연소자 근로자의 1주 최대근로시간은 40시간(35시간+5시간)입니다.

세 미만의 근로자)의 경우에는 법정근로시간이 1일 7시간 1주 35시간이기 때문에, 만일 연소자인 근로자가 일반 근로자와 동일하게 1일 8시간 1주 40시간 근로하는 경우에는 1일 1시간의 초과근로수당이 추가로 지급되어야야 합니다.

▎법정 근로시간 정리

구분		법정근로시간		연장근로	야간·휴일근로
		1일	1주		
성인 근로자	남	8시간	40시간	당사자간의 '합의'로 1주간 12시간 이내	제한 없음 (연장근로 합의로 족함)
	여			당사자간의 합의로 1주간 12시간 이내(남성과 동일) 단, ① 임신 중인 여성은 어느 경우도 연장근로 불가 ② 1년 미만 산후여성은 단체협약이 있는 경우라도 1일 2시간, 1주 6시간, 1년 150시간을 초과하는 연장근로 불가	근로자 본인의 동의 단, 임신 중인 여성은 본인의 명시적 청구와 고용노동부장관의 인가 필요, 1년 미만 산후여성은 본인 동의와 고용노동부장관의 인가 필요
연소근로자 (18세 미만)		7시간	35시간	당사자가 합의하면 1일 1시간, 1주 5시간 한도로 연장근로 가능	본인 동의와 고용노동부장관의 인가 필요

3. 소정근로시간이란 무엇인가?

'소정근로시간'이란 사용자와 근로자가 근로계약을 체결할 때 합의한 '기본근로시간'을 의미합니다. 구체적으로는 '시업시각'에서 '종업시각'까지의 시간 중 휴게시간을 제외한 근로시간이 될 것입니다. 그런데, '소정근로시간'은 사용자와 근로자가 합의했다고 하여 아무 제한 없이 인정되는 것이 아니라, 반드시 근로기준법에서 정한 '법정근로시간'(1일 8시간 1주 40시간)을 초과하지 않는 범위에서 정해야 합니다.

한편, 소정근로시간은 실근로시간 내지 총근로시간과 구별하여야 합니다. 소정근로시간은 근로계약서를 작상할 때 사용자와 근로자가 사전적으로 합의한 원칙적인 근로시간(기본근로시간)을 의미하지만, '실근로시간'은 그러한 소정근로시간(기본근로시간)에 추가하여 근로를 제공하는 연장·야간·휴일근로시간을 합한 '총근로시간'을 의미합니다. 뒤의 '임금'에서 중요하게 다룰 '통상임금'도 결국은 '소정근로'에 대한 대가를 의미하기 때문에, 개념논리적으로 통상임금에는 소정근로에 대한 대가가 아닌 연장, 야간, 휴일 근로의 대가는 포함되지 않는 것입니다. 따라서, 근로계약서를 작성할 때에는 '소정근로시간'을 표시하는 것이지, 연장·야간·휴일 근로시간을 표시하는 것이 아닙니다. 연장·야간·휴일 근로시간은 소정근로시간과 같이 사전에 합의하는 성격의 근로시간이 아니기 때문입니다. 그런데, 실무에서는 근로계약서에 소정근로시간 외에 고정적인 연장·야간·휴일 근로시간을 이른바 'OT(Overtime)'라는 명칭으로 포함시키기도 하는데, 이러한 근로계약서를 포괄역산형 근로계약이라고 부릅니다.

이러한 포괄역산형 근로계약은 상당히 문제가 많은 형태의 근로계약이기 때문에, 최근에 고용노동부에서는 이른바 '포괄임금형태의 근로계약'에 대하여 대대적으로 단속할 예정이라고 합니다..

이러한 소정근로시간의 기능은 ① 연차수당, ② 주휴수당, ③ 실업급여, ④ 사회보험의 가입자격, ⑤ 통상임금 및 최저임금의 산정 기준 ⑥ 초단시간 근로자(소정근로시간이 1주 15시간 미만인 근로자)의 기준이 된다는 것입니다. 즉, 연차수당이나 주휴수당, 휴업수당 등은 근로자의 실근로시간이 아니라 '소정근로시간'을 기준으로 산정될 뿐 아니라, 초단시간근로자 여부도 소정근로시간으로 결정됩니다. 이를테면, 소정근로시간이 짧은 단시간 근로자의 '실근로시간(총근로시간)'이 '소정근로시간'보다 훨씬 많다고 하더라도(단시간근로자도 당사자사이의 합의내지 동의로 1주 12시간까지 연장근로가 가능하기 때문입니다), 연차수당이나 주휴수당 등을 산정할 때는 연장근로시간을 제외한 '소정근로시간'만을 기준으로 하기 때문에, 결국 단시간 근로자의 연차수당이나 실업급여 등은 단시간 근로자의 소정근로시간 만큼 비례하여 감소되는 것입니다.

▮ 소정근로시간의 판단

소정근로시간은 ① 연차수당, ② 주휴수당, ③ 실업급여, ④ 사회보험의 가입자격, ⑤ 통상임금 및 최저임금의 산정 기준 ⑥ 초단시간 근로자의 기준이 됩니다. 이를테면, 주휴수당은 1일 소정근로시간 x 통상임금(임금의 시간당 단가)입니다.

1. 일반 근로자의 소정근로시간(최대 1일 8시간, 1주 40시간)

   예) 소정근로시간을 1주 4일, 1일 9시간으로 정한 근로계약

   1주 기준으로는 40시간 이내이지만, 1일 기준으로는 8시간을 넘는 9시간

이므로 이는 유효한 소정근로시간의 합의로 볼 수 없다. 따라서, 근로자와 1일 1시간의 연장근로에 합의해야만 유효한 근로계약으로 볼 수 있을 것입니다.

2. 단시간 근로자의 소정근로시간

단시간 근로자의 1일 소정근로시간은 4주간의 소정근로시간을 그 기간의 통상 근로자의 총 근로일수로 나누어서 비례적으로 산출하므로(근로기준법 시행령 별표2) 해당 사업장이 1주 5일 사업장이냐, 1주 6일 사업장이냐에 따라 단시간 근로자의 소정 근로시간이 달라집니다.

1) 주 5일(예: 월~금), 1일 4시간으로 정한 경우(통상근로자 주5일, 40시간)

   (4시간 × 5일 × 4주) ÷ (5일 × 4주) = 4시간

   20시간/40시간 × 8시간 = 4시간

2) 주 3일(예: 월,수,금), 1일 6시간으로 정한 경우(통상근로자 주5일, 40시간)

   (6시간 × 3일 × 4주) ÷ (5일 × 4주) = 3.6시간

   18시간/40시간× 8시간 = 3.6시간

3) 주 5일(예: 월~금), 1주 15시간, 2주 20시간, 3주 25시간, 4주 20시간
   (통상근로자 주5일, 40시간)

   (15시간 + 20시간 + 25시간 + 20시간) / (5일 × 4주) = 4시간

   8(0시간÷160시간) × 8시간 = 4시간

4) 1주 1 일 10시간 (1일 8시간을 초과하는 2시간은 연장근로에 해당)

   8시간 × 4주 = 32시간/20일 = 1.6시간

4. 연장근로란 무엇인가?

기본근로시간인 '소정근로시간'을 '초과'한 근로시간을 '초과근로시간' 혹은 '연장근로시간'이라고 합니다. 그런데, 이러한 기본근로시간을 초과하는 연장근로는 당연히 인정되는 것이 아니라 반드시 '당사자 간에 합의'하에, 그리고 1주 최대 12시간을 한도로 인정됩니

다. 따라서, 근로자의 1주 최대 근로시간은 52시간(소정근로 1주 40시간 + 연장근로 1주 최대 12시간 = 52시간)입니다.

> **┃ 1주 52시간제**
>
> 　근로자의 1주 최대 근로시간은 원래부터 '52시간'(소정근로 1주 40시간 + 연장근로 1주 최대 12시간 = 52시간)이었습니다. 그런데, 비교적 최근에 들어서 '1주 52시간제를 드디어 전면적으로 시행한다'는 문구를 매스컴에서 자주 접하셨을 것입니다. 이것은 도대체 어떻게 된 것일까요?
>
> 　그것은 2018년 개정 근로기준법이 '1주란 휴일을 포함한 7일을 말한다'는 규정을 신설한 것을 의미합니다. 1주란 당연히 7일인데 왜 이런 뻔한 규정을 두었을까요? 이 개정에서 중요한 단어는 '휴일을 포함'한다는 것입니다.
>
> 　개정 근로기준법 이전의 행정해석은 1주 52시간에서의 '1주'를 휴일을 포함한 7일로 보지 않고, 휴일을 제외한 소정근로일로 해석하였습니다. 이를테면, 1주일 5일 일하는 사업장의 경우 소정근로일은 1주 5일이 될텐데, 1주 소정근로일이 5일인 사업장의 최대 근로시간은 1주 52시간이고, 소정근로일이 아닌 휴일(주휴일)에 하는 휴일근로는 1주 52시간에 포함시키지 않았습니다. 따라서, 1주 5일의 소정근로일 동안 52시간을 근로한 경우라고 하더라도, 휴일(주휴일)근로 8시간은 1주 52시간 근로에 포함되지 않으므로, 결론적으로 1주 60시간(1주 52시간+휴일 8시간)근로가 가능하였습니다. 나아가, 토요일을 휴무일이 아닌 약정 휴일로 정하는 경우에는 1주 최대 68시간(1주 52시간+휴일 16시간(토요일 8시간 +일요일 8시간))까지 가능하다고 보았습니다. 그런데, 2018년 개정 근로기준법이 '1주란 휴일을 포함한 7일을 말한다' 는 규정을 신설하였기 때문에 소정근로일뿐 아니라 비소정근로일인 휴일(휴무일)을 포함하여 1주 최대 12시간까지 연장근로가 가능하게 된 것입니다. 따라서, '1주 52시간제를 드디어 전면적으로 시행한다'는 문구의 의미는 휴일(휴무일)을 포함하여 1주에 최대 52시간 근로가 가능하다는 의미로 해석하시면 됩니다. 즉, 소정근로일에 52시간을 모두 다 근로하였다면, 과거와 달리 휴일근로가산수당을 지급하더라도 더 이상 휴일근로를 근로자에게 시킬 수 없는 것입니다.

한편, 근로기준법에는 1주 단위의 최대 연장근로시간 (1주 12시간) 만 규정되었을 뿐, 1일 단위의 최대 연장근로시간은 규정되어 있지 않으므로, 특정 주 내의 1일 최대 연장근로는 12시간이 가능할 것입니다. 따라서, 1일 최대 근로시간은 20시간(8시간+12시간)이 될 것입니다. 가히 살인적인 장시간 근로라 할 것입니다. 따라서, 최근에는 근로일과 근로일 사이에 반드시 11시간 이상의 절대적 휴식시간을 두도록 하는 '일간휴식제'가 우리나라에도 도입되기 시작하였습니다. 현재 일간휴식제는 제한적으로 실시되고 있지만, 향후에는 모든 근로자들에게 적용될 것으로 예상됩니다.

▍일간휴식제란 무엇인가?

운송업, 병원과 같은 특례업종(공익업종)[2]에는 1주 최대 연장근로시간 12시간의 제한이 없을 뿐 아니라. 1일 초과 연장근로의 상한선이 설정되어 있지 않았기 때문에 근로자의 피로가 누적되어 오히려 공중의 안전을 저해하는 문제가 발생할 수 있으므로 특례업종의 연장근로시간의 상한을 설정할 필요가 있다는 문제의 제기가 있었습니다. 이에 개정 근로기준법은 근무일 사이에 11시간 이상의 연속 휴식시간을 보장하는 '일간 휴식제도'를 도입하였습니다(근로기준법 제59조 제2항). 또한, 근로자대표와의 서면 합의에 따라 3개월을 초과하는 탄력적 근로시간제를 실시하거나, 선택적 근로시간제에서 신상품 또는 신기술의 연구개발 업무의 경우 1개월을 초과하는 정산기간을 정하는 경우, 사용자는 근로일 종료 후 다음 근로일 개시 전까지 근로자에게 연속하여 11시간 이상의 휴식시간을 주어야 합니다. 따라서, 현재 우리나라에서 일간휴식제는 위의 세가지의 경우에 한하여 인정되고 있습니다.

---

[2] '사업의 특성'에 비추어 공익적 성격을 갖춘 일부 특례 업종에 대해서는 일반공중의 생활 불편을 감소시키기 위하여 연장근로시간의 제한인 1주 12시간을 초과하여 근로하게 하거나 휴게시간을 변경할 수 있습니다('공익업종에 대한 근로시간·휴게시간 특례(근로기준법 제59조)' 참조: 94쪽).

신문기사 따라잡기

> 근로시간 '1주 52시간→최대 69시간' 바뀌나(한겨레 2022.11.17. 최정훈 기자)

현재 1주 단위로 최대 52시간인 근로시간이 경우에 따라 69시간까지 늘어날 전망이다. 윤석열 정부에 노동시장 개혁방안을 권고할 전문가 집단인 '미래노동시장연구회'가 근로시간 제도 개편 논의 내용을 공개했는데, 연장근로 한도 단위기간을 현행 '주'에서 '월·분기·반기·연' 등으로 유연화하되 단위기간이 길어지면 연장근로시간을 감축하는 방안을 유력하게 검토중이다.

17일 미래노동시장연구회(이하 연구회)는 서울 중구 로얄호텔에서 그동안 논의한 근로시간 제도개편 논의사항을 외부 전문가들과 함께 검토하고 언론 브리핑을 통해 내용을 공개했다. 먼저 연구회는 현재 '1주 12시간'인 연장근로 한도를 △월 △월·분기·반기 △월·분기·반기·연 등으로 정하는 안을 두고 검토중이라고 밝혔다. 사업장 특성에 맞게 연장근로 관리기간을 정한다는 취지지만, 특정 시기 집중근로에 따라 1주 12시간 이상의 연장근로가 가능해져 노동자의 건강권을 해칠 수 있다는 우려가 제기돼왔다. 연구회는 "장시간 집중근로를 방지하기 위해 근무일 사이 '11시간 연속휴식' 등의 건강보호조치 도입을 검토하겠다"고 밝혔는데, 이를 바탕으로 하면 다른 주에 연장 근로를 덜한다는 전제 아래 주 69시간까지 근무가 가능하다. 다만 연구회는 단위기간이 확대되면 연장근로 총량을 줄이는 방안도 유력하게 검토하고 있는 것으로 파악됐다. 일본이 월 단위로는 45시간까지 연장근로를 가능하게 하되, 연 단위로는 540시간(45×12)이 아니라 360시간을 한도로 정하는 것과 비슷하다.

> **■ 연장근로시간의 최대 한도**
>
> **18세 이상 남녀 근로자의 연장근로시간(근로기준법 제53조)**
> 18세 이상 남녀 근로자의 경우에는 1주간 12시간을 한도로 연장근로가 인정되므로, 18세 이상 근로자가 1주일 동안 최대로 일할 수 있는 근로시간은 52시간(40시간+12시간)입니다.
>
> **15세 이상 18세 미만자(15세 미만으로 취직인허증을 발급받은 자 포함)**
> 15세 이상 18세 미만 연소자는 1일 7시간, 1주 35시간을 초과하지 못합니다. 다만, 당사자의 합의로 1일에 1시간, 주 5시간을 한도로 연장근로 할 수 있습니다.
>
> **임신 중인 여성 근로자 금지(근로기준법 제74조)**
> 임신 중인 여성근로자의 연장근로는 절대로 금지될 뿐 아니라, 오히려 1일 2시간의 근로시간 단축 청구권이 인정되고 있습니다.(근로기준법 제74조 제7항)
>
> **산후 1년이 경과하지 아니한 여성근로자(근로기준법 제71조)**
> 산후 1년이 경과하지 아니한 여성근로자는 1일 2시간, 1주일 6시간, 1년에 150시간까지만 연장근로가 허용됩니다. 1일, 1주일, 1년의 제한은 각각 독립적으로 적용되므로, 이를테면, 1일 2시간 1주 5일 근로하는 것은 1주 10시간 근로로서 1주 6시간을 초과하므로 허용되지 않습니다.

　근로자의 연장근로는 당연히 인정되는 것이 아니라 반드시 '당사자 간의 합의'하에 인정된다고 하였습니다. 따라서, 근로자와 합의하지 않고 연장근로를 시키는 것은 물론이고, 설령 합의를 하였더라도 1주 12시간 이상 연장근로하는 경우에는 근로기준법에 위반으로서 처벌의 대상이 됩니다. 나아가, 근로자와 합의되지 않은 상태에서 연장근로를 거부하는 근로자를 해고하는 것은 정당한 이유가 결여된 부당해고로 인정될 것입니다. 또한, 명시적 합의가 아닌 '묵시적 합의'에 의한 연장근로는 인정되지 않습니다. 이를테면, 사업장에서 연장근로를 관행적으로 해 왔더라도 이를 묵시적 합의에 의한 연장근로라 볼 수는 없습니다. 그러한 묵시적 합의를 인정한다면, 근로기준법을 명시적으로 지킬 사용자는 아무도 없을 것입니다.

> **▎ 연장근로에 대한 가산수당의 지급**
>
> 상시 5인 이상의 근로자를 사용하는 사업 또는 사업장의 경우에는 연장근로시간에 대하여 시간급 통상임금의 100분의 50이상을 가산하여 지급하여야 합니다.(근로기준법 제56조 제1항). 여기에서의 '연장근로'란 근로기준법에서 정한 법정근로시간인 1주 40시간, 1일 8시간을 초과하는 근로를 의미합니다. 1주 40시간을 초과하지 않더라도 1일 8시간을 초과하거나, 1일 8시간을 초과하지 않더라도 1주 40시간을 초과하는 것은 연장근로이므로 그에 해당하는 연장 가산임금을 지급하여야 합니다. 그런데, 가산 임금이 지급되는 연장근로시간으로 인정되기 위해서는 원칙적으로 근로자와 사용자의 명시적 혹은 묵시적 합의가 있거나 그러한 관행이 존재해야 한다는 점을 유의하여야 합니다. 즉, 사용자의 연장근로 지시에 대한 근로자의 동의 혹은 근로자의 연장근로 청구에 대한 사용자의 승인이 있거나 사용자가 연장근로수당을 지급하는 관행이 사업장에 확립되어 있어야 연장근로에 대한 가산임금을 인정할 수 있는 것입니다. 따라서, 별다른 일이 없어도 사무실에 오래 남아 있다고 해서 당연히 연장근로로 인정받을 수 있는 것은 아닙니다. 실무에서 보면, 근로자가 단지 출퇴근기록만을 가지고 연장근로를 청구하는 경우가 있는데, 위의 세 가지의 경우 중 어느 하나에 해당함을 근로자가 증명하거나 적어도 그 연장근로시간 중에 실제로 수행한 업무를 구체적으로 주장하지 않는 한, 단지 출퇴근기록만으로 근로자의 연장근로에 대하여 가산임금이 인정될 수 있는 것은 아닙니다.

5. 유연적 근로시간제란 무엇인가?

법정 근로시간 1일 8시간 및 1주 40시간의 제한은 각각 1일과 1주의 법정 상한시간을 의미하므로, 1주 40시간을 넘지 않아도 1일

8시간을 넘는 경우에는 법정근로시간을 초과한 것이 되어 사용자는 50% 가산 임금(연장근로수당)을 지급하여야 합니다. 그런데, 이러한 정형화된 법정근로시간제도는 구체적인 사정에 비추어 볼 때 적절하지 않을 수도 있기 때문에, 근로기준법은 이러한 경직된 법정 근로시간제도를 유연적으로 적용하는 유연적 근로시간제도로서 ① 탄력적·선택적 근로시간제도, ② 간주 및 재량근로시간제도를 인정하고 있습니다 이 두 유형의 근로시간제(①, ②)의 차이는 ① '실근로시간'을 기준으로 임금을 주느냐(탄력적·선택적 근로시간제도), 아니면 ② 실근로시간과 무관하게 일정한 근로시간을 근로한 것으로 간주하고 간주된 근로시간대로 임금을 주느냐(간주 및 재량근로시간제도)입니다.

먼저, 전자(①)는 일정한 단위기간(탄력적 근로시간제) 혹은 정산기간(선택적 근로시간제)을 평균하여 근로시간이 1주 40시간 이내라면 설령 특정 주의 근로시간이 1일 8시간 1주 40시간을 초과하는 경우에도 연장근로수당을 지급하지 않지만, 일정한 단위기간(탄력적 근로시간제) 혹은 정산기간(선택적 근로시간제)을 평균하여 근로시간이 1주 40시간을 초과하는 경우에는 그 초과하는 실근로시간에 해당하는 연장근로수당을 추가로 지급해야 합니다.

반면에, 후자(②)는 근로자 업무의 특성에 비추어 볼 때, 근로자의 '실근로시간'을 산정하는 것이 가능하지 않거나(간주근로시간제) 적절하지 않기 때문에(재량근로시간제), 근로기준법에서 정한 일정한 요건을 갖추면 근로자의 실근로시간과 무관하게 일정한 근로시간을 근로한 것으로 간주합니다. '근로자의 실근로시간과 무관하게 일정한 근로시간을 근로한 것으로 간주한다'는 의미는 실근로시간이 몇시간이든 관계없이 임금은 사전에 간주된 근로시간에 따라 지급된다는 것을 뜻하는 것이므로, 적어도 그러한 한도에서는 연장근로수당 등의 추가지급 여부는 애초에 문제되지 않을 것입니다.

본 특례 근로시간제(간주 및 재량 근로시간제)에서의 보수는 근로의 양(실근로시간)보다는 근로의 질 내지는 성과에 의하여 결정되는 것이 합리적이기 때문입니다. 이를테면, 연구원 A와 연구원B가 있는데, A는 1일 8시간만 연구해도 뛰어난 연구결과를 산출하는 반면, B는 1일 10시간을 연구해도 제대로 연구결과를 산출하지 못한다고 합시다. 만일 실근로시간제에 따라 임금을 지급한다면 연구실적이 뛰어난 A보다 B에게 훨씬 많은 임금을 지급하여야 할 것이지만, 이러한 결과가 불공정함은 물론입니다. 따라서, 근로의 양(실근로시간)보다는 근로의 질 내지는 성과에 의하여 결정되는 특례 근로시간제(간주 및 재량 근로시간제)의 필요성이 인정되는 것입니다.

그런데, 이러한 간주 및 재량근로시간제도는 사용자에 의하여 악용될 가능성이 있기 때문에, 근로기준법에서 정한 간주 및 재량근로시간제도의 요건을 갖추지 못한 경우에는 원칙으로 돌아가서 '실근로시간주의' 원칙에 따라 근로자가 실제로 근로한 시간대로 계산하여 가산수당 등을 추가로 지급해야 합니다. 즉, 임금체불이 발생할 수 있습니다.

(1) 탄력적·선택적 근로시간제도

'탄력적 근로시간제'라 함은 일정 단위기간 내의 근로시간을 평균하여 1주의 근로시간이 40시간을 초과하지 않는 경우에는 설령 단위기간 내의 특정일이 8시간 혹은 특정 주가 40시간을 초과하더라도 그 초과된 부분을 연장근로로 보지 않기 때문에, 그에 대한 연장근로

가산임금이 발생하지 않는 제도를 의미합니다.

현행 탄력적 근로시간제는 단위기간이 2주, 3개월, 3개월 초과 6개월 이내의 3가지 종류가 있습니다. 이를테면, 단위기간을 6개월로 설정하는 경우에는 6개월을 평균해서 1주 40시간을 초과하지 않는다면 단위기간인 6개월 중에 특정일이 8시간, 특정주가 40시간을 초과하더라도 그 초과한 부분에 대하여 가산수당을 지급하지 않아도 됩니다.

> **▎3개월 초과 6개월 이내의 탄력적 근로시간제도**
>
> 탄력적 근로시간제도에서는 단위기간을 평균해서 1주 40시간을 초과하지 않는다면 단위기간 중 특정일이 8시간, 특정주가 40시간을 초과하더라도 그 초과한 부분에 대하여 가산수당을 지급하지 않아도 됩니다. 그런데, 2021년에 새로 도입한 3개월 초과 6개월이내 단위기간의 탄력적 근로시간제의 경우에는 근로자의 실근로기간이 단위기간보다 짧은 경우에는 1일 8시간을 초과하는 모든 근로시간에 대하여 가산임금을 지급하여야 한다는 특징이 있습니다. 이를테면, 6개월 단위기간의 탄력적 근로시간제를 시행하는 회사에서 일하는 근로자의 실근로기간이 6개월이라면 실근로기간 6개월 중 1일 8시간, 1주 40시간을 초과한 근로시간에 대해서는 통상임금의 100분의 50 이상의 초과근로가산수당을 근로자에게 지급하여야 합니다. 또한, 3개월 초과 6개월 이내의 탄력적 근로시간제도의 경우에는 근무일 사이에 11시간 이상의 연속 휴식시간을 주어야 합니다.

반면에, '선택적 근로시간제'란 1개월 이내의 '정산기간' 및 1개월 이내의 정산기간 중에 근로할 '총근로시간'을 정한 다음, 그 범위 내에서 근로자가 스스로 각 일의 자신의 근로시간을 자유롭게 정하는 제도를 의미합니다. 즉, 선택적 근로시간제에서는 출퇴근 시간이 근로자의 자율에 맡겨져 있으며, 일정기간(정산기간)을 평균하여 1주간의 근로시간이 40시간을 초과하지 않는 범위 내라면, 근로자가 특정일 8시간 혹은 특정 주 40시간을 초과하여 근무하더라도 연장근로수당을 지급하지 않습니다.

선택제 근로시간제도 탄력적 근로시간제와 마찬가지로 실근로시간대로 임금을 지급해야 하므로, 일정기간(정산기간) 동안 근로자가 제공한 실근로시간이 사전에 정해진 '총근로시간'을 초과하는 경우에는 그 초과한 만큼 임금(가산수당 포함)을 지급하여야 하고, 그 반대로 사전에 정해진 '총근로시간'에 미달되는 경우에는 그 미달된 근로시간에 비례해서 임금이 삭감될 것입니다(실근로시간주의).

> **▋ 1개월을 초과하는 정산기간을 정한 선택적 근로시간제도**
>
> 선택적 근로시간제에서의 정산기간은 1개월 이내의 기간으로 정하는 것이 원칙이지만, 2021년에 새로 도입한 신상품 또는 신기술의 연구개발 업무에 대한 선택적 근로시간제의 경우에는 예외적으로 정산기간을 최대 3개월까지 할 수 있습니다. 다만, 정산기간을 1개월을 초과하는 정산기간을 정하는 경우에는 매 1개월마다 평균하여 1주간의 근로시간이 40시간을 초과한 시간에 대해서는 통상임금의 100분의 50 이상의 초과근로가산수당을 근로자에게 지급하여야 합니다. 또한, 근로일 종료 후 다음 근로일 시작 전까지 근로자에게 연속하여 11시간 이상의 휴식 시간을 주어야 합니다.

결론적으로, 탄력적 근로시간제와 선택적 근로시간제의 차이는 '근로시간표'를 누가 작성하느냐입니다. 탄력적 근로시간제에서는 근로시간표를 사용자가 일방적으로 작성하는 반면, 선택적 근로시간제에서는 출퇴근 시간을 근로자가 결정하므로 결국 근로자가 근로시간표를 작성하는 셈입니다. 따라서, 선택적 근로시간제보다는 탄력적 근로시간제가 근로자에게 상대적으로 불리할 수 밖에 없기 때문에, 선택적 근로시간제와 달리 탄력적 근로시간제에는 1일 혹은 1주 최대근로시간 제한3)이 있으며, 적용대상에 있어서도 선택적 근로시간제와 달리 탄력적 근로시간제는 임신중인 근로자에게 적용할 수 없습니다(연소자는 탄력적 근로시간제, 선택적 근로시간제 모두 적용되지 않습니다).

(2) 간주 및 재량근로시간제도

근로자 업무의 특성에 비추어 볼 때, 근로자의 '실근로시간'을 산정하는 것이 항상 가능하거나 적절한 것은 아니기 때문에, 근로기준법 제58조는 근로자의 실근로시간과 무관하게 일정한 근로시간을 근로한 것으로 간주하는 ① 외근간주 근로시간제와 ② 재량간주 근로시간제를 인정하고 있습니다. 탄력적·선택적 근로시간제와 달리, 간주 및 재량근로시간제(외근간주 및 재량간주 근로시간제)에서는 근로자의 실근로시간과 무관하게 일정한 근로시간을 근로한 것으로 '간주'하므로 실근로시간이 1주 52시간 초과하였는지 여부는 애초에 문제될 여지도 없습니다.

---

3) 2주 단위의 탄력적 근로시간제는 특정일 최대근로시간제한은 없고 특정주 최대 근로시간 48시간의 제한이 있습니다. 다만, 여기에서의 최대근로시간은 기본근로시간을 의미하므로 기본근로시간 1주 48시간에 추가하여 초과근로(연장근로) 1주 최대 12시간이 가능하므로, 결국 2주 단위의 탄력적 근로시간제의 특정주 최대근로시간은 60시간(48시간+12시간=60시간)입니다. 3개월 및 3개월 초과 6개월 이내의 탄력적 근로시간제는 특정일 12시간, 특정주 52시간의 제한이 있으므로, 결국 3개월 및 3개월 초과 6개월 이내의 탄력적 근로시간제의 특정주 최대근로시간은 64시간(52시간+12시간=64시간)입니다.

▌간주시간제에서의 '간주'의 의미

여기에서 '간주'한다는 의미는 간주된 사실을 번복시킬 수 없다는 것을 의미합니다. 이를테면, 1일 8시간 근로한 것으로 간주된다면, 설령 근로자가 특정일의 실근로시간이 10시간이라는 것을 증거 등을 통하여 증명하더라도 1일 8시간이라는 근로시간은 번복되지 않으므로, 결론적으로 초과근로 2시간에 대한 연장근로수당을 추가로 지급할 것을 사용자에게 청구할 수 없습니다(그러나, 근로기준법에서 정한 요건에 따르지 않은 경우에는 근로시간이 간주되지 않으므로 사용자는 실근로시간에 따라 임금을 지급하여야 합니다).

먼저, (사업장 밖) 외근간주 근로시간제란 영업사원이나 언론사의 취재기자 등과 같이 근로시간의 전부 또는 일부를 사업장의 밖에서 근로하여 실근로시간을 산정하기 어려운 경우에는 사전에 정한 '특정한 시간' 혹은 근로자대표와 '서면 합의한 시간'을 근로한 것으로 '간주'하는 근로시간제를 의미합니다. 그런데, 외근간주근로시간제도는 근로의 장소적인 측면에서 사업장 밖일 뿐 아니라 근로수행의 측면에서 실근로시간을 산정하기 어려운 경우라야 합니다. 이를테면, 근로자가 사업장 밖에서 업무를 수행하더라도 사전에 사용자가 부여한 일정표에 따라 근로를 제공한다든지, 통신기기 등에 의하여 수시로 사용자의 지시를 받으면서 업무하는 경우와 같이 실질적으로 사용자의 구체적인 지휘감독하에 근로를 수행하는 경우라면, 근로시간이나 휴게시간의 배분에 대한 근로자의 자율적인 결정이 인정될 여지가 없을 것이므로, 간주 근로시간제가 적용될 수 없고, 따라서 간주 근로시간이 아니라 근로자의 '실근로시간'대로 임금을 지급하여야 합니다. 따라서, 간주근로시간제의 요건에 맞지 않음에도 불구하고 회사가 간주 근로시간제를 적용하여 실근로시간과 무관하게 일정 임금을 지급하였다면, 근로자는 간주 근로시간제의 요건에 맞지 않음을 주장하여 실근로시간에 따라 임금을 추가로 지급할 것을 요구할 수 있을 것입니다. 즉, 임금체불이 발생할 수 있습니다.

> 고용노동부의 '유연근로시간제 가이드'에서 사업장 밖의 간주근로시간제가 적용될 수 없는 경우로 예시한 경우는 다음과 같습니다.
> ① 여러 명이 그룹으로 사업장 밖에서 근로하더라도 그 구성원 중에 근로시간 관리를 하는 자가 있는 경우
> ② 사업장 밖에서 업무를 수행하는 사람이 정보통신기기 등에 의하여 수시로 사용자의 지시를 받으면서 근로하고 있는 경우
> ③ 미리 회사로부터 방문처와 귀사시각 등 당일 업무를 구체적으로 지시받은 다음 사업장 밖에서 업무를 수행하는 경우

반면에, 재량간주 근로시간제는 '업무의 성질'에 비추어 업무의 수행방법이 근로자의 '재량'에 맡겨져 있는 업무의 경우, 실근로시간에 상관없이 사용자와 근로자대표가 서면으로 합의한 시간을 근로시간으로 인정하는 근로시간 근로시간제를 의미합니다. 즉, 고도의 전문적인 업무 혹은 창의적 업무를 수행하는 근로자로서 업무 수행에 재량의 여지가 큰 업무의 경우 근로자가 자신의 재량하에 근로시간을 자율적으로 결정하는 것이 재량근로시간제인 것입니다. 다만, 재량근로시간제의 도입대상은 시행령에 열거된 아래의 업무에 한정하여 인정됩니다.

> **❙ 재량근로시간제 대상업무(열거규정)**
> 1. 신상품 또는 신기술의 연구개발이나 인문사회과학 또는 자연과학 분야의 연구 업무

> 2. 정보처리시스템의 설계 또는 분석 업무
> 3. 신문, 방송 또는 출판 사업에서의 기사의 취재, 편성 또는 편집 업무
> 4. 의복·실내장식·공업제품·광고 등의 디자인 또는 고안 업무
> 5. 방송 프로그램·영화 등의 제작 사업에서의 프로듀서나 감독 업무
> 6. 그 밖에 고용노동부장관이 정하는 업무(회계, 법률사건, 납세, 노무, 노무관리, 특허, 감정평가, 금융투자분석, 투자자산운용 등의 사무에 있어 타인의 위임·위촉을 받아 상담·조언·감정 또는 대행을 하는 업무)

외근간주근로시간제와 마찬가지로 재량근로시간제에서도 재량 근로시간제의 요건에 맞지 않는 경우에는 재량근로시간제가 적용될 수 없으므로, 사전에 합의된 재량근로시간이 아니라 근로자의 실근로시간대로 임금을 지급하여야 합니다. 이를테면, 재량근로간주시간제를 시행하면서도 사용자가 근로자의 근로시간에 대한 재량을 인정하지 않는다든지, 설령 근로자의 근로시간에 대한 재량을 인정하더라도 위의 시행령이 열거한 재량근로시간제 대상업무에 해당하지 않는 경우에 근로자는 재량근로시간제의 요건에 맞지 않음을 주장하여 실근로시간에 따라 임금을 추가로 지급할 것을 요구할 수 있습니다.

신문기사 따라잡기

> 삼성전자가 '주 52시간' 근로시간 단축 시행을 한달 여 앞두고 1개월 단위로 근로자 스스로 근무시간을 조정하는 선택적 근로시간제를 시작한다. 신제품·신기술 연구개발(R&D) 인력에게는 근로시간 관리에 대한 완전한 자율권도 부여한다.(이데일리 2018.05.30. 윤종성 기자)

연구개발(R&D) 인력에게는 근로시간 관리에 대한 완전한 자율권도 부여한다. 삼성전자는 선택적 근로시간제와 재량근로제 도입을 골자로 하는 '유연근무제'를 시행한다고 29일 밝혔다.

'선택적 근로시간제'는 월 평균 주 40시간 내에서 출퇴근 시간과 근로시간을 자유롭게 조절할 수 있는 제도이다.

한 달 동안 미리 정해진 총 근로시간에 맞춰 출퇴근 시간과 근무 시간을 조정할 경우 특정 주일에 40시간, 특정 날짜에 8시간을 초과하더라도 연장근로수당이 발생하지 않는 방식으로, 근로기준법 52조에 규정돼있다.

예컨대, 한 달 근무 일수가 25일이라면 '25일×8시간'으로 총 200시간을 업무량에 따라 자율적으로 근로자가 조정하면 된다.

'재량근무제'는 업무수행 수단이나 근로시간 관리에 대해 직원에게 완전한 재량을 부여하는 제도로, 근로기준법 58조에 명시돼 있다.

현행 법상 신제품이나 신기술 연구개발 업무에 한해 적용이 가능한 제도인데, 삼성전자는 해당 업무 중 특정 전략과제 수행 인력에 한해 적용하고 구체적인 과제나 대상자는 별도 선정할 계획이다.

새로운 근로시간 제도는 개발과 사무직이 대상이며, 7월 1일부터 적용된다. 제조 부문은 에어컨 성수기 등에 대비하기 위해 3개월 '탄력적 근로시간제'를 도입한다.

삼성전자 관계자는 "근로시간의 자율성을 확대해 임직원이 일과 삶의 균형을 이루게 하고, 일할 때 일하고 쉴 때 쉬는 효율적인 근무문화 조성을 통해 글로벌 경쟁력을 유지하기 위한 것"이라고 시행 취지를 설명했다.

한편, 삼성전자는 효율적인 근무를 통해 업무 성과를 높이기 위해 2009년 '자율출근제'를 도입했으며, 2012년부터는 이를 확대한 '자율출퇴근제'를 시행해왔다.

6. 야간근로와 휴일근로는 어떻게 제한되나?

'야간근로'란 오후 10시부터 익일 오전 6시까지의 근로를 의미합니다. 야간근로는 '야간'이라는 시간대에 근무하는 것을 의미하므로 근로시간의 전부나 일부가 오후 10시부터 익일 오전 6시 사이에 위치하기만 하면 무조건 야간근로에 대한 가산임금으로서 통상임금의 50% 이상을 가산하여 지급해야 합니다. 이를테면, 근로자의 소정근로시간이 오후 8시부터라면 근로를 시작한 지 2시간이 지난 오후 10시부터 야간근로수당 50%가 적용되기 시작할 것이며, 나아가 소정근로시간을 넘어서 연장근로까지 하는 경우에는 소정근로시간을 지나는 순간부터는 야간근로시간이 종료하는 익일 오전 6시까지 야간근로수당 50%에 더하여 연장근로수당 50%까지 가산(100%할증)될 것입니다.

'휴일근로'란 휴일에 근로하는 것을 의미합니다. '휴일'이란 애초에 근로자의 '근로제공 의무가 없는 날, 다시 말하면, 근로자가 근로할 것으로 정한 '소정근로일(근로일)'이 아닌 '비소정근로일 (비근로일)'을 의미합니다.

이러한 야근근로와 휴일근로에는 일정한 제한이 있습니다. 먼저, 사용자는 임산부[4]와 연소자(18세 미만자)를 야간과 휴일에 근로시키지 못합니다 (근로기준법 70조 제2항). 다만, ① 18세 미만자의 동의가 있는 경우, ② 산후 1년이 지나지 아니한 여성(산부)의 동의가 있는 경우, ③ 임신 중의 여성(임부)이 명시적으로 청구하는 경우에는 고용노동부장관의 인가[5]를 받아 야간근로와 휴일근로를 시킬 수 있습니다.

---

[4] '임산부'란 '임신 중의 여성(임부)'과 '산후 1년이 지나지 아니한 여성(산부)'을 말합니다(근로기준법 제65조 제1항).

18세 이상의 여성은 근로자 본인의 동의만 있으면 인가를 받을 필요 없이 야간·휴일 근로를 할 수 있습니다. 18세 이상의 남성에 대한 특별한 제한은 없으므로 연장근로에 대한 18세 이상 남성의 합의만 있다면 그와 별도로 야간·휴일 근로에 대한 18세 이상 남성의 동의는 필요없습니다.

근로자가 휴일에 쉬지 못하여 출근하여 근로하는 경우에 근로자는 '휴일근로가산수당'을 추가로 지급받습니다. 즉, 회사는 ① 8시간 이내의 휴일근로에 대하여는 통상임금의 100분의 50, ② 8시간을 초과한 휴일근로에 대하여는 통상임금의 100분의 100이상을 가산하여 지급하여야 합니다. 그런데, 만일 그 시간대가 야간이라면 휴일근로가산수당에 추가하여 야간근로가산수당(통상임금의 50%)까지 지급하여야 할 것입니다(구체적인 휴일근로수당 산정은 '제5장 휴일과 휴가'를 참조하시기 바랍니다).

7. 휴게시간의 부여에도 규칙이 있습니다.

'휴게시간'이란 근로자가 사용자의 지휘·감독으로부터 벗어나 근로제공의무로부터 벗어나는 시간을 말합니다. 따라서 작업시간 도중에 실제로 작업에 종사하지 않은 대기시간 등은 여전히 사용자의 지휘·감독 하에 놓여있는 시간이므로 이는 휴게시간이 아니라 근로시간에 포함됩니다.

외국에서는 근로시간 사이의 휴게시간(점심시간)도 근로시간으로

---

5) 사용자는 고용노동부장관의 인가를 받기 전에 근로자의 건강 및 모성 보호를 위하여 그 시행 여부와 방법 등에 관하여 그 사업 또는 사업장의 근로자대표와 성실하게 협의하여야 합니다.

보기 때문에 임금을 지급하는 경우도 있지만, 우리나라에서는 근로시간 사이의 휴게시간(점심시간)에 대해서는 임금을 지급하지 않습니다. 따라서, 근로자가 회사에 체류하는 시간이 근로시간인지 휴게시간인지를 구별하는 것은 임금과 직결되는 대단히 중요한 문제입니다.

휴게시간으로 인정되기 위해서는 반드시 휴게시간에 대한 근로자의 자유로운 사용 처분권이 인정되어야 하므로, 이를테면, 어린이집 교사들의 휴게시간이 점심시간으로 지정되어 있더라도, 교사들이 점심식사 시간에 자유롭게 휴식을 취하는 것이 아니라 점심식사를 원생들과 함께 하면서 여전히 원생들을 돌보고 있다고 평가된다면, 그것은 휴게시간이 아니라 근로를 제공하고 있는 '근로시간'으로 보아야 할 것이므로 그 시간에 대한 임금이 지급되어야 할 것입니다. 또한, 휴게시간 중에 체조 등 특정한 일을 할 것을 강요하거나 근로자로 하여금 휴게시간중에 공의직무를 행사할 것을 요구해서도 안됩니다.

이러한 휴게시간의 부여에는 일정한 규칙이 있습니다. 사용자는 근로시간이 4시간인 경우에는 30분 이상, 8시간인 경우에는 1시간 이상의 휴게시간을 근로시간 도중에 주어야 합니다(근로기준법 제54조). 즉, 휴게시간은 반드시 근로시간 도중에 부여하여야 하는 것이므로, 근로시간 도중이 아닌 업무의 시작 전 또는 업무가 끝난 후에 부여하는 것은 근로기준법에 위반될 소지가 있습니다. 이를테면, 근로시간이 오전 9시부터 5시간인 경우, 휴게시간은 근로시간 중에 30분 이상 부여하여야 하므로, 실질적으로 근로자가 퇴근하는 시간은 2시가 아니라 2시 30분이 되어야 할 것입니다. 만일 그렇지 않고 2시에 퇴근한다면 이는 근로시간 도중에 휴게시간을 부여한 것이 아니므로 위법합니다. 다만, 행정해석은 근로시간이 정확하게 4시간인 경우, 이를테면 오전 9시부터 4시간인 경우에는 오전 9시에 출근하여 중간에 휴식 없이 오후 1시에 퇴근하는 것은 위법하지 않은 것으로 보고 있습니다. 엄밀하게는 이 경우도 위법한 것이지만, 행정해석은 현실을 고려하여 정확하게 4시간인 경우에 한해 그 예외를 인정하는 것으로 보입니다.

'휴게시간'을 얼마나 부여해야 하는지요?' 라는 질문을 자주 듣지만, 위에서 살펴 본 휴게시간 부여의 규칙, 즉, '근로시간이 4시간인 경우에는 30분 이상, 8시간인 경우에는 1시간 이상의 휴게시간을 근로시간 도중에 주어야 한다'는 규칙 외에 다른 제한은 없습니다.

휴게시간에 대해서는 임금을 지급하지 않기 때문에 지나치게 장시간의 휴게시간을 정하는 것이 유효한 지 문제되지만, 근로기준법은 최저 휴게시간만 규정하고 있을 뿐이며 최장 휴게시간에 관해서는 제한하고 있지 않으므로 사적자치의 원칙상 당사자간 자유로운 합의를 전제로 한 것이라면 장시간의 휴게시간을 정하는 것도 유효하다고 봅니다.

문제가 되는 것은 휴게시간을 지나치게 짧게 분할하여 부여하는 경우인데, 사용자의 지휘감독에서 벗어나 자유롭게 사용할 수만 있다면 합리적인 범위에서 휴게시간을 짧게 분할하여 부여하는 것도 가능할 것입니다. 그렇다면 '합리적인 범위'를 어떻게 판단할까?

고용노동부 행정해석은 지나치게 짧은 휴게시간, 이를테면 화장실을 다녀오는 데에도 충분하지 않은 5분 단위로 휴게시간을 부여하는 것은 근로자의 생존권내지 인격권을 침해하는 것으로서 위법하다고 합니다(근로기준과 01254-884, 1992.6.25.27) 그러나, 학원 강사에게 50분 강의마다 10분의 휴게시간을 부여하는 경우와 같이 객관적인 기준이 있으며 사용자의 지휘 감독에서 벗어나 자유로이 사용할 수 있는 시간이라면 휴게시간으로 볼 수 있다고 합니다.(근로기준과 68207, 2002.8.9.). 다만, 최근 법원은 생산업종 근로자의 경우, 10~15분의 휴게시간은 생리현상을 해결하는 최소한의 시간으로서 다음 근로를 위한 대기시간 또는 준비시간으로 보아야 하므로 이는 휴게시간이 아닌 근로시간의 일부로 보아야 할 것입니다(대법원 2020. 8. 20. 선고 2019다14110, 2019다14127(병합))

▌공익업종에 대한 근로시간·휴게시간 특례(근로기준법 제59조)

'사업의 특성'에 비추어 공익적 성격을 갖춘 일부 특례 업종에 대해서는 일반 공중의 생활 불편을 감소시키기 위하여 연장근로시간의 제한인 1주 12시간을 초과하여 근로하게 하거나 휴게시간을 변경할 수 있습니다(근로기준법 제59조). 근로기준법 제59조에서 열거하고 있는 특례업종은 다음과 같습니다.

① 육상운송업 ('여객자동차 운수사업법'의 노선여객자동차 운송사업 제외), ②수상운송업, ③ 항공운송업, ④ 기타 운송관련 서비스업, ⑤ 보건업(병원)

즉, 근로기준법 제59조에서 열거하는 상기의 특례 대상 사업장은 근로자대표와의 서면합의로 ①1주 최대 12시간 연장 근로의 제한(주52시간)을 배제시킬 수 있으며, ②근로기준법 제54조에 따른 휴게시간의 부여방법 (4시간 근로에 30분 이상, 8시간 근로에 1시간 이상 휴게시간을 근로시간 도중에 부여)도 변경할 수 있습니다. 그 결과, 특례사업장의 경우에는 1주 12시간을 초과하는 연장 근로도 가능하며, 휴게시간에 의한 근로시간의 단절 없이 연속적으로 근로를 시킬 수 있습니다. 단, 근무일 사이에 11시간 이상의 연속 휴식시간을 보장해야 합니다(일간휴식제의 적용)6).

---

6) 기존의 특례업종의 경우에는 초과 연장근로의 상한선이 설정되어 있지 않았기 때문에 근로자의 피로가 누적되어 오히려 공중의 안전을 저해하는 문제가 발생할 수 있으므로 특례업종의 연장근로시간의 상한을 설정할 필요가 있다는 문제제기가 있었다. 이에 2018년 개정 근로기준법은 근무일 사이에 11시간 이상의 연속 휴식시간을 보장하는 '일간 휴식제도'를 도입하였습니다. 단, 특례업종에 해당되더라도 근로자 대표와 서면합의로 본

본 특례 규정은 근로시간과 휴게시간에 대한 특례일 뿐이고 이들 규정을 배제하는 것이 아니므로, 연장근로에 대한 가산수당, 야간근로수당, 주휴일, 연차휴가 등 다른 근로기준법 조항은 그대로 적용됩니다. 또한, 본 특례 규정은 공익 '업종'에 대한 특례이므로 상기의 특례업종에 근로하는 근로자라면 근로자가 종사하는 업무의 종류(예: 일반 사무직)와 무관하게 본 특례규정이 적용됩니다.

▎상시근로자 20명 이상 사업장 휴게시설 의무화

2022년 9월 18일부터 일정 규모 이상의 모든 사업장에 휴게시설을 반드시 설치해야 합니다 근로기준법 시행령에 따르면 <u>상시 근로자 20인 이상(건설업은 공사금액 20억원 이상) 사업장과 7개 직종 근로자를 2인 이상 사용하는 10인 이상 사업장의 사업주는 휴게시설을 설치해야 합니다. 7개 직종은 전화 상담원, 돌봄서비스 종사원, 텔레마케터, 배달원, 청소원·환경미화원, 아파트경비원, 건물경비원입니다.</u> 사업주가 휴게시설을 설치하지 않거나 설치·관리기준을 지키지 않으면 과태료가 부과됩니다.

8. 근로시간, 휴게·휴일 적용 제외 근로자(근로기준법 제63조)

앞에서 살펴본 근로기준법 제59조(공익업종에 대한 근로시간·휴게시간 특례)는 근로시간과 휴게시간에 대한 특례로서 사용자가 근로자대표와 서면합의를 한 때에는 1주 12시간을 초과하여 연장근로를 하게 휴게시간 부여의 규칙(근로시간이 4시간인 경우에는 30분 이상, 8시간인 경우에는 1시간 이상의 휴게시간을 근로시간 도중에 부여)을 변경할 수 있을 뿐이므로 연장근로에 대한 '법정 가산 수당' 등은 그대로 지급해야 하며 휴게시간 그 자체도 배제할 수 없습니다. 그런데, 근로기준법 제63조에 규정된 아래의 근로자들에게는 근로기준법 제4장

특례를 도입하지 않으면 일간 휴식제도는 적용되지 않습니다.

과 제5장에서 정한 근로시간, 휴게와 휴일이 배제됩니다.

① 제1차산업 종사자(농림 · 축산 · 수산업자)
② 감시 · 단속적 근로자로서 고용노동부장관의 감단승인을 받은 경우
③ 관리 · 감독직 근로자

따라서, 이들에게는 법정근로시간인 1일 8시간, 1주 40시간의 제한 없이 연장근로를 시킬 수 있음은 물론, 연장근로가산수당을 지급하지 않아도 무방합니다. 나아가 휴게시간 규정도 적용되지 않으므로 별도로 휴게시간을 부여할 필요가 없을 뿐 아니라, 이들 근로자들에게는 '휴일'에 관련된 규정이 적용되지 않으므로 주 1회의 주휴일을 부여하거나 주휴수당을 지급할 필요도 없습니다. 근로기준법 제63조에 규정된 근로자에게 적용되지 않는 규정은 아래와 같습니다.

근로기준법 제50조의 근로시간, 제54조의 휴게, 제55조의 휴일, 제58조의 근로시간 및 휴게시간의 특례, 제53조의 연장근로, 제56조의 연장근로 및 휴일근로에 대한 가산임금, 제69조의 연소근로자의 근로시간 제71조의 여자근로자의 시간외근로에 관한 규정

반면에, 이들 근로기준법 제63조의 근로자들에게도 '야간근로수당'은 적용되며,[7] 연차유급휴가와 같은 '법정휴가'도 적용된다는 점을 유념하시기 바랍니다.

---

7) 야간근로는 야간(오후 10시 ~ 익일 오전 6시)이라는 시간의 '위치'에 관련된 것으로서 근로시간, 휴게시간, 휴일과 불가분적 관련성이 없기 때문입니다.

제1차산업 종사자(농림 · 축산 · 수산업자)[8]

① 토지의 경작 · 개간, 식물의 재식(栽植) · 재배 · 채취 사업, 그 밖의 농림 사업(제1호)
② 동물의 사육, 수산 동식물의 채포(採捕) · 양식 사업, 그 밖의 축산, 양잠, 수산업 (제2호)

감시 · 단속적 근로자로서 고용노동부장관의 승인을 받은 경우[9]

① '감시(監視)적 근로자'는 비교적 육체 정신적 피로가 적은 감시업무를 주된 업무로 하는 아파트 관리자 등의 경비원, 회사 수위, 물품 감시원 등을 의미합니다.
② '단속(斷續)적 근로자'는 근로가 간헐적, 단속적으로 이루어져 실제 근로시간 보다는 휴게시간 이나 대기시간이 많은 보일러기사, 운전기사 등을 의미합니다. (노동부 지침 : 업무시간 보다 비업무 시간이 3배 이상)

감독 · 관리 업무자 · 기밀을 취급하는 업무자[10]

'감독 · 관리 업무에 있는 자' 등은 사용자에 준하는 지위에서 근로자의 근로조건 기타 노무 관리에 있어서의 결정 권한을 보유하거나 그 직무의 성질이 사용자와 일체를 이루는 자들을 의미합니다.

---

8) 이들 1차산업은 일반적으로 기후, 계절 등 자연조건의 영향을 강하게 받는다는 농수산산업 그 자체의 성질상 근로시간, 휴게와 휴일에 관한 규정의 적용이 배제되는 것입니다.
9) 감시 · 단속적인 근로의 특례를 인정하는 이유는 감시 · 단속적 업무가 다른 일반근로자의 업무와 비교할 때 그 노동의 강도 및 밀도가 낮고 신체적 피로나 정신적 긴장이 현저하게 적기 때문에 근로시간, 휴게 · 휴일의 예외를 인정하여도 근로보호에 큰 문제가 없다고 보기 때문입니다. 다만, 근로기준법 제63조가 규정하는 감시 · 단속적 업무와 일반 근로와의 차이를 구분하는 것이 용이하지 않다는 점에서, 국가는 감독적인 차원에서 근로기준법 제63조가 적용되는 감시단속적 근로자의 인정에 있어 고용노동부장관의 승인을 요구하고 있습니다.
10) 감독 · 관리업무자 등은 사용자에 준하는 지위에서 근로자를 감독 · 관리하거나 독립된 하나의 사업부를 관리하거나 사용자와 일체를 이루는 자이므로, 일반 근로자에 비하여 사용자에 대한 사용종속성이 현저하게 약할 뿐 아니라, 이들은 자신의 판단 하에 자유롭게 출퇴근하며 휴게시간에 대한 제한도 받지 않는다는 점에서 근로시간, 휴게, 휴일의 적용이 배제됩니다.

근로기준법 제63조 근로자들 중에서 실무상 주로 문제되는 것은 감시·단속적 근로자와 감독·관리업무자의 경우입니다.

감시·단속적 근로자와 관련하여, 본 특례가 인정되기 위해서는 업무의 성격이 감시·단속적일 뿐 아니라, 반드시 고용노동부장관의 감단 승인을 받아야 합니다. 따라서, 업무의 성질이 감시·단속적인 경우는 물론이고, 설령 업무의 성질이 감시·단속적인 경우라고 하더라도 고용노동부장관의 감단승인을 받지 않으며, 본조의 특례가 적용되지 않으므로 연장근로가산수당 등을 추가로 지급하여야 합니다. 즉, 임금체불이 발생합니다.

실무에서, 회사의 상위직 간부(부장급 이상)들이 감독·관리업무자이므로 연장근로수당 등을 지급하지 않는 경우가 있습니다. 그러나, 여기에서의 감독·관리업무자란 직급이 높다든지 업무의 성격이 관리자라는 것을 의미하는 것이 아니라, 사용자에 준하는 지위에서 근로자의 근로조건 기타 노무 관리에 있어서의 결정 권한을 보유한 자를 의미합니다. 대표적인 것이 현장소장이라든지 독립된 사업장의 지점장 등이 여기에 포함됩니다. 따라서, 업무의 성질이 감독·관리업무라는 이유만으로 본 특례를 적용하여 연장근로수당 등을 지급하지 않는 경우에는 임금체불이 발생합니다.

제4장 휴일 및 휴가 등

1. 휴일과 휴가의 차이는 무엇인가?

'휴일'이란 애초에 근로자의 '근로제공 의무가 없는 날, 다시 말하면, 근로자가 근로할 것으로 정한 '소정근로일(근로일)'이 아닌 '비소정근로일(비근로일)'을 의미합니다. 비소정근로일인 휴일은 근로를 하지 않는 날이므로 무노동무임금 원칙상 임금이 지급되지 않아야 하지만, 법률 또는 노사간 합의에 의하여 휴일을 무급이 아닌 '유급'으로 정할 수도 있으니, 이런 휴일을 '유급휴일'이라고 합니다. 대표적인 유급휴일은 근로자가 1주일에 1회씩 쉬는 '주휴일(달력상의 빨간날)' 입니다.

> ▌**휴일과 휴무일의 차이는 무엇인가?**
>
> 휴일과 유사한 것으로서 '휴무일'이 있습니다. 휴일과 휴무일은 둘 다 '근로의무가 없는 날'(소정근로일 이외의 날: 비소정근로일)이라는 점에서 동일하지만, 휴일과 달리 '휴무일'은 법적 개념이 아닙니다. '휴무일'은 법정근로시간의 단축 (44시간제에서 40시간제로 단축) 혹은 근무형태의 특이성 (교대제 등)으로 인하여 사실적으로 발생된 '근로의무가 없는 날(예: 토요일)'을 의미하며, 무누동무임금원칙상 휴무일은 '무급'이 원칙입니다.
>
> 휴무일은 휴일이 아니므로 근로자가 휴무일에 근로하는 경우에도 휴일근로수당은 발생될 여지가 없습니다. 그렇다면, 토요일은 항상 휴무일인가? 그것은 아닙니다. 사적자치의 원칙상 토요일을 휴일로 할지 혹은 휴무일로 할지의 여부는 노사관계당사자가 자율적으로 정할 수 있습니다. 따라서, 토요일을 '휴일'로 정한 경우라면 토요일에 하는 근로는 '휴일근로'가 될 것이고, 토요일을 '휴

무일'로 정한 경우라면 토요일에 하는 근로는 '연장근로'가 될 것입니다. 그 결과, 토요일을 휴일로 정해진 경우 토요일에 하는 근로는 '휴일근로'이므로 반드시 휴일근로가산수당을 추가로 지급하여야 하겠지만, 토요일을 휴무일로 정해진 경우 토요일에 하는 근로는 휴일근로가 아닌 연장근로이므로 연장근로수당 가산수당이 지급될 수 있을 것입니다.

> (예) 1일 8시간 1주 40시간인 사업장에서, 특정 주에 4시간을 조퇴한 경우
> 해당 주에 근로자가 근로한 실근로시간은 40시간이 아니라 36시간입니다(실근로시간주의). 따라서, 근로자가 해당 주의 휴무일인 토요일에 4시간을 근로하더라도 그 4시간은 초과근로(연장근로)가 아니므로 해당 토요일 근로 4시간에 대하여 연장근로가산수당을 추가로 지급하지 않습니다. 그런데, 동일한 사안에서 근로자가 휴무일인 토요일이 아니라 휴일인 일요일에 4시간을 근로하는 경우라면(혹은 토요일을 휴무일이 아니라 휴일로 약정한 경우라면), 이는 '휴일근로'에는 해당하므로 항상 휴일근로가산수당(통상임금 50%)을 추가로 지급하여야 합니다.

반면에, '휴가'는 애초에 근로자의 '근로제공 의무가 있는 날, 다시 말하면, 근로자가 근로할 것으로 정한 '소정근로일(근로일)'이라는 점에서 휴가와 휴일은 개념상 구별됩니다. 따라서, 근로의무가 없는 날인 휴일에 근로를 제공하는 경우 사용자는 휴일근로가산수당으로서 통상임금 50% 이상을 추가로 지급해야 하지만, 휴가(연차휴가일)는 원래 근로의무가 있는 날일 뿐 아니라, 휴가로 지정된 날에 근로를 제공하더라도 (휴일과 달리) 휴가는 소멸하지 않고 여전히 다른 날을 휴가로 지정하여 사용할 수 있으므로, 사용자는 가산수당을 추가로 지급할 의무가 없습니다.

휴일은 근로제공 의무가 없는 날로 사전에 이미 구체적으로 확정되어 있기 때문에 근로자는 당연히 휴일에 출근하지 않습니다. 반면

에, 휴가는 원래 근로제공의무가 있는 날이므로, 휴일의 경우와 달리 사전에 구체적으로 확정되어 있지 않기 때문에, 근로자가 휴가를 사용하기 위해서 반드시 먼저 휴가시기지정권을 행사하여 사용자로부터 승인을 받아야하는 절차가 필요합니다. 특히, 연차휴가의 경우, 만일 근로자가 지정한 휴가일에 휴가를 부여하는 것이 사업에 막대한 지장이 있는 경우라면 사용자는 시기변경권을 사용하여 다른 소정근로일로 휴가를 변경하거나 아예 근로자의 휴가사용을 승인하지 않을 수도 있습니다. 그래서, 연차휴가의 사용의 경우에는 복잡한 문제들이 많습니다.

2. 휴일의 종류

휴일은 ① 법으로 정해진 '법정휴일'과 ② 근로계약·단체협약·취업규칙으로 정해진 '약정휴일'로 나뉩니다. '법정휴일'이란 근로기준법과 같은 '법'으로 정한 휴일을 의미하며, '약정휴일'은 근로계약의 당사자인 사용자와 근로자가 근로계약, 취업규칙 등을 통하여 '약정'한 휴일(예: 회사 창립기념일)을 말합니다. 법정휴일은 근로기준법 등 법률에 의하여 정해진 휴일이므로 반드시 법에서 정한 바에 따라 휴일을 부여하여야 하는 것이지만, 약정휴일을 어떻게 부여할지 여부, 즉, 약정휴일을 몇 일로 정할지, 약정휴일을 무급으로 할지 유급으로 할지 등은 근로계약의 당사자인 사용자와 근로자가 자율적으로 정할 수 있습니다.

종전에는 법정휴일은 '주휴일' 및 '근로자의 날' 뿐이고 '공휴일'은 약정휴일에 불과했습니다. 즉, 종전의 '관공서의공휴일에관한규정'

에 의한 공휴일은 관공서에 근무하는 공무원들에 대해서만 적용되었으므로 공무원이 아닌 일반 기업의 근로자들에게 공휴일은 휴일이 아니라 근로의무가 있는 소정근로일이었습니다. 따라서, 일반 기업에서 공무원과 동일하게 공휴일에 쉬기 위해서는 공휴일을 휴일로 할 것을 약정하거나 혹은 기업에 공휴일을 휴일로 하는 관행이 존재하였어야 했습니다.

그런데, 2018년 3월 개정 근로기준법 제55조 제2항은 상시 5인 이상 사업장의 경우, 명절(설,추석), 국경일 등 관공서의 공휴일과 대체공휴일을 유급휴일(법정휴일)로 하도록 하였습니다. 그 결과, 상시 5인 이상 사업장의 경우, 법정휴일의 종류에는 기존의 '주휴일' 및 '근로자의 날'에 추가하여 관공서의 공휴일에 관한 규정의 공휴일 15일 및 기타 공휴일(공직선거법상 선거일, 기타 수시로 지정되는 임시공휴일)이 추가됨으로써 법정 유급휴일이 대폭 확대되었습니다. 다만, 이러한 관공서 공휴일의 민간기업 유급휴일화는 상시 5인 이상의 근로자를 사용하는 사업장에 한하여 적용되기 때문에, 상시 5인 미만의 사업장의 경우에는 관공서 공휴일이 여전히 '약정휴일'에 불과합니다. 결론적으로, 상시 5인 이상 사업장의 법정휴일은 주휴일, 근로자의 날, 공휴일이고, 상시 5인 미만 사업장의 법정휴일은 주휴일과 근로자의 날 뿐입니다.

3. 주휴일과 주휴수당이란 무엇인가?

대표적인 '휴일'은 근로자가 1주일에 1회씩 쉬는 '주휴일(달력상의 빨간날)'입니다. 1인 이상의 근로자를 사용하는 모든 사업(장)의 사용자는 1주일의 소정근로일을 개근한 근로자에게 1주일 평균 1회 이상의 유급휴일(1년 52일), 즉 '주휴일'을 주어야 합니다(근로기준법 제55조). '휴일(주휴일)'은 상시 5인 미만 사업장에도 적용되는 중요한 규정 중의 하나입니다(따라서, 상시 5인 미만 사업장에서도 반드시 주휴수당을 지급하여야 합니다). 다만, 1주 소정근로시간이 15시간 미만인 근로자와 근로기준법 제63조의 휴일 적용제외 근로자에게는 휴일을 부여하지 않으므로 주휴수당도 발생하지 않습니다. 달리 말하자면, 1주 소정근로시간이 15시간 이상인 근로자라면 (근로기준법 제63조의 근로자에 해당하지 않는 한) 누구든지 주휴수당을 지급받습니다.

> **근로기준법 제63조 근로자(근로시간, 휴게 및 휴일 배제 근로자)**
>
> 근로기준법 제63조에 규정된 ① 제1차산업 종사자(농림 · 축산 · 수산업자) ② 감시 · 단속적 근로자로서 고용노동부장관의 감단승인을 받은 경우, ③ 관리 · 감독직 근로자들에게는 근로기준법 제4장과 제5장에서 정한 근로시간, 휴게와 휴일이 배제됩니다. 이들 근로자들에게는 '휴일'에 관련된 규정이 적용되지 않으므로 주 1회의 주휴일을 부여하거나 주휴수당을 지급하지 않습니다(제3장 근로시간과 휴게시간의 '8. 근로시간, 휴게 · 휴일 적용 제외 근로자(근로기준법 제63조)' 참조).

한편, 주휴일(유급휴일)은 1주간의 소정근로일수를 개근한 근로자에 한하여 부여하는데(근로기준법 시행령 제32조), 여기에서 '개근'이란 근로제공 의무가 있는 날 즉, '소정근로일'에 '결근'하지 않는 것을 의미합니다. 따라서 근로자가 지각, 조퇴, 외출 등의 사유로 소정근로일의 근로시간 전부를 근로하지 못하였다 하더라도 1주간의 소정근로일에 모두 출근하여 근로를 제공하였다면 개근한 것으로 처리하여야 합니다.

간혹, 회사의 인사규정에 '3회 지각 또는 조퇴시 1일을 결근한 것이다'고 규정하는 경우가 있는데, 이러한 인사규정은 무효입니다. 만일 그러한 인사규정이 효력이 있다면, 1주일에 3회만 지각한 경우에도 1일 결근한 것으로 취급되는 결과 주휴수당을 포함하는 2일분의 임금이 삭감된다는 것은 부당하기 때문입니다. 다만, 무단지각이나 조퇴한 시간에 해당하는 만큼 임금을 삭감하는 것은 무노동무임금의 원칙에 따라 효력이 있습니다.

그렇다면, 근로자가 1주간의 소정근로일수를 개근하지 못한 경우에는 해당 주의 주휴일은 발생하지 않는 것일까요?

행정해석과 법원에 따르면 소정근로일수를 모두 근무하지 않은 경우에도 1주일에 1회 이상의 '무급휴일'을 부여해야 합니다. 즉, 주중 결근자에게도 비록 유급은 아니더라도 '무급'으로 주휴일을 부여해야 하는 것입니다. 따라서, 1주일을 개근하지 못한 근로자에게는 해당주의 주휴수당이 발생하지 않을 것입니다. 그런데, 월급근로자의 경우에는 월급 안에 이미 주휴수당이 포함되어 있으므로 근로자의 월급에서 결근한 1일 임금과 1일 주휴수당, 즉, 2일분 임금이 삭감되어 지급될 수 있습니다.

주휴일 부여

1. 주중에 결근(병가 포함)한 경우

'주휴일'은 근로자에게 무조건적으로 주어지는 유급휴일이 아니라, 1주일의 소정근로일을 '개근'할것을 조건으로 하는 일종의 '조건부 휴일'입니다. 따라서 1주일을 개근하지 못한 근로자에게는 주휴일이 발생하지 않아야 하지만, 행정해석과 판례에 따르면 소정근로일수를 모두 근무하지 않은 경우에도 1주일에 1회 이상의 '무급휴일'을 부여해야 합니다.

병가는 단체협약이나 취업규칙 등에 별도로 규정되지 않은 이상 원칙적으로 근로자의 귀책사유에 의한 결근과 동일하게 취급됩니다. 다만, 병가가 단체협약이나 취업규칙에 결근한 것으로 보지 않는 것으로 정한 경우라면, 나머지 소정 근로일을 개근하면 주휴일이 부여되어야 합니다.

2. 주중에 지각, 조퇴 등

주중에 지각이나 조퇴를 하는 경우라 하더라도 소정 근로일에 근로를 제공하였다면 이를 '결근'으로 취급할 수 없는 것이므로, 이를테면, '연간 지각 3회를 결근 1일로 취급'하는 취업규칙의 규정은 근로기준법에 위반되어 효력이 없습니다. 따라서, 주중이 지각이나 조퇴 등을 하여 소정근로시간을 모두 근로하지 못한 경우라도 주휴일이나 연차유급휴가 등을 산정하는 데에서는 이를 개근한 것으로 봅니다. 이를테면, 1일 8시간 중 6시간은 근무하고 나머지 2시간은 불법파업을 한 경우라면 6시간은 근무하였으므로 개근한 것으로 취급되므로 유급주후가 발생합니다.

3. 주중에 휴일, 휴가가 있는 경우

휴일은 근로제공의무가 있는 소정근로일이 아니고, 휴가는 소정근로일이나 근로제공의무가 면제된 날이므로, 이러한 휴일, 휴가일 외의 나머지 소정근로일을 개근하면 유급 주휴가 발생합니다.

4. 휴일, 휴가로 1주 소정근로일 전체를 출근하지 않은 경우 (예: 소정근로일 5일 모두 연차휴가를 사용한 경우)

주휴일은 연속된 근로에서의 피로회복 등을 위한 것이므로 유급휴일의 특별 규정이 적용되기 위해서는 평상적인 근로를 전제로 하는 것이므로, 소정근로일 전부를 출근하지 않은 경우에는 주휴일을 부여하지 않아도 무방하다는 것이 행정해석의 태도입니다.

5. 주1 소정근로일을 개근하고 근로관계가 종료되는 경우(예: 금요일까지 근로하고 근로계약기간의 만료, 사직, 해고 등의 사유가 있는 경우)

금요일이 근로제공 마지막날인 경우에는 그 다음날인 토요일에 근로관계는 종료하는 것이고, 주휴일은 계속적인 근로관계를 전제로 하는 것이므로 유급

주휴는 발생하지 않습니다.

6. 주중에 사용자의 귀책사유로 '휴업'을 한 경우

주중의 소정 근로일 중 일부만 휴업하고 나머지 소정근로일을 모두 개근한 경우에는 유급주휴가 발생하며, 설령 사용자의 귀책사유로 소정근로일 5일을 전부 휴업한 경우라도 이는 근로자와 무관한 사유로 인한 휴업이므로 주휴일도 휴업으로 보아 휴업수당으로 산정하여야 합니다.

7. 직장폐쇄의 경우

직장폐쇄의 적법 유무를 불문하고 1주일 중 나머지 소정근로일을 개근하였다면 유급주휴가 발생하지만, 직장폐쇄로 1주간의 소정 근로일(5일)을 모두 출근하지 않은 경우에는 유급주휴가 발생하지않습니다.

8. 업무상 재해로 인한 휴직

업무상 재해로 인한 휴직기간은 결근으로 보지 않으므로 1주일 중 나머지 소정근로일을 개근하였다면 유급주휴가 발생하지만, 업무상 재해로 1주간의 소정 근로일(예 : 5일)을 모두 결근한 경우에는 유급주휴가 발생하지 않는다는 것이 행정해석의 태도입니다.

9. 소정근로일을 개근하였으나, 다음 주 근무가 예정되어 있지 않은 경우(예: 다음주 부터휴직, 정직, 방학기간 등인 경우)

(i) 방학, 휴직 등의 시작 : 방학이 시작되는 주의 다음주의 근무가 예정되지 않았으므로 유급주휴가 발생하지 않는다는 견해도 있지만, 방학이 시작되는 주를 일단 개근한 이상 유급주휴는 발생하는 것으로 해석하는 것이 타당합니다. 다만, 방학기간 중에는 유급주휴가 발생하지 않을 것입니다.

(ii) 방학, 휴직 등의 종료: 개학하는 주를 개근하면 해당주의 소정근로일을 개근한 것이므로 주휴일(주휴수당)이 발생합니다.

'주휴수당'이란 근로자가 1주일 동안의 소정 근로일수를 개근하면 부여되는 유급휴일(주휴일)에 대한 수당을 말합니다. 쉽게 말해서, 근로자는 1주일 중 1일(주휴일)은 일을 하지 않아도 1일분의 임금(주휴수당)을 지급받는 것입니다. 주휴수당은 1일분의 소정근로시간에 해당하는 통상임금을 지급합니다. 월급제 근로자의 경우에는 일반적으로 월급금액에 주휴수당이 사전이 이미 편입되어 있기 때문에1). 본인이 1주일 중 1일(주휴일)은 일을 하지 않아도 1일분의 임금(주휴수당)을 지급받고 있다는 사실을 인식하기 어려울 수도 있습니다.

한편, 시급제나 일급제의 경우에는 근로계약서에 주휴수당을 분리하여 명시하지 않는 한 시급·일급금액에 주휴수당이 당연히 포함되어 있다고 볼 수 없으므로, 시급이나 일급과 별도로 주휴수당을 지급되어야 합니다. 시급이나 일용근로자라 하더라도 하나의 사업장에서 1주일 15시간 이상 계속적으로 근로를 제공하는 경우에는 일주일마다 주휴일(주휴수당)이 발생하기 때문입니다. 만일, 1주일 15시간 이상을 일주일 이상 근로하는 일용근로자의 근로계약서에 주휴수당이 별도로 표시되어 있지 않은 경우에는 별도로 주휴수당을 지급할 것을 요구할 수 있습니다.

주휴수당 산정

1. 소정근로시간이 고정적인 경우

'주휴수당 = 시간급 통상임금 × 1일 소정근로시간'

'시간급 통상임금'은 월급을 통상임금산정기준시간으로 나눈 금액입니다.

평균계수(4.345)2)를 이용하는 경우의 월통상임금산정기준시간은 (1주 소정근로시간+주휴일) × 4.345입니다.(임금 계산시는 항상 반올림해야 한다)

① 월 150만원을 받고, 1일 소정근로시간은 8시간, 주 5일, 주 40시간을

---

1) 1일 8시간, 주 40시간 사업장에서는 월급여액에 1개월 동안의 유급주휴일에 상응하는 35시간분 (1일 8시간 × 4.345주)이 기본급에 포함되어 있는 것이 일반적입니다.
2) 월통상임금산정기준시간 및 평균계수 4.345에 대해서는 '제5장 임금'을 참조하시기 바랍니다.

근로하는 근로자의 경우.

월통상임금산정 기준시간 : 1주 소정근로시간(40시간) + 주휴일(1일 소정근로시간 8시간) × 4.345 : (40 + 8) × 4.345 = 209 시간

150만원÷209시간 = 시간급 통상임금 7,177원× 8시간 = 유급주휴수당 57,416원

② 월 150만원을 받고, 1일 소정근로시간은 7시간, 주 5일, 주 35시간 근로하는 근로자의 경우 :(35+7)× 4.345 = 183시간,

150만원÷183시간 = 시간급통상임금 8,197원 × 7시간 = 유급주휴수당 57,379 원

2. 소정근로시간이 불규칙한 경우

소정근로시간이 불규칙하여 고정적인 소정근로시간을 산정할 수 없는 경우는 주의 소정근로시간 전체를 합하여 4주 전체 합을 구하고, 이를 다시 4주간 일수로 나누어 평균을 산정합니다.

(예) 일당제 근로자로 시급 6,000원을 받기로 하고 사용자와 약정한 소정근로일을 모두 근로하였는데, 첫째 주는 18시간, 둘째 주는 20시간, 셋째 주는 24시간, 넷째 주는 16시간을 근로한 경우의 주휴수당의 산정

① 4주 전체에 걸쳐 합계 78시간을 근로했으므로 이를 4주간 소정근로일수(주 6일×4주=24일)로 나누면 78시간÷24일 =1일 평균 3.25시간을 근로한 것이 될 것입니다.

② 여기에 시간급 임금 6,000원을 곱하여 총 19,500원의 유급주휴수당을 지급하면 됩니다.

(주의) 1월 평균 단위로 계산한다면 4주 통상 소정근로일은 24일이 아니라 주 5일제의 경우는 22일, 주6일제의 경우는 26일이 될 것입니다.

3. 단시간근로자의 주휴수당

1주일의 소정근로시간이 통상근로자보다 짧은 단시간근로자의 경우에는, 통상 근로자의 근로시간에 비례하여 주휴수당을 지급합니다. 즉, 단시간 근로자는 4주간의 소정근로시간을 통상 근로자의 4주 동안의 소정근무일수로 나누어 비율을 산정하고 다시 여기에 시급을 곱하는 방법으로 주휴수당을 산출합니다.

$$\text{단시간근로자의 주휴수당} = \frac{\text{단시간근로자의 4주간 소정근로시간}}{\text{통상근로자의 4주간 소정근로시간수}} \times \text{시급}$$

(예) 시급이 7,000원이고 하루 6시간, 주5일 근무하는 단시간 근로자

단시간 근로자는 4주 동안 120시간(6시간×5일×4주)이 소정근로시간이 되며, 여기에 같은 일을 하는 통상 근로자의 소정근무일수가 20일이라면 120에서 20을 나누어 나온 값인 6에 시급 7,000원을 곱해 나오는 총 '42,000원'이 주휴수당이 됩니다.

4. 격일제 근로자의 주휴수당

격일제 근무자에게 지급하여야 할 주휴수당은 1일 근무일의 절반에 해당하는 임금입니다. (예) 근무형태가 격일제 근무(만근 14일)이고, 노사간 합의한 1일 소정근로 시간이 12시간인 경우 유급주휴시간은 1근무일의 소정근로시간(12시간) 절반에 해당하는 '6시간'이므로, 주휴수당은 6시간분의 통상임금입니다.

5. 일용근로자 (시급제, 일급제)의 주휴수당

일용근로자가 1주 이상 근로하는 경우에는 1주 평균 근로시간이 15시간 이상인 경우에 한하여 주휴수당을 추가로 지급합니다. 이 때, 구체적인 주휴수당의 산정은 앞에서 설명한 것과 동일합니다. 따라서, 일용직 근로자가 1주일 이상 근로가 예정된 경우라면 근로계약서에 주휴수당 별도로 표시되어야 합니다.

제0 조【 임금 】
1. 일금(시간급)_____ 원정 (_____)
2. 주휴수당:_____ 원정 (_____)
3. 임금지급 : 계약종료 후 14일 이내 (근로자 명의 예금통장에 입금)

따라서, 근로계약서에 위와 같이 주휴수당이 표시되어 있지 않은 경우에는 별도로 주휴수당을 지급할 것을 사용자에게 요구할 수 있습니다.

4. 휴일근로수당은 어떻게 산정하나?

연장근로의 경우와 마찬가지로 휴일근로에 대해서도 통상임금의 50%를 가산수당으로 지급합니다. 따라서, 근로자가 휴일에 근로하는 경우에는 휴일 당일에 근로하는 근로시간에 추가하여 휴일근로가산수당 50%를 지급하여야 합니다. 그런데, 만일 해당 휴일이 유급휴일이라면 휴일 당일의 유급휴일수당(예:주휴수당)도 추가로 지급하여야 합니다. 이를테면, 유급휴일에 8시간 근로하는 경우라면 '유급휴일 당일의 휴일수당(예: 주휴수당)(100%) + 휴일 당일 근로한 8시간 근로시간에 대한 임금(100%) + 휴일 당일 근로한 8시간 근로에 대한 휴일근로 가산임금(50%)의 합계인 총 250%를 지급하여야 합니다. 다만, 월급제 근로자의 경우에는 월급에 이미 주휴수당이 포함되어 있으므로 실제로 추가 지급하는 금액은 휴일 당일 근로한 8시간 근로시간에 대한 임금(100%) +휴일 당일 근로한 8시간 근로에 대한 휴일근로 가산임금(50%)의 합인 150%가 될 것입니다.

그런데, 만일 휴일에 근로하는 것이 소정근로시간(1주 40시간) 이외의 근로시간인 경우라면 혹시 '휴일근로'인 동시에 '연장근로'에도 해당하지 않을까요? 만일 그렇다면 휴일에 근로하는 근로자에게는 '휴일근로수당' 50% 외에도 '연장근로수당' 50%'도 지급되어야 하지 않는가 하는 의문이 듭니다.

네 그렇습니다. 실제로 고등법원에서는 근로자가 휴일에 출근하여 근로를 제공하는 경우에는 '휴일근로수당' 50%와 '연장근로수당' 50%'의 합인 '통상임금 100%'를 추가로 지급하여야 한다고 판시한 바 있습니다. 그런데, 개정 근로기준법은 휴일(주휴일)에 근로하는 경우의 휴일근로수당의 산정에 대하여 ① 8시간 이내의 휴일근로에 대하여는 통상임금의 50%, ② 8시간을 초과한 휴일근로에 대하여는 통상임금의 100% 이상을 가산하여 지급하는 것으로 정하였습니다. 즉, 개정법에 따르면, 휴일에 하는 근로는 오로지 휴일근로일 뿐 연장근로에는 해당하지 아니하므로, 휴일에 근로하는 근로자에게는 휴일근로수당 50%만 가산하여 지급하면 되는 것이지만, 예외적으로, 휴일근로가 8시간을 넘는 경우에는 50%가산이 아니라 할증된 100%의 휴일근로가산수당를 지급하여야 합니다.

 신문기사 따라잡기

> 대법 "휴일근로 중복가산 인정 안돼…150%면 돼"(뉴시스 2018.06.21. 최동순 기자)
>
> 근로기준법 개정 전, 주 40시간을 초과해 이뤄진 8시간 내 휴일근로는 휴일근로수당 외의 연장근로 가산임금을 따로 더할 필요가 없다고 대법원이 판단했다. 이제 와서 중복가산을 인정할 경우, 현행 개정 근로기준법과 부딪힐 수 있다는 취지에서다.
> 대법원 전원합의체는 21일 성남시 환경미화원들이 성남시를 상대로 낸 휴일근로 중복가산금 관련 임금 소송에서 원고 일부 승소를 선고한 원심을 깨고 서울고법으로 되돌려 보냈다.
> 대법원은 "개정 근로기준법은, 옛 근로기준법상 휴일근로시간이 1주 간 기준근로시간 및 연장근로시간에 포함되지 않는다는 해석을 전제로 해 '1주'란 휴일을 포함한 7일을 말한다'는 정의 규정을 추가했다"며 "근로기준법 개정 경위와 부칙 규정을 통해 알 수 있는 당시 입법자의 의사는 옛 근로기준법상 휴일근로시간을 연장근로시간에 포함하지 않겠다는 것이 분명해 보인다"고 판단했다.

이어 "근로기준법상 '1주'에 휴일을 포함할 것인지 여부는 근본적으로 입법정책의 영역에 속하는 문제로, 입법자의 의사를 최대한 존중해 법질서의 통일성과 체계적 정당성을 유지하는 방향으로 해석해야 한다"고 덧붙였다.
또한 대법원은 "옛 근로기준법이 유급의 주휴일을 보장하고, 휴일근로에 대해 연장근로 및 야간근로와 동일한 가산율에 따른 가산임금을 규정하고 있는 점 등을 고려하면, 옛 근로기준법에서 정한 1주 간 기준근로시간과 연장근로시간은 휴일이 아닌 소정근로일을 대상으로 근로시간의 규제를 의도한 것으로 이해된다"고 판단했다.

개정된 근로기준법은 법정 근로시간을 52시간(법정근로시간 40시간+연장근로 12시간)으로 명확히 규정했다. 휴일근로·연장근로·야간근로는 통상임금의 150%를 지급하도록 하고, 휴일에 8시간을 넘겨 연장근로를 하는 경우에만 통상임금의 200%를 지급하도록 하고 있다.

원고 환경미화원 측은 근로기준법상 일주일의 범위에 휴일이 포함돼 주7일의 근로시간 한도는 40시간이며, 이를 초과한 휴일근로에 대해서는 통상임금의 2.0배를 지급해야 한다고 주장했다.

반면 피고 성남시 측은 근로기준법의 일주일을 휴일을 제외한 평일로 봐야한다고 맞섰다. 주말에도 별도로 하루 8시간씩 16시간의 근무가 가능해 연장근로를 포함한 근로시간은 총 68시간이며, 해당 연장근로에 대해선 통상임금의 1.5배만 지급하면 된다는 것이다. 당시 고용노동부도 '1주간'에 휴일이 포함되지 않아 최대 68시간까지 연장근로가 가능하다는 입장이었다.

이날 대법원 선고에서 김신·김소영·조희대·박정화·민유숙 대법관 등 5명은 반대의견을 내고 "휴일근로와 연장근로가 중복되는 경우에는 휴일근로에 따른 가산임금과 연장근로에 따른 가산임금을 각각 지급해야 한다"고 판단했다.

휴일근로수당 산정

1. '유급휴일'인 경우

'유급휴일'인 경우는 휴일 당일의 휴일수당(주휴수당) (100%) +휴일 당일 근로한 8시간 근로시간에 대한 임금(100%) +휴일 당일 근로한 8시간 이내의 근로에 대한 휴일근로 가산임금(50%)*으로 산정한 250%이지만 월급제의 경우에는 월급에 이미 주휴수당이 포함되어 있으므로, 휴일 당일 근로한 8시간 근로시간에 대한 임금(100%) + 휴일 당일 근로한 8시간 근로에 대한 휴일근로 가산임금(50%)의 합인 150%만 지급합니다.

*만일, 8시간을 초과하는 경우 초과 부분의 할증휴일가산임금은 100%입니다.

2. '무급휴일'인 경우

'무급휴일'인 경우는, 휴일 당일와 주휴수당 (100%)*+휴일 당일 근로한 8시간 근로시간에 대한 임금(100%) +휴일 당일 근로한 8시간 근로에 대한 휴일근로 가산임금(50%)으로 산정한 150%를 지급합니다.

* 무급휴일이므로 유급휴일과 달리 '주휴수당'이 배제됨을 유의하여야 합니다.

(예) 시급 통상임금이 5,000원이고 1주간의 소정근로시간(8시간)을 개근한 근로자가 주휴일에 근로한 경우에 받는 임금

1) 유급휴일에 발생하는 유급휴일수당 (주휴수당) : 40,000원(5,000원 × 8)

2) 8시간 근로에 따라 발생하는 임금 : 40,000원(5,000원 × 8)

3) 휴일근로에 대한 가산수당 : 20,000원(5,000원 × 0.5 × 8)

① + ② + ③ = 총 100,000원

단, 월급제의 경우에는 월급에 이미 ①유급휴일수당 (주휴수당)이 포함되어 있으므로 ② + ③ = 60,000원의 임금만 추가 지급하면 됩니다..

3. 연장 · 야간 · 휴일근로중복시의 수당계산

휴일에 연장 및 야간 근로를 하는 경우

(예) 1일 소정근로시간이 8시간인 근로자가 휴일에 09:00-23:00까지 근로한 경우(휴게시간 1시간, 근로시간 13시간)에 추가로 지급해야 하는 연장 · 야간 · 휴일 수당의 계산

1) 유급휴일수당 (주휴수당): 8시간분의 임금

2) 휴일근로에 대한 가산수당 : 13시간분 임금

3) 휴일근로 가산수당 : 13시간분 임금의 50% = 6.5시간분 임금

> 4) 연장근로 가산수당 : 5시간분 임금의 50% = 2.5시간분 임금
> 5) 야간근로 가산수당 : 1시간분 임금의 50% = 0.5시간분 임금
> 총지급액 : ① + ② + ③ + ④ + ⑤ = 30.5시간분의 임금
> 단, 월급제의 경우에는 월급에 이미 '①유급휴일수당 (주휴수당)'이 포함되어 있으므로 ②+③+④+⑤=22.5시간분의 임금을 추가 지급하면 됩니다.

한편, '약정휴일'이란 근로계약·단체협약·취업규칙 등의 '약정'으로 정한 휴일(예: 회사 창립기념일)을 의미합니다. 상시 5인 미만 사업장의 경우에는 공휴일이 여전히 법정휴일이 아니라 소정근로일이므로, 공휴일을 휴일로 정하기 위해서는 별도로 공휴일을 약정휴일로 정하여야 합니다.

법정휴일은 반드시 '유급휴일'이어야 하지만, '약정휴일'을 '유급'휴일로 할지 혹은 '무급'휴일로 할지의 여부는 약정을 한 당사자인 사용자와 근로자가 정하는 바에 따릅니다. 다만, 약정휴일이 근로제공의무가 없는 '휴일'임에도 불구하고 특별한 사정으로 인하여 부득이하게 약정휴일에 출근하여 근로를 제공하는 경우에는 약정휴일근로에 대해서도 법정휴일근로의 경우와 동일하게 반드시 휴일근로 가산수당을 추가로 지급해야 하여야 합니다. 따라서, 만일 회사의 취업규칙에서 약정휴일의 근로에 대해 가산임금을 적용하지 않도록 정한 경우 그러한 취업규칙은 효력이 없으므로, 근로자가 약정휴일에 출근하여 근로를 한 경우에는 항상 50%의 가산수당을 추가로 지급할 것을 요구할 수 있습니다.

> (예1) 약정휴일을 무급휴일로 정한 회사에서 약정휴일에 근로제공을 한 경우 휴일근로 100%와 가산임금 50%를 합한 150%를 지급

(예2) 약정휴일을 유급휴일로 정한 회사에서 약정휴일에 근로제공을 한 경우 유급휴일이므로 출근을 하지 않아도 당연히 지급되는 휴일수당 100%와 휴일근로 100% 및 가산임금 50%를 합한 250%를 지급

5. 휴일을 소정근로일과 대체(휴일의 대체)할 수 있는가?

'휴일의 대체'란 노사 합의에 의하여 '휴일(비소정근로일)'을 특정한 '소정근로일'과 교체하는 것을 의미합니다. 즉, 근로의무가 없는 휴일을 특정한 근로의무 있는 평일(근로일)과 서로 맞바꾸어, 원래의 휴일은 근로일로 취급하여 근무를 하고, 원래의 근로일은 휴일로 삼아 근로를 하지 않는 날로 정하는 것입니다. 그 결과, 휴일(예: 주휴일, 공휴일)은 더 이상 휴일이 아니라 근로일이 되므로, 근로자가 원래는 휴일인 날(예: 주휴일, 공휴일)에 근로하는 경우라도 이는 더 이상 휴일근로가 아니라 소정근로일의 근로인 것으로 취급되므로, 사용자는 근로자에게 휴일 가산수당을 지급하지 않아도 된다고 합니다.

휴일의 대체 중 '주휴일의 대체'는 법률의 근거는 없지만 판례와 행정해석은 근로자 개인의 동의에 의한 휴일의 대체3)는 물론 집단적 동의 방식(근로자대표와의 서면합의 등)에 의한 휴일의 대체도 인정하고 있습니다. 심지어 취업규칙에 휴일의 대체를 명시함으로써 휴일의 대체를 도입하는 것도 가능하다고 합니다. 그러나, 법률의 근거도 없이 주휴일의 대체를 인정하는 것은 부당하다고 생각합니다. '휴일의 대체'는 근로자의 휴일에 대한 기대권을 침해하면서도 휴일근로에 대한 가산수당도 발생하지 않을 뿐 아니라, 사용자가 아닌 근로자

---

3) 근로자 개인의 동의에 의한 휴일의 대체는 보통 근로계약서에 의합니다.

에 의한 휴일의 대체가 인정될 가능성도 전혀 없다는 점에서 이는 현저하게 불공정한 합의로서 그 효력이 없다고 보는 것이 타당하기 때문입니다. 특히, '휴일의 대체'를 근로자의 개별적 동의도 아닌 단체협약과 같은 집단적 방법에 의한 동의로 인정한다는 것은 여성과 연소자의 휴일근로를 제한하는 근로기준법의 취지에도 위배될 소지마저 있습니다. 여성과 연소자의 휴일근로는 해당 근로자의 개별적인 동의를 요건으로 하며, 집단적 방법에 의한 휴일근로에 대한 동의는 인정되지 않기 때문입니다. 따라서, 법률의 근거도 없이 휴일의 대체를 이와 같이 자유롭게 인정하는 것이 과연 타당한 지 의문이고, 실제로 개정 근로기준법은 법정 휴일 중 '공휴일'의 경우에는 소정근로일과 대체를 명문으로 인정하면서도[4] '주휴일'에 대해서는 여전히 소정근로일과의 대체를 인정하고 있지 않는 것만 보더라도 입법자의 의사는 주휴일의 대체는 인정하지 않으려는 것으로 보는 것이 타당할 것입니다.

'주휴일의 대체'를 인정하는 행정해석이나 판례에 따르면, 회사가 휴일(주휴일)을 근로일과 대체하기 위해서는 해당 주의 특정 소정 근로일을 휴일로 대체한다는 사실을 적어도 미리 24시간 이전에 근로자에게 알려야 합니다. 만일, 사전에 근로자에게 미리 알려 줄 여유가 없어 회사가 근로자에게 24시간 전에 미리 휴일의 대체한다는 사실을 알려주지 못한 상태에서 일단 주휴일에 근로하도록 하고 나서 해당주가 아닌 그 다음주의 소정근로일 중 하루를 쉬도록 하는 것은

---

[4] 상시 5인 이상 근로자를 사용하는 사업 또는 사업장은 근로자대표와 서면으로 합의한 경우에는 공휴일을 특정 소정근로일로 대체할 수 있습니다(근로기준법 제55조 제2항, 시행령 제30조 제2항).

적법한 휴일의 대체가 아닙니다. 따라서, 이 경우에 회사는 그 다음 주 소정근로일 중 하루가 아닌 하루와 반차를 부여하든지 혹은 하루를 부여하고 50%의 초과근로 가산수당을 지급해야 합니다.

 신문기사 따라잡기

> 대체휴일은 연차휴가 쓰라고?…엄연한 노동법 위반(이데일리 2023 .01. 22. 최정훈 기자)

민족의 대명절인 올해 설 연휴는 안타깝게도(?) 토요일부터 시작해 월요일까지 3일이다. 다행히도 화요일이 대체공휴일이기 때문에 휴일이 하루 더 있긴 하다.

쉬기에도 짧은 연휴지만, 이번 연휴에도 출근해야 하는 직장인들도 많을 것이다. 출근하는 것도 서러운데, 부당한 대우까지 받을 수는 없는 일. 설 연휴 출근러가 챙겨야 할 권리는 어떤 게 있을까.

사실 직장인이 설 연휴를 법적으로 보장받을 수 있게 된 건 아주 최근 일이다. '빨간 날'이라고 부르는 공휴일은 사실 '관공서의 공휴일에 관한 규정'에 따라 관공서가 쉬는 날이다. 그래서 일반 회사에 다니는 직장인까지 쉴 수 있는 권리까지 보장하지는 못했다.

각각의 회사가 취업규칙이나 단체협약으로 공휴일을 휴일이라고 따로 정하거나 사용자가 휴일이라고 정해줘야 쉴 수 있었다는 뜻이다.

직장인이 법으로 공휴일을 유급휴일로 보장받기 시작한 건 3년 전이다. 2020년부터 관공서의 공휴일을 근로기준법상 유급휴일로 정하도록 한 법이 시행됐기 때문이다. 유급휴일은 공휴일에 쉬어도 임금을 보장받을 수 있는 법적인 권리다. 공휴일에 쉬어도 월급이 줄어들지 않는다는 의미다.

2020년에는 대기업(300인 이상 사업장)만 공휴일을 유급휴일로 보장받을 수 있었다. 중소기업이나 소규모 사업장인 5인 이상 사업장까지 보장받을 수 있게 된 건 지난해부터다. 게다가 소상공인들이 많은 5인 미만 사업장은 아직도 공휴일을 유급휴일로 보장받지 못하고 있다.

5인 미만 사업장 근로자에겐 미안하지만, 어쨌든 이제 공휴일에 쉬어도 임금을 보장받을 권리가 생겼다. 만일 직장인이 공휴일에 일하면 사업주는 1일 8시간 이내의 경우 통상임금의 50%, 8시간이 넘어가면 100%의 휴일근로수당을 줘야 한다. 즉, 이번 설 연휴에 출근하는 사람들은 1.5배에서 2배의 임금을 받아야 한다.

만약 우리 회사가 1.5배나 2배의 임금을 주지 않는다면, 회사의 노조 위원장을 찾아가 보자.(노조 위원장이 없다면 근로자대표) 공휴일에 일하는 대신 다른 날을 유급휴일로 바꾸는 '휴일대체'를 도입했을 수 있다. 그런 경우라면 추가 수당을 받을 수 없다.

다만 사업주가 개개인에게 요구해서 동의를 구하고 출근한 거라면 효력이 없다. 휴일대체는 노조 위원장이나 근로자대표와 서면으로 합의해야만 하기 때문이다.

▌근로자 대표란 무엇인가?

'근로자 대표'란 근로자 과반수를 대표하는 자를 가르키는데, 근로기준법상 근로자대표라 함은 당해 사업 또는 사업장에 근로자의 과반수로 조직된 노동조합이 있는 경우에는 그 '과반수 노동조합', 근로자의 과반수로 조직된 노동조합이 없는 경우에는 '근로자의 과반수를 대표하는 자'를 의미합니다(근로기준법 제24조 제3항). 근로자 대표는 근로기준법을 비롯한 각종 노동관계법령에서 사용자와 협의내지 동의하는 주체로서, 근로기준법은 사용자가 탄력적 근로시간제. 선택적 근로시간제, 간주 근로시간제, 재량근로시간제 등과 같은 비정형적 근로시간제도와 근로시간, 휴게시간 특례 제도를 사업장에 도입하거나, 연차휴가의 대체, 선택적 보상 휴가제도의 도입 등 휴가 제도를 변경하기 위해서는 근로자 대표와의 서면합의를 할 것을 그 요건으로 하고 있으며, 연소자, 임산부에게 야간 및 휴일근로를 시키거나 경영상 해고를 실시하는 경우에는 근로자 대표와 성실하게 협의할 것을 요구하고 있습니다.

노동조합이 근로자 과반수로 조직된 있는 경우에는 노동조합의 대표자 또는 노동조합으로부터 대표권을 위임 받은 자가 근로자 대표가 될 것입니다. 그러나, 노동조합이 근로자의 과반수를 조직하지 못하고 있는 경우에는 근로자의 과반수를 대표하는 자를 따로 선출하여야 합니다. 그런데, 노동관계법령에서는 과반수 근로자대표의 선출과 관련하여 아무런 규정을 두고 있지 않지만, 제도의 취지상 근로자대표는 사용자의 간섭이 배제된 상체에서 민주적 선출 방법으로 선출되어야 할 것입니다. 그리고, 근로자 대표를 선출함에 있어서의 근로자는 사업장에서 근무하는 근로기준법상의 근로자에서 근로기준법 제2조 제1항 제2호에서 정한 사용자에 해당하는 ①사업주, ②사업경영담당자, ③그 밖에 근로자에 관한 사항에 대하여 사업주를 위하여 행위하는 자를 제외합니다. 따라서, 근로자대표를 선출하는 근로자의 범위는 근로기준법상의 근로자(법 제2조 제1항 제1호)에서 근로기준법상의 사용자(법 제2조 제1항 제2호)를 제외한 근로자를 의미하게 될 것입니다. 그런데, 소규모 회사의 경우에는 근로자 대표가 도대체 누구인지 알 지도 못하는 경우도 흔하고, 심지어 근로자 대표가 될 수 없는 사용자(사업주를 위해 행위하는 자)가 근로자 대표인 경우도 있습니다. 만일, 사용자성이 인정되는 회사의 관리자가 근로자 대표라면 그러한 자는 근로자대표성이 인정되지 않으므로, 그러한 자가 사용자와 협의하거나 동의한 사항의 법적 효력도 부정될 것입니다. 이를테면, 그러한 자가 회사에 재량근로제를 도입한 것에 동의하였다면 그것은 적법한 동의라 할 수 없으므로, 회사에는 재량 근로제가 도입된 것으로 볼 수 없을 것입니다.

 신문기사 따라잡기

> 지금 다니는 회사의 '근로자대표'가 누군지 확인해보세요 [노동의 종말] 노조 없는 소규모 사업장엔 필수, 하지만 허점투성이반(오마이뉴스 2022.01.19. 박한울 기자)

의외로 사업장 내에서 '직원들을 대표하는 자'가 있다는 사실에 대해서는 모르는 사람이 많다. 노동법 강의를 하다가 사업장에 근로자 대표가 있으면 손을 들어보라고 하면 으레 "근로자 대표가 뭐예요?"라는 반문을 듣기 마련이고, 중소 규모의 사업장에서는 인사 담당자들마저 근로자 대표를 근로자 위원과 혼동하는 경우를 너무나 많이 보았다. 심지어 근로자 대표와의 서면 합의서는 있는데 막상 직원 모두가 자기 사업장의 근로자 대표가 누군지조차 모르는 황당한 경우까지 있었다.

이렇듯 개념조차 생소하게 여기다 보니, 법상 중요한 역할을 하는데도 근로자 대표를 제대로 선출해 운영하는 곳은 생각보다 정말 드물다. 이에 사업장 내 노동자들이 최소한의 목소리를 낼 수 있도록 하는 근로자 대표에 대해 보다 정확히 알고 넘어가야 할 필요가 있다.

으레 노동자들을 대표한다고 하면 노동조합부터 떠올리기 마련이다. 정확한 대답이다. 하지만 현실적으로 노동조합이 조직된 사업장은 전체의 14.2%에 불과하며, 특히 30인 미만 소규모 사업장의 조직률은 겨우 0.2%에 불과하다(고용노동부, 2020년 전국 노동조합 조직현황 보도자료).

그렇다면 노동조합이 없는 사업장에서는 정말 '사장님 마음대로' 할 수 있는 걸까? 아니다. 그 최소한의 역할을 하기 위해 근로기준법에서는 근로자 대표라는 개념을 두고 있다. 법 제24조제3항에서는 근로자 대표를 "근로자의 과반수를 대표하는 자"라고 표현하고 있으며, 이 조항에 따라 경영상 해고(소위 정리해고)를 할 때는 반드시 근로자 대표에게 해고를 하려는 날의 50일 전까지 통보하고 성실하게 협의할 의무를 부여하고 있다.

근로자 대표의 역할은 여기에서 끝나지 않는다. 유연근로시간제의 도입(법 제51조·제52조), 휴일대체·보상휴가제도 시행(제55조제2항·제57조) 등 주요 노동 조건에 대한 동의의 주체로 활용된다.

특히 사업장에서 휴일에 일한 대가로 휴가를 부여하는 이른바 '대휴 제도'의 시행에 있어 근로자 대표의 역할이 중요한데, 매주의 주휴일을 변경하는 것은 노동자 개인의 동의를 얻기만 하면 되지만 2022년부터 5인 이상 전 사업장에 시행되는 '관공서의 공휴일에 관한 규정'에 따른 공휴일 및 대체 공휴일에 일한 때에는 근로자 대표와의 서면 합의를 통해 대휴(정확히는 법 제55조제2항의 휴일대체제도)를 시행하여야만 적법 유효하기 때문이다.

그 외에도 최근 중대재해 처벌 등에 관한 법률 시행으로 관심이 높아지고 있는 산업안전 측면에서도 근로자 대표의 역할은 매우 중요하다. 안전보건 관리규정의 작성·변경 시 근로자 대표의 동의를 받아야 하며(산안법 제

26조), 사업장의 안전보건진단·작업환경측정 등에 참석을 요구할 수도 있고(법 제47조·제125조), 건강진단의 실시에 참여하고 그 결과에 대하여 설명을 요구할 수 있는 권한(법 제132조)까지 있기 때문이다.
이렇듯 노동관계법령 전반에 걸쳐 사업주의 일방적인 관리·감독에 따른 부실을 막기 위한 견제 장치 역할을 하는 근로자 대표는, 특히 단결하여 대등한 집단적 노사 관계의 장을 만들기 어려운 소규모 사업장 노동자들에게 최소한의 안전 발판 역할을 한다.
그러나 사람들이 몰라서 문제 되는 것만큼이나 법적인 허점도 많다는 점을 들여다보면, 이 제도가 널리 알려지지 않은 이유가 단지 대중의 무관심 때문만은 아니라는 점을 추측케 된다.

[문제점 ①] 모호한 선출 절차
　위와 같이 사업장 내에서 중요한 노동 조건에 대한 동의권을 가지는데도, 법 어디에서도 근로자 대표의 선출 절차를 명시적으로 정해놓지 않았다는 점은 이 제도의 가장 큰 문제점으로 꼽힌다. 굳이 법에서 정한 게 있다면, 근로기준법상 사용자가 아닌 자여야 한다는 정도이기 때문이다.
이에 실무적으로는 고용노동부의 행정 해석을 통해 그 선출 방식을 결정하고 있다. 구체적으로 ① 사용자의 추천이나 강요 등이 없이 근로자들이 스스로 결정하여야 하며 ② 반드시 투표의 방식을 거치지 않더라도 근로자 대표 선임서에 서명·날인을 받는 방법 등 근로자의 의사를 반영할 수 있는 방법을 거치면 된다(근로기준정책과-2872, 2015-07-01 등)는 것이 부처의 판단이다.
이렇듯 법적으로 정해진 바가 없다 보니, 현실적으로는 사용자의 입맛에 따라 선출되는 경우도 많다. 특히 법정 수당을 합법적으로 줄여줄 수 있는 탄력적 근로시간제도나 보상휴가제도 등을 도입하기 위하여, 사업장 내에서 '말 잘 듣는 직원'을 사용자가 사실상 선택하여 연명부에 서명을 받는 방식으로 뽑는 경우가 부지기수다. 이렇게 선출된 근로자 대표가 과연 법의 취지에 맞게 '근로자'들을 '대표'할 수 있을지 의문이다.

[문제점 ②] 대표성 문제

사업장이 어느 정도 규모를 넘어서게 되면, 필연적으로 역할이 다분화되기 마련이다. 가내수공업에 준하는 경우가 아니고서야, 아무리 작은 규모의 공장이라도 생산활동에 투입되는 생산직 노동자와 행정적 업무를 담당하는 사무직 노동자로 나뉘게 될 텐데, 문제는 이들의 노동조건의 실질이 전혀 다르며 따라서 추구하는 방향도 달라질 수밖에 없다는 점에 있다.

하지만 최근까지 고용노동부는 "근로자 대표는 사업 또는 사업장 단위로 선정되어야 한다"는 방침을 고수하면서, 비록 하나의 사업장 내에 여러 직종이 혼재되어 있는 경우라 하더라도 원칙적으로 사업장 단위로 단일 근로자 대표를 선정하도록 지침(근로기준팀-8048, 2007-11-29)을 내렸다. 이는 서로 다른 직종의 요구사항을 하나로 뭉뚱그리게 되는 결과를 초래하여 오히려 근로자 대표가 노-노 갈등을 초래하는 주요 원인이 되기도 하였다.

다만 이런 문제점을 인지해서인지 고용노동부는 최근 "사업장 내에 뚜렷하게 구분되는 직종이나 직군이 있는 경우 그 직종이나 직군 단위로 선정할 수 있다"(근로기준정책과-1554, 2021-05-07)로 방침을 변경하였다. 하지만 여전히 그 개념적인 측면에서 '뚜렷하게 구분되는 직종이나 직군'을 어떻게 판단해야 할지는 미지수이며, 여전히 이를 법문에 명확하게 규정하고 있지 않다는 점에서 추후 법적 다툼의 소지가 될 수 있어 완벽히 해결이 되었다고 보기에는 어렵다.

[문제점 ③] 유사 개념과의 혼동

근로자참여 및 협력증진에 관한 법률(이하 근참법)에서는 30인 이상 사업장에 반드시 노사협의회를 구성하고, 그 협의회에는 근로자 위원과 사용자 위원을 동수로 두어야 한다는 규정을 두고 있다. 이러한 협의회에서는 사내 노동자들의 고충 처리나 휴게 시간의 운용, 복지 증진 또는 인사·노무 관련 사내 제도 개선 등 노사 공동의 이익 사항을 논의하게 된다.

이 법에 따른 근로자 위원은 근로기준법 상 근로자 대표와 비슷하면서도 다른 역할을 하다 보니 실무 담당자들조차도 근참법 절차에 따라 근로자 위원을 선임해 두고 근로자 대표라고 생각하는 경우가 허다하다. 하지만 원칙적으로 근로자 대표의 선출 과정에는 그 근로자 대표가 결정할 수 있는 사항을 명확하게 지정하여야 하므로(예: 근로기준법 상 근로자 대표와의 서면합의 내용에 대한 포괄적 동의 여부 등), 이러한 권한에 대한 명시적인 위임도 없고 전혀 다른 법에 따라 선출되는 근로자 위원이 반드시 근로자 대표라고 볼 수는 없다.

그런데도 지난 2020년 10월 16일 대통령 소속 경제사회노동위원회에서는 '근로자대표제도 개선에 관한 노사정 합의문'을 통해 "과반수 노조가 없고 노사협의회가 있는 경우, 노사협의회 근로자 위원으로 구성된 '근로자위원회'가 근로기준법상 근로자 대표의 지위를 가지는 것으로 한다"는 내용을 합의하기에 이르렀다. 이는 형식적으로는 근로자 대표의 공백을 메울 수 있겠지만, 취지가 다른 개념을 편의상 하나로 묶어버린 것 같은 느낌이 크다.

법 재정비의 필요성

이와 같은 문제점을 극복하기 위하여, 우리는 먼저 근로자 대표라는 개념 자체를 더욱 분명히 할 필요가 있다. 법에 따라 서로 조금씩 다르게 구분되는 근로자 대표 및 그 유사 개념을 하나로 묶어, 노동관계법령에서 상위법 역할을 하는 근로기준법에 그 개념과 역할, 취지를 분명히 규정할 필요가 있다. 특히 법적 역할이 다른 노사협의회의 근로자 위원의 합의체를 근로자 대표라고 간주하는 현재의 시스템은 법이 아닌 단순 합의에 근거한 이유 때문에라도 결과적으로 손을 볼 필요가 있다.

근로자 대표의 선출 절차 및 방법에 대해서도 법에 명문화할 필요가 있다. 적어도 근로자 대표의 선출 방법에 대해서 최소한의 절차 규정을 마련하여야만 향후 발생할 수 있는 근로자 대표의 유효성 등에 대한 분쟁을 명확하게 해결할 수 있을 것이다. 특히 개별 노동자의 임금과 밀접하게 관련되는 여러 제도에 대해 합의권을 가진다는 점에서, 최소한 투표를 통해 공정하고 합리적으로 선출해야 할 것이다.

여기에 근로자 대표의 서면 합의가 어떤 효력을 가지는지도 명확히 할 점이다. 현행법 상 여러 노동 조건에 대해 근로자 대표의 서면 합의로 변경을 할 수 있다고만 정할 뿐, 그 합의의 효력이 취업 규칙이나 단체 협약의

> 내용과 배치될 경우에는 어떤 것을 우선하게 될지 또 서면합의의 내용을 위반하게 될 경우 어떤 법적 효과가 발생할지에 대해서는 전혀 정하지 않고 있기 때문이다.
> 근로자 대표 제도는 상대적 취약 계층인 노동자의 노동 인권을 보호하고, 특히 실무적으로 영세사업장에서 노동자들이 최소한의 목소리를 낼 수 있도록 한다는 점에서 그 의의가 매우 크다. 따라서 기존의 장점은 살리되, 우리가 미처 챙기지 못한 허점을 보완하는 방식으로 '진짜 근로자대표'가 될 수 있도록 관심을 기울여야 할 것이다

6. '근로자의 날'이란 무엇인가?

근로자의 날도 법정휴일의 하나이지만, 근로자의 날은 '근로자의 날 제정에 관한 법률'에 근거하여 인정되는 휴일이라는 점에서, '근로기준법'이 직접 규정한 법정휴일과 구별됩니다. 따라서, 근로기준법상 주휴일을 부여하지 않아도 되는 1주 15시간 미만의 초단시간근로자 및 근로기준법 제63조의 근로자에 대해서도 근로자의 날은 유급휴일로 부여하여야 합니다.

한편, 근로자의 날은 근로기준법이 정하는 휴일은 아니지만, 근로기준법상 근로자에게만 적용되는 휴일이므로, 근로기준법이 적용되지 않는 가사사용인이나 동거친족만을 사용하는 사업장에는 적용되지 않습니다. 결론적으로, 근로자의 날은 근로기준법이 적용되지 않는 가사사용인과 동거친족만을 사용하는 사업장 외의 일체의 모든 근로자에게 적용되어야 합니다.

근로자의 날이 유급휴일이라는 의미는 근로자가 근로자의 날에 출근하지 않아도 평일과 동일하게 임금을 지급받는다는 것을 뜻합니

다. 또한, '주휴일'이 일주일간의 소정근로일의 개근을 조건으로 부여되는 것과 달리, 근로자의 날은 아무런 조건 없이 오로지 '근로기준법상 근로자'라는 이유만으로 부여되는 유급휴일입니다. 따라서, 근로자가 근로자의 날에 출근하지 않아도 평일과 동일하게 임금을 지급받으며, 만일 사용자가 근로자의 날에 근로자에게 일을 시키고자 하는 경우에는 휴일근로가산수당을 추가로 지급해야 합니다.

근로자의 날은 주휴일과 달리 '근로자의 날 (5월 1일)'이라는 특정성이 전제되는 것이므로 근로자의 날과 소정근로일을 맞바꾸는 '휴일의 대체'는 허용될 여지가 없으며, 근로자가 근로자의 날에 근로하는 경우에는 항상 유급휴일근로 가산수당 50%를 추가로 하여야 합니다.

> (예) 근로자의 날에 소정 근로시간(예:8시간)과 동일한 시간의 근로를 한 경우
>
> 근로자의 날 휴일수당 (100%) + 근로자의 날에 근로한 근로시간에 대한 임금(100%) + 휴일근로 가산임금(50%) = 250% 지급 (단, 월급제 근로자의 경우에는 근로자의 날에 근로한 근로시간에 대한 임금(100%)은 이미 포함되었으므로 150%가 추가로 지급됩니다.).

주휴일(일요일)과 근로자의 날이 겹친 경우(유급과 유급의 중복)에는 하나의 유급휴일로 취급되므로 추가적인 유급휴일수당 문제는 발생하지 않습니다. 따라서, 주휴일(일요일)과 근로자의 날이 겹친 경우라도 주휴수당만 지급되고 근로자의 날 유급수당을 별도로 지급되지 않습니다. 반면에, 유급과 무급이 경합하는 경우, 즉, 주중 결근자가 발생하였는데 우연히 그 주에 유급주휴일과 근로자의 날이 중복된 경우에는 근로자에게 유리하도록 '유급처리'할 것이지 당해일(주휴

일)을 '무급처리'하는 것은 위법하다는 것이 고용노동부의 행정해석입니다(근로기준과 01254-19875, 1985.11.1.).

그런데, 또 다른 고용노동부의 행정해석(근로기준과 2156)은 '유급휴일'이란 근로하는 날을 전제로 하는 개념이므로, 원래 근로의무가 없는 무급휴일의 경우에는 추가로 유급휴일 수당을 지급할 필요가 없다고 하면서, 근로자의 날과 무급인 토요일이 경합하는 경우에는 무급과 유급의 경합임에도 불구하고 위의 행정해석(근로기준과 01254-19875, 1985.11.1.)과 달리 유급처리하지 않고 무급처리할 수 있다는 태도를 취하고 있습니다. 즉, 행정해석은 동일한 '무급과 유급의 경합'이라도 원래는 유급이던 주휴일이 무급이 된 경우(근로기준과 01254-19875)와 원래부터 무급이던 토요일(근로기준과 2156)을 달리 취급하는 것으로 보입니다.

근로자의 날 휴일 가산수당 지급

1. 근로자의 날에 근로하지 않는 경우(월급제 근로자의 경우)

  (1) 근로자의 날이 소정근로일인데 근로자의 날이므로 휴무하는 경우

  근로자의 날은 유급휴일이므로, 월급 근로자의 경우 소정근로일인 근로자의 날에 출근하지 아니하여도 출근한 것과 동일하게 유급처리됩니다.

  (2) 근로자의 날이 원래의 소정근로일이 아닌 경우

  ① 근로자의 날이 휴일(주휴일)인 경우

  근로자의 날이 휴일(주휴일)과 겹친 경우(유급과 유급의 중복)에는 하나의 유급휴일로 취급되므로 휴일수당을 추가로 지급하지 않아도 됩니다. 단, 주중 결근자가 발생한 주에 우연히 유급주휴일과 근로자의 날이 중복된 경우에는 유급(근로자의 날)과 무급(주휴일)이 경합하는 근로자에게 유리하도록 '유급처리'할 것이지 당해 일(주휴일)을 '무급처리'하는 것은 위법합니다(근로기준과 01254-19875).

② 근로자의 날이 비소정근로(휴무일)일인 경우(예: 토요일)

고용노동부의 행정해석(근로기준과 2156)은 '유급휴일'이란 근로하는 날을 전제로 하는 개념이므로, 원래 근로의무가 없는 무급휴일의 경우에는 추가로 유급휴일 수당을 지급할 필요가 없는 것으로 해석하고 있습니다.5) 결론적으로, 행정해석에 따르면 월급제 근로자의 경우에는 근로자의 날이 일주일 중 어느 날에 속하든 관계 없이 소정의 월급금액만 지급하면 될 것입니다. 반면에, 월급제가 아닌 일용근로자의 경우에는 통상 1일의 임금(유급휴일수당)을 추가로 지급해야 합니다.

2. 근로자의 날에 근로하는 경우(상시 5인 이상 사업장의 경우)

(1) 월급제 근로자의 경우

소정 근로시간(예:8시간)과 동일한 시간(예:8시간)을 근로자의 날에 근로한 경우에는 근로자의 날 휴일수당 (100%) +근로자의 날에 근로한 근로시간에 대한 임금(100%) + 근로자의 날 당일 근로한 근로시간에 대한 휴일근로 가산임금(50%) = 250%를 지급하여야 하는 것이지만, 월급제 근로자의 경우에는 월급 안에 이미 근로자의 날에 근로한 근로시간(8시간)에 대한 임금(100%)이 편재되어 있으므로, 근로자의 날 휴일수당 (100%) +근로자의 날 당일 근로한 근로시간에 대한 휴일근로 가산임금(50%) = 150%를 추가로 지급합니다.

(2) 격일제 근로 사업장의 경우(예: 수요일이 근로자의 날인 경우)

① 월수금 근로하는 근로자의 경우(근로자의 날이 근무일인 경우)

수요일이 '근로자의 날'이므로 쉬어야 하지만 자신의 당번일(소정근로일)이라 부득이하게 출근하는 경우에는 1일분의 통상임금의 250% (100(소정근로시간) + 100(휴일근로시간)+ 50(휴일근로가산임금) %)를 지급하여야 합니다.

② 화목토 근로하는 근로자의 경우(근로자의 날이 비번일인 경우)

비번일인 수요일이 근로자의 날 (유급휴일)이므로 비번일이므로 근로하지 않는 경우라도 유급휴일수당(1일분의 통상임금 100%)을 추가로 지급하여야 합니다.6)

---

5) 행정해석은 동일한 '무급과 유급의 경합'이라도 원래는 유급이던 주휴일이 무급이 된 경우(근로기준과 01254-19875)와 원래부터 무급이던 토요일(근로기준과 2156)을 달리 취급하는 것으로 보입니다.
6) 반면에, (근로자의 날의 경우와 달리) 관광서 공휴일에 해당하는 날이 근로제공이 예

> (3) 일용근로자의 경우
>
> 일용근로자를 근로자의 날에 근로시키기 위해서는 휴일근로가산수당 50%를 지급하여야 합니다.
>
> 3. 근로자의 날에 근로하는 경우(상시 5인 미만 사업장의 경우)
>
> 위의 3.과 동일하되, 5인 미만 사업장의 경우에는 휴일근로가산수당 50%를 포함시키지 않습니다.

7. 휴가란 무엇이고 휴가의 종류에는 어떤 것이 있나?

'휴가'는 '근로의무가 있는 날', 즉, 근로를 제공하기로 정한 '소정근로일'이지만, 법률의 규정이나 취업규칙, 단체협약 혹은 사용자의 지시나 근로자의 신청에 의하여 근로의무가 '면제'된 날을 의미합니다.

휴가에는 휴일과 마찬가지로 법에서 특별히 정한 '법정휴가(예: 연차유급휴가)'와 당사자 사이에 약정으로 정한 '약정휴가(예: 경조사 휴가, 병가)'가 있습니다. 이러한 휴가는 근로를 제공하지 않으므로 무노동무임금의 원칙상 '무급'이 원칙입니다. 다만, 연차휴가 등 법정휴가는 '유급'으로 부여하도록 근로기준법이 정한 경우에는 '유급휴가'로 부여하여야 합니다. 물론, 법정휴가 중에서도 생리휴가같은 경우에는 무급휴가를 부여하기도 합니다.

유급휴가와 무급휴가의 차이는 휴가를 사용하면서도 급여를 받느냐 받지 않느냐의 차이입니다. 즉, 유급휴가의 경우에는 휴가를 사용하면서도 여전히 급여를 받는다는 의미입니다. 따라서, 만일 월급이

정되지 않은 비번일, 무급휴(무)일 등인 경우, 이날에 대하여 유급으로 보장한다는 노사간 특약이나, 그간의 관행이 인정되지 아니한 이상, 사용자는 별도의 추가 임금을 지급할 의무는 없다는 것이 공휴일에 관한 최근의 행정해석의 태도입니다.(임금근로시간과-743, 2020.3.30.)

정해져 있다면 유급휴가를 사용하더라도 휴가일만큼 임금이 공제되지 않고 월급을 그대로 지급받습니다. 반면에, 무급휴가(예: 생리휴가)의 경우에는 마치 결근한 것과 같이 휴가를 사용한 날만큼 임금이 공제되어 월급이 지급됩니다.

법정휴가는 법으로 강제되는 휴가이므로 반드시 근로자에게 법정휴가를 부여하여야 합니다. 법정 휴가를 부여하지 않거나 법에 위반되게 부여하는 경우에는 벌금이나 과태료 처분이 따릅니다. 법정휴가의 종류는 아래와 같습니다.

연차유급휴가	1년이상 근로한 근로자의 휴식권 보장(1년 미만 근로자 포함)
선택적보상휴가	근로자의 연장, 야간, 휴일근로에 대한 수당에 갈음하는 휴가
모성보호 휴가	생리휴가(5인 이상 사업장) 월 1일의 생리휴가를 부여. 다만, 생리휴가는 무급이기 때문에, 월급근로자의 경우에는 월급에서 1일 임금을 공제한다.
	출산전후휴가(1인 이상 모든 사업장) 출출산전후휴가기간 90일(다태아 120일) 중 최초 60일 (다태 75일)간은 사용자가 통상임금을 지급할 의무를 부담하며, 나머지 30일 (다태아 45일)은 원칙적으로 무급이지만 고용보험에서 출산전후휴가급여를 지급한다.
	유사산휴가(1인 이상 모든 사업장) 출산전후휴가와 동일하게 적용한다. 단, 유사산휴가는 신청 시에만 부여하며 유사산 시점으로부터 휴가 일수가 기산되기 때문에 늦게 신청을 하게 되면 유급처리 되는 일수가 줄어들게 된다.
	난임치료휴가(1인 이상 모든 사업장) 연간 3일 이내의 휴가를 부여. 최초 1일은 반드시 유급으로 부여+ 분할 사용가능(단, 사용자의 시기 변경권 인정)
	배우자출산휴가(1인 이상 모든 사업장) 연간 유급 10일 부여(출산예정일 포함 가능, 1회 분할사용) 출생한 날로부터 90일 이내 사용(90일 경과시 사용 불가능)

약정휴가는 당사자 사이에 약정으로 정하는 휴가입니다. 대표적인 약정휴가로는 경조사 휴가, 병가 등 입니다. 약정휴가의 구체적인 내용은 노사 당사자가 '약정'하는 바에 따릅니다. 즉, 약정휴가 그 자체를 인정할지 여부, 만일 인정한다면 약정휴가를 유급으로 할지 무급으로 할지 여부 등은 당사자가 약정하기 나름입니다. 회사에서 이러한 약정은 보통 취업규칙이나 단체협약으로 정합니다.

'휴가'는 소정근로일이며 '휴일'은 비소정근로일이기 때문에 휴일과 휴가일은 중복될 수 없습니다. 따라서, 유급휴가기간 중에 휴일(주휴일)이 있으면 유급휴가 일수에서 휴일(주휴일) 일수는 제외합니다. 반면에, 약정휴가(예: 경조사휴가)의 경우에는 그 취지가 근로자의 휴식권 확보와 무관하므로 휴가일과 휴일과 중복되어도 무방합니다. 이를테면 금요일에 경조사 휴가가 시작되면 휴무일(토요일)이나 휴일(일요일)도 경조사휴가 일수에 포함되므로 금요일이 아닌 다른 날(예: 월요일) 경조사 휴가가 시작되는 경우보다 근로자의 실질적인 휴가일수가 줄게 될 것입니다. 약정휴가의 경우에도 법정휴가와 마찬가지로 약정휴가기간 중에 법정휴일(주휴일)이 있으면 약정휴가 일수에서 휴일(주휴일) 일수는 제외하는 것은 근로자에게 유리하므로 가능한 것임은 물론입니다.

▎**일·가정 양립을 위한 제도**

저출산·고령화 시대의 일과 가정 생활의 조화에 대한 사회적 인식이 높아지면서 노동법에서도 일·가정 양립을 지원하기 위한 각종 제도가 도입되고 있습니다. 그 대표적인 노동법인 남녀고용평등과 일·가정 양립 지원에 관한 법률(남녀고평법)에서는 배우자출산휴가, 육아휴직, 육아기 근로시간 단축, 가족돌봄휴직 및 휴가, 가족돌봄을 위한 근로시간 단축제도를 시행하고 있습니다. 특히,

2023년 1월부터 상시 5인 미만 사업장에 대하여도 가족돌봄을 위한 근로시간 단축제도가 확대 시행되고 있습니다. 이들 남녀고평법의 일·가정 양립을 위한 제도는 수시로 그 내용이 변경되기 때문에, 이들 제도의 구체적인 내용은 인터넷을 통하여 개별적으로 확인하셔야 합니다. 인터넷에도 이들 제도의 내용은 비교적 잘 소개되어 있습니다.

다만, 2023년 1월 기준으로, 이들 모든 제도는 공통적으로 하나의 사업장에 6개월 이상 근로한 근로자를 대상으로 하므로 6개월 이상 재직하지 않은 근로자는 이들 제도를 활용할 수 없습니다. 그리고 육아휴직을 제외하고 그 외의 모든 제도는 회사가 대체인력을 채용하는 것이 불가능하다거나 정상적인 사업운영에 중대한 지장이 초래되는 경우 등에는 허용하지 않을 수 있습니다. 육아휴직의 경우에는 사업장의 상시 근로자수와 관계 없이 6개월 이상 재직한 근로가 신청하는 경우에는 반드시 허용해 주어야 한다는 점을 유의하시기 바랍니다. 이들 모든 제도는 공통적으로 근로자에게 불이익이 없도록 휴직/휴가기간이나 근로시간단축기간은 평균임금 산정기간 제외하고, 퇴직금 근속기간에는 포함시켜야 합니다. 또한, 복귀시 단축전과 같은 업무 또는 동일 수준 임금지급 직무에 복귀하여야 하며, 해당 근로자를 해고하거나 근로조건을 악화시키는 등 불리한 처우를 하여서는 안됩니다.

 신문기사 따라잡기

"잠깐 논문 좀 쓰고 올게요"… 연간 10일 '학습휴가' 도입될까.
내년부터 의무화 법령 개정 추진
기업들 "비용 늘어날 것" 우려… 시행 기업 "생산성 향상 효과"
평생학습은 선택 아닌 필수사항
도입 이전에 인식 개선 선행돼야(동아일보 2023.01.05.박성민 기자)

정보기술(IT) 기업에 다니는 남모 씨(33)는 지난해 3월 대학원 석사과정 졸업논문을 쓰기 위해 15일짜리 휴가를 썼다. 직장에 다니면서 틈틈이 논문 준비를 했지만 집중해서 마감할 시간이 필요했다. 그가 쓴 휴가는 개인 연차휴가가 아니라 회사가 매년 15일씩 제공하는 '학습휴가'였다.

남 씨는 "한 업계에서 오래 일하다 보면 10년 전 학교에서 배웠던 것들을 실제 업무에 적용하기 어려운 경우가 많다. 회사가 학습휴가를 지원하는 등 자기 계발을 장려하는 분위기여서 대학원 공부를 통해 시야를 넓힐 수 있었다"고 말했다.

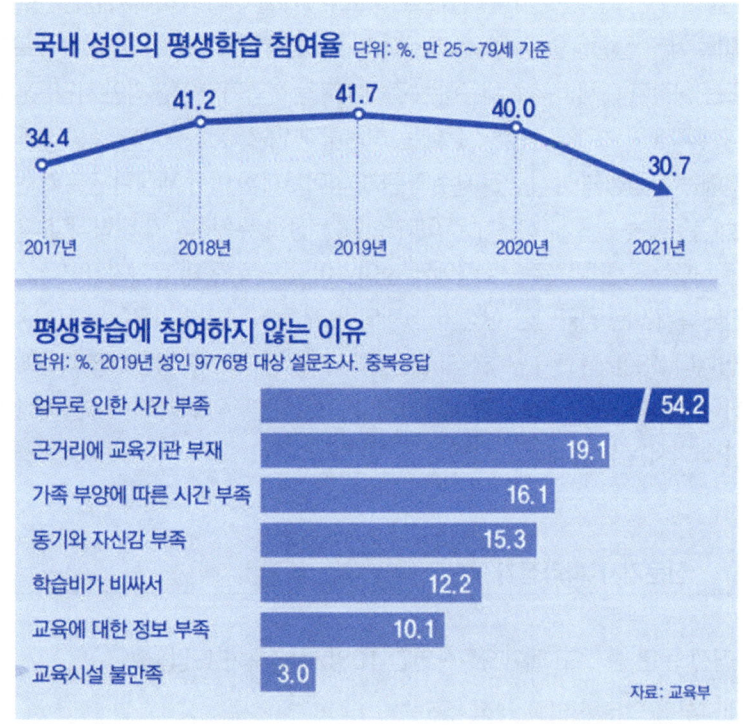

지난해 말 교육부가 발표한 '제5차 평생교육진흥 기본계획(2023~2027년)'에는 이 같은 '학습휴가'를 법으로 보장하는 내용이 담겼다. 직장인이라면 누구나 매년 열흘씩 학습휴가를 쓸 수 있도록 하고, '평생학습 휴직제' 도입도 검토한다는 내용이다.

경제 활동이 가장 활발하고, 평생학습 의지가 강한 3050세대의 자기 개발을 돕기 위해서다. 2021년 한국직업능력연구원이 직장인 1500명을 대상으로 실시한 설문조사에서 40대의 85.4%가 "평생학습 프로그램에 참여할 의사가 있다"고 답했다. 30대는 80.7%, 50대는 74.9%였다.
지금도 '평생교육법'에 따라 직장인이 학습휴가를 사용하는 것은 가능하다. 다만 현행법에는 '유급 또는 무급의 학습휴가를 실시하거나, 도서비, 교육비, 연구비 등 학습비를 지원할 수 있다'고만 명시됐다. 학습휴가를 부여할지는 소속 기관 대표의 재량에 달려 있어 실효성이 떨어진다는 지적도 있었다.
현장에서는 많은 기업들이 학습휴가 제도를 부담스럽게 여기고 있다. 서울의 한 IT 기업 대표는 "매년 10일씩 학습휴가가 생기면 직원들 휴가 기간이 거의 2배로 늘어난다. 기업을 운영하는 입장에선 업무 공백, 대체 인력 확보에 들어가는 비용 증가를 걱정할 수밖에 없다"고 말했다.

○ 시행 기업들 "업무 생산성-회사 충성도 높아져"

이미 학습휴가를 도입한 곳에서는 긍정적인 효과가 크다는 의견도 나온다. 직원 역량이 올라가고, 회사에 대한 충성도가 높아져 생산성 향상에도 도움이 된다는 것이다.
소프트웨어 개발 기업 아이온커뮤니케이션즈는 2005년부터 학습휴가제를 도입했다. 3년 이상 근무한 직원은 매년 15일의 유급 학습휴가를 쓸 수 있다. 약 150명의 직원 중 매년 100명가량이 학습휴가를 사용한다. 오재철 아이온커뮤니케이션즈 대표는 "학습휴가를 앞둔 직원들은 업무 공백을 최소화하기 위해 더 열심히 일한다. 사내 복지에 만족하는 직원들의 근속 연수가 늘어나는 효과도 있다"고 말했다.
학습휴가를 활용하는 방법도 다양하다. 이 회사 직원 박성진 씨(41)는 "6년 동안 학습휴가를 활용해 1종 대형 운전면허도 따고, 동해안에서 서핑도 배웠다. 짧은 휴가로는 불가능했던 것들을 성취하고 나니 회사 업무에도 더 집중하게 됐다"고 말했다.

○ **佛은 최대 1년-獨은 대부분 1주일 보장**

해외에서는 노동자의 권리로 학습휴가를 보장하고 있다. 1974년 국제노동기구(ILO)가 '유급 학습휴가에 관한 조약과 권고'를 채택하면서 학습휴가 도입 국가가 늘었다. 프랑스는 1984년 개인 훈련휴가 제도가 생겼다.

휴가 기간은 훈련 형태에 따라 최대 1년까지 가능하다. 독일은 주(州)에 따라 다르지만 대체로 1주일의 학습휴가를 쓸 수 있다.

정부는 내년부터 법령 개정을 추진해 평생학습휴가를 의무화할 계획이지만 넘어야 할 산이 많다. 2020년 고용노동부의 일·가정 양립 실태조사에서 응답자의 30.1%가 "연차휴가를 자유롭게 사용하지 못한다"고 답했다. 연차휴가뿐 아니라 남성 육아휴직, 돌봄휴가 등 보편적인 쉴 권리가 아직 제대로 보장되지 않는 현실에서 학습휴가 도입은 이르다는 지적도 나온다. 전문가들은 평생교육에 대한 인식 개선이 선행돼야 학습휴가 제도가 정착될 수 있다고 강조했다. 정민승 한국평생교육학회장은 "학교를 졸업하면 학습도 끝난다'는 인식부터 바꿔야 한다. 직업적 성취뿐 아니라 개인의 성장을 위해서도 평생학습은 꼭 필요하다"고 말했다. 이창기 전 대전대 행정학과 교수는 "4차 산업혁명 등 사회가 급변하면서 평생학습은 선택이 아닌 필수가 됐다. 정부가 학습휴가를 적극 시행하는 기업에 인센티브를 주는 등 지원을 강화해야 제도가 연착륙할 수 있다"고 말했다.

8. 연차유급휴가는 어떻게 부여하나?

'연차유급휴가'는 근로자의 휴식권을 확보하기 위하여 근로기준법이 정한 대표적인 법정휴가입니다. 사용자는 ① 1년간 80퍼센트 이상 출근한 근로자에게 15일의 유급휴가를 주어야 하며(근로기준법 제60조 제1항),② 계속하여 근로한 기간이 1년 미만인 근로자 또는 1년간 80퍼센트 미만 출근한 근로자에게 1개월 개근 시 1일의 유급휴가를 주어야 합니다(제60조 제2항) 연차유급휴가는 1일단위뿐 아니라 '시간단위'로도 부여할 수 있습니다.[7]

---

[7] 기존 행정해석은 근로기준법 제60조 제2항에 따른 연차휴가는 1일(日) 단위로 부여 및 사용이 원칙이므로 시간 단위로 비례하여 부여할 수 없다는 입장이었는데, 이러한 기존의 행정해석은 시간 단위로 연차유급휴가를 부여하는 단시간 근로자의 경우와 다르게 해석을 할 합리적인 이유가 없다는 점에서, 근로기준법 제60조 제1항 및

연차유급휴가는 5인 이상 사업장에 근무하는 소정근로시간 1주 15시간 이상인 근로기준법상 근로자에게 발생합니다. 따라서, ① 상시 근로자수 5인 미만인 사업 또는 ② 사업장에 근로를 제공하는 근로자 혹은 소정근로시간이 1주 15시간 미만인 근로자에게는 연차유급휴가를 부여하지 않을 수 있습니다.

> ▎**연차유급휴가 적용 근로자수(상시 5인 이상) 산정방법**
>
> 연차유급휴가를 적용함에 있어서의 상시근로자수를 산정하는 경우에는 1개월을 기준으로 상시근로자수를 판단하지 않고, 사유 발생일 1년을 기준으로 그 1년 동안 월 단위로 근로자수를 산정한 결과 1월도 빠지지 않고 계속하여 5명 이상의 근로자를 사용하는 사업 또는 사업장에만 적용합니다(근기법 시행령 제7조의2 제3항). 따라서, 1년의 기간 동안 5인 이상에 해당되는 월과 5인 미만에 해당하는 월이 혼재할 경우에는 연차유급휴가가 적용되지 않습니다. 그러나 1년미만 근로한 근로자의 근속기간 동안 월별로 발생하는 휴가는 매월단위로 산정한 상시근로자수를 기준으로 적용합니다.

연차유급휴가는 구체적으로 다음과 같이 산정합니다.

① **1년 미만 재직 근로자의 경우**

근속 1년 미만 근로자의 경우에는 1개월 개근 시마다 1일씩 연차가 발생합니다. 따라서, 계약기간이 1년 미만인 아르바이트생이라고 하더라도 한 달을 개근하면 다음 달에 1일의 연차휴가를 사용할 수 있으며, 만 1년을 근무하고 퇴사하는 근로자라면 총11일의 연차휴가가 발생할 것입니다.

제2항 모두 동일하게 시간단위로 부여할 수 있는 것으로 변경되었습니다.(임금근로시간과-1736, 2021.8.4.)

> **▎ 하루 차이로 '15일'의 연차휴가일수가 달라집니다.**
>
> 변경 전 고용노동부는 입사 후 만 1년을 근무하고 퇴사하는 경우에도 1개월 개근 시마다 1일씩 발생하는 연차연차 (총11일)외에 당해 년도 15일의 연차유급휴가도 함께 보장하여야 하므로 총 26일의 연차휴가를 부여하여야 한다고 해석하였으나, 대법원은 15일의 연차유급휴가는 근로자가 1년간의 근로를 마친 '다음날'에 발생한다고 보아야 하므로, 정확하게 1년을 근로하고 퇴사하는 근로자에게는 당해연도 15일의 연차휴가는 발생될 여지가 없다고 판시하였고, 고용노동부의 행정해석도 대법원의 판결의 취지에 좇아 변경하였습니다. 따라서, 이를테면, 2023.10.01.부터 2024,09,31,까지 근로하고 퇴사하는 근로자에게는 최대 11일의 연차휴가가 부여되지만, 2024.10.01.까지 근로하고 퇴사하는 근로자에게는 최대 26일(15일+11일)의 연차휴가가 인정됩니다. 하루 차이로 '15일'의 연차유급휴가일수의 차이가 발생하는 것이지요.

② 1년 이상 재직 근로자의 경우

(1년 미만 재직 근로자를 제외하고) 원래 연차유급휴가는 1년의 계속근로를 전제로 발생하는 것이므로, 1년에서 단 1일이 부족하여도 해당년도의 연차휴가는 전혀 발생하지 않습니다. 따라서, 근로자의 1년의 계속근로를 전제로, ① 1년간의 소정근로일[8])의 80% 이상 출근하는 경우(출근율이 80% 이상인 경우)에는 당해 연도의 '정상연차' 개수에 해당하는 연차휴가가 부여되고, ② 1년간의 소정근로일의 80% 미만 출근하는 경우에는 1년 미만의 근로자와 동일하게 1개월 개근 시마다 1일씩 연차가 발생합니다.

---

8) 1년 365일에서 근로의무가 없는 '비소정근로일'을 제외한 것이 '소정근로일수'입니다. 즉, 소정근로일수 = 365일 (1년) - 약정·법정 휴일/휴무일

제4장 휴일 및 휴가 등   137

(예) 재직 년수 10년인 근로자가 직전년도 12개월 중 8개월 출근한 경우
① 당해년도의 정상연차 일수 : 당해 연도의 '정상연차'는 최초 15일(기본휴가) 부터 시작하여 계속근로 3년차부터 매 2년마다 기본휴가 15일에 1일을 가산한 유급휴가를 주어야 하며 총 휴가일수는 최대 25일을 한도로 합니다)
공식: (N − 1) ÷ 2 (N = 재직 년수) : (10−1) ÷ 2 = 4 (소수점 이하 절사)
따라서 당해연도 연차 일수: 기본 휴가 15 + 4 = 19일(정상연차일수)
② '출근율' = 출근한날 ÷ 소정근로일 × 100
12개월 중 8개월 개근(출근)하였으므로   8 ÷ 12 × 100 = 66.6 %
따라서, 출근율이 80% 미만이므로 연차유급휴가 일수는 당해연도의 정상연차 일(19일)가 아니라 8일이다(1개월 개근당 1일 발생하는데 8개월 개근함). 만일 출근율 80%이상이 된다면 연차휴가는 정상연차인 19일입니다.

9. 출산휴가나 육아휴직 기간 등에 대한 연차휴가는 어떻게 산정하나?

근로자가 1년간의 소정근로일의 80% 이상 출근하지 못한 이유가 근로자의 귀책사유에 기인한 것이 아님에도 연차휴가일수의 산정에 있어서 불이익을 받는 것은 불합리할 것입니다. 따라서, 연차휴가일수의 산정은 근로자가 결근한 것이 근로자 자신의 귀책사유에 기인한 것인지 여부를 살펴서 소정근로일수 및 출근율 산정을 달리하고 있습니다.

① (결근했으나) 법령상 또는 그 성질상 출근한 것으로 보아야 하는 날 또는 기간

① 업무상의 상병으로 휴업한 기간 및 임산부의 보호로 휴업한 기간 (근로기준법 제60조제6항): 산재기간, 출산전후휴가기간 등, ② 예비군훈련기간 (향토예비군 설치법 제10조), ③ 공민권행사를 위한 휴무일 (공직선거법 제6조제2항), ④ 연차유급휴가 및 생리휴가⑤ 남녀고용평등법에 의한 육아휴직기간, 가족돌봄휴직

기간, ⑥ 기타 이상의 날 또는 기간에 준하여 해석할 수 있는 날 또는 기간 : 위법한 직장폐쇄기간, 부당해고기간(법원의 태도) 등

위의 사유에 해당하는 날 또는 기간은 출근한 것으로 간주됩니다. 이를테면, 업무상 재해 기간이 1년 중 6개월이라서 나머지 6개월만 개근한 경우, 업무상 재해 기간 6개월 모두 출근한 것으로 간주하므로, 결국 근로자는 1년 모두 개근한 것으로 취급되므로 당해연도 정상휴가 전부가 부여됩니다.

② (결근했으나) 특별한 사유로 근로제공의무가 정지되는 날 또는 기간

① 사용자의 승인을 받은 업무외 부상·질병 휴직(임금근로시간과-1736, 2021.8.4.) ② 정당한 쟁의행위기간 ③ 노조전임자의 전임기간

위의 사유에 해당하는 기간은 실무상 다음과 같이 비례계산합니다.
(예) 정상 연차 16일인 근로자가 1년 12개월 중 6개월간 사용자의 승인을 받아 개인 상병으로 휴직한 경우
정상연차 16일 × 6개월 ÷ 12개월 = 8일의 연차가 발생합니다.

▌ 단시간 근로자의 연차휴가 산정

'단시간 근로자'라 함은 1주 동안의 소정근로시간이 그 사업장에서 같은 종류의 업무에 종사하는 통상근로자의 1주 소정근로시간에 비해 짧은 근로자를 말합니다. 단시간 근로자에게는 다음과 같이 통상근로자의 소정근로시간에 비례하는 연차유급휴가일수를 부여합니다(1시간 미만은 1시간 간주).

$$\text{통상 근로자의 연차휴가일수} \times \frac{\text{단시간 근로자의 소정근로시간}}{\text{통상 근로자의 소정근로시간}} \times 8\text{시간}$$

단시간 근로자의 연차일수는 단시간 근로자의 1일 소정근로시간 단위로 부여합니다. (예) 1일 소정근로시간 4시간인 경우 →1일 4시간 단위의 연차부여

(예1) 통상 근로자의 연차휴가일수 15일, 통상근로자의 소정근로시간 40시간인 사업장에서 단시간 근로자가 1일 8시간씩 월, 수, 금 (1주 3일) 근무하는 경우에 단시간 근로자의 연차휴가는 15 × (24시간 ÷ 40시간) × 8시간 = 72시간이 되므로, 1일 8시간짜리 연차를 9일을 사용할 수 있습니다.

(예2) 통상 근로자의 연차휴가일수 20일, 통상근로자의 소정근로시간 40시간인 사업장에서 단시간 근로자가 1일 4시간씩 월-금요일 (1주 5일) 근무하는 경우에 단시간 근로자의 연차휴가는 20 × (20시간 ÷ 40시간) × 8시간 = 80시간이 되므로, 1일 4시간짜리 연차 20일을 사용할 수 있습니다.

(예3) 출근율이 80% 미만인 단시간 근로자, 이를테면 통상근로자의 소정근로시간 40시간인 사업장에서 소정근로시간이 4시간인 근로자가 1년 중 6개월만 개근한 경우에는 6일의 연차휴가가 발생합니다. 이 경우 미사용연차수당은 6일 × 4.8시간(8시간 × 24시간 ÷ 40시간) = 28.8시간 × 통상시급입니다.

10. 회계연도 기준의 연차휴가제도란 무엇인가?

연차유급휴가제도나 연차유급휴가의 촉진제도는 근로자의 계속근로기간 '1년' 단위를 기준으로 하는 것인데, 여기에서의 '1년'이라는 기간(계속근로시간)은 원칙적으로 근로자가 입사한 일자로부터 기산합니다. 그런데, 모든 근로자의 입사일이 동일한 것이 아니므로, 근로자들의 연차휴가를 통일적으로 운영하기 위해서는 회사의 회계연도를 기준으로 연차휴가를 부여하는 경우가 있습니다. 그런데, 이러한 회계연도 기준의 연차휴가제도의 운영은 개별근로자의 입사일을 기준으로 연차를 산정한 것과 비교하여 불리하지 않은 경우에 한하여 유효하다는 것을 유의할 필요가 있습니다.

회계연도 기준의 연차휴가 제도가 근로자에게 불리한 지의 여부는 근로자가 퇴사하는 시점이 근로자 입사일 이전인지 혹은 이후인지에 따라 판단하면 되는데, 결론적으로, 근로자가 입사일 이전에 퇴사하면 근로자에게 유리하고 입사일 이후에 퇴사하면 근로자에게 불리합니다. 따라서 입사일자 이전에 퇴사하는 경우에는 연차수당의 정산이 필요 없으나 근로자가 입사일 이후의 날자에 퇴사하는 경우에는 다시 실제 입사일로 돌아가서 연차유급휴가를 계산한 후, 그 동안 지급받은 조정의미의 연차를 공제하고 정산하여야 합니다.

회계연도기준의 연차휴가제도 매뉴얼

1. 연차휴가의 부여

(예) 2016.7.1. 입사한 경우

① 2016.7.1.~2016.12.41 (1년차 1월 개근시 1일 연차부여): 입사 1년차 당해연도(2016년) 6개월 근무(7.1~12.31)에 대하여 연차 6일 부여(매월 개근시 2016년 8월 1일부터 2017년 1월 1일까지 매월 1일 연차 발생)

② 2017.1.1.~2017. 6.31 (1년차 1월 개근시 1일 연차부여): 입사 다음연도(2017년) 5개월 근무(1.1~5.31)에 대하여 연차 5일 부여(매월 개근시 2017년 2월 1일부터 2017년 6월 1일까지 매월 1일 연차 발생)

③ 조정연차의 부여: 입사 다음연도(2017년)의 1월 1일 조정연차 7.5일을 부여[9]함으로써 2017.1.1. 입사한 것으로 간주하여 연차부여시기를 통일한 후, 2017.1.1. ~ 2017.12.31.(1년) 출근률을 기준으로 연차휴가수를 산정하여 회계연도벌 기준으로 연차를 부여합니다.

$$\text{연차휴가일수(7.5일)} = \frac{\text{입사일로부터 그해 말일까지의 소정근로일수}}{\text{입사한 해의 소정근로일수}} \times 15일$$

---

[9] 입사자의 근속일수 (2016.7.1.~2016.12.31)가 연차유급휴가 산정기간의 절반에 해당하므로 2016.12.31. 조정연차(.7.5일의 연차휴가)를 미리 부여합니다.

(예) 입사일: 당해연도 7월 1일 / 퇴사일 당해연도 + 5년 7월 30일

회계연도 기준		입사일 기준	
날자	휴가일수	날자	휴가일수
1년 미만	6	1년 미만	11
1년 (1월 1일)	12.5[10]	1년 (7월 1일)	15
2년 (1월 1일)	15	2년 (7월 1일)	15
3년 (1월 1일)	15	3년 (7월 1일)	16
4년 (1월 1일)	16	4년 (7월 1일)	16
5년 (1월 1일)	16	5년 (7월 1일)	17
합계	80.5일	합계	90일

2. 중도퇴사자 정산

회계연도 기준의 연차휴가제도의 운영은 개별근로자의 입사일을 기준으로 연차를 산정한 것과 비교하여 불리하지 않은 경우에 한하여 유효한데, 회계연도 기준의 연차휴가 제도의 운영이 불리한 지의 여부는 근로자가 퇴사하는 시점이 근로자 입사일 이전인지 혹은 이후인지에 따라 판단하면 됩니다. 즉, 근로자가 입사일 이전에 퇴사하면 근로자에게 유리하고 입사일 이후에 퇴사하면 근로자에게 불리합니다. 따라서 입사일자 이전에 퇴사하는 경우에는 연차수당의 정산이 필요 없으나 근로자가 입사일 이후의 날자에 퇴사하는 경우에는 그 차액을 정산을 해주어야 합니다.

(예) 입사일: 2009.7.1

회계연도 기준		입사일 기준	
부여연도	연차부여	부여년도	연차부여
2010.1.1	7.5일	2010.7.1	15일
2011.1.1	15일	2011.7.1	15일
2012.1.1	15일	2012.7.1	16일
2013.1.1	16일	2013.7.1	16일
2014.1.1	16일	2014.7.1	17일
합계	69.5일	합계	79일

 - 근로자가 입사일인 2014.7.1. 이전에 퇴사하는 경우 : 입사일 기준으로

---

10) 입사 다음연도 5개월 근무(1.1~5.31)에 대하여 발생하는 연차 5일 + 조정연차 7.5일 = 12.5일

계산하면, 합계 79일에서 2014.7.1. 발생하는 17일 연차휴가를 제외하여야 하므로 79일-17일=62일이므로 회계연도 기준으로 계산한 69.5일보다 7.5일이 적다. 즉, 회계연도 기준이 근로자에게 유리합니다. 따라서, 입사일자 이전에 퇴사하는 경우에는 연차수당의 정산하지 않아도 됩니다.

- 근로자가 입사일인 2014.7.1. 이후에 퇴사하는 경우 : 입사일 기준으로 계산하면, 79일이므로 회계연도 기준으로 계산한 69.5일보다 9.5일이 많습니다. 즉, 회계연도 기준이 근로자에게 불리합니다. 따라서, 입사일자 이후에 퇴사하는 경우에는 연차수당의 정산 (9.5일분)해 주어야 합니다.

11. 연차휴가의 사용과 미사용연차유급휴가수당의 산정

휴일과 달리 휴가일은 사전에 정해진 것이 아니므로, 근로자가 휴가를 사용하기 위해서는 먼저 휴가일이 구체적으로 특정되어야 합니다. 그리고, 휴가를 사용하는 주체는 근로자이므로 근로자 본인이 연차휴가의 시기를 지정하는 것이 원칙입니다. 따라서, 연차휴가를 사용하기 위해서는 먼저 근로자가 특정한 날을 휴가일로 지정하는 '시기지정권'을 행사하여 휴가 시기(휴가일)를 특정하여야 합니다.

한편, 사용자의 사업운영에 막대한 지장을 초래하면서까지 연차휴가를 사용할 수는 없는 것이므로, 이러한 근로자의 연차휴가 '시기지정권'에 대응하여 사용자에게는 연차휴가 '시기변경권'이 인정됩니다. 이를테면, 근로자가 휴일(주휴일이나 공휴일)의 전일과 휴일을 연결하여 연속하여 연차휴가를 사용하고자 하는 경우라도, 사업운영에 박대한 지장이 있는 경우11)에 사용자는 그 시기를 변경할 수 있습니

---

11) 사용자가 시기변경권을 사용할 수 있는 '회사의 사업 운영에 막대한 지장이 있는 경우'란 근로자가 지정한 시기에 휴가를 사용하는 것이 회사의 업무능률이나 성과가 평상시보다 현저하게 저하되어 상당한 영업상의 구체적 불이익 등이 초래될 것으로 염려되거

다. 따라서, 근로자가 연차휴가를 미리 지정하지 않고 단순히 휴가일 수가 남아 있다는 이유로 결근하거나 결근 후 그 날을 휴가로 처리해 줄 것을 요구하더라도 이는 무단결근으로 처리될 수 있다는 것을 유의하셔야 합니다.

그런데, 사용자의 시기변경권 행사로 인하여 근로자가 해당 연도에 부여된 연차휴가를 사용하지 못한 경우에, 사용자는 그에 상응하는 수당으로서 '미사용연차유급휴가수당'을 지급하여야 합니다.

미사용 연차유급휴가수당 청구권의 내용은 다음과 같습니다.

1. 발생시기: 연차유급휴가를 사용할 수 있는 연차휴가 청구권이 소멸한 때 (연차휴가 발생일로부터 1년이 경과한 시점)에 발생합니다.
2. 수당산정: 미사용 연차수당의 산정은 연차휴가청구권이 소멸한 달 (미사용 연차수당이 발생한 해의 직전 년도의 마지막 달인 12월)의 통상/평균임금을 기준으로 합니다.
3. 소멸시효: 미사용 연차수당 청구권의 소멸시효는 3년입니다. 따라서, 미사용연차수당청구권이 발생한 날로부터 3년이 지나면 더 이상 미사용연차수당을 청구할 수 없다.

(예) 2018.1.1에 연차휴가 (예: 15일분) 청구권이 발생한 경우

2017년에 연차휴가 발생요건이 충족되어 2018.1.1에 연차휴가 15일분이 발생한 경우에, 근로자는 연차휴가를 발생일(2018.1.1.)로부터 1년간 (2018.12.31.까지) 사용할 수 있습니다. 그런데, 근로자가 2018.12.31까지 발생된 연차휴가를 모두 사용하지 못하는 경우에는 연차휴가청구권은 2018.12.31.자로 소멸하므로 근로자는 더 이상 연차휴가는 청구할 수 없고, 그대신 2018.12.31.의 다음날인 2019.01.01.소멸시효가 3년인 '미사용 연차수당 청구권'이 발생합니다. 이때 미사용 연차수당은 연차휴가청구권이 시

나 그러한 개연성이 인정되는 경우를 의미합니다.

효로 소멸하는 2017.12.31의 평균 혹은 통상임금으로 산정됩니다. 따라서, 근로자가 2018. 12.31까지 15일의 연차휴가를 전혀 사용하지 못하였다면 15일분의 평균/통상임금(2017. 12.31의 통상/평균임금12))에 해당하는 미사용연차휴가수당이 2019.1.1.에 발생하고, 미사용연차휴가수당의 소멸시효는 3년이므로 2021.12.31.까지 사용자에게 그 지급을 청구할 수 있습니다.

12. 연차유급휴가촉진제도를 제대로 알아 두자

'연차유급휴가사용촉진제도'란 사용자의 적극적인 사용 권유에도 불구하고 근로자가 휴가를 사용하지 않는 경우에 사용자의 금전보상 의무(연차휴가미사용수당)를 면제하는 제도를 의미합니다.

연차는 원칙적으로 그 해가 끝나면 사라지고, 그 대신 근로자는 사용하지 못한 미사용연차유급휴가에 대한 수당, 즉 '미사용연차유급휴가수당'을 받을 수 있습니다. 그런데, 회사가 '연차휴가 사용 촉진 절차'에 따라 사용하지 않은 연차 휴가를 사용'하도록 미리 알렸음에도 근로자가 일정 기간 안에 연차휴가시기를 지정하지 않은 경우[13], 혹은 근로자가 연차휴가 사용시기를 지정하였음에도 불구하고 사용자가 시기 변경권을 행사하는 등의 사유로 근로자가 연차휴가를 사용하지 못한 경우, 사용자는 만료기간 2개월 전까지 근로자의 연차휴가시기를 일방적을 지정하여 통보하게 되고, 그럼에도 근로자가 1년 내에 연차휴가를 사용하지 못하는 경우에 근로자는 미사용 연차에 대해 금전적인 보상으로서 미사용연차유급휴가수당을 받을 수 없게 됩니다.

---

12) 만일 2017년 12월 31일의 통상시급이 10,000원인 경우, 미사용연차유급휴가수당은 10,000 × 8 = 80,000원(통상시급) × 15일 =120만원
13) 연차휴가 사용 만료 6개월 전까지 회사가 근로자에게 남은 휴가일수를 서면으로 통지하면 근로자는 10일 이내에 회사에 연차유급휴가 시용시기를 통보하여야 합니다 ('연차유급휴가 사용촉진절차' 참조).

원래 휴가의 시기 지정권은 휴가를 사용하는 근로자에게 있는 것이지만, 연차유급휴가 사용촉진제도에서는 사용자가 일방적으로 연차유급휴가시기를 지정하게 됩니다. 따라서, 고용노동부와 법원은 사용자의 연차유급휴가촉진제도를 엄격하게 인정하고 있습니다.

일단, 사용자의 연차휴가시기지정은 신의칙에 반하는 사정이 있으면 그러한 연차휴가시기지정은 무효입니다. 이를테면, 근로자가 도저히 휴가를 사용할 수 없는 마감일 전날을 휴가로 지정한다면, 근로자로서는 실질적으로 휴가를 사용할 수 없을 것입니다. 이와 같이 사용자의 귀책사유로 근로자가 휴가를 사용하지 못한 사정이 인정되는 경우, 해당 휴가일에 해당하는 연차휴가는 소멸되지 않고 다음해로 이월됩니다. 설령, 그러한 신의칙에 반하는 사정이 없더라도, 사용자는 지정된 휴가일에 근로자가 출근한 경우에는 노무수령 거부의사를 명확히 표시하여야 비로소 연차휴가근로수당을 지급할 의무를 면제습니다. 노무수령의 거부 방법으로는 연차휴가일에 해당 근로자의 책상 위에 '노무수령 거부의사 통지서'를 올려 놓거나, 컴퓨터를 켜면 '노무수령 거부의사 통지' 화면이 나타나도록 하여 근로자가 사용자의 노무수령 거부 의사를 인지할 수 있는 방법 등이 있을 것입니다.

만일 사용자가 노무수령 거부의사를 명확히 표시하지 않았거나 출근한 근로자에게 대하여 업무지시 등을 함으로써 근로자가 자신의 연차일로 예정된 날에 근로를 제공한 경우에는 사용자가 휴가일의 근로제공을 승낙한 것으로 보아야 하므로 사용자는 해당 휴가일에 대한 미사용연차휴가근로수당을 지급하거나 별도로 그에 상응하는 연차유급휴가를 부여하여야 합니다.

또한, 근로기준법에서 정한 연차유급휴가사용촉진 절차에 위배되는 사용촉진의 경우에도 사용자는 연차휴가근로수당을 지급할 의무를 면제받지 못합니다. 이를테면, 사용자는 연차유급휴가 사용만료일 이전 6개월 전을 기준으로 10일 이내에 근로자들에게 연차사용시기를 지정하여 회사로 통보할 것을 촉구하여야 하여야 하는데, 연차유급휴가 사용만료일 이전 6개월 전이 아닌 5개월전을 기준으로 촉구하였다면, 이는 법에서 규정된 절차에 위배된 촉구이므로 사용자는 연차휴가근로수당을 지급할 의무를 면제받지 못합니다.

연차유급휴가 사용촉진절차

1. 사용시기지정 통보 촉구 (사용자 → 근로자)

사용자는 연차유급휴가 사용만료일(12.31) 이전 6개월 전 (7.1)을 기준으로 10일 이내 (7.1 ~ 7.10) 근로자들에게 연차사용시기를 지정하여 회사로 통보할 것을 촉구하여야 합니다.

2. 사용시기 지정통보 (근로자 → 사용자)

근로자는 사용자의 촉구 받은 날로부터 10일 이내에 (7.1 - 7. 10/20) 연차휴가사용 시기를 정하여 사용자에게 통보합니다.

3. 사용시기 변경 (사용자 → 근로자)

근로자가 지정한 시기에 휴가를 주는 것이 사용자의 사업운영에 막대한 지장을 초래하는 경우에 사용자는 근로자와 협의하거나 임의로 다른 시기를 휴가로 지정할 수 있습니다.

4. 사용자의 사용시기 지정 통보(사용자 → 근로자)

연차유급휴가 사용만료일 (12. 31) 이전 2개월 전 (10.31)전까지 근로자가 사용 시기를 정하여 통보하지 않은 경우, 혹은 근로자의 사용시기 지정에 대하여 사용자가 시기변경권을 행사하여 연차휴가를 모두 사용하지 못한 경우에는 사용자가 일방적으로 휴가사용시기를 정하여 근로자에게 서면으로 통보합니다.

신문기사 따라잡기

> 회사가 휴가를 전부 쓰라는데... 속았습니다 [노동의 종말] 연차유급휴가 사용촉진제도의 허점.(오마이뉴스 2022.04.13.박한울 기자)

근로기준법상 연차유급휴가는 노동관계법령에서 특별한 사유(산전후휴가의 경우 출산 등)가 없더라도 모두에게 주어지는 대표적인 법정 휴가제도로, 계속근로기간 1년 미만이면 1개월 만근 시 1일씩, 1년 이상이면 매년 15일(가산휴가 제외)씩 발생한다는 것은 직장인이라면 상식에 가깝다.
다만 장시간 노동에 너무나 익숙해진 탓일까? 지난 2019년 문화체육관광부의 조사에 따르면, 상용직 노동자의 연간 연차휴가 사용일수는 평균 10.9일이며 소진율 기준으로는 72.4%로 나타났다. 사용일수가 증가하고는 있으나(전년 대비 1.0일 증가) 여전히 자신에게 부여된 법적 휴식권을 모두 활용하지 않고 있는 셈이다.
그 이유를 물었더니, 가장 많은 답변(21.8%)으로는 '연차수당 수령'이 꼽혔다. 이는 많은 사람들이 연차유급휴가를 휴식권보다는 '급여의 보전'이라는 금전적 차원에서 생각하고 있다는 반증이 된다. 실제로 위 통계상 4일분의 연차휴가 미사용수당은 올해 최저임금 기준으로도 29만 3120원(주 40시간 노동자 기준)이니, 연말정산과 더불어 일종의 보너스라고 여길 만한 적지 않은 금액이기는 하다.
이렇듯 노동자 스스로가 금전보상을 선호하다 보니 연차유급휴가의 본래 취지가 퇴색되었고, 이를 개선하고자 지난 2003년 최초로 근로기준법에 연차유급휴가 사용촉진제도(이하 사용촉진제도)가 도입된 이래, 2020년부터는 1년 미만 근로자에게 매월 발생하는 연차유급휴가도 사용촉진을 할 수 있게 되었다.

본 취지와 다르게 사용되는 사용촉진제도
이 제도의 취지는 노동자들에게 "제발 쉬라"는 사회의 메시지를 강력히 권고하는 데 있다. 상기하였듯 '직장상사 눈치 보는 시절'이 한참 지났음에도 돈으로 받겠다는 사람들이 워낙 많다 보니, 가뜩이나 장시간 노동이나 과로로 '산재 공화국'이라는 오명을 쓴 국가 차원에서 "사용촉진제도를 시행하면 돈으로 못 받으니 연차유급휴가를 모두 사용해라"라는 압박을 주는 것이다.

구체적으로, 사용자가 연 중도에 "전반기에 연차 15일 중에서 6일밖에 안 썼으니, 나머지 9일을 어떻게 쓸 것인지 계획서를 작성해 달라"고 요청하여 노동자가 그에 대해 날짜를 지정하여 회신하도록 하고(소위 '1차 촉진'), 이러한 회신이 이루어지지 않으면 사용자가 임의로 특정일을 연차휴가로 지정하여 쉬도록 강제하는(소위 '2차 촉진') 방식으로 연차유급휴가를 모두 소진시켜 미사용수당 자체가 발생하지 않게 된다(〈근로기준법〉 제61조).

이렇듯 제도의 본질 자체가 어떻게든 연차유급휴가를 모두 쉬도록 강제하는 데 있음이 분명함에도, 실무적으로 사용촉진제도는 사용자의 '꼼수'로 악용되고 있다. 일명 '왝 더 독(Wag the dog, 꼬리가 몸통을 흔든다는 뜻으로 주객전도의 상황을 의미함)' 현상처럼, 많은 회사에서 사용촉진제도는 "우리는 법적 절차를 거쳤으니, 설령 휴가일에 직원들이 일하였더라도 미사용수당을 주지 않겠다"는 합법적 인건비 절감 수단이 된 지 오래다. 위 논리의 핵심적인 근거는 2010년 고용노동부의 행정해석에 기반을 둔다. 이에 따르면 휴가일에 직원이 출근한 경우 사용자는 "노무수령 거부의사를 명확히 표시"해야 한다면서, 그 예시로 "연차휴가일에 해당자의 책상 위에 '노무수령 거부의사 통지서'를 올려놓거나, 컴퓨터를 켜면 '노무수령 거부의사 통지' 화면이 나타나도록 하는 등 사용자의 노무수령 거부의사를 인지할 수 있는 정도"라는 다소 형식적인 답을 내놓았기 때문이다(근로기준과-351, 2010-03-22).

이에 많은 회사는 위와 같은 방식으로 휴가일에 '노무수령을 거부합니다'라는 내용을 전달하기만 하면 실제로 그가 일했는지와 무관하게 추가 지출이 없다는 식으로 입맛대로 해석하게 되었고, 결과적으로 이런 내용은 10년이 훌쩍 지난 지금까지도 기계적으로 활용되고 정답인 것처럼 받아들여지고 있다. 하지만, 아래와 같이 여기에는 현실적인 허점이 있다.

[이슈1] 휴가일에 출근했는데, 회사가 모른다고?
위 지침을 기계적으로 대입하다 보면, 실무적으로 노동자들이 출근하여 컴퓨터를 켜고 "오늘은 그대의 휴가일이니 일하지 마시오"라는 팝업창이 뜨자마자 이를 끄고 자리에 앉아 평소와 같이 일하더라도 사용자는 할 일을 다 했으니 이를 '자발적 근로(勤勞)'로 보아 연차유급휴가는 사용된 것이라고 판단하게 된다.
그러나 이는 심각한 실수다. 직원이 단 한 명인 회사라면 모를까(심지어 5인 미만 사업장에는 연차유급휴가가 선택사항이다), 현실적으로 자기 직원이 나와서 일을 하는데 이를 사용자가 모를 리도 없고, 관리자로서의 책무까지 고려하면 '몰라서도 안 될 것'이기에 이를 법적으로 판단할 때에 고의적인 회피로 판단될 수 있기 때문이다.

연차휴가사용촉진 제도가 일부 사용자의 '꼼수'로 악용되고 있다.
기업규모가 조금만 커져도 이는 더 명확해진다. 적어도 휴가자가 속한 부서 관리자라면 그가 휴가일임을 당연히 인지하고 있을 것인데, 분명히 휴가를 써 놓고는 출근해서 자리에 앉아 있는 직원을 보며 "저 직원 정말 훌륭한 태도를 지녔다"고 생각만 한다면 묵시적으로 노무제공을 승인한 것과 마찬가지로 판단될 수 있기 때문이다.
실제로 지난 2020년 대법원은 사용계획서상 휴가일로 지정된 날에 출장을 간 사건에서, 회사가 당해 직원으로부터 출장 관련 기안서를 제출받는 등 해당 일자에 근로자가 근로를 제공하게 됨을 사전에 인지하였음에도 이에 대한 노무 수령 거부의사를 명확하게 표시하지 않았으므로 사용촉진제도가 적법하게 이루어지지 않았다고 판단하였다(대법원 2020.2.27. 선고, 2019다279283 판결).
여기에 만일 아무 생각 없이 추가적인 업무 지시를 하달한다면? 이 경우 객관적으로 보았을 때 사용자로부터의 지휘·명령이 행사된 것으로 봄이 명백하므로, 그날을 당해 직원이 노동으로부터 면제되는 휴가일이라고 볼 수 없음도 명백해진다. 이 상태에서 연말에 미사용 수당을 따로 지급하지 않는다면, 이는 100% 임금체불이다.

[이슈2] 사용계획서로 제출한 날에 연차를 사용하지 않았다면?

보다 실무적인 문제를 들여다보자. 다수의 사업장에서는 사내 그룹웨어 등 전자적 시스템으로 결재체계를 구축하면서 연차유급휴가 또한 이를 통해 신청하고 상신하는 경우가 많다. 하지만 사용계획서는 법적으로 '서면'으로 받을 것을 요구하고 있는 만큼, 진짜 종이 문서 내지는 이와 동일한 효력을 가진 전자문서를 통해 별도로 제출하도록 하는 경우가 대다수다.

그러다 보니 A라는 직원은 사용계획서에는 3일 남은 연차휴가를 각각 9.1, 10.1, 11.1에 사용하겠다고 작성해놓고는 정작 그룹웨어에는 이날 연차를 상신하지 않는 경우가 발생한다. 사내 시스템상으로는 애초에 휴가일이 아니다 보니, 어지간히 꼼꼼한 관리자가 아닌 이상 몇 달 전 제출한 사용계획서를 들여다보면서까지 확인하지 않고 넘어가는 경우가 대다수다. 문제는 여기서 발생한다. 근로기준법에서는 잔여 연차유급휴가의 "전부 또는 일부의 사용 시기를 정하여 사용자에게 통보"하지 않은 경우 2차 촉진을 하도록 규정하고 있기 때문이다. 법문만 놓고 보면 애초에 사용계획서를 안 낸 직원에 대해서만 2차 촉진을 하면 된다고 해석되나, 구체적으로 들여다보면 "쓰겠다고 해 놓고 정작 안 쓴 경우"를 제대로 된 통보로 볼 수 있겠냐는 문제가 대두된다.

사용촉진제도의 취지가 휴식권 보장을 위한 반강제적 휴가 소진에 있음을 고려하면, 결과적으로 이렇게 '안 쓴 휴가'는 애초에 계획을 통보하지 않은 경우와 마찬가지로 2차 촉진의 대상으로 보는 편이 더 합리적인 해석이라고 생각된다. 만일 이로 인해 문제가 발생하여 실질을 따져 보았을 때 기존의 사용계획서 제출이 형식적인 절차에 지나지 않았다면, 적법한 사용촉진제도가 아니라는 판단을 받게 될 수 있음을 고려해야 한다.

휴식권 온전히 보장하는 사용촉진제도로 활용해야

따라서 회사는 단순히 형식에 지나지 않는 사용촉진절차만을 행해 두고, 현실적으로 노동자들이 그날 노동력을 제공한다는 사실을 알면서도 명시적·암묵적으로 이를 수령하는 행위를 더 이상 이어나가서는 안 된다. 특히 코로나19 사태로 재택근무가 일상화된 요즘, 관련 시스템의 발달로 굳이 출근하지 않더라도 업무 지시를 할 방법은 많으며 법 위반 여부를 판단하게 될 법관이나 감독관들도 이를 너무나 잘 알고 있다. 따라서 굳이 대면이 아니더라도 어떠한 방법으로도 휴가일에 업무를 지시하거나, 도저히 기한 내에 처리할 수 없는 업무를 부여하고는 그 기간에 연차를 사용하도록 반강제하는 '반칙'은 지양해야 한다.

법적 휴식권을 온전히 누려야 할 노동자 또한 법의 취지를 고려하여 업무에 지장이 되지 않는 선에서 가급적 휴가를 모두 사용하도록 하며, 업무 스케줄로 인하여 기존에 계획하였던 휴가를 사용하지 못하는 경우 명시적으로 그 변경 일자를 밝혀 회사의 인사관리에 혼선을 주는 일을 피해야 한다.

13. 연차유급휴가의 이월사용이나 선사용은 가능한가?

 연차유급휴가청구권은 연차휴가가 발생하는 전년도의 마지막날의 다음날에 발생하며, 발생한 연차유급휴가청구권은 발생한 날로부터 1년 이내에 사용해야 합니다. 이를테면, 전년도 근로기간이 2022년 1월 1일부터 12월 31일이라면, 당해연도(2023년) 연차휴가청구권은 2023년 1월 1일에 발생합니다. 그리고, 2023년 1월 1일에 발생한 연차휴가청구권의 소멸시효는 1년이므로 근로자는 연차휴가가 발생한 2023년 1월1일부터 2023년 12월 31일까지 1년 이내에 연차휴가를 사용하여야 합니다. 만일, 근로자가 2023년 12월 31일까지 연차유급휴가를 사용하지 못하면 2024년 1월 1일 연차유급휴가 청구권은 소멸시효 완성으로 소멸하는 동시에 휴가청구권은 소멸시효가 3년인 미사용연차유급휴가수당청구권으로 전환됩니다. 이와 같이 수당으로 전환된 미사용연차유급휴가수당을 돈으로 받는 대신 당해연도(2023년) 연차유급휴가 그 자체를 다음 해(2024년)에 이월해서 다음 해에 발생하는 연차휴가와 함께 '휴가'로 사용하는 것을 연차유급휴가의 이월사용이라고 합니다. 반대로, 다음 해(2024년)에 발생할 연차휴가를 당해연도(2023년)로 미리 당겨서 (마치 연차휴가를 미리 가불하는 것과 같이) 사용하는 것을 연차휴가의 선사용이라고 부릅니다. 다만, 이러한 연차유급휴가의 이월사용이나 선사용이 항상 당연히 가능한 것은 아니고, 근로자의 자발적인 동의나 요구가 있는 경우에 한하여 가능하고, 사용자 일방적으로 실시할 수는 없습니다.

그런데, 근로자가 이월된 연차휴가를 모두 다 사용하지 못한 채로 중도 퇴사하는 경우에는? 이 때는 이월된 연차휴가가 미사용연차유급휴가수당으로 전환될 것입니다. 반대로 근로자가 연차유급휴가를 선사용하고 중도퇴사하는 경우에는? 이 때는 근로자가 선사용한 연차유급휴가일수에 해당하는 일급(1일 소정근로시간에 해당하는 통상임금)을 반납해야야 할 것입니다(다음 년도의 연차휴가청구권은 아직 발생조차하지 않았기 때문에 1일 미사용연차유급휴가수당이 아닌 1일 일급을 반납해야하는 것입니다.) 이 때, 유의해야하는 점은 사용자가 일방적으로 수당을 임금에서 공제하는 것은 임금전액불원칙에 반하여 허용되지 않는다는 것입니다(임금전액불 원칙에 대해서는 '제5장 임금' 참고).

> **연차유급휴가의 사전매수(연차유급휴가 수당의 분할지급)**
>
> 연차유급휴가의 '사전매수'란 사용자가 일당이나 연봉에 연차유급휴가수당이 포함되도록 계약을 체결함으로써, 즉, 사용자가 미리 금전으로 유급휴가수당을 지급함으로써 근로자가 휴가를 사용하지 못하도록 하는 것을 말합니다. 이러한 연차유급휴가 '사전매수계약'은 근로기준법상의 연차휴가제도를 배제하는 합의로서 무효입니다. 다만, 연봉제 금액에 연차수당을 포함시켜 지급하는 형식을 취하는 경우라 하더라도, 그 전제로서 근로자가 이미 발생한 연차휴가를 자유롭게 사용할 수 있도록 보장한다면 그러한 계약까지 당연히 무효라 할

수 없을 것입니다. 따라서, 연차수당을 비롯한 모든 각종 수당을 포함하여 포괄임금제 형식으로 연봉을 정하더라도, 그러한 연봉제 계약이 단지 임금 계산의 편의만을 위한 것일 뿐이고 연차휴가에 대한 근로기준법상의 규제를 배제할 목적이 아니라면, 그러한 연봉제 계약의 효력을 무조건 부정할 것은 아닙니다. 문제가 되는 것은 미사용연차유급휴가수당을 포함하는 연봉계약을 체결한 경우, 회사가 당해 년도에 이미 지급한 급여 중에서 근로자가 실제로 사용한 연차일수에 해당하는 미사용연차유급휴가수당을 일방적으로 공제하여 정산하는 것입니다. 이러한 '연차수당의 정산'은 임금전액불원칙에 반하여 허용되지 않는다고 보아야 합니다(임금전액불 원칙에 대해서는 '제5장 임금' 참고).

14. 연차휴가의 대체란 무엇인가?

살펴본 바와 같이 연차휴가를 개인적으로 사용하는 것은 상당히 번거롭기 때문에, 집단적으로 특정 근로일을 연차휴가로 대체하여 사용하는 것을 '연차휴가의 대체'라고 합니다. 즉, 사용자는 근로자대표와 '서면합의'에 의하여 유급휴가일에 갈음하여 특정 근로일에 근로자를 휴무시킬 수 있습니다(근로기준법 제62조). 여기서 '특정 근로일'이라 함은 근로의무가 있는 소정근로일 중 휴가로 지정하는 특정일을 의미합니다.

2022년 1월 이전에는 공휴일이 일반 근로자에게는 휴일이 아니라 근로의무가 있는 소정근로일이었으므로 공휴일을 '특정 근로일'로 삼아서 휴가와 대체하는 것이 일반적이었습니다. 그런데, 2022년 1월부터는 연차휴가를 부여할 의무가 있는 상시 5인 이상의 사업장에 있어서의 공휴일은 더 이상 소정근로일이 아니라 법정휴일이 되었습니다. 그 결과, 공휴일을 특정 소정근로일과 대체하는 연차휴가의 대체는 더 이상 할 수 없게 되었고, 2022년 1월 1일 이전에 상시 5인

이상의 사업장에서 공휴일을 연차휴가로 대체한 근로자대표와의 서면합의도 이제는 더 이상 효력이 없게 되었습니다.

그럼에도 불구하고 근로자가 원하는 시기에 연차휴가를 개별적으로 부여하는 것은 회사 입장에서는 번거로운 것이므로 공휴일 외의 특정한 비수기를 하계휴가나 동계휴가로 정하여 그러한 휴가를 연차휴가로 대체하여 휴가를 집단적으로 사용하고 있습니다.

특히, 우리나라에서는 아직 '병가'가 법정휴가로 규정되어 있지 않기 때문에, 병가를 연차휴가로 대체하고 있는 실정입니다. 그런데, 병가를 연차휴가로 대체하는 것은 오히려 근로자에게 유리한 측면이 있습니다. 병가를 유급으로 보장하고 있지 않는 한 병가는 결근처리되는 것이 원칙이기 때문에 주중 개근하지 못하면 결근한 당일의 임금은 물론이고 주휴수당도 받지 못합니다. 더구나, 1년 미만 근로자의 경우에는 해당 달의 신입연차도 받지 못하므로 자그만치 최대 3일치 임금이 삭감됩니다. 그런데, 이것을 연차로 대체한다면 결근처리되지 않으므로 근로자에게 무조건 유리한 것입니다. 다만, 병가를 당연히 연차로 처리할 수 있는 것은 아니고, 회사에 병가를 연차로 대신할 수 있는 규정이 있거나 근로자의 요청에 대하여 사용자가 동의하는 경우에 한하여 인정되는 것입니다. 따라서, 근로자가 병가를 연차휴가로 쓸 것을 미리 통지하여 사용자의 승인을 받지 않는다면 사용자는 근로자가 출근하지 않은 날을 결근으로 처리할 수 있습니다.

한편, 취업규칙 등에서 병가를 유급휴가로 정하면서 병가를 쓸 때는 연차휴가를 먼저 소진하도록 정하는 경우가 있는데, 이러한 취업규칙도 효력이 있다고 보아야 합니다. 왜냐하면, 병가는 법정휴가가 아니므로 무급이 원칙인데 취업규칙에서 원래 무급인 병가를 먼저 유급인 유급휴가로 소진하도록 한 것이니 이는 근로자에게 유리하기 때문입니다.

 신문기사 따라잡기

> 대체휴일은 연차휴가 쓰라고?…엄연한 노동법 위반(이데일리 2023 .01. 22. 최정훈 기자)
>
> "대체공휴일에도 쉬려면 연차휴가를 쓰셔야 합니다." 만일 이런 말을 들었다면, 이것도 엄연한 법 위반이다. 휴일과 휴가는 개념부터 다르다. 휴일은 일해야 할 의무가 원래 없는 날이고, 휴가는 일해야 할 의무가 있는데 면제가 되는 날이다. 일해야 할 의무가 애초에 없는데, 의무를 면제시켜준다는 모순적인 말이다.
> 이건 노조 위원장을 찾아가지 않아도 된다. 노조 위원장이 3년 전에 공휴일 중 일부를 연차휴가로 대체하도록 서면으로 합의했어도, 이미 법정휴일이 됐기 때문에 합의에 효력이 없다.
> 안타깝지만, 이 모든 권리는 직원이 5명 이상인 사업장만 보장받을 수 있다. 본인이 다니는 회사가 직원이 4명 이하라면 설 연휴에 출근했어도 법적으로 보장받을 수 있는 권리는 없다. 정부는 올해 5인 미만 사업장에서도 근로기준법을 적용받을 수 있도록 하겠다고 추진 의지를 밝혔지만, 소상공인들의 반발이 만만치 않아 언제 도입될지는 알 수 없다.

15. 선택적 보상휴가제란 무엇인가?

연장근로, 야간근로 및 휴일근로에 대하여는 가산임금을 지급하는 것이 원칙이지만, 근로자 대표와의 서면합의에 의하여 보상휴가제를 도입함으로써 가산임금에 갈음하는 휴가를 근로자에게 줄 수 있습니다(근로기준법 제57조). 즉, 연장·야간·휴일근로 시간을 적치해 두었다가 '1일'단위 또는 '시간'단위로 휴가를 사용하는 제도를 '보상휴가제'라 합니다.

최근에는 최저임금의 급격한 인상에 따른 문제를 해결하기 위하여 근로자에게 지급할 수당(금전)대신 휴가를 부여하는 '보상휴가제도'를 도입하는 사업장이 급격히 증가하는 추세이니다. 회사의 측면에서 보상휴가제는 가산임금에 대한 경제적 부담을 경감시킬 수 있으며, 근로자의 측면에서도 보상휴가제는 임금과 휴가에 대한 선택의 폭을 넓혀 준다는 장점이 있습니다.

보상휴가제는 연장·야간·휴일근로 수당을 대신하여 휴가를 부여하는 제도이므로 부여되는 휴가 역시 연장·야간·휴일근로 수당과 '동일'한 가치가 있어야 합니다. 따라서 보상휴가 부여시에는 반드시 연장·야간·휴일근로가산수당이 포함된 가치와 동일한 휴가를 부여해야 하는 것입니다.

이를테면, 소정근로시간이 8시간인 사업장에서 8시간의 연장근로를 한 경우에는 1.5일의 보상휴가 (1일(8시간)과 반차(4시간)의 보상휴가)를 부여하여야 합니다.

연장·야간·휴일근로가 중복되는 경우에는 각각의 가산임금을 포함하여 산정된 임금에 해당하는 휴가가 발생하므로, 연장·야간·휴일근로가 중복된 경우에는 각각의 가산수당을 포함하여 산정된 임금에 해당하는 만큼의 휴가를 부여하여야 합니다.

구분	산출내역
8시간 휴일근로	휴일근로 8시간 + 휴일근로 가산 4시간
8시간 초과 휴일근로	휴일 연장 1시간 + 휴일가산 0.5 + 연장가산 0.5
합계	14시간

보상휴가제의 적용부분을 연장근로 등에 대한 가산수당을 포함한 전체임금으로 할지, 가산수당 부분만으로 할지는 노사 서면합의로 정한 바에 따릅니다. 이를테면, 1년간의 연장·야간·휴일 근로시간을 계산하여 (마치 연차휴가를 부여하는 것과 유사하게) 다음 연도에 보상휴가를 부여한후, 미사용분에 대하여 그 다음 연도에 금전으로 보상하는 내용의 노사합의도 유효합니다. 또한, 휴가를 시간 단위 또는 일 단위로 부여할지 여부 역시 노사합의로 정하며, 일부는 휴가로 부여하고 일부는 임금으로 지급할 수 있습니다. 이러한 보상휴가제는 다음과 같이 실시할 수 있습니다.

① 연장·야간·휴일근로시간 및 가산시간에 대해 보상휴가제 실시
　소정근로 40시간은 임금으로 지급하고, 연장·야간·휴일근로시간과 가산시간을 합한 12 시간은 유급휴가로 보상
② 연장·야간·휴일근로 가산시간에 대해서만 보상 휴가제 실시
　소정근로 40시간과 연장·야간·휴일근로 8시간을 합한 48시간은 임금으로 지급하고, 연장·야간·휴일근로 가산시간인 시간은 유급휴가로 보상

보상휴가제는 임금지급 대신에 휴가를 부여하는 제도이므로 근로자가 휴가를 사용하지 않은 경우에는 그에 상응하는 임금이 지급되어야 합니다. 그런데, 보상휴가는 연차유급휴가와는 달리 사용자가 휴가사용 촉진조치를 통해 임금지급의무를 면제받을 수 없으므로, 근로자는 휴가를 사용할 수 없도록 확정된 날의 다음 날부터 임금청구권을 행사할 수 있고, 사용자는 휴가를 사용할 수 없도록 확정된 날 다음날부터 최초로 도래하는 임금정기지급일에 해당 임금을 지급해야 합니다.(고용노동부 유연근로시간제 가이드, 2019.08.)

한편, 휴일의 대체가 적법하게 이루어지지 않은 경우, 즉, 휴일의 대체가 도입된 사업장에서 사용자가 사전에 근로자에게 24시간 전에 미리 휴일을 대체한다는 사실을 알려주지 못한 상태에서 휴일(예: 일요일)에 근로하도록 하고 그 다음주의 소정근로일 중 하루를 쉬도록 하는 것은 적법한 휴일의 대체가 아니므로 50%의 초과근로 가산수당을 지급해야 할 것인데, 이 때 사용자는 휴일근로에 대한 보상으로서 1일과 반차의 휴가를 보상휴가로 지급하여야 합니다.

 신문기사 따라잡기

> 연장근로 모아서 휴가로…"근무 의욕 생겨" vs "연차도 다 못 쓰는데" (머니투데이 2023 .01. 26. 하수민 기자)

정부가 연장근로 등을 저축해 휴가로 사용할 수 있도록 하는 내용의 근로시간 저축계좌제 등을 담은 근로기준법 개정을 추진하는 데 대해 여론은 우호적이다. 노동시장 개혁에는 노동시간 유연화뿐 아니라 휴가제도 개편도 동반돼야 한다는 것이다.
한편으로 주어진 연차도 다 쓰지 못하는 상황에서 이 같은 제도가 제대로 작동하기는 어렵다는 우려도 있다.
정부가 지난 25일 국무회의에 보고한 '2023년도 정부 입법계획'에는 연장·야간·휴일근로 시간 등을 저축해 휴가로 사용할 수 있도록 하는 근로시간 저축계좌제를 도입하는 등 노사의 근로 시간 선택권을 확대하는 내용이 담겼다.
정부 입법계획은 매년 정부 주요 정책의 법제화를 위해 법제처가 부처별 법률 제·개정계획을 종합·조정해 수립하는 것으로 국무회의 보고를 거쳐 국회에 통지하고 있다.
이같은 입법 예고에 시민들은 대체로 긍정적인 반응을 내비쳤다. 스타트업 회사에 재직 중인 직장인 이모씨(29)는 "야간이나 휴일 근무에 대한 금전적 보상이 적은 스타트업 직원으로서 환영한다"며 "힘들게 일하고 나서 하루 쉬는 것으로 피로가 풀리지 않을 때가 있다. 해당 시간을 모아놓고 장기간 휴가를 붙여 쓸 수만 있다면 근무 의욕이 생길 것"이라고 했다.

제도가 근로 현장에서 제대로 운영될지에 대한 의문도 제기됐다. 중소기업에 재직 중인 박모씨(36)는 "회사에 그 제도가 반영되면 좋을 것 같은데 모든 회사가 그 제도를 받아들이고, 직원들이 적극적으로 사용할지 의문이다"며 "현재도 휴가 대신 휴가 보상비를 선택하는데 야근 근무에 대한 휴가를 또 돈으로 보상하는 게 가능하면 또 돈을 택할 사람이 많을 것 같다. 큰 기대를 하기 어렵다"고 했다.

휴가 제도에 대한 인식 변화가 필요하다는 의견도 나왔다. 공공기관에 재직 중인 임모씨(30)는 "제대로 정착되면 유연하게 연장근무가 필요한 직종엔 괜찮을 것 같다"면서도 "아직은 회사에서 장기휴가 가면 눈치 주는 상사가 있다. 그 기간 동안 자리 비우면 '조직 내에서 쓸모없는 사람'이라는 뉘앙스로 얘기한 상사도 있었다"고 했다.

전문가들은 노동 시간 저축계좌제가 도입될 경우 노동 '시간'을 중심으로 경직돼있는 노동환경을 개선할 수 있지만, 기업들이 가산임금을 회피할 목적으로 해당 제도를 악용할 수 있다는 점도 우려했다.

김광훈 노무사는 "시간 저축계좌제의 취지는 추가 노동 시간을 휴가로 저축했다가 개인의 선택으로 다른 시기에 휴가로 사용한다는 것이다"며 "현재는 근로기준법이 노동 시간 위주로 경직돼있는데 그런 부분을 유연화시킬 수 있을 것"이라고 했다.

그러면서도 "기업들이 노동에 대해 가산 임금을 회피할 목적으로 악용할 우려도 있다"며 "휴가가 아닌 추가 임금을 원하는 노동자들이 있을 텐데 임금 지급을 회피하기 위해 제도를 사용하는 상황이 생길 수도 있다"고 했다.

제5장 임금

1. 임금과 기타금품을 구별하는 이유

　근로자는 사용자로부터 많은 종류의 금품을 받습니다. 그런데, 근로자가 사용자로부터 받는 어떤 금품이 '근로기준법상 임금'으로 인정되는 경우에는 근로기준법을 비롯한 노동법 규정의 강력한 보호를 받는 반면에, 임금이 아닌 '기타 금품'에 불과한 경우에는 그렇지 못합니다. 또한, 근로자가 퇴사할 때 받는 퇴직금을 산정하는 데에는 근로기준법상 임금만이 포함되고, 기타금품은 모두 제외됩니다. 따라서, 근로자가 사용자로부터 받는 금품이 근로의 대가인 근로기준법상 임금인지 아니면 단순한 실비변상이나 이익분배금과 같은 '기타 금품'에 해당하는지를 구별하는 것은 매우 중요한 문제입니다.

　'근로기준법상 임금'이란 한마디로 '근로의 대가'를 의미합니다. 즉, 그 명칭이 무엇인지 여부와 관계없이 사용자가 근로자에게 지급하는 금품으로서 근로자의 근로제공과 직접적으로 혹은 밀접하게 관련된 금품이 '근로의 대가'로서의 '임금'입니다. 반면에, 결혼축의금 내지 결혼수당, 출산수당, 사상병 위로금 내지 사상병 수당, 재해위난금 등과 같이 우연적이고 돌발적인 사유로 인한 금품은 그 성질상 '근로의 대가' 여부와 무관하다고 볼 것이므로 임금으로 볼 수 없을 것입니다.

　그런데, 식대, 통근수당, 체력단련수당 등과 같이 그 '명칭' 만으로는 근로의 대가인지 여부가 명백하지 않은 금품들도 임금으로 볼 수 있을까요? 이를테면, 식대가 정말 밥값으로 지급되는 것이라면 근로의 대가로 보기는 어려울 것입니다. 그런데, 식대를 밥을 먹었건 먹지 않았건 모든 근로자에게 일정한 금액을 계속 일률적으로 지급하는 상황이라면 식대를 정말로 밥값이라고 보기 어려울 것입니다. 결론적으로, '사전에 지급률, 지급시기 등이 정해진 '일정액'이 계속적·정기적·일률적으로 근로자에게 지급된 금품의 경우'에는 명칭과 관계 없이 임금에 포함됩니다. 그 결과, 실비변상적인 성격이 강한 경비(예: 출퇴근 교통비, 연구수당 등)나 복지후생적인 비용(예: 체력 단련비나 효도 휴가비, 김장비 등)도 사전에 지급률, 지급시기 등이 정해진 일정액이 계속적·정기적·일률적으로 근로자에게 지급된 경우에는 명칭과 관계없이 모두 임금에 해당한다고 보아야 합니다.

실무적으로는 사용자가 근로자로부터 받는 금품 중에서 근로자의 근로제공과 밀접하게 관련된다고 평가되기 어려운 아래의 4가지를 제외하면 일단 모두 임금으로 보아도 무방할 것입니다.

① 실비변상차원에서 지급된 금품 (출장비, 판공비, 영업활동비 등)
② 지급의무 없이 단순히 '호의'로 지급된 금품 (복지후생 차원의 학자금 보조, 경조사금, 경영성과급, 이익분배금 등)
③ 손해보상성으로 지급되는 금품 (해고예고수당, 재해보상 등)
④ 기타 근로제공과 직접적인 관련이 없는 금품 (스톡옵션, 특허료, 로열티 등)

▎근로기준법상 임금 vs. 세법상 근로소득

근로기준법상 '임금'과 세법상의 '근로소득'의 개념도 구별하여야 합니다. 세법상 '근로소득'이란 개인이 용역을 제공하고 그 보상으로 받는 소득을 총칭하는 것이므로, 근로자가 회사(사용자)로부터 받는 임금을 포함하는 모든 금품은 세법상 '근로소득'의 일부분에 불과합니다. 다시 말하면, '근로소득'이라고 해서 모두 근로기준법이 정한 특별한 보호를 받는 '근로기준법상 임금'으로 인정되는 것은 아닙니다. 근로기준법상 임금의 핵심 표지는 '근로의 대가'인데, 근로소득에는 근로의 대가가 아닌 금품도 포함되기 때문입니다. 이를테면 근로자가 회사로부터 주택자금을 무이자로 대여 받는 경우에는 그 대여금의 법정이자도 근로소득이 될 수 있는데, 그러한 '대여금의 법정이자'가 근로의 대가가 아닌 것은 명백합니다. 또한, 근로자가 아닌 법인의 임원이나 대표이사 등에게도 근로소득세가 부과되는데, 이들은 근로자가 아니므로 이들이 받는 급여는 근로기준법상 임금이 아닙니다. 따라서 '세법상 근로소득 = 근로기준법상 임금 + 기타 근로소득'으로 구성되는 것을 알 수 있습니다. 결론적으로, '근로소득' 중에서 근로사가 근로의 대가로서 받는 근로기준법상의 임금에 해당하는 부분만이 근로기준법 등 노동관계 법령의 보호를 받으며, 근로소득 중 근로기준법상 임금에 해당하지 않는 기타 근로소득은 일반 민사채권에 불과하므로 근로기준법상의 보호를 받지 못합니다. 근로자가 사용자로부터 받는 상법상의 '스톡옵션(Stock Option)'이나 발명진흥법상의 '직무발명 보상금' 등이 그 대표적인 예입니다.

2. 임금과 기타금품의 구체적인 구별

(1) 교통비, 차량유지비, 자가운전보조비는 임금인가?

출장비나 영업활동비와 달리, 근로자가 통근하는 데에 드는 교통비, 차량유지비 등은 본래 근로자가 부담하여야 하는 성격의 비용이므로, 설령 회사가 그 비용을 수당 형태로 지급하였다 하더라도 이를 실비변상 명목의 업무비로 볼 수 없습니다. 따라서, 교통비, 차량유지비를 전 직원에 대하여 또는 일정한 직급을 기준으로 일률적으로 지급된 경우에는 임금으로 보아야 합니다. 자가운전보조비의 경우에도 이를 단순히 직급에 따라 일률적으로 지급된 것이라면 임금에 해당할 것입니다. 반면에, 자가운전보조비를 일률적으로 정액을 모든 근로자에게 지급한 것이 아니라, 자가운전보조비 명목의 금원을 일정 직급 이상의 직원 중 자기차량을 보유하여 운전한 자에 한하여 지급되고 있는 경우와 같이 그 지급여부가 일정직급 이상의 직원이 자기차량을 보유하여 운전하고 있는지 여부라는 개별 근로자의 특수하고 우연한 사정에 따라 좌우되는 경우에는 임금으로 볼 수 없습니다.

(2) 식대 등 현물급여는 임금인가?

'식대 등 현물급여'는 근로의 대가로서 단체협약이나 취업규칙 등에 의거 사용자에게 지급의무가 있는 경우는 임금에 포함됩니다. 따라서, '식대'가 모든 근로자에게 계속적·정기적·일률적으로 (근로자가 식사를 하건 하지 않건) 매월 일정액이 지급된다면 이는 임금입니다. 식대를 금전이 아니라 현물로 제공받거나 식권으로 지급받은 경우에도 이를 금전으로 환가하여 평가할 수만 있다면 여전히 임금입니다. 그러나, 식사를 하는 경우에만 식대를 지급한다든지, 출근한 자에게만 식사를 현물로 주고 출근하더라도 먹지 않거나 결근한 자에게 달리 보상이 없는 경우와 같이 모든 근로자에게 계속적·정기적·일률적으로 지급된 것이 아니라면 이는 단순히 사용자가 호의로 지급하는 '밥값'으로 보아야 하므로 임금에 해당하지 않습니다.

(3) 가족수당은 임금인가?

1) 부양가족 수에 비례하여 지급되는 수당의 경우

가족수당이 가족의 수에 비례하여 결정되는 것이라면 가족이 많을 수록 가족수당도 올라가는 것으로서, '가족의 수'는 근로의 가치와 관련이 없으므로, 즉 근로제공과 직접적으로 관련되거나 그것과 밀접하게 관련된 것으로 볼 수 없으므로 '임금'이 아닙니다.

2) 부양가족 수와 관련 없이 지급되는 가족수당의 경우

가족수당을 가족의 수에 비례하여 지급하는 것이 아니라, 이를테면, 미혼자에게도 '본인수당'으로 지급하는 경우와 같이 지급률, 지급시기가 정해진 일정액의 가족수당을 계속적·정기적·일률적으로 근로자에게 지급하는 경우라면 임금이라 할 것입니다.

(4) 각종 보험료는 임금인가?

1) 개인연금보험료 및 단체보험의 보험료 등 사보험의 경우

사용자가 근로계약이나 취업규칙 등에 따라 전 근로자를 피보험자로 하여 개인연금보험 혹은 단체보험(단체 보장성 보험)에 가입한 후 매월 일정한 금액의 보험료를 전부 대납하였고 근로소득세까지 원천징수하였다면, 이는 근로의 대상인 임금의 성질을 가진다 할 것이므로 임금에 해당합니다 (단체 환급부 보장성 보험금 환급금도 마찬가지입니다). 즉, 개인연금보험료가 회사에 지급의무(단체협약)가 지워져 있고, 전 근로자 또는 일정한 요건에 해당하는 근로자에게 일률적으로 일정한 금액이 지급되어 왔으므로, 이는 근로의 대가이므로 임금에 해당합니다. 그러나, 모든 근로자가 일률적으로 가입한 것이 아니라 개별 근로자의 특수하고 우연한 사정에 따라 가입여부가 좌우되는 경우에는 설령 근로소득세를 원천징수하였다고 하더라도 임금으로 보기 어렵습니다.

2) 사회보험료(4대보험)의 근로자 부담금

사회보험료(4대보험) 부담금 중 사용자 부담금은 근로의 대가로 볼 수 없으므로 임금이 아니지만, 근로자 부담금은 근로자의 임금에서 사용자가 원천징수한 것에 불과하므로 임금입니다. 그런데, 회사가 근로계약을 체결하면서 근로자 부담금도 사용자가 부담하기로 약정하는 경우가 있는데, 사용자가 근로자와 개별적으로 임금 협상을 하면서 개별적으로 사회 보험료 전부 혹은 일부를 부담하기로 약정(예: 의료업계의 네트제 계약)하는 것은 일종의 '임금 협상'의 내용의 하나라 할 것이므로 이는 실질적으로 임금에 해당합니다. 따라서, 근로자가 퇴사하는 경우의 퇴직금의 산정은 평소에 근로자에게 지급되던 임금액이 아니라 그 임금액에 근로자 부담 사회보험료를 포함한 금액을 기준으로 하여야 하므로, 결론적으로 퇴직금액이 그,만큼 높아진다는 것을 기억하셔야 합니다.

(5) 경영성과급은 임금인가?

1) 원칙 (임금성 부정)

회사 단위 또는 부서 단위의 경영성과급의 경우에는 근로의 대가라기보다 '이익분배'의 성격을 지닌 금품이므로 임금성이 부정됩니다. 따라서, 설령 경영성과금이 반복적으로 매년 지급돼 온 경우라 하더라도, 오로지 사용자의 재량에 의해 매년 지급여부 혹은 그 지급시기 및 지급액을 달리하는 경우이거나 그 해의 생산실적에 따라 지급여부나 지급률 등이 달라지는 등 지급사유의 발생이 불확정적인 경영성과급이라면, 이는 임금이라 할 수 없는 것이 원칙입니다.

2) 예외 (임금성 긍정)

반면에, 명칭만 경영성과급일 뿐이고 지급액, 지급시기 등이 일정하고 모든 근로자에게 정기적, 계속적, 일률적으로 지급되어 왔다면, 그러한 경영성과급은 지급조건, 금액, 시기 등이 사전에 미리 정해진 '고정상여금'에 불과한 것으로 보아야 하므로 이는 근로기준법상 임금뿐 아니라 나아가 통상임금에도 해당합니다. 특히, 전년도 경영성과를 감안하여 구체적인 지급액수가 결정된 '경영평가 성과급'으로서 지급대상, 지급조건 등이 사전에 확정되어 있으며, 그 지급이 계속적, 정기적으로 이루어지는 경우에는 근로기준법상 임금에 해당한다는 것이 법원의 태도입니다. 최근에는, 경영성과급이 근로의 대가로서 정기적·계속적으로 지급되고 그 지급에 관하여 회사와 근로자들 사이에 그 지급이 당연하다고 여겨질 정도의 관례가 형성되어 노동관행에 의하여 회사에게 지급의무가 있다고 인정되는 경우, 그러한 경영성과급은 평균임금 산정의 기초가 되는 임금에 해당한다는 것이 하급심이 연이어 나오고 있다는 것을 주목할 필요가 있습니다 (서울고등법원 2022. 1. 21. 선고 2021나2015527 판결).[1]

 신문기사 따라잡기

> 공공기관 경영평가성과급이 근로의 대가로 지급되는 임금의 성격을 가지므로 평균임금 산정의 기초가 되는 임금에 포함된다는 대법원 판결(대법원 2018. 12. 13 선고 2018다231536 판결)이 나왔다. 이 판결 후 사기업을 중

---

[1] 본 사건 외에도 경영성과급의 임금성을 다루는 다수의 사건들이 현재 대법원에 계류 중인데, 하급심들은 사안의 구체적인 사실관계 따라 경영성과급의 임금성을 부정한 사례와 경영성과급의 임금성을 인정한 사례로 나뉘어져 있습니다.

> 심으로도 경영성과급의 평균 임금성을 다투는 소송이 다수 제기된 상태다. 현재 하급심 판례들은 결론이 엇갈리고 있다.(한경 2022.10.17. 구교웅 법무법인 태평양 변호사)

수원지방법원은 매년 노동조합과의 합의로 그 지급 여부 및 지급 조건을 정해 경영성과급을 지급한 사안에서 "지급 여부에 관한 합의 및 당시 정해진 지급 조건에 따라 지급 여부가 달라질 수 있는 것으로 지급 사유나 지급 조건이 불확정·유동적으로 보일 뿐, 그것이 계속적·정기적으로 지급된 것으로 지급 대상, 지급 조건 등이 확정돼 있어 사용자에게 지급 의무가 있는 경우에 해당한다고 보기 어렵다"면서 평균임금에 해당하지 않는다고 판단했다(수원지방법원 2021. 2. 4 선고 2020나55510 판결).

반면 서울고등법원은 해마다 계속해 기준연도의 당기순이익 달성에 관한 사업 목표를 제시하고 일정한 당기순이익 달성 시 일정률의 경영성과급을 지급하는 내용의 지급 기준을 작성한 뒤 기준연도 결산 후 지급 기준 달성 시 이에 따라 연 1회씩 지급한 사안에서 계속적·정기적인 급여로서 평균임금에 해당한다고 판단했다(서울고등법원 2022. 1. 21 선고 2021나2015527 판결).

사기업의 경영성과급이 평균임금에 해당하는지에 관한 문제는 퇴직금 등 평균임금을 기준으로 산정되는 각종 법정수당에 영향을 미칠 수 있는 매우 중요한 문제다. 따라서 향후 이에 관한 대법원 판결을 주목해 볼 필요가 있다. 회사별로 경영성과급의 지급 조건과 실무가 제각각이므로 대법원에서 사안별로 다른 판단을 내릴 가능성도 없지 않다. 다만 사기업 경영성과급의 평균임금성 여부에 관해서는 다음과 같은 점들이 고려될 필요가 있다.

첫째로, 평균임금의 개념에 대한 정의가 명확히 정립됐는지는 의문이다. 근로기준법은 임금의 정의로 사용자가 근로의 대가로 근로자에게 임금, 봉급, 그 밖에 어떠한 명칭으로든지 지급하는 모든 금품을 말한다고 규정하고 있다(제2조 제1항 제5호). 결국 '근로의 대가'인지 여부에 따라 임금성이 결정된다. 그런데 이러한 '근로의 대가'의 의미에 관해, 종래 대법원 판례는 계속적·정기적으로 지급되고 '그 지급액이 확정'돼 있다면 이는 근로의 대가로 지급되는 임금의 성질을 가지나, 그 지급 사유의 발생이 불확정이고 일시적으로 지급되는 것은 임금이라고 볼 수 없다고 판시했다(대법원 2006. 5. 26. 선고 2003다54322,54339 판결 외 다수). 지급액이 사전에 확정되기 어려운 경영성과급이 임금에 해당하지 않는 것이다.

하지만 대법원 2005. 9. 9. 선고 2004다41217 판결처럼 '지급액의 확정성' 요건을 생략한 판시들도 있었다. "평균임금 산정의 기초가 되는 임금 총액에는 사용자가 근로의 대상으로 근로자에게 지급하는 모든 금품으로서, 근로자에게 계속적·정기적으로 지급되고 그 지급에 관하여 단체협약, 취업규칙 등에 의하여 사용자에게 지급 의무가 지워져 있으면 그 명칭 여하를 불문하고 모두 임금에 포함된다"는 것이 골자다.

사기업의 경영성과급이 평균임금에 해당하는지에 관한 문제는 퇴직금 등 평균임금을 기준으로 산정되는 각종 법정수당에 영향을 미칠 수 있는 매우 중요한 문제다. 따라서 향후 이에 관한 대법원 판결을 주목해 볼 필요가 있다. 회사별로 경영성과급의 지급 조건과 실무가 제각각이므로 대법원에서 사안별로 다른 판단을 내릴 가능성도 없지 않다.

(6) 개인의 업무실적에 따른 개인 성과급(인센티브)은 임금인가?

집단적인 경영성과급과 달리 근로자 개인이 일정한 성과를 달성하는 경우에 지급하기로 한 포상금이나 인센티브는 근로의 대가성이 인정되므로 임금에 해당합니다. 법원은 구두류 제품 판매사원에게 지급하는 상품권의 임금성을 긍정한 바 있으며, 그 외에도 자동차 판매원의 실적에 따른 인센티브, 병원 의사가 지급받는 진료 포상비 등의 임금성도 긍정한 바 있습니다. 다만, 이러한 성과급이 1회적 혹은 임시적으로 지급되는 것이라면 근로기준법상 임금이라 할지라도 평균임금(퇴직금) 산정에서 제외될 수는 있을 것입니다(이에 대해서는 '평균임금' 참조).

▌근로기준법상 임금, 평균임금, 통상임금의 관계

앞에서 살펴본 바와 같이 '근로기준법상 임금'의 핵심 표지는 '근로의 대가'입니다. 그런데, 우리나라에서는 이러한 근로의 대가로서의 '근로기준법상 임금'이라는 개념 외에 '평균임금'과 '통상임금'이라는 개념도 사용하고 있습니다. 이들 '평균임금'이나 '통상임금'이라는 용어는 비록 '임금'이라는 명칭을 사용하고 있기는 하지만 '근로기준법상 임금'과는 전혀 그 성질이 다른 일종의 '도구' 내지 '단위'의 개념에 불과하다는 것을 먼저 기억하셔야 합니다.

'먼저, 평균임금'이란 근로자가 평소에 평균적으로 받아서 생활해 온 '생활임금'을 의미합니다. 평균임금을 산정하는 이유는 '근로자의 현재의 생활수준'에 가장 근접한 임금수준을 반영하기 위해서입니다. 평균임금을 가장 최근 3개월 동안 근로자가 받아 온 임금으로 산정하는 이유도 최근 3개월 동안 근로자가 받아 온 임금이 근로자의 가장 최근의 '생활임금'을 산정할 수 있기 때문입니다. '평균임금'은 이를 산정하여야 할 사유가 발생한 날(예: 퇴직금의 경우에는 근로자가 퇴사하는 날) 직전 3개월 동안 '평균적'으로 받아온 '임금' 그 자체를 의미하기 때문에, '평균임금'에 포함되는 금품의 범위는 '근로기준법상 임금'에 포함되는 금품의 범위와 사실상 거의 동일합니다. 반면에, 통상임금이란 근로의 시간당 단가를 의미합니다. 즉, 평균임금의 기능이 '근로자의 현재의 생활수준'에 가장 근접한 임금수준을 반영하기 위해서라면, 통상임금의 기능은 연장·야간·휴일 근로에 대한 가산임금 등을 산정하는 기준임금, 즉 근로자의 기본근로(소정근로)에 대한 시간당 단가로서 기능한다는 것입니다. 그리고, 평균임금과 달리 통상임금에는 모든 근로기준법상 임금이 포함되지 않습니다. 이를테면, 통상임금을 기준으로 연장, 야간, 휴일 근로수당과 같은 각종 가산임금을 지급하는데, 결국 그 의미는 연장, 야간, 휴일 근로수당과 같은 각종 가산임금은 개념 논리적으로 통상임금에 포함될 수 없음을 의미할 것입니다.

평균임금은 주로 '일급'으로, 통상임금은 주로 '시급'으로 산정한 후, 평균임금은 근로자의 퇴직금(1년 퇴직금은 평균임금 30일분) 등의 산출 기준으로, 통상임금은 근로자의 각종 법정수당(연장,야간, 휴일 근로수당은 통상임금 50%) 등을 산출하기 위한 기준단위로 각각 사용됩니다.

3. 평균임금은 무엇이고 어떻게 산정하나?

'평균임금'이란 근로자가 평소에 평균적으로 받아서 생활해 온 '생활임금'을 의미합니다. 따라서, '평균임금'은 이를 산정하여야 할 사유가 발생한 날(예: 퇴직금의 경우에는 근로자가 퇴사하는 날) 직전 3개월 동안 '평균적'으로 받아온 임금으로 산정합니다(근로기준법 제2조 제1항).

평균임금을 '사유가 발생한 날(예: 퇴직금의 경우에는 근로자가 퇴사하는 날)의 직전 3개월'이라는 가장 '최근'의 임금수준을 기초로 계산하는 이유는 '근로자의 현재의 생활수준'에 가장 근접한 임금수준을 반영하기 위해서입니다.

> **▌평균임금의 산정**
>
> 평균임금은 근로자의 '퇴직'과 같이 평균임금을 산정해야 하는 특정한 사유가 발생한 날의 전일을 기준으로 (초일 불산입) 그 직전의 3개월 동안에 받은 임금의 총액을 분모로 하고 3개월간의 총일수를 분자로 나누어서 '일급'으로 산출합니다.
>
> $$\text{평균임금} = \frac{\text{사유발생일 직전 3개월 동안 지급된 '임금 총액'}}{\text{사유발생일 직전 3개월 동안의 '총일수'}}$$

따라서, 평균임금은 직전 3개월간의 임금이 우연히 높고 낮음에 따라, 그리고 직전 3개월간의 달력상의 날자가 우연히 많고 적음에 따라(이를테면 2월의 역수는 28일이고 10월의 역수는 31입니다.) 그 금액이 높아지기도 하고 낮아지기도 합니다. 그렇다면, 우연히 어떤 특별한 사정(예: 장기휴직)으로 인하여 평균임금이 현저하게 작아지는 경우에도 위의 기준에 따라 평균임금을 산정해도 될까요?

그것은 아닙니다. 평균임금을 '사유가 발생한 날(예: 퇴직금의 경우에는 근로자가 퇴사하는 날)의 직전 3개월'이라는 가장 '최근'의 임금수준을 기초로 계산하는 이유는 '근로자의 현재의 생활수준'에 가장 근접한 임금수준을 반영하기 위해서인데, 우연히 어떤 특별한 사정(예: 장기휴직)으로 인하여 평균임금이 현저하게 작아지는 경우에도 위의 기준에 따라 평균임금을 산정한다면, '근로자의 현재의 생활수준'에 가장 근접한 임금수준을 반영한다는 평균임금의 취지에 반하는 결과가 될 것이기 때문입니다. 따라서, '평균임금'을 산정하는 경우에는 '근로자의 현재의 생활수준에 가장 근접한 임금수준을 반영한다'는 평균임금의 취지를 고려하여야 합니다.

근로기준법은 '근로자의 현재의 생활수준에 가장 근접한 임금수준의 반영'하기 위하여, 우연히 어떤 특별한 사정(예: 장기휴직)으로 인하여 평균임금이 통상임금보다 적게 되는 경우에는 통상임금을 평균임금의 최저수준으로 취급하고 있습니다(근로기준법 제2조 제2항). 즉, 통상임금이 평균임금의 최저한도인 것이지요. 따라서, 어느 경우에도 평균임금이 통상임금보다 낮아질 수는 없습니다.

대부분의 근로자들은 평균임금과 통상임금의 차이가 거의 없으므로, 통상임금을 평균임금의 최저수준으로 산정하는 것이 일반적으로는 큰 문제가 되지 않습니다. 그런데, 비고정적인 임금의 비중이 지나치게 높은 일부 업종의 경우, 이를테면 영업수당과 같은 비고정적 임금의 비중이 큰 영업사원 혹은 연장·야간·휴일 근로와 같은 비고정적인 근로가 많은 생산직 근로자의 경우에는 평균임금과 통상임금의 차이가 워낙 크기 때문에, 통상임금을 평균임금의 최저수준으로 취급하더라도 여전히 현저하게 불합한 결과가 발생할 수 있습니다.

예컨대, 기본급이 200만원이고 실적급이 800만원인 영업사원이 개인적으로 병가를 낸다든지 혹은 회사로부터 정직 처분(징계)을 받아 퇴직하기 직전 3개월 동안 받은 임금이 거의 없는 경우에는 평균임금 계산 공식의 분모(직전 3개월 동안 지급된 임금 총액)이 지나치게 낮기 때문에, 이러한 경의 평균임금은 통상임금인 기본급 200만원으로 대체하게 될 것이므로, 결국 퇴직금은 통상임금(200만원)을 기준으로 산정하게 될 것입니다. 그런데, 이와 같이 평소에 1,000만원을 받던 근로자의 평균임금을 통상임금인 200만원으로 산정하는 것은 '근로자의 현재의 생활수준'에 가장 근접한 임금수준의 반영한다는 평균임금의 취지에 비추어 현저하게 부당한 결과에 이르게 될 것입니다. 따라서, 이와 같은 특별한 경우에는 통상임금을 평균임금의 최저수준으로 취급하는 근로기준법 제2조 제2항의 규정만으로 근로자의 현재의 생활수준에 근접한 생활임금을 보장할 수 없으므로, 근로자의 통상적인 생활임금을 사실대로 반영할 수 있는 합리적이고 타당한 다른 방법으로 그 평균임금을 따로 산정할 것입니다. 실무적으로 이러한 경우에는 그 특별한 사유가 발생하기 직전 3개월 동안 평균적으로 받아온 임금으로 평균임금을 산정합니다. 즉, 위의 사안의 경우라면 영업사원이 정직처분을 받기 직전 3개월의 임금으로 평균임금을 산정하여야 합니다.

반대로, 우연한 사정으로 직전 3개월의 임금이 평소보다 지나치게 높은 경우에는 그러한 특별한 사정이 발생하기 직전 3개월 동안 평균적으로 받아온 임금으로 평균임금을 산정합니다. 이를테면, 택시기사가 사납금을 갑자기 높여서 평균임금(퇴직금)을 지나치게 높이는 경우, 혹은 생산상직 근로자가 의도적으로 연장,야간,휴일근로를 과도하게 많이 하여 직전 3개월의 평균임금을 지나치게 높인 경우에는 근로자가 그와 같이 의도적으로 평균임금을 과도하게 높이기 직전 3개월 동안 평균적으로 받아온 임금으로 평균임금을 산정합니다. 그러나, 실무적으로 이러한 경우는 영업사원 등 비고정적 급여의 비중이 높은 업종을 제외하고는 그 예를 찾아보기 어렵습니다.

퇴직금(평균임금) 산정

1. 평균임금의 산정 공식

'평균임금'이란 이를 산정하여야 할 사유가 발생한 날 이전 3개월 동안에 그 근로자에게 지급된 임금의 총액을 그 기간의 총일수로 나눈 금액을 의미하므로, '평균임금'은 근로자의 퇴직과 같은 특정한 사유가 발생한 날의 전일을 기준으로 (초일 불산입) 그 직전의 3개월 동안에 받은 임금의 총액을 분모로 하고 3개월간의 총일수를 분자로 나누어서 '일급'으로 산출합니다.

$$\text{평균임금} = \frac{\text{사유발생일 직전 3개월 동안 지급된 '임금 총액'}}{\text{사유발생일 직전 3개월 동안의 '총일수'}}$$

2. 3개월 동안의 '총일수' (계산식의 '분자')

'계산식의 분자'의 사유발생일 직전 3개월 동안의 총일수'는 휴일이나 휴무일을 포함하는 '달력상의 일자'를 의미합니다. 따라서 분자에 해당하는 달이 무슨 달이냐에 따라 분자 ('3개월간 총일수')는 89일에서 92일까지로 달라질 수 있습니다.

> (예) 퇴직일 03.17 (초일 불산입)
> 03.10 – 03.16 : 16일
> 02.01 – 02.28 : 28일
> 01.01 – 01.31 : 31일
> 12.17 – 01.31 : 15일
> = 92일(3개월 동안의 '총일수' : 계산식의 분자)

근로자의 개인사정으로 결근하거나 정직(징계)처분으로 출근하지 못하는 경우에는 평균임금 계산식의 분자(3개월 동안의 총일수)는 변함이 없고 계산식의 분모(3개월 동안 지급된 '임금 총액')이 줄어들기 때문에, 결국 근로자의 평균임금(퇴직금)이 줄어들게 됩니다.

3. 3개월 동안 지급된 '임금 총액' (계산식의 : '분모')

계산식의 분모에는 '3개월 동안 지급된 임금 총액'을 넣는데, 여기에 포함되는 임금의 범위와 '근로기준법상 임금'에 포함되는 금품의 범위는 사실상 거의 동일하다고 보아도 무방합니다. 따라서, 임금이 아닌 경영성과급, 임금에 해당하지 않는 각종수당, 실비변상 등은 임금총액에 포함시키지 않습니다.

(1) 주의점 1: 임금에 해당하더라도 제외되는 경우

임금에 해당하더라도 계속적, 정기적으로 지급되는 임금이 아니라 1회적 혹은 임시로 지급되는 임금은 3개월 동안 지급된 '임금 총액'에서 제외한다[2].

(예) 풍수해에 대한 재해수당, 돌발적인 물가상승으로 인한 인플레이션 수당, 사업장의 매각사정 등을 이유로 모든 근로자에게 일시적으로 지급하는 매각 위로금, 1회성 성과급 등

(2) 주의점 2: 상여금 혹은 미사용연차유급휴가수당 등의 같은 경우

1월을 초과하는 간격으로 지급되는 상여금 각종 수당 혹은 미사용연차유급휴가수당, 보상휴가수당의 같은 경우에는 직전 3개월 전에 지급되었는지의 여부와 무관하게 사유 발생일 전 12개월 동안 지급받은 전액을 12개월로 나누어 1개월 평균액을 산정하여 3개월분을 평균임금의 계산에 포함시켜야 합니다. 근로월수가 1년 미만인 경우에는 그 기간 중에 지급받은 상여금 전액을 당해 근로월수로 분할 계산하여 3개월분을 평균임금의 계산에 산입합니다.

---

[2] 시행령상으로는 '통화 외의 것으로 지급된 임금'도 3개월 동안 지급된 '임금 총액'에서 제외한다고 규정되어 있지만, 실무적으로 볼 때 3개월 동안 지급된 '임금 총액'에서 제외되는 '통화 외의 것으로 지급된 임금'은 사실상 무시해도 됩니다. 통화 외의 것으로 지급된 임금'이란 통화 이외의 현물 등으로 지급되는 임금을 의미하지만, 통화 외의 것으로 지급된 임금이지만, '법령, 단체협약 또는 취업규칙의 규정에 의하여 지급되는 현물급여로서 모든 근로자에게 일률적으로 지급되며, 통화로 환가가능한 현물의 경우에는 '임금 총액'에서 에 포함시켜야 하기 때문입니다.

예: 성과급(상여금), 1년 연차유급휴가수당이 240만원인 경우에는 240만원의 3/12 = 60만원을 평균임금에 포함시킴

영업수당과 같이 불규칙한 임금의 경우에도 직전 12개월 동안 지급받은 전액을 12개월로 나누어 1개월 평균액을 산정하여 3개월분을 평균임금에 포함시킵니다.

> (예) 퇴직금(통상임금) 계산 : 퇴직 전 임금내역 (퇴직일 : 2023.4.1.)
> - 2023년 1월 : 기본급 1,500,000원, 직책수당 50,000원, 생산수당 100,000원, 교통비 90,000원, 식대보조비 50,000원, 연장근로수당 200,000원
> - 2023년 2월 : 기본급 1,500,000원, 직책수당 50,000원, 생산수당 100,000원, 교통비 90,000원, 식대보조비 50,000원, 휴일근로수당 150,000원
> - 2023년 3월 : 기본급 1,500,000원, 직책수당 50,000원, 생산수당 100,000원, 교통비 90,000원, 식대보조비 50,000원
> - 정기상여금 : 1월 1,500,000원, 7월 1,500,000원
> - 성과수당(경영성과급) : 2022년 12월 500,000원
> - 연차휴가 미사용수당(2022.4.10. 지급) : 450,000원

① 임금 : 3개월동안의 총 임금(기본급+직책수당+생산수당+교통비와 같이 정기적 일률적 고정적으로 받는 임금(통상임금)은 물론 연장근로수당, 휴일근로수당 등 모든 임금을 포함합니다. 따라서, 1~3월 임금 총액 : 572만원

② 정기상여금 : 분기별로 지급되는 상여금이나 성과급은 산정 사유 발생일 전 12개월 동안 지급받은 전액(150+150=300만원)을 12개월로 나누어 1개월 평균액(25만원)을 산정하여 3개월분을 포함시키므로,(25만원x3개월)= 75만원

③ 연차휴가 미사용수당(45만원)도 12개월로 나누어 1개월 평균액(37,500원)을 산정하여 3개월분을 평균임금의 계산에 포함시키므로 (37,500원 x 3개월분) = 112,500원

④ 성과수당은 임금이 아니므로 제외합니다.

①+②+③ = 6,582,500원 (3개월 동안 지급된 '임금 총액')

: 6,582,500원을 3개월(초일불산입)의 역수(예:90일)로 나눈 평균임금 (평균일급)은 73,138원이므로, 1년 퇴직금은 평균임금의 30일분인 2,194,166원입니다.

4. 산재기간, 육아휴직 기간 등은 평균임금의 산정기간에서 제외한다.

근로자의 개인 사정으로 결근한 기간 중에는 임금이 발생하지 않기 때문에, 평균임금의 산정기간내에 결근한 기간을 포함시키면 평균임금 계산식의 '분모'가 줄어들게 되어 그만큼 평균임금이 낮아지게 됩니다. 이를테면, 근로자가 퇴사하기 직전에 무단결근하는 경우에는 그 무단결근 기간만큼 평균임금이 낮아지기 때문에, 결국 퇴직금도 그 만큼 낮아지게 되는 것입니다.

그런데, 근로자의 출산전후 휴가라든지 육아휴직 혹은 산재와 같이 근로자에게 책임이 없는 사유로 장기간 결석하는 경우까지 평균임금이 낮아지는 것은 부당하기 때문에, 근로기준법 시행령 2조 제1항은 특별한 경우를 열거하고 이들 근로기준법 시행령이 열거한 특별한 사유에 해당하는 기간이 있는 경우에는 그 '기간'과 그 기간 중에 지불된 '임금'은 평균임금산정이 되는 기간과 임금의 총액에서 제외하고 나머지의 기간과 나머지 기간 동안에 지급된 임금의 총액을 기준으로 평균임금을 산정합니다.

▎평균임금 산정에서 제외되는 기간 (근로기준법 시행령 제2조 등)

① 수습사용중인 기간[3], ② 사용자의 귀책사유로 휴업한 기간, ③ 출산전 후 휴가기간, 육아휴직 기간, ④ 업무상 부상 또는 질병요양을 위해 휴업한 기간, ⑤ 업무외 부상 또는 질병기타의 사유로 인하여 사용자의 승인을 얻어 휴직한 기간, ⑥ 적법한 쟁의 행위기간, ⑦ 병역법, 향토예비군 설치법, 민방위 기본법에 따른의무이행을 위해 휴직하거나 근로하지 못한 기간, ⑧ 육아기 근로시간 단축기간(고평법 제19조의3조 제4항), ⑨노동조합 전임기간(노조전임자는 동일직급 및 동일호봉 근로자의 평균임금), ⑩ 부당해고 기간, 부당 대기발령기간, 부당 감봉기간

▎평균임금 산정에서 제외되지 않는 기간

① 근로자의 개인 사정으로 결근한 기간(개인사유로 인한 휴업기간), ② 근로자의 귀책사유로 인한 직위해제기간, 대기발령기간, 감봉기간 등 징계 기간, ③ 개인적인 범죄로 구속 기소되어 직위 해제되었던 기간, ④ 불법쟁의행위 기간

평균임금산정에서 제외되는 기간 및 임금과 관련하여 유의할 점은, 평균임금의 계산에서 제외되는 기간(근로기준법 시행령 제2조에 해당하는 기간)이 3개월 이상인 경우에는 제외되는 기간의 최초일을 평균임금의 산정사유가 발생한 날로 보아 평균임금을 산정한다는 것입니다. 즉, 제외되는 기간이 3개월 이상인 경우에는, 제외 기간 최초일을 기산일로 하여 그 사유 발생일 이전 3개월 동안의 총일수를 기준으로 합니다.

---

[3] 근로자의 수습의 경우에 시행령이 적용되어 총일수에서 제외되는 것은 수습기간과 정상적인 급여를 받은 기간이 혼재되는 경우에 한하며, 근로자의 수습기간이 끝나기 전에 평균임금 산정사유가 발생한 경우와 같이 오로지 수습기간만 존재하고 정상적인 급여를 받은 기간이 전혀 없었던 경우에는 근로기준법 시행령 제2조가 적용될 여지가 없으므로 수습기간 중에 수습사원으로서 받은 임금을 기준으로 평균임금을 산정합니다.

> (예) 근로자가 2016.1.1부터 2016.3.1까지 3개월의 출산전후휴가를 사용하고, 연이어 2016.3.1부터 2017.3.1까지 1년간 육아휴직을 마친 후에 2017.3.1.에 복직하자마자 같은 날 퇴사하는 경우에 평균임금 산정을 위하여 계산하는 기간은?
>
> : 평균임금의 산정은 원칙적으로 산정하여야 할 그 사유('퇴직')가 발생한 날인 2017.3.1.의 전날 2017.2.28부터 역산한 3개월로 산정하지만, 이 사안의 경우에는 근로기준법 시행령 제2조상의 '제외되는 기간'이 3개월 이상인 경우 (2016.1.1.–2017.3.1.)에 해당하므로, 출산전후휴가의 기산일인 2016.1.1의 전날인 2015. 12.31부터 역산한 3개월 (2015.12.31. 초일 불산입: 2014.10.1. – 2015. 12. 30)로 평균임금을 산정합니다.
>
> (비교: 동일한 사실관계에서, 근로자가 2017.3.1에 육아휴직에서 일단 복귀하여 근무하다가 2017. 3.20에 퇴직하는 경우에 평균임금 산정을 위하여 계산하는 기간은 (복귀하자마자 퇴사한것이 아니므로) 최사한 3,20일 초일불산입한 '3.1 – 3.19'로 평균임금을 산정한다).

5. 통상임금이란 무엇인가?

근로자의 임금은 크게 '고정급'과 '변동급'의 두 가지 형태로 나눌 수 있는데, '고정급'의 형태는 기본급이나 직책수당과 같이 성질상 매달 고정적으로 지급되는 임금이며, '변동급'은 연장, 야간, 휴일 근로수당과 같이 연장, 야간, 휴일근로를 하는 경우에만 지급되는 임금이라든지, '성과'에 따라 그 액수가 변동하는 '성과급'과 같은 비고정성 임금을 의미합니다.

통상임금'은 이와 같은 임금 중에서, '고정급'적인 성격을 가진 임금만을 가르키는 것입니다. 즉, '통상임금'이란 기본급이나 각종 고정급과 같이 근로자가 평소에 늘상 하는 통상적인 근로(소정근로)에 대한 대가로서 정기적, 계속적으로 그리고 고정적으로 지급되는 임금을 의미합니다.

이와 같이 통상임금을 소정근로(기본근로)에 대하여 고정적으로 지급하는 대가로 한정하는 이유는 통상임금의 기능이 소정근로(기본근로)에 대한 시간당 단가로 작용하기 때문입니다. 즉, 통상임금의 기능은 연장·야간·휴일 근로에 대한 가산임금 등을 산정하는 기준임금, 즉 근로자의 기본근로(소정근로)에 대한 시간당 단가로서 합니다[4].

이를테면, 상시 5인 이상 사업장의 근로자가 연장·야간·휴일근로를 하는 경우에 지급하는 연장·야간·휴일근로가산수당은 '통상임금' 50%를 가산한 임금을 지급합니다.

통상임금으로 산정하는 대표적인 경우는 다음과 같습니다.

▌ 통상임금으로 산정하는 경우

산정사유	지급액	근거
해고예고수당	30일분 이상의 통상임금	근로기준법 제26조
연장·야간·휴일근로수당	통상임금의 50% 이상 가산	근로기준법 제56조
연차유급휴가수당	통상임금 또는 평균임금	근로기준법 제60조

통상임금은 연장근로 등 가산 수당의 기준이 되기 때문에, 개념논리적으로 연장근로 등을 시작할 시점에 그 가산수당을 지급할 기준이 되는 소정근로의 시간당 단가인 통상임금이 사전에 확정되어 있어야 합니다. 즉, 통상임금은 연장근로 등을 시작할 당시에 그 지급 여부나 지급액이 사전에 고정적으로 '확정'되어 있어야 합니다. 따라

---

[4] 이 점에서 통상임금의 기능은 '근로자의 현재의 생활수준'에 가장 근접한 임금수준을 반영한다는 평균임금의 기능과 구별됩니다.

서, 예를 들면, 실제 근무성적에 따라 지급여부나 지급액이 달라지는 성과급과 같은 변동급 임금은 고정성이 없어 통상임금이 될 수 없습니다.

또한, 임금의 지급 여부가 근로자의 업적, 성과 기타 '추가적인 조건'에 따라 달라지게 된다고 평가되는 경우에도 '고정성'을 인정할 수 없습니다. 여기에서 '추가적인 조건'이란 '초과근무를 제공하는 시점에서 그 성취 여부가 불분명한 일체의 조건을 의미합니다. 이를테면, '입사 1년 이상 근속하여 재직하고 있는 근로자에 한하여 지급하는 재직자 조건부 상여금'이라든지, '만근을 해야만 지급하는 만근수당'과 같이 일정한 조건 ('재직자'라는 조건 혹은 '만근'이라는 조건)이 성취되어야 비로소 지급되는 경우에는 '고정성'이 없으므로 통상임금으로 인정될 수 없습니다. 그러나, 이 경우에도 지급액 중 일정 부분은 추가적인 조건성취 여부와 무관하게 모든 근로자에게 지급될 것이 이미 확정되어 있다고 평가될 수 있다면, 그 일정 부분만큼은 고정성이 인정된다는 것이 판례의 태도입니다.

> **❘ 재직자 조건 정기상여금의 통상임금 해당 여부**
>
> 최근에 대법원은 상여금 중에서도 '정기상여금'의 경우에는 설령 재직자 조건이 있더라도 그 성질상 통상임금에 해당한다고 보아야 한다고 판시하였다는 것을 주목할 필요가 있습니다(대법원 2022.11.10.선고 2022다252579 판결)[5]. 왜냐하면, 고정급으로 지급하는 정기상여금(예: 상여금은 기본급의 300%로 한다)은 어디까지나 그 성질상 소정근로의 대가로 보아야 할 것이고, 단지 그 지급 시

---

5) 대법원은 2022.11.10.선고 2022다252579판결에서 최초로 재직자조건이 부가된 정기상여금의 통상임금성을 인정하였습니다. 다만, 본 판례는 서울고법 2022.5.4.선고 2019나2037630 판결의 심리불속행 판결이지만,, 결국 향후에 판시될 전원합의체판례 역시 재직자조건이 부가된 정기상여금의 통상임금성을 인정할 것으로 예상됩니다.

기만 1월 이상(예: 분기별)의 기간을 정하여 지급하는 것에 불과하기 때문입니다. 따라서, 정기상여금이 사전에 그 지급액이 이미 확정(예: 상여금은 기본급의 300%)되어 정기적으로 지급되어 왔다면, 이는 '소정근로의 대가'로 보아야 할 것이므로 근로자가 상여금지급일 이전에 퇴직하는 경우에도 그 기간만큼은 반드시 일할분할하여 지급하여야 하는 것입니다. 즉, 정기상여금은 일할분할하여 지급한다고 취업규칙 등에 명시되어 있는지 여부와 무관하게 근로자가 제공한 소정근로의 대가로 보아야 하므로, 사용자는 퇴사하는 근로자가 이미 제공한 소정근로일수에 비례하여 정기 상여금을 지급하여야 하는 것입니다. 설령 그러한 정기상여금을 재직자에 한하여 지급한다고 취업규칙 등에 정하여져 있다고 하더라도 그러한 취업규칙상의 재직자 지급 조건은 근로자에게 당연히 지급하여야 하는 소정근로의 대가를 지급하지 않겠다는 불법적인 조건에 불과하므로, 이는 강행규정인 근로기준법에 위반되어 무효라고 할 것입니다. 따라서, 이미 퇴사한 근로자라고 하더라도 퇴직할 당시에 재직자 조건으로 인하여 정기 상여금을 일할분할하여 지급받지 못한 경우에는 미지급 정기상여금을 일할분할한 금액을 추가로 지급할 것을 청구할 수 있을 뿐 아니라, 그러한 미지급 정기상여금의 일할분할한 금액을 포함하여 평균임금을 다시 산정하여 퇴직금을 추가로 지급할 것을 청구할 수 있습니다.

 신문기사 따라잡기

> 현대중공업의 통상임금 관련 소송이 11년 만에 마무리됐다. 법원의 강제조정안을 노사 양측이 받아들인 것이다. 상여금 전부가 통상임금으로 인정되면서, 노동자는 그동안 받지 못한 법정수당과 퇴직금을 이자까지 더해 받게 됐다. 특히 이번 판례로 다른 회사들에서도 관련 소송이 이어질 전망이다.(뉴시스 2023.01.12. 유희석 기자)

현대중공업은 12일 6300억원의 통상임금 소송에서 법원의 강제조정 결정에 대한 이의신청을 포기했다. 사실상 조정안을 수용한 것이다. 현대중공업은

"장기간 이어진 통상임금 소송을 조속히 매듭짓고 발전적이고 미래지향적인 노사관계를 기반으로 100년 기업의 초석을 다질 것"이라고 밝혔다.

앞서 부산고등법원은 지난달 28일 현대중공업 노사에 통상임금 소송 조정안을 전달했다. 이 조정안에는 미지급 임금을 지급받을 대상과 금액 산정 방법, 연체 이자율 등의 구체적인 내용이 담겼다. 현대중공업 노조는 조정안을 받은 후 설명회와 대의원 투표를 거쳐 조정안을 수용하기로 했다. 이어 사측도 이의신청을 포기하면서 2012년 시작된 소송이 마침내 마침표를 찍었다.

이 소송의 쟁점은 명절 상여금(100%)의 통상임금 포함 여부다. 상여금을 통상임금에 포함하면 그만큼 수당과 퇴직금도 늘어난다. 1심은 명절 상여금을 포함해 기본급의 800% 상여금 전부를 통상임금으로 인정했지만 2심은 명절 상여금 100%를 제외했다. 하지만 대법원이 다시 노동자 손을 들어주며 부산고법이 조정안으로 중재를 진행했다.

법원 조정안에 따르면 현대중공업은 오는 4월 1일부터 미지급 수당과 퇴직금을 지급한다. 지급 대상은 2009년 12월부터 2018년 5월까지 근무한 전현직 직원 3만8000명이다. 일한 시간이나 기간에 따라 상여금 기준이 달라 개별적으로 받는 금액도 달라진다. 다만 미지급 금액에 연 5% 이자가 붙는다는 점을 고려하면 회사가 부담할 총액은 6300억원을 넘을 것으로 보인다. 1인 평균으로 환산하면 1800만~2000만원 정도가 될 것으로 추산된다. 현대중공업은 2021년 12월 대법 판결 이후 충당금을 적립해와 재무 부담이 크지 않을 전망이다.

노조 관계자는 "지급 금액은 부서와 업무에 따라 모두 다를 것"이라며 "중간에 희망 퇴직한 사람은 퇴직 당시 합의한 부분에 따라 지급받지 못할 수도 있다"고 설명했다. 이어 "개인적으로 이번 조정안을 받아들일 수 없다면 별도 소송을 진행해야 한다"고 덧붙였다.

현대중공업 통상임금 소송은 다른 기업들에게도 큰 영향을 줬다. 상여금을 통상임금에 포함해 수당과 퇴직금을 추가 지급하라는 비슷한 소송이 줄을 잇고 있어서다.

HJ중공업 노동자 266명은 지난해 12월 19일 서울중앙지방법원에 정기상여금 및 제수당을 통상임금에 포함하고, 이에 따라 연장근로수당 및 휴일

근로수당을 재산정해 추가 임금을 지급하라는 소송을 제기했다. 총 지급 금액은 131억원이다.

현대제철도 통상임금 관련 소송을 진행 중이며, 패소하면 3600억원을 추가 지급해야 한다. 금호타이어는 지난해 11월 노동자 5명이 제기한 통상임금 소송에서 패소했고, 노조원 3500여명이 제기한 2000억원대 추가 소송도 진행 중이다. 여기서 패소하면 1400억원의 부담을 떠안게 된다.

세아베스틸, 현대일렉트릭, 현대건설기계 등에서도 통상임금 관련 소송을 진행 중이다. 공공부문에서는 국민연금공단과 한국조폐공사, 한국가스공사, 에스알, 한국전력공사 등이 통상임금 소송을 겪었거나 현재 소송을 하고 있다.

6. 통상임금의 구체적인 구별 방법

(1) 특정시점에 재직 중인 근로자에게만 지급하는 임금

구분	해당 여부	근거
소정근로를 했는지 여부와 관계없이 지급일 기타 특정 시점에 **재직 중인 근로자에게만** 지급하기로 정해져 있는 임금	X	**고정성 부정** → 초과근로를 제공하는 시점에서 보았을 때 당해 근로자가 그 특정 시점에 재직하고 있을지 여부가 불확실함(단, 정기상여금의 경우에는 고정성 인정)
특정 시점에 퇴직하는 경우, 그 근무일수에 따라 달라지는 임금 예 퇴직시 **일할계산**하여 지급하기로 한 임금	O	**고정성 인정** → 특정 시점 전에 퇴직하더라도 **근무일수에 비례하여** 임금이 일할지급되는 한도에서는 고정성이 인정됨

(2) 근무실적에 연동하는 임금

근무실적에 연동하는 임금은 근무실적(성과)평가를 거쳐 지급여부, 지급이 정해지는 임금이므로, 고정성이 탈락하게 됩니다. 다만 예외적으로 최하등급의 경우에도 일정액을 지급하는 경우 즉, 최소한도의 지급이 확정되어 있는 경우에는 그 최소한의 지급부분 만큼은 고정성이 인정됩니다.

구분	해당 여부	근거
근무실적을 평가하여 이를 토대로 지급여부나 지급액이 정해지는 임금 예 S등급 300만원, A등급 200만원, B등급 0원인 경우	X	고정성부정 → B등급을 받을 경우 성과급이 없으므로 고정성이 인정될 여지가 없음
근무실적을 **최하등급을 받더라도 지급받는 그 최소한도의 임금** 예 S등급 300만원, A등급 200만원, B등급 100만원인 경우	△	고정성 인정 → 최소 100만원은 보장되므로 100만원은 통상임금에 해당하고 나머지는 아님

(3) 근무일수에 연동하는 임금

근무일수에 연동되는 임금은 일정근무일수를 충족이라는 추가적 조건성취를 해야 비로소 지급되는 것인 바, 조건의 성취여부는 확정되지 않은 불확실한 조건이므로 고정성이 탈락하여 통상임금성이 부정됩니다. 다만 예외적으로 소정근로를 제공하면 적어도 일정액 이상의 임금이 지급될 것이 확정되어 있는 최소한도의 범위에서는 고정성을 인정합니다.

구분	해당 여부	근거
매 근무일마다 일정액을 지급하기로 한 임금 예 근무일수에 따라 **일할계산**해서 **지급**되는 임금	O	고정성인정 → 근로자가 임의의 날에 소정근로를 제공하기만 하면 그에 대하여 일정액을 지급받을 것이 사전에 확정되어 있음.
일정 근무일수를 채워야만 지급되는 임금 예 월 15일 이상 근무해야만 지급되는 임금	X	고정성 부정 → 소정근로 제공 외에 '일정 근무일의 충족'이라는 추가적 조건을 성취하여야 하므로 연장·야간·휴일 근로를 제공하는 시점에 금액을 확정할 수 없기에 고정성이 부정됨
일정 근무일수에 따라 계산방법 또는 지급액이 달라지는 임금 예 15일 이상 근무자에게만 300,000원을 지급하고, 15일 미만 근무자에 대해서는 1일 10,000원 지급	△	고정성 일부 인정(가능) → 소정근로를 제공하면 적어도 일정액 이상의 임금이 지급될 것이 확정되어 있는 최소한도의 범위에서는 고정성을 인정함. 예 에서는 15일 미만 근무해도 받을 수 있는 최소한 일정액(1일 10,000원)에 한해서는 고정액이 인정됨

(4) 특수한 기술, 경력, 근속기간 등을 조건으로 하는 임금

특수한 기술, 경력, 근속기간 등을 조건으로 지급되는 임금(기술·자격수당, 근속수당 등)과 같이 근로제공시점의 기술, 경력, 근속기간과 같은 기왕에 확정된 사실에 따라 임금을 지급하는 경우에는 고정성이 긍정됩니다.

통상임금의 산정

통상임금은 기본근로(소정근로)의 시간당 단가로서 연장, 야간, 휴일 근로수당 등 각종 수당을 산출하는 기준이 됩니다.(예: 연장 근로수당 등은 통상임금 50%이다)6). 통상임금에는 모든 임금이 포함되는 것은 아니므로, 통상임금을 산정하기 위해서는 ① 임금 중에서도 고정적으로 지급되는 임금만을 따로 빼내어 합한 이른바 '통상임금산정기초임금액'을 먼저 확정한 후에, ② 확정한 '통상임금산정 기초 임금'을 다시 시간급으로 환산하여야 합니다.

1단계. '통상임금산정기초임금액'의 확정

'통상임금산정 기초임금액'이란 통상임금에 해당하는 임금, 즉, 근로자가 소정근로시간에 통상적으로 제공하는 근로인 '소정근로'에 대한 대가로 지급할 것을 약정한 금품으로서 기본급이나 직책수당과 같이 성질상 매달 고정석으로 지급되는 임금이나 각종 수당을 합한 금액을 의미합니다.

(예) 아래 금품에 대한 '통상임금산정기초임금' 포함 여부를 판단하시오.

> ㉠ 기본 상여금 – 기본급의 200%를 12등분하며 매월 지급, 퇴직 시 일할계산해서 지급 / 설·추석 상여금 –기본급의 100%를 지급, 설·추석에 재직 중인 근로자에 한해 지급
> ㉡ 고정연장근로수당 –1일 1시간 분의 연장근로수당을 매월 고정적으로 지급
> ㉢ 교육보조비 –직무와 관련된 교육을 수강한 근로자에게 년 월 최대 10만원을 지급
> ㉣ 개인연금보조금 –월 10만 원씩 개인연금보조금을 지급, 퇴직 시 일할계산해서 보조금 지급
> ㉤ 유류비 –차량소지자에 한 해 월 20만 원 지급
> ㉥ 차량운영보조비 –각 직급별로 월 5만 원~ 20만원씩 고정적으로 지급

㉠ 상여금의 경우 200%를 매월 월할해서 지급하고, 퇴사자에게도 일할계산하여 지급한다면 통상임금에 포함됩니다. 반면에, 설, 추석에 재직하는 근로자에게 한해 지급하는 상여(재직자 조건 상여)의 경우는 포함되지 않습니다.

---

6) 따라서, 연장, 야간, 휴일 근로수당 등을 산출하기 위해서는 그 선행작업으로서 먼저 통상임금을 산정하여야 합니다.

ⓒ 고정 연장근로수당의 경우 소정근로에 대한 대가가 아니므로 고정적으로 지급한다 하더라도 통상임금에 포함되지 않습니다.(연장, 야간, 휴일 근로수당은 모두 소정근로의 대가가 아닙니다.)

ⓒ 교육보조비는 근로의 대가로 지급하는 것이 아니기 때문에 '임금'에 해당하지 않으므로 통상임금에 해당하지 않습니다. 다만 실제 교육여부와 관계 없이(예: 교육을 받지 않더라도 지급) 지급한다면 이는 명칭만 교육보조비일 뿐 실질적으로 근로의 대가로 볼 수 있어 임금에 해당할 수 있고, 이 경우 고정적, 일률적, 정기적으로 지급한다면 통상임금에도 해당할 수 있습니다.

ⓔ 개인연금보조비의 경우도 임금에 해당하며, 퇴사자에게도 일할계산해서 지급한다면 통상임금에 해당할 수 있습니다.

ⓜ 유류비의 경우 차량소지라는 근로조건과 무관한 조건에 따라 그 지급여부가 달라지므로 통상임금에 해당한다고 보기 어렵습니다.

ⓗ 차량운영보조비의 경우 직급별 정액으로 지급하고 일할계산을 하므로 통상임금에 포함됩니다.

2단계. '통상시급(통상임금)'의 산정

1단계에서 확정한 '통상임금산정기초임금액'을 시간급(통상시급)으로 환산하여야 합니다. 통상임금은 소정근로시간에 대한 '시간급'으로 산출하는 것이 원칙이기 때문입니다.

1. 시간급

임금을 '시간급'으로 정한 경우에는 시간급으로 정한 임금 그 자체가 통상시급입니다.

(예) 근로자 시간당 7,000원을 받기로 한 경우

: 시간급 7,000원 그 자체가 통상시급(통상임금)입니다.

2. 일급

임금을 '일급'으로 정한 경우에는 그 일급 금액을 1일 근로시간으로 나눈 금액이 통상시급입니다. 2021년 대법원 판례변경 이전에는 일급 금액을 1

일 소정근로시간으로 나눈 금액이 통상시급이므로, ① 소정근로시간이 법정근로시간인 1일 8시간이내라면 단순히 일당(일급금액)을 소정근로시간으로 나눈 금액이 통상시급이겠지만 (예: 근로자의 소정 근로시간이 1일 8시간, 일당(일급금액)을 100,000원으로 약정한 경우에는 100,000원 ÷ 8 = 12,500원이 통상시급), ② 1일 근로시간이 법정근로시간인 8시간을 초과하는 경우(예: 일 10시간)에는 아래 (예)와 같이 연장근로가산수당 (50%)을 반영하여 통상시급(통상임금)을 구하여야 합니다.

(예) 1일 10시간 근로에 100,000원 받는 일용직 근로자의 경우

1) 통상시급

　10시간 = 소정 근로시간 8시간 + 연장 근로시간 2시간 (50 % 가산 수당 포함, 즉 가산율을 고려하였음) 따라서, 10시간은 8 + 3 (3 = 2 + 1) = 11시간이므로 100,000 ÷ 11 = 9,090원 (통상시급)

2) 통상 일금 (통상시급 x 소정근로시간)

　9,090 x 8시간 = 72,720원 (통상 일급)

그러나 2021년 대법원판례변경 이후에는 다음과 같이 연장근로가산수당가산율(통상임금 50%)을 고려하지 않고 계산합니다.

(예) 1일 10시간 근로에 100,000원 받는 일용직 근로자의 경우

1) 통상시급 : 10,000 ÷ 10 = 10,000원 (통상시급)

2) 통상 일금 (통상시급 x 소정근로시간)

　10,000 x 8시간 = 80,000 (통상 일급)

그 결과 판례 변경전보다 통상임금이 기존의 9,090원에서 10,000원으로 상승하게 되었습니다.

> **통상임금산정기준시간**
>
> 주급 이상 부터는 '통상임금산정기준시간'으로 계산합니다.
> 우리나라에서는 주휴일이 유급휴일입니다. 따라서, 주급 단위 이상의 통상임금을 산정하는 경우 '주휴일', 즉 <u>유급처리되는 휴일을 포함</u>하는 이른바 '통상임금산정기준시간'을 구하여야 합니다.
> 통상임금산정기준시간 = [1주 소정근로시간수 + 주휴수당 산정기준시간 (=1일 소정근로시간)]입니다.
> 즉, '통상임금산정기준시간'은 해당 주의 소정근로시간과 소정근로시간 외에 유급처리되는 시간(예: 주휴수당)을 합산한 시간을 의미합니다.
> 이를테면, 근로자의 1주의 소정근로시간이 40시간인 경우의 통상임금산정 기준시간은 48시간(1주 소정근로시간(40시간) + 주휴수당 산정기준시간'(8시간) = 48시간)입니다.

3. 주급

임금을 주급으로 정한 경우에는 그 주급을 '통상임금산정기준시간수'로 나눈 금액이 통상시급(통상임금)입니다. 이를테면, 근로자의 1주의 소정근로시간이 40시간인 경우의 통상임금산정기준시간은 48시간(1주 소정근로시간(40시간) + 주휴수당 산정기준시간'(8시간) = 48시간)입니다.

(예) 주급을 50만원으로 약정한 경우

50만원을 통상임금산정기준시간수인 48시간으로 나눈 금액을 반올림한 10,417원 (50만원÷48=10,416.666)이 통상시급(통상임금)입니다.

4. 월급

임금을 월급으로 정한 경우에는 그 월급을 '월통상임금산정기준시간수'로 나눈 금액이 통상시급(통상임금)입니다. 이러한 월급 금액에 대한 통상시급은 주급 금액의 통상시급을 산정하는 방식과 마찬가지로 계산합니다. 다만, 이 경우에는 주5일 근무시 토요일을 어떻게 취급하는 지에 따라서 그 결과가 달라집니다. 만일 주40시간 근무제에서 토요일을 '무급'으로 하는 경우의 월급 근로자의 월통상근로시간수는 '209H/월'로 계산하며, 토요일 8시간을 유급인 경우에는 243H/월 (토요일 4시간 유급 : 226H/월)로 계산합니다.

격일제 근무자의 통상임금 산정

(예) 다음과 같이 근로하는 24시간 격일제 근로자가 제수당을 포함한 포괄임금제로 임금(월 300만원)을 수령하는 경우의 시간당 통상임금은?

> 08:00~익일 08:00까지 18시간 근로, 휴게시간 6시간(22:00 이전 4시간, 22:00~06:00 사이 2시간), 1일 연장 10시간, 야간근로 6시간, 휴일근로 2주당 1일(근로시간·휴게·휴일규정의 적용제외인가를 받지 않은 경우)

: 휴게시간을 제외한 1년간의 총근로시간과 연장·야간·휴일근로 가산수당 및 유급처리되는 주휴일 근로시간을 모두 시간단위로 환산하여 시간급 통상임금을 산정합니다.

① 실근로시간 : 1일 18시간 × (365 ÷ 2) = 3,285시간

격일제는 2일 간격이므로 1일 18시간을 365일로 곱한 후 2로 나눕니다.

② 주휴시간 : 8시간 × (365 ÷ 7) = 417시간

주휴일은 7일 간격이므로 1일 소정근로시간(8시간)을 365일로 곱한 후 7로 나눕니다.

③ 연장근로가산수당(시간환산) : 1일 10시간×(365÷2) 0.5 = 912.5시간

야간근로가산수당(시간환산) : 1일 6시간×(365 ÷ 2) 0.5 = 547.5시간

연장근로시간(1일 10시간) 및 야간근로시간(1일 6시간)에 대해서는 50% 가산수당을 추가해야 하므로 '실근로시간' 산정기준 공식에 0.5로 나눈 시간을 추가합니다.

④ 휴일근로가산수당(시간환산): 2주당 18시간×(365÷14)×0.5=234.6시간

휴일근로는(2주당 18시간)에 대해서도 50% 가산수당을 추가해야 하는데, 휴일근로는 2주(14일) 간격이므로 14로 나눕니다.

⑤ 월 통상임금산정기준시간 : 5,396시간 ÷ 12월 = 449시간

①~④를 합한 시간인 5,396시간은 1년동안의 총근로시간이므로 월단위 환산을 위해 12로 나눕니다.

⑥ 결론 : 300만원 ÷ 449시간 ≒ 6,682원(통상시급)

7. '월통상임금산정기준시간'이란 무엇인가?

서구와 달리, 우리나라는 특이하게도 거의 모든 근로자들의 월급은 시급제(Hourly wage)를 기초로 산정하고 있습니다. 심지어 수억대의 연봉을 받는 관리직 근로자나 영업직 근로자의 경우에도 기본적으로 '시급(통상임금)'에 기초하여 임금을 지급하고 있다는 것은 비교법적으로 볼 때 매우 특이한 현상입니다[7]. 그렇다면, '통상임금산정기준시간'이란 무엇일까?

이러한 '월통상임금산정기준시간'이라는 개념이 필요한 이유는 월급근로자의 경우 1월의 역수가 매달 다름에도 불구하고 매달 동일한 금액의 '월급'을 지급하기 위해서입니다. 즉, 월통상임금산정기준시간 x 통상시급 = 기본급(월급)이므로, 월급근로자에게는 매달 월통상임금산정기준시간수에 해당하는 금액을 월급으로 지급하는 것입니다.

▌월소정근로시간 : 1일 8시간 / 1주 40시간

(1) 토요일을 무급처리하는 경우(즉, 토요일 0시간 유급인 경우)의 월통상임금 산정 기준시간 : 209시간
   209시간의 산출 근거 : 주40시간(소정근로시간) + 0시간(토요일 유급 0시간) +8시간(유급 주휴일) × 365일 ÷ 12개월 ≒ 209시간
(2) 토요일 4시간 유급인 경우의 월통상임금 산정 기준시간 : 226시간
(3) 토요일 8시간 유급인 경우의 월통상임금 산정 기준시간 : 243시간

---

[7] 원래 '시급'은 월급근로자가 아닌 일당제 근로자들의 '시급'을 산정하기에 적합한 임금산정방식(시급 × 근로시간 = 일당)인데, 우리나라에서는 일당제 근로자뿐 아니라 월급급로자를 포함하는 거의 모든 근로자들의 임금을 '시급'인 월통상임금산정기준시간으로 임금을 산정하고 있는 것입니다.

만일, 토요일을 무급휴일에서 유급휴일로 변경하면 월통상임금산정기준시간은 209시간에서 226시간이나 243시간으로 높아지므로, 그 결과, 근로자의 통상임금은 그에 비례하여 작아집니다.

▌ 월통상임금산정기준시간과 최저임금 위반 판단

최저임금 위반여부도 월통상임금산정기준시간을 사용하면 매우 간단하게 판단할 수 있습니다. 즉, 근로자의 임금을 월통상임금산정기준시간으로 나눈 시급이 해당 년도의 최저시급보다 낮은 지 여부로 최저임금 위반 여부를 곧바로 판단할 수 있습니다. 이를테면, 월 소정근로시간이 1일 8시간, 1주 40시간인 근로자의 월통상임금산정기주시간은 209시간이므로, 임금을 209로 나눈 시급이 해당년도의 최저임금 미만이라면 최저임금 위반인 것입니다.

(예) 월 소정근로시간이 1일 8시간, 1주 40시간인 근로자의 임금이 220만 원인 경우의 최저임금 위반여부?

2,200,000 ÷ 209 = 10,526원(시급) 인데, 2023년 최저시급은 9,620원 이므로 최저임금 위반이 아닙니다.

이러한 월통상임금산정기준시간은 평균계수(4.345)를 이용하면 간편하게 구할 수 있습니다. 이를테면, 소정 근로시간은 1일 8시간이며 유급휴일(주휴일)이 1일인 경우의 월통상임금산정기준시간은 [40시간 + 8시간 (주휴일)] x 4.345 = 208.56 ≒ 209시간이 됩니다.

▌ 주를 월로 환산한 평균계수의 도출 과정

근로시간은 1주 단위로 산정하지만 임금은 월급으로 지급하기 때문에, 1주 근로시간을 1월 단위로 변환시켜야 합니다. 그런데, 달력상 한 달에 해당하는 일수가 모두 같지 않기 때문에, 주를 월단위로 환산하기 위해서는 일단 '주'를 '년'연단위로 구한 다음, 연단위를 12로 나누어서 월단위로 환산하여 1월의 평균 근로시간수를 구하여야 합니다.

① 1년은 총52.143 주 (365 ÷ 7 = 52.143)

② 52.143 ÷ 12 = 4.345 (주를 월로 환산한 평균계수)

(예) 주 5일(5일 8시간) 근로, 1일은 유급휴일, 1일은 무급휴일 처리

주	월
[8시간×5일] + 8시간 = 48시간	48시간 × 4.345주 ≒ 209시간

(예) 주 5일(5일 8시간) 근로, 토요일 4시간 유급처리, 일요일 유급휴일

주	월
[(8시간×5일)+4시간]+8시간=52시간	52시간 × 4.345주 ≒ 226시간

(예) 주 5일(5일 6시간) 근로하기로 하고 1일은 유급휴일로 처리

주	월
[6시간×5일]+[6시간+5시간=36시간	36시간 × 4.345주 ≒157시간

▍'평균계수(4.345)'를 이용한 임금 테이블의 작성

주를 월로 환산한 평균계수 4.345를 이용하여 임금테이블을 다음과 같이 간편하게 작성할 수 있습니다.

예) 주 40시간, 시간외 근로 10시간, 시급 10,000원인 경우

(i) 제1단계로, '주 40시간'과 '시간외 근로 10시간'을 각각 월통상임금산정기준시간으로 환산합니다. 월통상임금산정기준시간으로 환산하기 위해서는 기본급의 경우에는 주휴일을 포함시키고, 연장근로시간의 경우에는 50%를 할증[8]한 후 각각을 4.345로 곱합니다.

① 주40시간에는 주휴일(8시간)을 포함시킨 후 4.345를 곱합니다 : 40시간

---

[8] 50%할증은 5인 이상의 사업장에서만 적용합니다. 따라서, 5인 미만의 사업장이라면 시간외 근로에서 150%를 곱하지 않습니다.

+ 8시간(주휴일) = 48시간 × 4.345 = 209시간

② 5인 이상 사업장의 경우, 시간외 근로에는 50%의 가산수당을 합하여 4.345로 곱합니다. : 10시간 × 150% × 4.345 = 66시간

(ii) 제2단계로서, 제1단계에서 구한 월통상임금산정기준시간에 시급을 곱하여 기본급과 시간외 근로수당을 구합니다.

① 기본급 : 209시간 × 10,000원 = 209만원

② 시간외 근로 : 66시간 × 10,000원 = 66만원

(iii) 제2단계에서 구한 기본급과 시간외 근로수당을 합하여 다음과 같이 임금테이블을 완성합니다.

월급여	기본급	시간외 근로	월급여
	209시간	10 시간	합계
	2,090,000원	660,000원	2,750,000원

8. '포괄임금제계약'과 '포괄역산형계약'을 구별하자

먼저 '포괄임금제계약'과 '포괄역산형계약'을 구별할 수 있어야 합니다. 위의 '평균계수를 이용한 임금테이블의 작성'에서의 임금테이블은 '시간외 근로'를 포괄하는 포괄역산형계약입니다. 그러나, 포괄임금제계약에서는 위와 같은 임금테이블은 존재할 수 없습니다. 왜냐하면, 포괄임금제계약에서는 위의 임금테이블에서와 같이 '시간외 근로'란 개념논리적으로 존재할 수 없기 때문입니다. 그렇다면, '포괄임금제계약'이란 무엇일까요?

'포괄임금제계약'이란 사업장의 근무형태나 업무의 성질 등의 특수성으로 인하여 '근로시간'을 산정하기가 어려운 사정이 있는 경우에, 사용자는 근로자와의 합의하에 '기본임금'을 별도로 정하지 아니

하고 연장이나 야간 및 휴일근로 수당 등 각종 수당을 모두 포괄적으로 합한 일정액을 '월급' 혹은 '일당'으로 지급하기로 하는 임금지급 형태를 의미합니다. '따라서, 유효한 포괄임금제 계약이 성립한 경우에는 근로자가 연장, 야간, 휴일 근로에 대한 추가 임금을 청구하는 것 자체가 개념상 불가능하다고 보아야 합니다. 왜냐하면, 근로자가 연장, 야간, 휴일 근로에 대한 추가 임금을 청구한다는 의미는 결국 '근로시간'을 구체적으로 산정할 수 있음을 전제로 하는 것인데, 만일 '근로시간'을 구체적으로 산정할 수 있었다면 이는 근로시간을 산정기가 어려운 사정이 있는 경우라 할 수 없을 것이므로, 그러한 경우, 즉, 근로시간을 구체적으로 산정할 수 있는 경우에 체결한 계약은 애초에 포괄임금제 계약이라 할 수 없을 것이기 때문입니다.

위의 '평균계수를 이용한 임금테이블의 작성'에서의 임금테이블을 보게 되면 기본급 외에 '시간외 근로'를 포함하고 있음을 알 수 있습니다. 따라서, 위의 임금테이블은 포괄임금제계약이 아닌 것입니다.

원래적 의미의 포괄임금제 계약이라면 아래와 같은 형식이 될 것입니다.

제O조 [임금]
① 을의 연봉 총액은 금 _____ 원으로 한다. 연봉 총액에는 일체의 수당이 포함된다.
② 월급여액은 연봉금액을 1/12로 균등 분할하여 매월 지급한다.

따라서, 원래적 의미의 포괄임금제가 인정되는 경우는 지극히 제한적입니다. 포괄임금제계약의 대표적인 예는 아래와 같습니다.

(포괄임금제의 예) ① 운전사들의 운행시간이 일정하지 않아 근로시간을 정확하게 파악하기 어려운 시외버스 운전사(대법원 90다카6934 판결), ② 매일의 기상조건에 따라 근로시간이 달라지는 염전회사의 현업원(대법원89 다카15939 판결),③ 1일 24시간 격일로 근무하는 아파트 경비원과 보일러공(대법원 83도1050 판결)과 같은 감시 단속적 근로자,

따라서, 대부분의 사업장에서 사용하는 포괄임금제는 본래적 의미의 포괄임금제, 즉, 사업장의 근무형태나 업무의 성질 등의 특수성에 비추어 '근로시간'을 산정하기가 어려운 사정이 있는 경우에 예외적으로 인정되는 포괄임금제가 아니라, 근로시간을 산정하는 것이 어려운 사정이 없음에도 단지 임금 계산의 편의 등을 위하여 체결하는 이른바 '포괄역산형태'의 포괄임금제입니다.

정상적인 임금의 산정은 먼저 기본급을 정한 후, 매달 실제로 발생하는 시간외 수당(연장, 야간, 휴일근로 수당)을 추가로 합한 금액을 지급하는 것입니다. 그런데, 포괄역산형태의 포괄임금제에서는 이와 반대로, 먼저 연봉 '총액'을 결정한 후 그 총액에 맞추어서 기본급 및 시간외수당(연장, 야간, 휴일근로 수당)을 역산하여 결정한 후, 그것을 다음과 같은 형태로 작성합니다.

제O조 [임금]
1. 을의 연봉 총액은 금   원으로 한다.
2. 월급여액은 연봉금액을 1/12로 균등 분할하여 매월 지급하되 상세내역은 다음과 같다.
3. 기본급 : 원 (209시간)   ② 시간외수당 :   원
(시간외수당: 월 기준 연장 OO시간, 휴일 OO시간, 야간 OO시간)

예 1

예 1과 같이 포괄역산형근로계약을 한 경우에는 위에서 정해진 시간외 수당(연장, 야간, 휴일근로 수당)에 해당하는 시간만큼 근로하는 경우에는 추가 수당을 지급하지 않으며, 실근로시간이 정해진 시간외 근로시간보다 적은 경우라도 전해진 시간외 수당을 그대로 지급해야 합니다. 그러나, 실근로시간이 정해진 시간외 근로시간보다 많은 경우라면 그 초과되는 시간만큼 초과수당을 추가로 지급하여야 합니다. 그런데, 여러분의 근로계약서를 위와 같이 기본급과 각 항목을 특정하는 형식을 취하지 않고 다음과 같은 형태로 정하였다면 그러한 포괄역산형 근로계약은 효력이 없습니다.

제O조 [임금]
① 을의 연봉 총액은 금   원으로 한다. 연봉 총액에는 기본급과 연장근로 등 제수당을 포함한다.
② 월급여액은 연봉금액을 1/12로 균등 분할하여 매월 지급한다.

예 2

즉, 예2와 같이 기본급과 법정수당을 별도로 구분하지 않고 임금(연봉) 총액만을 임금 항목에 기재하는 포괄임금제 계약서를 작성한 경우에는 연장근로 등 제수당을 포함한 금액(연봉) 그 자체가 통상임금이 됩니다. 따라서, '연장근로 등 제수당을 포함한다'는 근로계약서의 문언은 아무런 효력이 없으므로, 근로자는 근로계약서상의 금액(연봉)금액을 기준으로 통상임금을 산정한 후 추가로 연장근로 등 제수당을 청구할 수 있습니다.

원래 근로계약서를 작성할 때에는 '소정근로시간'만을 명시하는 것이지, 연장·야간·휴일 근로시간까지 명시해야하는 것은 아닙니다. 연장·야간·휴일 근로시간은 원칙적으로 소정근로시간과 같이 사전에 고정적으로 결정하는 성격의 근로시간이 아니기 때문입니다. 그런데, 실무에서는 소정근로시간 외에 고정적인 연장·야간·휴일 근로시간을 이른바 'OT(Overtime)'라는 명칭으로 근로계약서에 포함시키고 있습니다. 이러한 변형된 형태의 근로계약인 포괄역산형 근로계약은 상당히 문제가 많기 때문에, 최근 고용노동부에서는 이른바 '포괄임금형태의 근로계약'에 대하여는 대대적으로 단속할 예정이라고 합니다.

 신문기사 따라잡기

> 알쏭달쏭 '사무직 포괄임금'. 초과근로수당 지급 소홀했다간 낭패.(매일경제 2023 01. 06.)

한게임 회사가 포괄임금제를 운영하고 있는데, 초과근로수당을 지급하지 않아 노동청에 임금 체불 진정을 당했다고 찾아왔다. 최고의 IT 회사지만, 늘 신제품을 개발하고 테스트하고 제품 출시 후에도 출시한 게임이 이용자 불편 없이 잘 돌아가도록 개발자들은 밤낮 없이 일한다. 이 때문에 회사는 포괄임금제를 도입했다. 포괄임금제는 연장·야간·휴일근로 등 초과근무수당 일체를 월급에 포함하는 임금 지급 방식이다. 현행 노동법에 명시돼 있는 제도는 아니지만, 법원 판례에 따라 활용되고 있고, 실제 많은 회사가 포괄임금제를 운영 중이다.

정부, 포괄임금제 오남용 근절 대책 마련
포괄임금제는 원래 근로시간 산정이 어려운 경우나 업무 특성상 야간 또는 연장근로가 당연히 예정된 업무에서 주로 활용된다. 가령 외근이 잦은 기자, 노선버스 업종, 간헐적으로 업무를 수행하는 경비 업종 등을 떠올려 볼 수 있겠다. 그런데 임금 산정이 편하다 보니 실제 일한 시간에 상관없이 포괄해 임금을 정하고 추가수당을 따로 지급하지 않아, 포괄임금제 때문에 '공짜 노동'이라는 말도 나온다.

워낙 엄격한 요건 아래 인정됐던 포괄임금제라, 판례상으로 유효성을 인정받기 쉽지 않다.

우선 포괄임금제가 가능하기 위해서는 근로시간 산정이 어려운 업무여야 한다. 이런 회사들은 포괄임금 계약을 통해 실제 일한 시간과 무관하게 일정액의 임금을 지급하는 계약을 해 정해진 임금만 지급할 수 있다. 문제는 근로시간 산정이 어렵지 않음에도 포괄임금제를 체결한 경우다. 위 게임 회사처럼 직원 출퇴근 관리가 상대적으로 명확하게 이뤄지는 사무직군의 경우, 심지어 근로시간 관리가 가장 용이한 생산직군의 경우에는 포괄임금 방식을 적용할 수 없다.

그럼에도 많은 회사가 포괄임금제를 도입하고 있는데, 이때 고려해볼 수 있는 제도가 '고정 OT(Over Time) 제도'다. 근로기준법상 기본근로시간은 주 40시간, 초과근로시간은 주 12시간을 초과할 수 없다. 따라서 12시간 분에 한해 초과근로수당을 계산한 후 이를 기본급에 포함해 전체 임금을 정하는 방법이다. 물론, 회사 사정에 따라 매주 10시간을 고정 OT 수당으로 지급할 수도 있다. 그러나 이 경우에는 만일 직원이 어느 주에 12시간을 근무했을 경우 미지급된 2시간 분에 해당하는 초과수당은 지급해야 한다. 그렇지 않으면 임금 체불이 된다.

실제 자문을 의뢰한 게임 회사의 경우 직원 출퇴근 시간 자체를 체크하지 않았다. 아마 많은 스타트업, 게임 회사, IT 회사도 비슷할 것이다. 초과수당 문제는 근로시간 관리와 맞닿아 있다. 근로시간을 체크하지 않으니 초과 시간을 알 수 없고, 그래서 초과수당을 산정할 수 없어 아예 처음부터 통으로 임금을 정한 것이다. 그런데 근로시간을 아예 체크하지 않는다는 것이 체크가 불가능함을 의미하지는 않는다. 따라서 만일 포괄해 지급한 액수가 기본급에 실제 초과근로시간을 반영한 수당보다 적을 경우에는 임금 체불 문제가 생기게 되는 것이다.

회사는 선택을 해야 한다. 근로시간을 관리하면서 기본급과 초과수당을 법에 따라 지급하는 전통적인 방식으로 갈 것인지, 아니면 직원 출퇴근 시간

> 을 자유롭게 두면서 대신 법에서 정한 초과 시간에 대해서는 모두 법정수당을 임금에 넣는 방식(주 12시간의 고정 OT 수당의 지급)으로 갈 것인지. 새해에 정부가 포괄임금제 오남용 근절을 위한 종합 대책도 발표한다고 한다. 미리미리 법 위반은 없는지 점검해야 할 때다.

9. 연봉제 계약이란 무엇인가?

'연봉제'란 개인의 능력, 실적 등을 평가하여 이를 일정 기간 단위(보통은 1년 단위)로 임금액을 결정하는 '실적' 중심의 임금지급 형태를 말합니다. '연봉제'는 근로자의 '성과'를 객관적인 지표로 환산하여 임금을 결정하는 성과주의 임금제도라는 점에서, '근로자의 임금 = 근로의 시간당 단가 × 근로시간'이라는 통상임금(시간급)에 기반한 전통적인 임금결정체제와 본질적으로 구별됩니다.

연봉계약을 체결하는 계약 당사자 사이에는 향후 근로자의 성과를 객관적인 지표로 환산하여 매년 연봉을 결정하겠다는 의사가 포함된 것으로 보아야 하므로, 연봉제 임금 체제하에서의 '연봉'은 근로자의 성과내지 실적에 따라서 높아질 수도 있을 뿐 아니라, 반대로 낮아질 수도 있는 것입니다. 이러한 연봉제는 종래의 임금 제도와 달리 임금의 결정기준에 있어서 '근로시간'이라는 요소가 중심적인 역할을 하지 않기 때문에, 실무에서는 재량간주근로시간제 등과 결합되어 활용되기도 합니다.

▌근로계약과 연봉계약의 구별

'근로계약'과 '연봉계약'은 서로 다른 개념입니다. 연봉계약은 근로계약의 내용 중에서 '임금(연봉)'에 대한 근로조건만을 매년 새롭게 합의하는 것이므로,

> 연봉계약은 근로계약과 별도의 부속계약의 하나로 체결되는 것이 일반적입니다. 이러한 연봉계약은 임금 지급에 관한 문제일 뿐 근로계약의 기간과는 전혀 무관한 문제이므로, 이를테면, 기간의 정함이 없는 근로계약을 체결한 근로자에 대해 연봉제를 이유로 1년 단위의 기간의 정함이 있는 근로계약으로 변경할 것을 요구하는 것은 허용되지 않습니다. 다만, 기간제 근로자의 경우에는 통상 1년 단위로 근로계약을 체결하므로 근로계약서와 연봉계약서가 사실상 동일한 기능을 하는 경우도 있을 것입니다.

우리나라의 전통적인 임금 형태는 호봉제였지만 IMF 외환 위기를 계기로 1990년대 후반부터 성과 연봉제를 도입하는 기업이 증가했습니다. 그런데, 연봉제를 도입하기는 했지만 아직 직무분석조차 제대로 되어 있지 않은 상태에서 기업들이 성급하게 연봉제를 도입하다 보니, 본래적 의미의 연봉제, 즉, 전년도의 실적을 평가하여 연봉을 결정하는 것이 아니라, 호봉제와 유사하게 실적 평가와 무관하게 연봉이 자동 인상되는 변형된 형태의 연봉제로 운영되기도 합니다.

연봉제의 임금의 결정기준에 있어서 '근로시간'이라는 요소는 중심적인 역할을 하지 않을 뿐 아니라, 연봉제하에서의 연봉은 지난해의 능력, 실적 등을 종합적으로 평가하여 결정된 것이므로, 당해년도의 결근, 지각, 조퇴 등의 근태자는 다음 해의 연봉결정을 위한 기초자료가 될 수는 있을 지언정, 당해년도의 결근, 지각, 조퇴에 비례하여 임금을 삭감하는 것은 연봉제의 본질에 비추어 볼 때 허용되지 않는다고 보아야 할 것입니다. 그런데, 우리나라에서는 연봉제 계약을 체결한 경우에도 여전히 결근, 지각, 조퇴에 비례하여 임금을 삭감하는 경우가 있다는 점에서도 우리나라의 연봉제가 원래적 의미의 연봉제와 차이가 있습니다.

> ▎**새로운 연봉계약이 체결되지 않는 경우**
>
> 연봉제는 성과를 객관적인 지표로 환산하여 연봉을 결정하는 성과주의 임금제도이므로, 인사고과의 객관성과 공정성이 전제되는 한, 연봉의 결정권한은 원칙적으로 사용자에게 있다고 보아야 합니다. 다만, 사용자는 공정한 인사고과 및 성과평가를 통하여 근로자의 연봉을 공정하게 결정해야 할 신의칙상 의무를 부담하고 있으므로, 만일 회사의 연봉 결정이 부당하거나 불공정한 사유가 있는 경우라면 근로자는 사용자의 연봉결정에 이의를 제기할 수 있다고 보아야 할 것입니다. 그렇다면, 근로자가 연봉결정에 이의를 제기하여 결국 연봉에 대한 협상이 이루어지지 않은 상태에서 연봉기간이 종료하는 경우에는 어떻게 되는 것일까? 이 경우에는 기존의 계약과 동일한 조건으로 연봉계약이 묵시적 갱신이 된다고 해석됩니다. 이와 같이 묵시적 갱신이 이루어진 경우에 당사자는 근로기간의 약정이 없는 때와 마찬가지로 언제든지 계약 해지의 통고를 할 수 있습니다. 즉, 묵시로 갱신된 경우에는 상대방이 해지의 통고를 받은 날로부터 1월 혹은 1임금지급기일이 경과하면 그 해지의 효력이 발생합니다(민법 제662조 제2항, 제3항) 다만, 이러한 민법의 규정은 근로자에게만 적용되는 것이므로, 오로지 근로자만 1개월 혹은 1임금지급기일전에 사용자에게 해지 통고함으로써 근로계약을 자유롭게 해지할 수 있는 것이고, 사용자가 근로계약을 해지하기 위해서는 근로기준법 제23조 제1항의 '정당한 이유'가 필요합니다 (제8장 근로계약의 종료의 '계약기간의 만료' 참조).

10. 최저임금제도란 무엇인가?

'최저임금제도'는 근로자들의 임금의 최저수준을 보장하기 위하여 국가가 임금결정에 직접 개입하여 근로자의 임금의 최저수준을 정하고 사용자에게 그 지급을 강제하는 제도입니다. 우리나라에서는 최저임금을 매년 8월 5일까지 최저임금위원회에서 의결된 안에 따라 최저임금을 '시급'으로 결정하여(2023년의 최저시급 9,620원) 다음 해

1월1일부터 12월 31일 까지 1인 이상 모든 사업장에 적용합니다. 최저임금법은 강행규정이므로 최저임금에 위반한 당사자의 근로계약은 그 위반된 부분에 한하여 무효가 되며, 그 무효가 된 부분은 매년 1월 1일 변동되는 최저임금으로 대체됩니다. 그 결과, 최저임금으로 임금을 정한 사업장의 경우에는 당사자의 의사와 무관하게 근로계약의 내용이 매년 최저임금에 따라 자동적으로 인상될 것입니다.

▌**최저임금법의 적용을 받는 근로자**

최저임금법의 적용을 받는 사업장의 근로자는 근로기준법이 적용되는 '근로기준법상 근로자'를 의미합니다. 따라서, 최저임금법은 근로기준법의 적용을 받지 않는 ①동거의 친족만을 사용하는 사업, ② 가사사용인, ③ 선원법의 적용을 받는 선원 및 선원을 사용하는 선박 소유자, ④ 정신지체 장애로 노동부 인가 받은 경우를 제외하고, 상용, 일용직, 임시직, 불법체류 외국인 근로자 등 고용형태나 국적 등에 관계 없이 근로기준법상 근로자를 1인 이상 사용하는 모든 사업(사업장)에 적용됩니다.

한편, 도급으로 사업을 행하는 경우 수급인이 도급인의 책임 있는 사유로 근로자에게 최저임금액에 미달하는 임금을 지급한 때에는 도급인은 해당 수급인과 연대하여 책임을 진다(최저임금법 제6조 제7항). 책임 있는 사유의 범위는 ① 도급인이 도급계약의 체결 당시 인건비 단가를 최저임금액에 미치지 못하는 금액으로 결정하는 행위, ② 도급인이 도급계약 기간 중 인건비 단가를 최저임금액에 미치지 못하는 금액으로 결정하는 행위이다. 두 차례 이상의 도급으로 사업을 행하는 경우에는 수급인을 하수급인으로 보고, 도급인은 직상수급인(하수급인에게 직접 하도급을 준 수급인)으로 봅니다.

신문기사 따라잡기

> 서기호 "헌재, '최저임금제' 위반… 스스로 법치 무너뜨려". (서울경제 2014. 07. 07. 지민구 기자)

헌법재판소가 지난해 12월 청사의 청소용역 도급계약을 체결하면서 최저임금법을 위반해 노동자들이 매달 38만원 이상의 임금을 받지 못했다는 의혹이 제기됐다.

국회 법제사법위원회 소속 서기호 정의당 의원은 7일 보도자료를 통해 "헌재가 지난해 11월 20일 조달청에 '2014~2018년도 청소용역 계약'을 의뢰하면서 평일뿐만 아니라 토요일에도 근무하도록 조건을 정했지만 주말 근로수당을 예산에 반영하지 않았다"며 "인건비 단가 역시 2014년도 최저임금(5,210원) 대신 2013년도 최저임금(4,860원)을 적용했다"고 밝혔다.

서 의원에 따르면 이 같은 계약서를 검토한 조달청은 헌재에 공문을 보내 청소용역 노동자에 대한 임금 보장을 위해 예산증액을 요청했다. 그러나 헌재는 기본급을 인상하지 않고 서류상의 근로시간을 평일 8시간에서 6시간으로 줄이는 등의 편법으로 용역을 공고했다고 서 의원은 주장했다. 아울러 그 과정에서 청소용역 노동자의 상여금이 100%에서 50%로 삭감되고 복리후생비에 포함됐던 건강진단비(1인 2만원) 항목이 삭제됐다는 의혹도 불거졌다. 서 의원은 "최저임금은 헌법 제32조에 적시돼 있는 내용인데, 국민의 기본권을 보호하기 위한 '최후의 보루'인 헌재가 헌법을 지키지 않는다는 것은 법치가 무너지는 것과 같다"며 "헌재는 체불 임금을 즉각 지불하고, 고용노동부 장관은 정확한 실태를 조사한 뒤 책임자를 법에 따라 처벌해야 한다"고 주장했다.

이정미 정의당 대변인 역시 이와 관련해 "헌재가 헌법에 명시된 노동권을 지키지 않는데 어떻게 국민들이 신뢰할 수 있겠느냐"며 "다시는 이런 사태가 발생하지 않도록 제대로 된 대책을 내놓아야 한다"고 강조했다.

▌최저임금의 감액 대상 근로자 (수습 근로자)

수습근로자의 경우에는 예외적으로 최저임금의 10프로의 감액이 가능합니다. 그러나 모든 수습근로자가 최저임금의 10프로의 감액이 가능한 것이 아니라, ① 적어도 1년 이상의 근로계약을 정한 경우로서 ② 기간은 최대 3개월까지만 ③ 감액도 최저임금의 10프로까지만 허용됩니다. 따라서 1년이하의 근로계약을 체결한 경우에는 수습근로자라 하더라도 최저임금 이하의 임금을 줄 수 없으며, 1년 이상의 근로계약을 체결한 근로자라 하더라도 최대 3개월까지만, 그리고 최소한 최저임금의 90프로 이상을 주어야 합니다. 그러나, 단순노무직종 근로자 (예: 택배원, 음식배달원, 청소, 경비원, 패스트푸드원, 주유원, 주차관리원 등)는 수습 근로자라고 할지라도 최저임금의 감액 없이 최저시급의 100%를 지급해야 합니다.

최저임금 계산 및 최저임금위반 판단

최저임금액은 시간급으로 표시하는 것이 원칙입니다. 따라서 일. 주 또는 월을 단위로 하여 최저임금액을 정하는 때는 이를 '시간급'으로도 표시해야 합니다.

1. 월급 근로자의 최저임금 계산[9]

1일 8시간, 1주 40시간 근무제가 일반적이므로, 1주 40 시간 근무의 경우에는 간편하게 다음과 같이 최저임금에 209시간을 곱하여 구하면 됩니다.

(예) 2019년의 최저임금(시급)이 '8,350원'이라면 최저임금

8,350원 × 209 시간 = 1,745,150원

따라서, 1일 8시간 1주 40시간만을 근로하는 통상적인 근로자의 월급이 1,745,150원 이상인지의 여부로 최저임금 위반은 쉽게 판단할 수 있습니다.

-1일 8시간, 1주 40시간 외의 비정형적인 월급근로자의 최저임금은 다음과 같이 계산합니다.

(예) 1일 7시간, 1주 5일 근로하는 근로자의 최저 월급 (2019년 최저시급 8,350원)

---

[9] 최저임금 계산은 소정근로시간이 아닌 주휴일을 포함하는 통상임금산정기준시간을 기준으로 최저임금 위반 여부를 검토합니다.

① 먼저 1주 총근로시간을 먼저 구합니다. 7 × 5 =35시간

② 여기에 최저임금(8,350)과 4.34를 곱합니다.

35시간 × 6,030원 × 4.34 = 1,268,365원

③ 여기에 주휴일(4주)의 주휴수당 (7시간× 6,030원×4.34=183,192원[10])을 더하면 1,268,365원+183,192원 = 1,451,557원이 최저임금입니다.

2. 임금형태별 최저임금 위반 검토 방법

(1) 시간급의 경우

임금이 시간급인 경우에는 시간급 최저임금과 직접 비교합니다.

(예) 시간당 6,100원을 받기로 하고 1일 5시간 근무에 30,500원 지급

(시간급 최저임금액이 6,030원인 경우)

시간당 임금산정 30,500원 ÷ 5시간 = 6,100원): 최저임금 위반 아님.

(예) 시간당 6,100원을 받기로 하고 1일 9시간 근무에 54,900원을 받은 경우(시간급 최저임금액이 6,030원인 경우)

시간당 임금산정 : 54,900원 ÷ (9시간) = 6,066원[11]) 최저임금 위반이므로 (6,066원 × 9.5시간)-기지급된 임금 54,900원 = 2,727원 추가 지급

(2) 일급인 경우

일 단위로 정해진 임금은 그 금액을 1일의 소정근로시간 수(소정근로시간을 정하지 않은 경우에는 법정기준근로시간)로 나눈 금액, 1일의 소정근로시간이 정해져 있으나 날자마다 소정근로시간 수가 다른 경우에는 1주간의 1일 평균 소정근로시간 수로 나눈 금액을 시간급 최저임금과 비교합니다.

(예) 1일의 임금이 55,000원인 근로자로서 1일 근로시간이 9시간인 경우

(시간급 최저임금액이 6,030원일경우)

시간당 임금산정 55,000원 ÷ (8시간 + 연장 1시간 × 1.5) = 5,789원 (최

---

10) 주휴수당의 계산결과는 '183,191.4'이지만 반올림하여 183,192로 계산한다.
11) 2021년 통상임금산출에 대한 판례변경전에는 연장근로 가산률 1.5를 곱하여 산출: 54,900원 ÷ (8시간 + 연장 1시간 × 1.5) = 5,779원)

저임금 위반)

(3) 주급인 경우

임금이 주급(유급 처리된 임금을 포함한 금액)인 경우에는 그 금액을 1주의 소정근로시간수(유급처리된 시간을 합산한 시간 또는 법정근로시간에 유급 처리된 시간을 합산시간)로 나눈 금액, 주에 따라 소정근로시간수가 다른 경우에는 4주간의 1주 평균 소정근로시간 수로 나눈 금액을 시간급 최저임금과 비교합니다.

(예) 1주의 임금이 300,000원인 근로자로서 주의 소정근로시간이 1주째는 35시간(5일 × 7시간), 2주째는 42시간(6일 × 7시간), 3주째는 35시간(5일 X 7시간), 4주째는 42시간(6일 x 7시간) 인 경우(시간급최저임금액이 6,030원일 경우)

시간당 임금산정 300,000원 ÷ [(35 + 42 + 35 + 42) ÷ 4주 + 유급주휴 7시간6,593원 (최저임금 위반 아님)

(4) 월급인 경우

1) 월급에서 '최저임금의 적용을 위한 임금에 산입하지 않는 임금'을 제외한 임금을 1개월의 소정근로시간수(유급 처리된 시간을 합산한 시간), 월에 따라 소정근로시간수가 다른 경우에는 1년간의 1개월 평균 소정근로시간수로 나눈 금액을 시간급 최저임금과 비교합니다.

2) 1년간의 1월 평균 소정근로시간의 산정은 다음 방법 중 하나를 이용한다.

① 1년간의 매월 소정근로시간수를 모두 합하여 12로 나누어 산정

② (주당 소정근로시간수 + 유급 주휴시간) x 52주 + (1일 소정근로시간)을 12로 나누어 산정

(예 1) 상시 근로자 5명 이상 사업장 : 소정근로시간이 1주 40시간(월~금요일 8시간)인 근로자가 최저임금에 산입되지 않는 임금을 제외하고 125만원의 월급을 받은 경우(시간급 최저임금액이 6,030원일 경우)

:최저임금 산정을 위한 소정근로시간 수: (주 40시간 + 유급주휴 8시간) X (365 ÷ 7) ÷ 12월= 209시간 : (시간당 임금산정) 125만원 ÷ 209시간 = 5,981 원(최저임금 위반)

(예 2) 상시 근로자 4명 이하 사업장 : 소정근로시간이 1주 44시간(월~금요일

8시간, 토요일 4시간)인 근로자가 최저임금에 산입되지 않는 임금을 제외한 135만원의 월급을 받은 경우(시간급 최저임금액이 6,030원일 경우)

: 최저임금 산정을 위한 소정근로시간 수: (주 44시간 + 유급주휴 8시간) × (365 ÷ 7) ÷ 12월 = 226시간(상시 근로자 4명 이하 사업장은 연장근로 가산임금이 적용되지 않음)

시간당 임금산정: 135만원 ÷ 226시간 = 5,973원 (최저임금 위반)

11. 임금삭감의 제한

'임금삭감'이란 근로자에게 책임이 있는 어떤 사유를 원인으로 하여 근로자의 임금을 '감액'하는 것을 의미하는데, 그 대표적인 예가 징계로서의 '감봉'입니다. 그런데 감봉의 경우에도 사용자가 마음대로 제한 없이 근로자의 임금을 삭감할 수 있는 것이 아니라 근로기준법 제95조에 따른 제한을 받습니다.

> **근로기준법 제95조 (제재규정의 제한)**
> 취업규칙에서 근로자에 대해서 감급의 제재를 정할 경우에 그 감액은 1회의 금액이 평균임금의 1일분의 2분의 1을, 총액이 1임금지급기의 임금총액의 10분의 1을 초과하지 못한다.

따라서 어떤 사유로 사용자가 근로자에게 감봉 처분을 하는 경우에는 그 감봉된 임금의 액수가 평균임금인 일당의 50%를 넘지 못하며, 그 감봉 총액이 1 임금 지급기의 평균 임금 총액의 10분의 1을 넘어서는 안되는 것입니다. 여기에서 '1임금지급기'란 사용자와 근로자가 약정한 임급지급기를 의미하므로, 예를 들면 주급의 경우에는 1주, 월급의 경우에는 1월이 될 것입니다.

▎ 감급 제한의 구체적인 예

1일 평균임금이 100,000원이고 1임금지급기가 월급형태이며, 월평균임금이 3,000,000원인 근로자의 경우에 감급이 감봉 3개월에 해당한다면, 감급 1회의 감액은 100,000원의 반액인 50,000원을 초과하지 않는 범위에서 3개월 동안 감액하되, 3개월간의 감급 총액은 1임금지급기의 임금총액의 10분의 1인 300,000원을 초과해서는 안됩니다. 따라서 3개월간의 감급 총액 150,000원은 임금 총액의 10분의1인 300,000원을 초과하지 않으므로 유효합니다. 그러므로 감급은 최대한 6월까지만 가능합니다. 왜냐하면 6개월간의 감급의 총액 (50,000월 X 6월) 인 300,000원이 1임급지급기의 임금총액의 10분의 1인 300,000원을 초과하지 않는 감급액의 최대치이기 때문입니다. 결과적으로 6개월분 이상을 감급할 수 없는 것입니다. 다만, 이러한 제한은 1회 위반 사항에 대한 것이므로 위반사항이 1회 이상이 있다면 그 위반 회수만큼 중복하여 감급이 가능합니다.

위의 근로기준법의 규정을 위반하는 경우에는 임금체불의 경우보다 약한 500만원 이하의 벌금형이 적용됩니다. 반면에 임금체불의 경우에는 반의사불벌죄가 적용되지만 감급의 제재의 경우에는 그렇지 않으므로, 임금체불과 달리 근로자가 원하든 원하지 않든 무조건 사용자가 처벌된다는 것도 알아 두어야 할 것입니다. 그리고 이 규정은 강행규정이므로, 이에 위반되어 임금을 감액하는 경우에는 그 위반된 부분만큼 무효이므로, 그 차액에 해당하는 만큼의 '임금체불'이 발생할 수 있습니다.

제6장 임금체불 구제

1. 임금체불과 임금체불죄란 무엇인가?

일반적으로 '임금체불'이란 사용자가 근로자에게 임금을 이미 지급하였어야 함에도 불구하고 아직 지급하지 못하고 있는 상태를 의미합니다.

이러한 '임금체불'은 다음과 같은 경우에 발생합니다.

> **┃ 임금체불의 발생 시기**
>
> ① 현재 재직중인 근로자의 경우
>
> 임금이 지급하기로 되어 있는 기일 (예: 월급날)로 부터 단 하루라도 임금 지급이 지체되면 '임금 체불'이 발생하고, 임금체불이 발생한 다음 날부터 민사 지연이자 (5% 혹은 6%)가 가산됩니다.
>
> ② 근로자가 사망 혹은 퇴직한 경우
>
> 사망 혹은 퇴직과 같은 사유가 발생한 날로부터 14일 이내에 임금, 보상금 기타 일체의 금품을 청산해 주어야 하므로, 이 14일째 되는 날까지 임금 전액 지급하지 않으면 '임금체불'이 성립하고, 임금체불이 성립된 다음 날부터 임금과 퇴직금의 경우에는 연 20%의 지연이자가 가산됩니다.

그리고, '임금체불죄'라 함은 근로기준법 제43조 위반(임금지급의무 위반:재직근로자의 경우) 및 제36조 위반(금품청산의무 위반:근로자의 사망 또는 퇴직의 경우)을 통칭하는 것입니다.

> 근로기준법 제43조(임금 지급) ① 임금은 통화(通貨)로 직접 근로자에게 그 전액을 지급하여야 한다. 다만, 법령 또는 단체협약에 특별한 규정이 있는 경우에는 임금의 일부를 공제하거나 통화 이외의 것으로 지급할 수 있습니다.
> ② **임금은 매월 1회 이상 일정한 날짜를 정하여 지급하여야 한다.** 다만, 임시로 지급하는 임금, 수당, 그 밖에 이에 준하는 것 또는 대통령령으로 정하는 임금에 대하여는 그러하지 아니하다.

> 제36조(금품 청산) 사용자는 근로자가 사망 또는 퇴직한 경우에는 그 지급 사유가 발생한 때부터 14일 이내에 임금, 보상금, 그 밖의 모든 금품을 지급하여야 한다. 다만, 특별한 사정이 있을 경우에는 당사자 사이의 합의에 의하여 기일을 연장할 수 있다.

근로기준법 제43조 및 제36조를 위반하는 자, 즉, 임금체불죄를 범하는 사용자에게 3년이하의 징역 또는 2천만원 이하의 벌금에 해당하는 형벌이 부과됩니다(근로기준법 제109조 제1항). 그런데, 이러한 '임금체불'도 본질적으로는 '채권자'와 '채무자'라는 민사법 관계 당사자간의 '민사분쟁'의 하나입니다.

▌민사법과 민사분쟁의 의미

'민사'란 개인(民)들 사이의 '권리와 의무에 관한 일사)'을 의미하므로 '민사분쟁' 이란 개인들 사이의 권리의무관계에 관한 분쟁, 즉 어떤 권리가 있는 '채권자'와 어떤 의무가 있는 '채무자'의 '권리의무관계'에 관한 다툼을 일컫는 것입니다. 여기에서 '권리의무관계에 관한 다툼'이란 분쟁의 당사자 중에서 누가 정당한 권리자이며 의무자인가를 확정하는 것을 의미합니다. 이러한 '민사분쟁'이 발생하는 경우에는 설사 정당한 권리자(채권자)라 하더라도 의무자(채무자)에 대하여 자신의 권리를 마음대로 행사할 수 있는 것이 아니라 법에서 정한 민사소송 절차에 따라서 국가 공권력의 힘을 빌어 채무자로에 대하여 자신의 권리를 행사할 수 있는 것입니다.

'민사분쟁'으로서의 '임금체불'에서 '채권자'는 임금을 받을 권리가 있는 '근로자'이며 '채무자'는 임금을 지불할 의무가 있는 '사용자'입니다. 그런데 민사법에 따라 '민사소송'을 제기하는 것은 비용과 시간이 많이 들 뿐 아니라 대단히 번거로운 일이기 때문에 근로기준법은 근로자의 효과적인 권리구제를 위하여 '임금체불'을 '범죄'의 하나로 규정하게 된 것입니다.

여러분의 집에 도난이 발생하면 경찰서에 '도난 신고'하면 사법경찰인 수사관이 이를 조사하여 범죄자를 벌하는 것과 마찬가지로, 근로자가 임금체불 신고를 하면 행정경찰인 고용노동부의 근로감독관은 임금체불 사실을 조사한 후 '임금체불죄'가 성립되면 사건을 검사에게 송치하여 사용자에게 벌금형이나 징역형 처분을 내립니다. 따라서, 사용자는 임금체불이 얼마나 무서운 것인 줄을 아는 반면에, 정작 임금을 받지 못하여 억울한 근로자는 이러한 사실, 즉 임금이 체불된 경우에는 국가가 적극적으로 근로자를 보호해 주고 있다는 사실 조차 모르는 경우가 있습니다.

이러한 '임금체불죄'는 '반의사불벌죄'입니다. '반의사불벌죄'란 피해자(근로자)가 가해자(사용자)에 대한 형사처벌을 원하지 않는 경우에는 범죄자인 가해자(사용자)를 처벌하지 못하는 범죄를 의미합니다. 이러한 반의사불벌죄는 대단히 예외적인 범죄 유형에 해당합니다. 왜냐하면 범죄자를 처벌하는 것은 국가 형벌권의 고유한 영역이기 때문에 일반 사인에 불과한 개인(근로자)이 이러한 국가 형벌권의 행사를 좌지우지하는 것은 원칙적으로 허용되지 않기 때문입니다. 결국, 임금체불죄를 반의사불법죄로 규정한 것은 국가의 형벌권을 근로자에게 위임한 셈입니다.

근로기준법이 임금체불로 인한 범죄를 반의사불벌죄로 정한 취지는 근로자의 임금을 적극적으로 보장함으로써 사회적 약자인 근로자를 보호하고자 함에 있습니다. 따라서 근로자는 국가로부터 부여받은 이러한 권한을 최대한 활용해야 할 것입니다. 반면에 사용자의 입장에서는 자신을 형사 처벌할 지의 여부는 오로지 근로자의 마음에 달려 있으므로 자신이 형사 처벌을 받지 않기 위해서는 어떻게 해서든 근로자와 원만하게 합의해야 할 것입니다.

▌반의사 불벌죄의 특징

'반의사불벌죄'의 경우에는 고소인(근로자)의 (사용자에 대한) 고소의 취소는 제1심판결 선고 전까지만 가능합니다. 따라서 제1심 판결 선고 후인 항소심에서 고소를 취소하더라도 이는 법적으로 아무런 효력이 없습니다. 왜냐하면 반의사불벌죄는 국가 형벌권의 행사를 고소인이라는 개인이 마음대로 좌지우지할 수 있도록 허용한 매우 예외적인 범죄 유형이기 때문에 고소인이 고소를 취소할 수 있는 시기를 제1심 판결 선고 전까지로 제한하고 있는 것기 때문입니다. 또한 근로자가 한 번 고소를 취소하면 다시 고소할 수 없다는 것을 특히 유의하시기 바랍니다. 설사 사용자의 기망·회유·협박 등으로 근로자가 고소를 취소했다고 하더라도 이는 마찬가지입니다. 민사법상의 법률관계에서는 당사자가 상대방으로부터 기망,회유,협박 등을 당하여 어떤 법률행위를 한 경우에는 그러한 하자 있는 법률행위를 한 자신의 의사표시를 취소할 수 있지만, 형사소송법이라는 절차법의 법리가 지배하는 형사법 영역에서는 그러한 취소가 인정되지 않기 때문입니다. 따라서 사용자에 대한 고소를 취소하는 경우에는 매우 신중하게 판단하셔야 합니다.

2. 임금지급의 4대원칙이란 무엇인가?

실무상 근로기준법 제36조 위반죄를 '금품청산의무위반죄', 같은 법 제43조 위반죄를 '임금지급의무 위반죄'라고 하고, 영자를 통칭하여 '임금체불죄'라고 한다고 하였습니다. 그런데, 근로기준법 제43조(임금지급)는 '사용자가 근로자에게 임금을 이미 지급하였어야 함에도 불구하고 아직 지급하지 못하고 있는 상태', 즉, '임금지급 기일의 위반' 뿐 아니라 임금은 반드시 '통화'로 근로자에게 '직접' 그리고 '전액'을 지급하여야 한다는 임금지급의 4대원칙을 규정하고 있습니다.

> 근로기준법 제43조(임금 지급) ① 임금은 통화(通貨)로 직접 근로자에게 그 전액을 지급하여야 한다. 다만, 법령 또는 단체협약에 특별한 규정이 있는 경우에는 임금의 일부를 공제하거나 통화 이외의 것으로 지급할 수 있다.
>
> ② 임금은 매월 1회 이상 일정한 날짜를 정하여 지급하여야 한다. 다만, 임시로 지급하는 임금, 수당, 그 밖에 이에 준하는 것 또는 대통령령으로 정하는 임금에 대하여는 그러하지 아니하다.

임금은 근로자의 소득생활의 원천이자 생계수단이라는 점에서, 근로의 대가인 임금이 안전하고 신속하게 임금 전액이 정기적으로 근로자에게 지급되도록 함으로써 근로자를 보호하고 실질임금을 확보하는 것이 임금지급 4대원칙의 목적입니다. 따라서, 임금은 반드시 '통화'로 근로자에게 '직접' 그리고 '전액'을 지급하여야 하고, 이를 위반하는 경우(근로기준법 제43조의 임금지급원칙을 위반하는 경우)에도 임금체불죄가 성립합니다. 이러한 임금지급의 '4대원칙'을 구체적으로 하나씩 설명해 보면 다음과 같습니다.

(1) 통화지급의 원칙

임금은 법령, 단체협약에 특별한 규정이 있는 경우를 제외하고는 강제통용력이 있는 '통화'로 지급하여야 합니다(근로기준법 제43조 제1항). 여기서 '통화'란 국내법에 의하여 강제통용력이 있는 화폐를 의미하므로, 이를테면, 미국 달러나 유로(EURO)화 등과 같이 국내에서 강제통용력이 없는 외화로 임금을 지급하는 것은 통화지급의 원칙에 위배되는 것으로 보아야 합니다. 최근에 비트코인 엄청 오르니까 '임금의 일정 부분은 코인으로 줄게'라고 하는 것도 임금체불에 해당할 것입니다. 다만, 통화지급의 원칙의 경우에는 법령이나 단체협약에 의한 예외가 인정됩니다. 유의할 점은 법률이나 단체협약 외의 개별 근로계약이나 취업규칙 등에 의한 예외는 인정되지 않는다는 것입니다. 이를테면, 근로자 과반수를 대표하는 자와 사용자가 체결한 서면합의나 노사협의회의 합의는 단체협약이 아니므로 이를 근거로 통화가 아닌 다른 것으로 임금을 지급할 수 없습니다.

> ▍**(관련문제) 외국통화로 임금을 지급하는 경우**
>
> 유로(EURO)화와 같은 외화로 임금을 지급하는 것은 통화지급의 원칙에 위배되는 것으로 보아야하지만, 외국계회사 등에서 유로(EURO)화 등을 기준으로 임금을 책정하고 이를 임금지급 시점의 환율에 의하여 원화로 환가지급하기로 정한 경우에는 근로기준법 위반의 문제는 발생되지 않는 것으로 보아야 할 것입니다. 다만, 이 경우 임금지급시점마다 환율 변동에 따른 환가금액이 달라지게 되어 매월의 임금액에 변동이 생기는 결과가 초래될 수 있으며, 한편으로는 근로자의 임금을 기준으로 산정되는 근로소득세 및 각종 사회보험료 등의 납부금액이 달라지게 되는 문제가 발생될 것으로 예상되므로 바람직하지 않다는 것이 행정해석의 입장입니다.

(2) 직접지급의 원칙

'임금'은 반드시 근로자에게 '직접' 지급되어야 합니다(근로기준법 제43조 제1항). 따라서, 사용자가 근로자 아닌 제3자에게 임금을 지급하는 것은 '무효'입니다. 설령 미성년자라고 하더라도 임금은 미성년자의 부모님이 아니라 미성년자에게 직접지급하여야 합니다.

간혹 근로자의 신용불량 등의 이유로 자신의 명의로 통장을 개설할 수 없는 경우에 근로자의 배우자 등의 명의의 예금 통장에 임금을 지급하는 경우가 있는데, 근로자가 아닌 배우자 명의의 통장에 임금을 입금하는 것은 직접불 원칙 위배된다고 보아야 할 것입니다.

직접지급의 원칙에 대해서는 법령이나 단체협약에 의한 예외도 인정되지 않을 뿐 아니라, 대리에 의한 임금수령도 허용되지 않는다는 것을 유념하시기 바랍니다. 다만, 근로자가 질병 등으로 임금을 직접 수령하기 어려운 사정이 있는 경우에 근로자의 배우자와 같은 근로자의 가족이 사자(심부름꾼)로서 본인의 인감 등을 지참하고 근로자 본인의 이름으로 임금을 수령하는 경우는 직접불의 원칙에 위배되지 않습니다.

> **▌임금채권을 양도한 경우**
>
> 근로자가 임금채권을 제3자에게 양도한 경우, 이를테면 근로자가 갑자기 현금이 필요해서 친구 갑에게 500만원을 빌리면서 다음달 받을 임금은 친구 갑이 받아가도록 한 경우, 즉, 친구에게 근로자가 자신의 임금채권을 양도한 경우 회사는 친구에게 임금을 지급해도 될까요? 결론적으로 이러한 채권양도 그 자체는 유효하다 하더라도, 근로기준법상 '임금 직접지급의 원칙'은 여전히 적용되어야 하므로, 채권을 양수한 친구가 회사에 그 지급을 요구하더라도 회사는 반드시 그 임금을 근로자에게 직접 지급하여야 합니다. 물론 임금채권의 양도를 금지하는 노동법의 규정은 없으므로 채권양도 그 자체는 사법상 유효한 것이므

로, 근로자가 임금채권을 제3자에게 양도한 경우, 그 임금은 더 이상 근로자의 것이 아니라 제3자의 것입니다. 따라서, 채권을 양도한 근로자가 회사로부터 임금을 수령하는 경우에 그 임금은 근로자가 제3자인 채권자의 돈을 대신 받은 것에 불과하므로 근로자는 회사로부터 받은 돈을 원래의 소유자인 친구에게 그대로 전달해야하는 의무가 있습니다.

(3) 전액지급의 원칙

사용자는 근로자에게 임금의 '전액'을 지급하여야 합니다(근로기준법 제43조 제1항). 따라서, 사용자가 그 어떠한 이유로도 임금의 일부를 임의로 '공제'하고 지급하는 것은 법령 또는 단체협약에 특별한 규정이 있는 경우를 제외하고는 허용되지 않습니다. 특히, 사용자가 근로자에게 받을 돈과 근로자에게 지급할 임금을 상계하는 것은 절대로 금지됩니다. 이를테면, 근로자가 회사의 기물을 파손하여 30만원을 물어주어야 하는데, 회사가 근로자의 동의를 받지 않고 일방적으로 다음 달 월급에서 30만원을 공제하는 것(상계하는 것)은 전액지급의 원칙 위반으로서 임금체불에 해당합니다. 마찬가지로, 회사가 근로자에게 대여한 금전과 같이 사용자가 근로자로부터 정당하게 받을 돈이 있더라도 사용자가 근로자에게 임금이나 퇴직금을 지급하면서 자신이 받을 금액을 제외(상계)하고 근로자에게 그 나머지만 지급하는 것은 전액지급의 원칙 위반으로서 임금체불입니다.

그런데, 임금 전액불 지급의 원칙의 경우에는 법령이나 단체협약에 의한 예외가 인정됩니다. '법령'에 의한 당연공제가 인정되는 것은 갑종근로소득세, 방위세, 건강보험료, 국민연금료, 고용보험료 등이며, '단체협약'에 의하여 노동조합비(check-off system), 소비조합 구매대금, 대부금 등이 공제될 수 있습니다. 그러나, 법령이나 단체협약이 아닌 취업규칙, 근로계약 등에 의한 임금의 공제는 인정되지 않으므로, 이를테면, 근로자 동의하에 직원 경조사 발생시 경조사비를 근로자의 임금액에서 회사가 공제하는 것도 근로기준법 제43조(전액지급의 원칙) 위반의 소지가 있습니다.

▎임금은 압류도 되지 않는가?

'압류'란 금전채권에 대한 강제집행의 제1단계로서 채권자가 채무자의 재산을 확보하기 위하여 채무자의 처분권을 제한하는 강제적 행위를 의미합니다. 근로자의 임금은 반드시 전액 지급되어야 하고 근로자의 임금채권은 상계도 금지된다고 하였는데, 그렇다면 임금채권은 압류도 금지되는 것일까요? 결론적으로 임금채권도 일정 범위에 한하여 압류는 가능합니다. 따라서, 근로자의 채권자도 자신의 근로자의 임금채권에 대해 일정 범위에 한하여 압류할 수 있습니다. 일단, 급여가 185만원 이하인 경우에는 전액 압류할 수 없습니다. 그리고, 월급여가 185만원을 초과하고 300만원까지는 185만원을 제외한 나머지 금액을 압류할 수 있으며, 월급여가 370만원을 초과하고 600만원까지는 월급여의 2분의 1까지 압류할 수 있습니다. 예를 들어 근로자의 월급이 195만원인 경우 은행은 월급 195만원에서 압류금지금액 185만원을 뺀 나머지 10만원에 대해서만 압류할 수 있으며, 근로자의 월급이 380만원인 경우에는 월급 380만원에서 압류금지금액(급여의 2분의1)인 190만원을 뺀 나머지 195만원에 대해서만 압류할 수 있습니다.

185만원 이하	전액압류금지
185만원-370만원	185만원 초과 금액만 압류 가능 (예: 300만원: 300-185=115만원)
370만원-600만원	급여(실수령액) 2분의1 압류 금지
600만원 초과	300만원+{(급여/2)-300만원}/2] 압류금지 (예) 800만원 300+(급여(800)/2)-300만원]/2]=350만원 압류금지/ 450만원 압류

> 월급여가 600만원을 넘는 경우에는 '300만원 + [(급여/2)-300만원/2)]'을 제외한 금액을 압류할 수 있습니다. 예컨대, 예를 들어 근로자의 월급이 800만원인 경우에는 월급 800만원에서 압류금지채권 350만원[300만원 + (400 - 300) × 1/2]을 뺀 나머지 450만원에 대해서만 압류할 수 있습니다.

(4) 월1회 일 정기일분의 원칙

임금에 의존하는 근로자의 생활상의 안정을 위하여 임금은 매월 1회 이상 일정한 기일(급여지급일)을 정하여 지급되어야 합니다. 여기서 '매월'이란 역일상의 '1월'을 의미하며, '일정한 기일'이란 정기적으로 도래하는 특정일을 의미합니다.

이 원칙과 관련하여 사용자는 취업규칙에 반드시 임금지급시기를 명시하여야 하며(근로기준법 제93조 2호), 임금지급기일의 변경은 원칙적으로 근로자의 동의가 필요합니다. 그리고, 결정된 임금지급기일에 임금을 지급하지 않은 이상, 그 후에 임금의 일부 또는 전부를 지급했어도 임금체불죄가 성립합니다. 따라서, 월급 지급일을 1일이라도 지나면 법정이자 6%가 가산되고 정기지급의 원칙 위반에 따른 임금체불죄가 성립합니다. 다만, 예외적으로서 임시로 지급되는 임금, 수당 그 밖에 이에 준하는 것 또는 대통령령으로써 정하는 임금은 매월 1회 이상 일정한 기일에 지급되지 않아도 됩니다(근로기준법 제43조 제2항 단서). 여기서 '임시로 지급되는 임금, 수당 그 밖에 이에 준하는 것 또는 대통령령으로써 정하는 임금'이란 ① 1개월을 초과하는 기간의 출근 성적에 따라 지급하는 정근수당, ② 1개월을 초과하는 일정 기간을 계속하여 근무한 경우에 지급되는 근속수당, ③ 1개월을 초과하는 기간에 걸친 사유에 따라 산정되는 장려금, 능률

수당 또는 상여금1), ④ 그 밖에 부정기적으로 지급되는 모든 수당입니다(근로기준법 시행령 제23조).

3. 임금채권의 지연이자

사용자가 14일 이내에 임금, 퇴직금을 지급하지 아니한 경우에는, 그 다음날인 퇴직 후 15일이 되는 날로부터 기산하여 실제로 지급하는 날까지의 지연일수에 대하여 연 100분의 20의 지연이자를 가산합니다.

▌임금채권의 지연이자제도

임금채권의 지연이자에 대하여 당사자간에 별도의 약정이 없는 경우에는 상법 제54조에 따라 연6%의 이자가 부과되고, 근로자가 임금채권의 확보를 위하여 민사소송을 제기하는 경우에는 소송촉진 등에 관한 특례법에 따라 연 20%의 이자가 부과됩니다. 그러나 근로자는 지연이자 제도에 대해 잘 알지 못하는 경우가 대부분이므로, 이러한 현실을 반영하여 임금 및 퇴직금에 대하여는 연20%의 지연이자 부과 의무를 사용자에게 부과함으로써 체불임금을 방지하기 위하여 2005년 3월에지연이자제도 (근로기준법 제37조))가 도입된 것입니다. 따라서 근로기준법 제37조는 상법 제54조 및 소송촉진 등에 관한 특례법 제3조의 특별법적 성격을 가지므로, 임금·퇴직금에 대해서는 근로기준법이 우선하여 적용되는 것입니다. 지연이자제도의 대상이 되는 금품은 미지급된 임금과 퇴직금이므로, '기타 금품'에 대해서는 여전히 당사자간에 별도로 약정을

---

1) 수개월마다 1회씩 정기적으로 지급되는 '정기상여금', 즉, 기본급에 고정된 일정한 지급률을 곱하여 산정된 고정급 형태의 정기상여금은 실질적으로는 월소정근로에 대응하는 기본급을 수개월 누적하여 후불함에 다름 아닌 것으로 보아야 할 것이므로, 이러한 정기상여금은 월1회 정기지급의 원칙의 예외로서 근로기준법 시행령 제23조에 제3호에 열거된 1개월을 초과하는 기간에 걸친 사유에 따라 산정되는 '상여금'에 포함되지 않는 것으로 보아야 합니다.

> 해야 하며, 별도의 약정이 없는 경우에는 상법 제54조에 따라 연 6%의 이자가 부과되며 근로자가 임금채권의 확보를 위하여 민사소송을 제기하는 경우에는 소송촉진 등에 관한 특례법에 따라 연20%의 이자가 부과될 것입니다.

지연이자제도는 임금과 퇴직금에 한하여 적용되며 그 외의 '기타 금품'에 대해서는 지연이자제도가 적용되지 않음을 유의하시기 바랍니다. 또한 지연이자제도는 근로자가 퇴직하거나 사망하여 근로관계가 종료되는 경우에만 적용되므로 재직중인 근로자에게는 그 적용이 없음은 물론입니다.

지연이자 제도의 목적은 사용자가 고의로 임금지급을 미루는 미루는 것을 방지하고 임금체불의 발생을 예방하기 위한 것이므로, 천재·사변·기업도산 등의 사유로 사용자가 도저히 임금을 지급기일 내에 지급할 능력이 없는 경우에는 그 사유가 존속하는 기간에 대해서는 지연이자의 이율 적용을 면제하도록 법이 규정하고 있습니다(근로기준법 제37조 제3항).

지연이자에 대해서는 민사상 채권만 발생시킬 뿐, 지연이자 미지급에 대해 처벌규정이 별도로 없다는 점에서 지연이자는 체불임금 그 자체에는 포함되지 않는다고 봄이 상당합니다. 그러나 노동부에 진정을 내실 때에는 지연이자에 대한 것도 함께 진정하실 수 있습니다.

> **▍지연이자 계산 방법**
>
> 체불금액 x (0.2 x (지연일수 / 365))
>
> 예를 들어서 체불임금이 480,000이고 지연일수가 109일이라면
>
> 480.000 x (0.2 x (109/365)) = 28668.49원이 되는데, 급여는 무조건 반올림 절사하므로 지연이자는 28,660원이 됩니다.
>
> 따라서 총 받을 임금 총앨근 480,000원+28,660원 = 508,660원입니다.

4. 임금채권 소멸시효

근로자가 임금체불의 총액을 산정하였다면, 그 다음으로 살펴 보아야 하는 것은 임금체불채권의 '소멸시효'가 지났는지의 여부입니다. 근로기준법은 임금의 소멸시효를 3년으로 규정하고 있습니다. 따라서 임금채권이 발생한 날로부터 3년이 지나도록 아무런 조치를 취하지 않으면 근로자는 더 이상 사용자에게 임금을 청구할 수 없게 됩니다.

▎소멸시효란 무엇인가?

'소멸시효'란 권리자가 권리행사를 할 수 있음에도 불구하고 일정기간 동안 권리를 행사하지 않고 방치하는 경우에는 마치 그 권리가 '소멸'된것과같은효과가발 생하도록 만드는 제도를 의미합니다. 이를 비유적으로 쉽게 설명하자면, 소멸시효란 내가 사용자에게 돈을 받을 수 있는 일종의 '유효기간'인것입니다. 상품의유효 기간이 지나면 폐기처분 되는 것과 마찬가지로, 근로자가 임금을 받을 수 있는 유효기간인 소멸시효가 지나면 근로자의 임금은 법적으로 보호받을 수 없게 됩니다. 민사상 채권은 원칙적으로 '10년의 소멸시효'가 적용됩니다. 이를테면 내가 친구에게 돈을 발려준 경우에 그러한 대여금 채권의 소멸시효는 '10년'인 것입니다. 다만, 이러한 10년의 소멸시효가 어느 시점부터 시작되느냐는 내가 친구에게 돈을 빌려 주면서 약속한 내용에 따라 달라집니다. 만일 내가 친구에게 1년간 500만원을 빌려 주기로 했다면 1년 후에 돈을 돌려 받기로 한 그 다음날부터 10년의 소멸시효가 진행합니다. 그런데 친구가 언제 돈을 돌려줄 것인 지를 정하지 않은 경우에는 내가 아무 때나 친구에게 돈을 달라고 할 수 있으므로 10년의 소멸시효는 내가 아무 때고 친구에게 빌려준 돈을 돌려 달라고 요구한 날의 다음 날부터 진행합니다. 이러한 민사 채권 10년의 소멸시효에 대한 예외로서 상법이나 근로기준법 등은 몇 가지의 단기 소멸시효를 규정하고 있습니다. 이를테면 상행위로 인한 채권의 소멸시효는 5년, 임금채권 등은 3년의 소멸시효이며 음식대금과 같은 일상 생활에서 빈번히 일어나는 채권은 1년의 단기소멸시효가 적용됩니다.

(1) 소멸시효의 기산점

소멸시효에서는 소멸시효의 기산점, 즉 소멸시효가 시작하는 시점이 가장 중요합니다. 근로자는 소멸시효의 기산점을 알아야 언제까지 자신의 임금을 청구할 수 있는 지 알 수 있기 때문입니다.

소멸시효는 채권자가 자신의 권리를 현실적으로 행사할 수 있는 날부터 진행하는데, 임금채권 3년의 소멸시효의 기산점은 사용자가 근로자에게 임금을 지급할 의무가 확정된 날의 다음날입니다. 이를테면 체불된 임금의 소멸시효의 기산점은 임금지급일의 다음날이며 퇴직금의 경우에는 퇴직한 날의 다음날이며, 근로자가 사직서를 제출한 경우에는 사직서를 제출한 다음날, 사용자에게 해고를 당한 경우에는 퇴직의 효력이 발생한 날의 다음날입니다.

(2) 소멸시효의 중단

임금을 받을 권리가 있는 채권자인 근로자의 입장에서 보면 소멸시효는 대단히 부당한 제도입니다. 왜냐하면 임금채권의 경우에는 소멸시효가 3년에 불과하기 때문에, 근로자의 입장에서는 깜빡 잘못하면 소멸시효 경과로 인하여 임금을 못 받는 억울한 경우가 발생할 수 있기 때문입니다. 따라서 민법은 이런 부당한 결과를 막기 위하여 소멸시효의 중단이라는 제도를 두어 채권자(근로자)를 보호하고 있습니다.

소멸시효란 권리자가 권리행사를 할 수 있음에도 불구하고 일정기간 동안 권리를 행사하지 않고 이를 방치하고 있는 경우에 그 권리를 소멸하게 하는 제도이므로, 이와 달리 권리자가 권리를 행사하는 것으로 볼 수 있는 일정한 경우에는 소멸시효가 진행하는 것을 중단키고 그 중단된 때부터 다시 소멸시효가 진행하게 되는데 이를 '소멸시효의 중단'이라고 합니다. 이러한 소멸시효의 중단 사유에는 재판상 청구, 압류 또는 가압류, 가처분, 승인(민법 제168조)이 있습니다.

(3) 소멸시효의 진행을 중단시키는 채무자(사용자)의 '승인'

소멸시효의 중단 사유 중에서 가장 손쉬운 방법은 '승인'입니다. '승인'이란 '일정한 사실을 인정하는 것'으로서, 여기에서의 승인은 '채무의 승인', 즉 채무자(사용자)가 채권자(근로자)에 대하여 자신에게 채무(임금 체불)가 있다는 사실을 스스로 인정하는 것을 의미합니다.

승인의 방법에는 제한이 없습니다. 따라서 반드시 서면에 의해 승인할 필요도 없으며 단순히 사용자가 말로 '그래, 내가 임금을 줄 게 있다'고 해도 효력이 있습니다. 다만, 사용자가 그러한 승인을 하였음은 근로자가 증명해야 하므로 가급적이면 서면으로 확인 받는 것이 좋지만, 그렇지 않은 경우에는 동료 근로자 등과 함께 가서 동료 근로자가 증인으로서 확인하도록 하는 것도 한 방법이 될 것입니다. 소송을 해보신 분은 아시겠지만, 아무리 실질적으로 '권리' 있더라도 이를 뒷받침하는 증거가 없으면 결국 소송에서 이길 수 없습니다. 동료근로자 등의 증인은 추후에 소송 등에서 좋은 증거자료로 활용될 수 있습니다. 이렇게 간단하고 쉬운 방법이 있지만, 이를 모르면 그냥 앉아서 당하는 수 밖에 없을 것입니다.

채무자인 사용자가 '승인'하게 되면, 승인하는 그 시점에 소멸시효 3년이 다시 시작되므로 근로자의 임금채권은 계속 보전됩니다. 사용자가 승인하는 경우에는 사용자로 부터 다음 서식과 같은 확인서를 작성해줄 것을 요구하시면 됩니다.

확 인 서

성 명 :
주 소 :

1. 본 확인자는 근로자 홍길동이 20xx년 x월 x일자로 본인의 회사 (상호 삽입)를 퇴사한 자로서 본확인자로 부터 임금과 퇴직금을 현재까지 지급받지 못하였음을 확인하며, 아울러 금일 20xx년 x월 x일 현재 근로자 홍길동이 본 확인자에게 임금 지급을 청구하였음을 확인합니다.

2. 홍길동이 본 확인자로부터 지급받아야 할 임금과 퇴직금의 총액은 다음과 같습니다.
임금 :
퇴직금 :
임금체불 총액 :

3. 본 확인자는 홍길동에게 20xx년 x월 x일까지 위의 임금체불 전액을 다음의 홍길동 명의의 통장
에 입금할 것을 확인 합니다.
은행명 / 계좌번호 / 예금주 성명

4. (선택사항) 만일 본 확인자가 위에 약정한 기일인 20xx년 x월 x일 까지 임금 총액 xxx,xxx원을 전액 입금하지 않는 경우에는, 20xx년 x월 x일로부터 연 20%의 지연이자를 가산하여 지급할 것임을 확인합니다.

20xx 년 x 월 x일

위 확인자 (인)

사용자가 직접 확인서를 작성하는 경우

확 인 서

확인자 성명:
확인자 주소:

1. 본 확인자는 20xx년 x월 x일 x 시 x분부터 x분까지 근로자 홍길동이 사용자 이몽룡 (상호 삽입)에게 임금을 지급해 줄 것을 구두로 최고하는 현장에 증인으로서 참관하였음을 확인합니다.

2. 본 확인자는 근로자 홍길동이 사용자 이몽룡에 대하여 다음과 같은 임금과 퇴직금의 지급을 최고하였음을 확입니다.
임금 :
퇴직금 :
임금체불 총액:

3. (선택사항) 위의 근로자 홍길종의 임금지급의 최고에 대하여 사용자 이몽룡은 근로자 홍길동에게 20xx년 x월 x일까지 위의 임금체불 전액을 다음의 홍길동 명의의 통장에 입금해 줄 것임을 약속한 것을 확인 합니다.
은행명 / 계좌번호 / 예금주 성명

4. (선택사항) 사용자 이몽룡이 약정한 기일인 20xx년 x월 x일 까지 임금 총액 xxx,xxx원을 전액입금하지 않는 경우에는, 20xx년 x월 x일로부터 연 20%의 지연이자를 가산하여 지급할 것을약속하였음을 확인합니다.

20xx 년 x 월 x일

확인자 (인)

회사 동료 등 제3자가 확인서를 작성하는 경우

(4) 보전처분의 필요성

그러나 만일 사용자가 승인을 거부하는 경우, 즉, 임금체불 사실을 부인하는 경우에는 결국 민사소송으로 해결할 수 밖에 없을 것이며, 이를 '재판상 청구'라고 합니다. 재판상 청구란 근로자가 사용자에 대하여 체불 임금을 지급해 줄 것을 법원에 대하여 소로써 제기하는 것을 의미하며, 소로 제기한다는 것은 민사소송을 통해 법적으로 임금체불 사실을 판단 받는 것을 의미합니다.

그러나 민사소송에서 승소하더라도 곧바로 근로자의 권리가 실현되는 것, 즉, 체불된 임금을 받는 것은 아닙니다. 민사소송에서는 근로자가 사용자로부터 받을 임금이 있다는 것, 즉 임금체불이 있다는 것을 확인 받고 사용자에게 이를 청구할 수 있는 권리가 있음을 인정받을 뿐입니다. 따라서 근로자는 민사소송에서 받은 승소 판결문을 가지고 사용자에게 임금을 지급할 것을 청구해야 하며, 만일 사용자가 그러한 근로자의 임금 지급 청구에 응하지 않는 경우에는 다시 별도로 강제집행해 줄 것을 집행법원에 신청해야 하는 것입니다.

그런데, 이러한 소송절차는 적게는 수개월에서 1년 이상 걸리기도 하는데, 그 동안에 사용자는 강제집행을 피하기 위하여 재산을 빼돌리기도 하고 합니다. 만일 사용자가 재산을 모두 빼돌리거나 한다면, 근로자가 아무리 승소하여 판결문을 얻어낸 들 아무런 소용이 없게 되는 것입니다. 따라서 이러한 결과를 방지하기 위하여 소를 제기함과 동시에 또는 소를 제기하기 전에 채무자의 일반재산이나 다툼의 대상이 되는 현상을 잠정적으로 묶어 두는 조치가 필요한데, 이를 보전처분이라고 합니다. 그래서 민법은 재판상 청구뿐 아니라 가압류나 가처분과 같은 보전처분을 제기하는 것만으로도 시효가 중단될 수 있도록 규정하고 있는 것입니다. 그런데, 경우에 따라서는 이러한 보전처분을 하는 것이 간단하지 않을 수도 있으며 소멸시효가 곧 완성되기 때문에 하루라도 빨리 소멸시효를 중단할 필요가 있을 수도 있습니다. 이런 경우에는 일단 '최고장'을 내용증명으로 사업장에 발송하는 것이 좋습니다. 최고 후 6개월 내에 재판상 청구, 압류 또는 가압류 등을 하는 경우에는 최고장을 보낸 시점으로 소급하여 시효 중단의 효력이 발생하기 때문입니다. 또한 최고장 발송은 시효중단의 효력 외에도 사용자에게 심리적 압박을 주는 효과도 있습니다. 최고장을 받은 사용자는 심리적으로 부담을 느끼므로 근로자와 적당하게 합의를 하려 할 수도 있으며, 합의를 통해 의외로 쉽게 그리고 빠르게 문제를 해결할 수도 있습니다.

따라서 임금채권의 소멸시효의 완성이 가까운 경우에는 내용증명을 통하여 최고하거나 소송 또는 가압류를 제기해야 합니다. 만일 그러한 시간적 여유조차 없는 경우에는 사용자에게 전화를 걸어서 최고를 하거나 사용자에게 달려가서 구두로라도 최고를 해야 합니다. 이 때 최고의 내용이나 방법에는 특별한 제한이 없지만 적어도 근로자의 채권, 즉 임금의 내용은 특정되어야 합니다. 이를테면 사용자에게 구두(말)로 '나에게 2012년 8월부터 10월까지의 체불된 임금과 퇴직금을 주세요'라고 하면 됩니다. 이러한 구두에 의한 근로자의 임금청구에 대해 사용자가 그 청구한 사실을 인정하면 문제가 안되지만, 이를 인정하지 않는 경우에는 근로자가 자신이 소멸시효가 완성되기 전에 구두로 청구했다는 것을 증명해야 하기 때문에 그 증거가 필요합니다. 이를테면 ① 전화를 한 경우에는 통화기록과 통화내역을 녹음해 둔다든지 ② 구두로 직접 청구한 경우에는 근로자가 사용자에게 말로 청구하는 것을 증명해 줄 수 있는 제3자인 동료 근로자 등과 함께 가서 그 제3자가 근로자의 청구한 사실에 대한 확인서를 작성해 준다든지 하는 증거를 그 예로 들 수 있습니다.

(5) 소멸시효의 '포기'

소멸시효제도에는 소멸시효의 '중단'뿐 아니라 소멸시효의 '포기'라는 제도가 있습니다. 소멸시효의 '중단'은 소멸시효가 완성되기 '이전'에 소멸시효의 진행 자체를 중단시키고 그 중단된 시점부터 소멸시효가 처음부터 새롭게 진행하도록 만드는 제도라면, 소멸시효의 '포기'는 이미 소멸시효가 '완성'된 '이후'에 채무자인 사용자가 자신의 소멸시효 완성의 효과를 스스로 '포기'하는 것이라는 점에서 차이가 있습니다.

채무자인 사용자가 일단 소멸시효의 이익을 포기하게 되면 더 이상 소멸시효의 완성을 주장할 수 없게 되므로 채무자인 사용자는 채권자인 근로자에게 임금을 지급해야 하는 법적 의무를 계속 부담하게 됩니다. 즉, 채무자인 사용자가 소멸시효의 이익을 포기하게 되면 포기한 순간부터 3년의 임금채권 소멸시효가 다시 진행하게 됩니다. 따라서 근로자 임금채권의 소멸시효가 이미 완성된 경우라도 채권자인 근로자로서는 일단 채무자인 사용자에 대하여 임금체불을 지급해 줄 것을 요청해 볼 필요가 있습니다. 이 경우에도 소멸시효의 중단의 승인의 경우에서와 마찬가지로 가급적이면 서면에 의해 임금체불 지급을 약속 받거나 증인과 함께 사용자를 찾아가서 '내가 밀린 임금을 언제까지 지급해 주겠다.'고 하는 '지급의 유예'를 증거로 남겨두어야 하는 것은 물론입니다. (앞의 서식과 동일한 내용으로 작성하시면 됩니다.)

만일 사용자가 '소멸시효가 완성되어 나는 너에게 임금을 줄 의무가 없다.'고 하면 문제는 복잡해 지겠지만, 사용자가 근로자에게 뻔뻔하게도 '내가 너에게 줄 임금의 소멸시효 완성되었으니까 임금을 주지 않겠다'고 하는 경우는 그리 많지 않을 것이기 때문입니다.

5. 임금체불 실무의 단계적 적용

임금이 체불된 경우에 근로자가 어떻게 자신의 임금을 받을 수 있는지는 다음과 같이 4단계로 나누어 설명하도록 하겠습니다.

> 제1단계: 임금체불의 확정
> 제2단계: 회사에 대한 임금 지급 요청
> 제3단계: 노동부에 진정서/고소장 접수 (임금체불확인서발급)

(1) 임금체불의 확정

임금 총액을 확정하는 것은 그렇게 단순한 것이 아닙니다. 사용자에게 받은 금품이 근로의 대가인 '임금'에 해당하는 지의 여부를 판단하는 것도 결코 만만한 것은 아니며, 설사 그 금품이 '임금'에 해당함을 확인하더라도, 내가 받는 '임금'이 혹시 최저임금법상의 최저임금에 미달하지는 않는지? 혹은 내가 받을 임금이 '삭감'되었다면 과연 그러한 임금삭감이 적법한 것인지? 등등이 문제될 수 있습니다.

기본급, 연차수당, 퇴직금은 사업주가 지급하였다는 사실을 입증하지 못하면 그대로 체불금품으로 되지만, 기본급을 초과하는 각종 법정

수당(연장, 야간, 휴일근로 수당)은 근로자가 적극적으로 초과 근로한 사실을 증명해야 하므로, 평소에 증거자료를 충분히 확보해 두고 있어야 합니다. 종종 출퇴근기록으로 초과 근로를 증명할 수 있다고 생각하는 경우가 있는데, 단순히 회사에 있었다는 사실만으로 연장근로수당이 지급되는 초과근로로 인정되지 않는다는 것을 유의하여야 합니다.

해고예고수당은 임금은 아니지만 금품청산의 대상이므로 임금체불의 확정에 포함시킬 수는 있는데, 해고예고수당은 '해고'를 전제로 하므로 회사측에서 해고가 아니라 권고사직과 같은 '합의'로 근로관계를 종료하였다든지 근로자가 스스로 사직하였다고 주장하는 경우가 흔하므로 이에 대비해서 녹음이라든지 문자 등을 통하여 근로자의 의사에 반하여 사용자에 의하여 일방적으로 근로관계가 종료하였음을 증명할 수 있어야 합니다.

최근에는 이른바 '포괄임금제' 하에서의 임금의 확정문제, 상여금의 통상임금 해당여부 등도 사회적 이슈로 등장하고 있습니다.

(2) 회사에 대한 임금 지급 요청 및 매출채권 등의 채권양도

체불된 임금지급에 대하여 당사자간에 원만하게 합의가 이루어지지 않는 경우에는 결국 국가 공권력의 힘을 빌릴 수 밖에 없을 것인데, 이 경우에는 ①고용노동부에 임금체불을 이유로 진정·고소를 하거나 ② 근로자가 직접 법원에 민사소송을 제기해야 할 것입니다.

물론, 악질적인 사용자에 대해서는 곧바로 고용노동부에 진정·고소를 해야겠지만, 그렇지 않은 경우에는, 특히, 근로자가 사용자와 계속적인 근로관계를 희망하는 경우에는, 처음부터 국가 공권력의 힘을 빌리는 것은 바람직하지 않습니다. 사업주는 근로자가 자신을 고소했다는 것을 두려워할 수도 있지만, 반대로 쌍방이 모두 지나치게 감정적으로 치닫게 되어 문제 해결이 더욱 어려워 질 수도 있기 때문입니다. 따라서 고용노동부에 대하여 진정·고소하거나 민사소송을 제기하기에 앞서, 일단 회사에 대해 먼저 체불된 임금을 지급할 것을 요청하여 사용자와 근로자인 당사자가 자율적으로 문제를 해결해 보도록 시도하는 것이 바람직합니다.

특히, 최근에는 재직근로자도 재직 기간중 1회에 한하여 간이대지급금을 신청할 수 있습니다. 재직자에 대한 간이대지급금의 범위는 재직근로자가 해당 사업주에 대하여 법원에 체불임금에 대한 소송을 제기하거나 관할 고용노동청에 진정·청원·탄원·고소 또는 고발 등을 제기한 날을 기준으로 맨 나중의 임금 체불이 발생한 날부터 소급하여 3개월 동안에 지급되어야 할 임금 중 지급받지 못한 임금, 휴업수당, 출산전후휴가기간입니다. 단, 재직 근로자에 대한 대지급금은 임금액이 고용노동부장관리 고시하는 금액(최저임금의 110%, 2021년 기준 시간당 9,592월, 주40시간 월급 2,004,728원) 미만인 경우에 가능하기 때문에, 현재로서 재직자에 대한 간이대지급금은 저임금자에 한하여 인정됩니다.

회사에 대한 지급 요청 방법으로는 ① 직원 연명으로 임금체불 해소를 호소하는 '건의문'을 작성하거나 ② 사용자에 대하여 내용증명으로 '최고'하는 방법 등이 있습니다. 이 중에서 어떤 방법을 선택하느냐는 임금체불에 대한 사용자의 태도 및 제반 상황 등을 고려하여 신중하게 결정해야 할 것입니다.

건 의 문

존경하는 사장님께
어려운 경영여건 속에서도 회사의 성장과 직원의 복리향상에 여념이 없으신 사장님께 먼저 감사의 말씀을 올립니다. 현재의 회사의 어려운 사정을 모를 리 없는 저희들로서는 사장님이 불철주야 회사의 발전을 위해 노력하시는 모습을 지켜보면서 안타까운 마음과 함께 항상 존경스러운 마음을 금할 수 없었습니다.
저희들로서도 사장님이 노력하시는 만큼 더욱더 맡은바 업무에 더욱 충실하도록 하겠습니다.
다만, 저희들이 이렇게 외람되게 사장님께 말씀 드리고자 하는 바는, 임금이 지난 20xx년 x월, x월분 월급 0,000만원이 현재 지급되지 않고 있어, 임금이 생계원천의 전부인 직원들 모두가 심각한 생활상의 곤란이 초래되고 있다는 것입니다. 부디 이 점 널리 헤아리시어 임금생활자인 저희들의 생계가 유지될 수 있도록 최소한 조치라도 있었으면 하는 바랍니다.
(- 중략 -)
저희들의 이러한 소망이 본의 아니게 사장님께 누가될까 많이 망설이기도 했습니다만 저희의 어려움을 호소함과 동시에, 회사의 어려운 상황을 극복해나가기 위해서는 사원들에게 생활영위를 위한 최소한의 기반이 구축되어야 한다고 사료되어 이렇게 외람되게 건의문을 작성하여 제출하게 되었습니다.
부디 저희들의 충심을 널리 헤아려 주시기 바랍니다.

2000. 0. 00
부장 아무개 (인)
과장 아무개 (인)
주임 아무개 (인)
대리 아무개 (인)
직원 아무개 (인)
직원 아무개 (인)
혹은
직원일동
직원대표 부장 아무개 (인)

최 고 장

수신인 : 주식회사 0000 : 서울시 00구 00동 000-00 (전화번호: 02-000-0000)
발신인 : 주식회사 000의 근로자 홍길동 : 서울시 00구 00동 000-00 (전화번호: 02-000-0000)

1. 당사자간의 지위
이 내용의 최고장의 발송인인 본인 홍길동은 0000년 0월 00일부터 0000년 0월말까지 귀사에서 근무한 근로자이며, 수신인인 귀사는 위 소재지에서 000업을 하는 업체입니다. (참고사항: 사용자가 법인의 경우에는 법인명을 기입하고 대표자이름은 기입할 필요 없으나, 사용자가 개인의 경우에는 상호와 함께 대표자 이름을 기입합니다.)

2. 귀사의 위법행위
근로기준법 제36조(금품청산)에 따르면, 사용자는 근로자의 퇴직 이후 14일 이내에 모든 임금을 청산토록 되어있는 있는 바, 귀사는 0000년 00월부터 0000년 00월까지 본인을 비롯한 근로자 00명에게 지급해야 할 임금 (별지 첨부와 같음)을 0000년 00월 00일 현재까지 지급하지 않고 있습니다. (참고사항: 별지로 체불된 임금을 구체적으로 명시해야 합니다. 만일 체불된 임금명세가 간단할 경우에는 별지 첨부할 필요 없이 임금액을 이 항목에 직접 기입하셔도 됩니다.)

3. 귀사에 대한 청구
위와 같은 사유로 본인은 귀사가 정당한 이유 없이 지급해야 할 임금 (별지 첨부 참조)를 지급하고 있으므로 별첨과 같이 체불임금 총 00,000,000원을 청구하는 바입니다. 따라서 귀사는 본인이 청구하는 체불임금 총 00,000,000 원을 0000년 00월 00일까지 아래의 본인의 은행계좌로 입금해 주시기 바랍니다.
00은행 000-0000-000-000 예금주 (홍길동)
(참고사항: 예금주 명의는 반드시 근로자 본인의 명의라야 합니다.)

4. 귀사의 위법행위에 대한 향후 계획
만일 위의 청구 금액에 이의가 있으신 경우에는 0000년 00월 00일까지 그 세부사항을 알려 주시기 바랍니다. 만일 제4항에 기재한 기일까지 이를 이행치 않을 경우에는 불가피하게 고용노동부 등 관계행정기관에 체불사실을 신고하는 것은 물론 민사소송 등 법적인 보호조치를 강구 할 수밖에 없으며, 이에 따르는 민·형사상 책임은 근로기준법 위반에 따른 귀사측에 있음을 알려 드립니다.
거듭 귀사의 성실한 대책마련을 촉구합니다.

2000. 00. 00 (발신 날자 기입)

위 최고인 홍길동 (날인)

사용자에게 건의문을 전달하거나 최고서를 발송한 결과, 만일 사용자가 체불임금의 지급을 연기해 주거나 분할하여 청산해 줄 의사를 밝히는 경우에 근로자는 이에 응할 지의여부를 신중하게 판단하여 결정하시기 바랍니다.

종전에는 근로자 퇴직시 최장 3개월까지만 당사자의 합의로 면장할 수 있도록 제한하였으나, 이러한 법적 제한은 폐지되었으므로 사용자와 근로자가 합의하에 자유롭게 연장여부를 결정하면 됩니다. 다만, 이 경우에는 지연이자 문제될 수 있는데, 원칙적으로 체불임금에 대한 지연이자는 임금과 퇴직금에 한하며 근로자가 퇴직하거나 사망하여 근로관계가 종료되는 경우에만 적용되므로 재직중인 근로자에게는 그 적용이 없습니다(자세한 것은 '지연이자' 참조).

체불임금의 지급 연장이나 분할에 합의할 경우에는 반드시 합의사항을 '지불각서' 혹은 '합의서' 형태의 문서로 남겨두어야 합니다. 그리고 지불각서에 사용자인 채무자가 '강제집행을 승낙한다'는 취지를 기재한 이른바 '강제집행인낙조항'이 삽입된 공증문서를 받아두면 약속한 기일에 사용자가 이행하지 않는 경우에도 재판 없이 곧바로 사용자의 재산에 강제집행을 할 수 있기 때문에 근로자에게 매우 유리합니다. 이와 유사한 기능을 하는 것으로서 지불각서와 함께 약속어음공증을 받아 두는 것입니다. 이들 공증문서는 집행권원으로서의 효력이 있으므로 사용자인 채무자가 약속을 지키지 않는 경우에 큰 위력을 발생합니다.

지 불 각 서

1. 제1조 : 채권자와 채무자의 표시
(1) 채권자 (근로자) 이름 :
주민등록번호 :
주소 :
연락처(전화번호) :
(2) 채무자 (사용자)
(개인사업자인 경우) 이름 :
주민등록번호:
주소:
연락처(전화번호)
(주식회사 등 법인의 경우)회사명: 주식회사 00 / 사단법인 00
대표자 성명 :
대표자 주민등록번호 :
대표자 주소 :
대표자 연락처 :
2. 제2조 : 체불임금의 확인
위 채무자(각서인)는 채권자에 대하여 20XX년 0월 및 0월분 급여 각각 일금 0,000,000원 총0,000,000원을 20XX년 현재까지 체불하였음을 확인합니다.
3. 제3조 : 채무 및 변제기의 표시
위 채무자는 금액 0,000,000원을 20xx년 0월 0일까지 다음의 채권자 은행 계좌번호로 송금할 것을 각서합니다.
○ ○ 은행
계좌번호
예금자명(예금자명은 반드시 근로자 본인의 이름이어야 합니다)
4. 강제집행인낙의 표시
위 채무자가 제3조의 채무를 변제기일까지 변제하지 않을 경우에는 채권자의 강제집행에 어떤 이의도 제기하지 않겠습니다.

일 자
채무자 (인)

('강제집행인낙조항'이 삽입된 공증문서(지불각서)의 예)[2)]

또한, 사용자의 임금체불에 대해 진정·고소하거나 민사소송 등의 절차에 착수할 것을 대비하여 사용자 및 회사의 재산 상태를 미리 확인할 필요가 있으며, 특히 사용자의 매출채권의 경우에는 미리 사용자로부터 '채권양수'받아 두어야 할 필요가 있습니다.

▎사용자로부터 회사의 매출채권을 양수 받는 방법 (채권양도 방법)

안정적인 거래처로부터 받을 매출채권은 현금이나 마찬가지이기 때문에, 근로자는 사용자에게 임금체불로 고소하지 않는 대신에 매출 채권을 미리 근로자 대표 등에게 채권 양도해 줄 것을 요구하는 것은 임금확보를 위한 실효적인 방법의 하나입니다. 그런데 채무자는 여기저기서 빚독촉을 받을 수도 있기 때문에, 그 순간의 위기를 피하기 위하여 동일한 채권을 한 사람이 아닌 여러 사람에게 양도하는 경우도 있습니다. 따라서 이러한 경우에, 즉 동일한 하나의 채권이 여러 사람에게 양도된 경우에는 채권을 양도받은 여러 사람 중에서 어떤 사람이 채권을 유효하게 양수받게 되는 지 알기가 곤란할 것입니다. 따라서 이런 경우에는 채무자의 통지나 승낙이 명시된 '확정일자' 있는 증서를 누가 먼저 받는 지의 여부에 따라 결정됩니다.

여기에서 '확정일자'란 그 증서를 작성한 일자가 법률상 완전한 '증거'로 될 수 있는 일자, 즉 법률적으로 인정할 수 있는 '일자'를 의미합니다. 가장 대표적인 확정일자가 '공정증서의 일자', 즉 공증사무소에서 '공증'을 받은 일자입니다. 따라서 근로자는 채권양수도 계약서(서식)과 같은 채권양도문서를 작성한 후에 반드시 이를 공증인가 법무법인엑서 '공증'을 받아 두는 것이 안전합니다.

---

2) 공증사무소에서 본 지불각서에 공증을 받으면 이 지불 각서 자체가 집행권원으로 인정되는 공증문서가 됩니다

채권양수도 계약서

홍길동(근로자 이름) (이하 "갑"이라 함)과 이몽룡(사용자 이름) (이하 "을"이라 함)은 "을"의 "갑"에 대한 채무를 담보하기 위하여 "을"이 (이하 "병"이라 함)에 대하여 가지고 있는 아래의 채권을 "갑"에게 양도하기로 하고 다음과 같이 약정한다.

다 음

제1조 (대상채권)
"을"이 "갑"에게 양도하는 채권은 아래 목록 기재의 채권(이하 "대상채권"이라 함)으로 한다.

거래업체(납품처)	채권접수일	납품일자	품목	채권금액	매출번호

제2조 (피담보채무)
 본 계약에 따른 양수채권이 담보하는 피담보채무의 범위는 양 당사자 사이에 체결한 여신거래약정서, 추가약정서 및 매출채권 양수도에 관한 기본계약서에 기한 채무를 포함하여 "을"이 "갑"에 대하여 현재 부담하고 있거나 장래 부담할 대출원리금 채무 및 기타 위 계약서들과 관련된 일체의 채무(이하 "피담보채무"라 함)로 한다.

제3조 (채권양수도)
"을"은 "피담보채무"를 담보하기 위하여 "대상채권"을 "갑"에게 양도하고, "갑"은 이를 양수한다.

제4조 (채권양도 통지권한 부여)
"을"은 "병"에 대한 채권양도 통지권한을 "갑"에게 부여하고, "갑"은 "을"을 대리하여 "병"에게 채권양도 통지를 하기로 한다.

제5조 (기타 사항)
본 계약에서 정하지 아니한 사항에 대하여는 양 당사자가 체결한 매출채권 양수도에 관한 기본계약서, 추가약정서, 여신거래약정서의 순서로 이를 적용하기로 한다.
상기 기재내용과 같이 채권양수도계약을 청약하오니, 이를 승낙하여 주시기 바랍니다.

20 년 월 일
(갑) 채권 양수인
(을) 채권 양도인

(3) 노동부에 진정서/고소장 접수

근로자가 사용자에게 체불된 임금을 지급해 줄 것을 요청하였음에도 불구하고 사용자가 이를 부인하며 다투는 경우 혹은 근로자가 사용자에게 체불 임금의 지급을 요청해 볼 필요도 없을 정도로 사태가 악화된 경우에, 근로자로서는 즉시 고용노동부에 진정 또는 고소를 해야 합니다.

'진정'이란 임금을 지급받지 못한 근로자가 밀린 임금을 지급받을 수 있도록 해달라고 요구하는 것이며, '고소'는 사용자를 근로기준법 위반으로 처벌해달라고 요구하는 것입니다. 진정과 고소는 사업장소재지 관할 지방고용노동관서에 제기하는 것으로서 임금채권의 민사소멸시효인 3년이 완료된 이후라 할지라도 임금체불죄의 공소시효인 5년이 경과하지 않았다면 진정 내지 고소를 제기할 수 있습니다.

▎**임금체불사건의 공소시효**

임금 등을 체불한 사용자에 대한 처벌 규정의 공소시효는 2007.12.21 형사소송법 제249조 개정으로 인해 5년으로 연장되었습니다(2007.12.21 이전 금품 체불이 발생한 사건은 3년). 이는 근로자가 사용자에게 민사상 지급청구를 할 수 있는 기간인 임금 채권의 소멸시효와는 별개의 개념입니다. 공소시효의 기산점은 범죄 행위가 종료한 때(형사소송법 제252조)로서 이는 임금 정기지급일 또는 퇴직일로부터 14일이 경과한 때를 의미하며 국외 도피는 공소시효 정지 사유가 됩니다(형사소송법 제253조). 따라서, 근로자는 민사상 임금채권의 소멸시효인 3년이 경과한 경우라도, 임금 등 체불사건의 공소시효인 5년을 경과하지 않았다면, 여전히 사용자를 처벌해 달라고 진정내지 고소를 제기할 수 있습니다. 따라서, 근로자로서는 사용자에게 민사소멸시효인 3년이 아니라 형사 공소시효인 5년 이내의 체불임금을 지급할 것을 주장할 수 있습니다.

임금체불 사건을 진정으로 제기할지 고소로 제기할 지의 여부는 사안마다 다릅니다. 이를테면, 사용자가 도주할 위험이 있기 때문에 지명수배 등을 통하여 사용자의 신변을 확보할 필요성이 있는 경우라면 처음부터 고소를 제기하는 것이 좋습니다. 특히, 근로자가 대지급급(체당금)을 지급받거나 사용자 재산을 압류하기 위해서는 노동관서로부터 공문서인 임금체불확인서를 발급받아야 하는데, 사용자가 노동관서에 출석하여 임금체불 사실을 확인하지 않는 한 근로감독관은 원칙적으로 임금체불확인서를 발급해 주지 않기 때문에, 사용자가 출석에 불응할 것이 명백하다면 처음부터 고소를 제기하여야 근로감독관이 사용자에 대하여 지명수배절차에 착수하여 사용자의 출석을 강제할 수 있을 것입니다. 이러한 긴급한 상황인 경우를 제외한다면, 일단 진정을 제기하는 것이 일반적입니다. 노동관서에 '진정'을 하게 되면 근로감독관이 즉시 사건을 접수하여 '진정사건'의 사실관계를 조사하게 됩니다. 진정사건을 조사한 결과, 임금체불사실이 확인되었을 때에는 시정기간 25일 이내에 시정하도록 서면으로 지시하게 되며, 기한 내에 시정완료(체불임금의 지불)하면 진정이 취하되어 사건이 종결됩니다. 이 경우 근로자는 체불된 임금을 받게 되고, 근로자가 사업자의 처벌을 원하지 않는 경우에는 사업자도 형사처벌을 받지 않게 되어 원만하게 사건이 해결할 수 있습니다.

이러한 고용노동부의 시정지시에도 불구하고 사업주가 기한 내에 시정을 이행하지 않으면 근로감독관은 사건을 검찰로 넘겨 사업자를 정식으로 '입건'하여 범죄사실(체불임금)에 대하여 '수사'하게 됩니다. 그 결과 임금체불 사업주는 3년 이하의 징역 또는 2,000만원 이하의 벌금형을 받을 수 있습니다.

진 정 서

진정인 : OOO (인)
진정인 주소 : (전화. 000-0000-0000)
피진정 인: (주)OOOO 대표 OOO
피진정 인 주소 : (전화. 000-0000-0000)

진정요지
진정인(들)에 대하여 사용자가 임금 / 퇴직금 등을 체불하고 있어 진정합니다.

진정내용
1. 당사자의 지위
피진정인은 위 주소지에서 OOO를 생산하는 생산하는 업체이며, 진정인은 피진정인 회사에 2000. 00. 00 에 입사하여 OO직 사원으로 0000. 00. 00. 현재 근로중인/ 0000. 00. 00. 에 퇴사한 근로자입니다.
2. 진정에 이르게 된 경위
피진정인 회사측에서는 년 월부터 년 월까지 본인/ 본인을 비롯한 근로자의 동의 없이 다음과 같이 일방적으로 임금 및 퇴직금을 지급하지 않고 있습니다.
임금 :
퇴직금 :
임금체불 총액:
(진정하는 구체적인 내용을 육하원칙에 따라 구체적으로 기록하시거나 내용이 많은 경우에는 별첨 형식으로 첨부하셔도 됩니다.)
3. 진정 취지
진정인은 위와 같은 사유로 귀 고용노동청에 진정하게 되었사오니 이를 철저히 조사하셔서 피진정 회사측이 진정인에게 체불임금 총액 금 000,000,000원을 지급할 수 있도록 선처하여 주시기 바랍니다.

년   월   일
위 진정인   (印)

OO지방 고용노동청 지청장 귀하

(4) 체불임금확인원의 발급과 사용자 재산에 대한 강제집행

고용노동부에서는 임금체불 진정사건이 해결되지 못한 경우, 즉 사용자가 근로감독관의 시정지시를 이행하지 않는 경우에는, 사용자를 형사 고발함과 아울러 근로자에게는 체불임금확인원을 발급해 줍니다. 이들 문서는 근로자가 요구하는 경우에만 발급해 주므로 근로자는 담당 근로감독관에게 반드시 체불임금확인원을 발급해 줄 것을 요청하여야 합니다.

체불임금확인원은 사용자의 임금체불사실이 확인되는 때, 즉 사건을 검찰로 송치할 때부터 발급이 가능하지만, 사용자의 체불임금 사실이 최종적으로 확인되기 전이라도 급박한 상황이 있는 경우, 이를 테면 압류된 사용자의 재산이 경매·처분되는 경우 등에는 예외적으로 근로자는 근로감독관에게 체불임금확인서의 발급을 요청하여 발급받을 수 있습니다. 체불임금확인원은 ①법원에 민사소송을 신청할 때 임금채권의 내역 및 액수를 증명하는 자료로 사용되며, ②민사소송의 제기 전에 또는 민사소송의 제기와 함께 채권자의 재산에 가압류를 신청할 때 증빙서류로 제출할 수 있으며 ③사용자의 재산이 경매 실행되어 그 배당금을 청구할 때, 배당요구액을 소명하는 자료 등으로 활용됩니다. 실무적으로도 근로자가 임금체불을 원인으로 하는 소를 제기하거나 가압류를 신청하면 통상적으로 법원은 근로자에게 체불임금학인원을 제출할 것을 요구합니다. 과거에는 노동청 진정 후 근로감독관이 조사를 하여 체불임금을 확인한 것에 대해 '체불금품확인원'과 함께 '무공탁가압류협조공문'을 발급하여 근로자가 사용자의 재산을 가압류할 때 공탁금을 납부하지 않아도 되었으나, 현재에는 이러한 무공탁가압류협조공문을 발급하지 않고 있으므로 가압류를 진행할 시에는 근로자도 공탁금을 납부해야 합니다.

체불임금해결시 필요한 정보	
사업주관련	성명 (법인명 및 법인대표자) 주소 (주민등록번호) 사업장소재지, 상시근로자수, 사업종류 (생산제품) 사업장 폐업 시: 대표자성명, 주소, 전화번호
밀린 임금액	임금 지급명세서 (임금봉투) 임금을 지급 받은 예금통장 (사본) 등
재산보유현황 (민사소송시 필요)	회사제품의 납품처 사업주 소유 부동산의 등기부 등본 등
기타 유용한 자료	근로계약서 / 취업규칙 / 단체협약서

▎**사용자 재산에 대한 강제집행**

체불임금 근로자가 소를 제기하면 법원은 우선 사업자인 피고에게 근로자인 원고의 청구 취지대로 이행할 것을 권고합니다. 그리고 2주의 이의신청기간 동안 사업자가 이의를 제기하지 않으면 소장은 확정판결과 같은 효력을 갖게 되고, 청구취지의 내용대로 강제집행을 하게 됩니다. 이때 가압류로 설정해 놓았던 것이 본 압류로 전환하게 되고 강제집행의 대상이 됩니다. 반면에, 피고(사업자)가 원고(근로자)의 소장에 이의를 제기하면, 법원은 변론기일을 지정하여 양 당사자에게 통보합니다. 판결의 신속성을 기하기 위하여 1회 변론기일에 변론을 종결하고 판결하게 됩니다. 판결문을 토대로 집행문이 부여되고 그에 따라 강제집행하게 됩니다. 그런데 이런 송사는 혼자 진행하기 힘들 것입니다. 따라서, 대한법률구조공단에서는 체불 당시 최종 3개월 분의 월평균임금이 400만원 미만인 임금체불피해자를 돕고 있습니다. 공단에 방문하실 때에는 지방고용노동관서에서 발급 받은 체불임금확인원과 신청자 본인의 주민등록등본과 법률구조대상자임을 소명할 자료 등을 구비하고 가까운 대한법률구조공단(http://www.klac.or.kr) 사무실에 방문하여 상담을 신청해야 합니다.

6. 근로자의 임금은 가장 먼저 지급되어야 합니다.

사업주가 근로자에게 고의로 임금을 지급하지 않는 경우는 드뭅니다. 임금을 주고 싶어도 유동성 부족으로 지급하지 못하다가 급기야 회사는 도산하게 되고 회사의 재산은 경매처분으로 넘어가는 경우도 발생합니다. 그런데, 회사의 재산이 경매로 넘어가면 대부분의 경우 경락대금은 회사 재산의 담보권자들에게 들어가고 일반채권자에 불과한 근로자에게 돌아오는 경우는 드뭅니다. 따라서, 국가에서는 임금채권의 우선변제권뿐 아니라 임금채권 중 일정한 부분에 대해서는 최우선변제권까지 인정하고 있습니다.

근로자의 임금채권은 일반채권에 불과하므로 담보물권인 저당권 또는 질권에 우선할 수 없는 것이 원칙입니다. 그러나 임금은 근로자와 그 부양가족의 생존의 기초로서의 의미를 지니기 때문에 거의 모든 국가는 임금채권보장제도를 두어 근로자의 체불임금에 대하여 일정한 요건하에서 우선적으로 보장을 하고 있습니다. 우리나라에서도 임금채권에 대해서는 일반채권 중에서는 가장 우선 순위를 부여하여 근로자의 임금을 보호하고 있습니다.

> **우선변제순위**
> ① 최종 3월분의 임금, 최종 3년간의 퇴직금, 재해보상금 (최우선변제권)
> ② 질권, 저당권에 우선하는 조세, 공과금 등 저당목적물에 부과된 국세(당해세)
> ③ 질권, 저당권에 의하여 담보된 채권(주로 금융기관의 대출금)
> ④ 임금 기타 근로관계로 인한 채권 **(우선변제권)**
> ⑤ 일반 조세 공과금(국세 기본법 제31조 제2항)
> ⑥ 기타 채권 (일반채권)

위의 우선변제순위는 사용자의 재산이 경매처분되는 경우에 채권자들에게 배당하는 순위입니다. 위의 우선변제순위와 같이, 원래, 임금채권은 담보권(질권,저당권)이 없는 '⑥일반채권'에 불과하지만, 임금채권에 대해서는 '⑤ 일반 조세 공과금(국세 기본법 제31조 제2항)' 보다 우선순위를 인정하고 있는데, 이것을 '임금채권 우선변제권'이라고 합니다. 그런데, 현실에서는 회사의 재산이 경매로 넘어가면 대부분의 경락대금은 회사 재산의 담보권자들에게 들어가고 일반채권자에 불과한 근로자에게 돌아오는 경우는 드물기 때문에, 국가에서는 근로자의 임금채권 중 일정한 부분에 대해서는 '최우선변제권'까지 인정하고 있습니다. 즉, 근로자의 임금채권 중에서 최종 3월분의 임금, 최종 3년간의 퇴직금, 재해보상금은 전액이 사용자의 재산으로부터 최우선변제를 받을 수 있습니다. 최우선변제권의 효력은 매우 강력하여 질권, 저당권에 의하여 담보된 재권뿐 아니라 심지어 질권, 저당권에 우선하는 조세, 공과금 등 저당목적물에 부과된 국세(당해세)보다 우선하여 가장 먼저 변제를 받는 최우선변제의 특권입니다.

그런데, 유의하실 사항은 경매절차에서 이러한 근로자의 최우선변제권은 당연히 인정되는 것은 아니라는 점입니다. 즉, 사용자의 다른 담보채권자가 임의경매를 신청한 경우에는 임금채권 최우선변제청구권이 있는 채권자인 근로자라 하더라도 민사절차에 의한 집행절차에서 임금채권 우선변제를 받기 위해서는 집행법원에 배당요구의 종기일까지 배당요구를 하여야 합니다. 왜냐하면 근로자의 임금채권은 공시되지 않는 일반채권에 불과하기 때문에, 집행법원에 배당요구의 종기일까지 배당요구하지 않는다면 누구도 임금채권의 존재를 알 수 없기 때문입니다. 따라서, 만일 임금이 체불된 상태에서 회사의 재산이 임의경매에 넘어간 경우에는 신속하게 관할 고용노동부지청에 임금체불을 신청하여 근로감독관으로부터 체불금품확인서를 발급받아 집행법원에 배당요구의 종기일까지 배당요구하여야 합니다. 만일, 집행법원에 배당요구의 종기일까지 배당요구하지 못하는 경우에는 최우선변제권을 행사할 수 없습니다.

▌최종 3개월분의 임금

최우선변제권은 '최종 3월분의 임금, 최종 3년간의 퇴직금, 재해보상금'에 한하여 인정되는데, 여기에서의 '최종 3개월분의 임금'이란 퇴사하기 직전 마지막 3개월분의 임금을 의미하는 것입니다. 이를테면, 월급이 200만원인 근로자가 1월부터 6월까지 6개월간 월급을 100만원만 지급받다가 결국 임금체불로 7월 1일에 퇴사하는 경우 체불임금 총액은 600만원입니다. 그런데, 이 경우에 회사가 1월 급여 100만원, 2월 급여 100만원...같은 식으로 급여이체내역을 기재하거나 월 임금명세서에 표시하여 지급하는 경우, 근로자의 임금체불내역은 1월부터 6월까지 매달 100만원이 되기 때문에, 퇴사하기 직전 3개월의 체불임금총액은 300만원이 됩니다. 따라서, 근로자가 최우선받을 수 있는 금액은 최종 3월분(6월, 5월, 4월)의 임금인 300만원이고, 3월, 2월, 1월분 체불임금 300만원은 최우선변제권이 아니라 일반 우선변제권만 인정되는 것입니다. 따라서, 이러한 경우에 근로자는 월급명세서를 받는 즉시 '사업주가 지급하는 모든 임금은 먼저 발생한 임금부터 충당한다'라는 내용의 내용증명을 보내거나 적어도 사용자로부터 확인서를 받아 두어야 합니다. 이를 법률용어로 채무자(사용자)의 지정변제충당에 대한 채권자(근로자)의 이의제기라고 하는데, 이러한 조치를 하게 되면 '법정변제충당'에 따라 먼저 이행기가 도래한 1월 체불임금부터 순서대로 충당됩니다. 그 결과, 1월~3월까지의 급여는 매달 일부씩 받은 임금으로 모두 충당되었기 때문에 임금체불이 없고, 4월~6월분 임금은 전혀 지급 받은 것이 없게 되므로, 결국 최우선변제권으로 지급 받는 최종 3월분 임금은 300만원이 아니라 600만원이 되는 것입니다.

7. 대지급금(체당금)3)이란 무엇인가?

국가에서는 근로자의 임금채권을 보장하기 위하여 임금채권의 우선변제권 및 임금채권 최우선변제권까지 인정하고 있지만, 그것은 변제받을 사용자의 재산이 있는 경우이고, 사용자에게 재산이 전혀 남아 있지 않다면 임금채권 최우선변제권은 무력할 것입니다. 따라서, 국가에서는 기업의 도산 등으로 인하여 '퇴직'한 근로자가 임금 등을 지급받지 못한 경우 국가가 일단 사업주를 대신하여 밀린 임금 등을 지급하는 대지급금(체당금)제도를 운영하고 있습니다. 즉, 근로자가 대지급금을 청구하면 사업주의 의사와 관계없이 국가가 사업주를 대신하여 일정액을 우선 지급하고, 추후에 국가가 사용자로부터 지급한 금액을 구상하는 것입니다. 이러한 대지급금제도에는 도산대지급금, 간이대지급금 및 재직자를 위한 대지급금이 있는데, 대지급금의 지급 요건 등은 '임금채권보장법'이라는 개별법이 정하고 있습니다.

도산 대지급금의 범위는 최종 3월분의 임금 또는 휴업수당 및 최종 3년간의 퇴직금이라는 점에서 임금채권우선변제권의 보장 범위와 유사해 보이지만, 대지급금은 원래 사용자가 주어야 할 밀린 임금을 국가가 대신 지급하는 것이라는 점에서 연령별로 일정 상한액이 있기 때문에(최대 2,100만원) 임금채권최우선변제권으로 보장되는 금액보다 훨씬 작습니다. 따라서, 사용자의 재산이 있는 경우에는 일단 도산 대지급금을 신청하여 상한액까지 지급 받고, 도산 대지급금에서 받지 못한 금액에 대해서는 임금채권우선변제권을 행사하여 경매

---

3) 기존에는 '체당금'이었으나, 2021년 4월 13일 개정된 임금채권보장법은 그 명칭을 '대지급금'으로 변경하였습니다.

절차에서 그 차액을 받아 내야 합니다.

한편, 도산 대지급금의 경우에는 회사가 도산하는 경우에만 허용되므로, 회사가 도산하지 않거나 사실상 도산이 인정되지 않는 경우에는 근로자가 구제받는 것이 불가능하다는 문제점이 있었습니다. 따라서, 도산하지 아니한 사업의 사업주로부터 임금 등을 지급받지 못하고 퇴직한 근로자의 생활을 안정시키기 위한 '간이 대지급금 제도'가 도입되었으며, 최근에는 재직근로자에 대한 대지급금제도까지 도입되었습니다.

간이 대지급의 범위는 월급, 및 휴업수당, 퇴직금을 포함하여 최대 1000만원(월급, 퇴직금, 휴업수당, 출산 전휴 휴가기간중의 급여 등의 각 상한액 700만원)이므로, 간이 대지급금의 범위를 넘는 금액은 도산 대지급금을 신청하여야 추가로 그 차액을 지급받거나 회사의 재산에 대하여 직접 최우선변제권을 행사하게 될 것입니다. 그런데, 도산 대지급금의 경우와 달리 간이 대지급금은 연령에 따른 금액의 제한이 없으므로, 이를테면 월급여 700만원인 근로자가 1개월만 임금이 체불되어도 700만원 전액에 대한 간이 대지급금 신청이 가능합니다. 한편, 최근에 도입된 재직 근로자에 대한 대지급금은 임금액이 고용노동부장관리 고시하는 금액(최저임금의 110%, 2021년 기준 시간당 9,592월, 주40시간 월급 2,004,728원) 미만인 경우에 가능하며 하나의 사업에 근로하는 동안에 1회만 지급이 가능합니다.

▎**대지급금의 양도 및 담보의 금지 등**

대지급금은 도산기업 근로자의 기본적인 생계보장을 위해 지급되는 금품이므로 대지급금을 지급받을 권리를 양도하거나 담보로 제공할 수 없습니다. 다만, 근로자의 부상 또는 질병으로 대지급금을 직접 수령할 수 없는 경우에는 그 가족에게 수령을 위임할 수 있습니다. 실무상 대지급금은 근로자의 금융거래통장으로 직접 입금되므로 금융거래신용불량자로서 은행거래가 불가능한 자에 대해서는 증빙자료를 제출하면 그 가족에게 수령을 위임할 수 있도록 하고 있습니다. 그리고 근로자가 사망한 경우에는 상속인이 확인신청 및 대지급금의 지급을 청구할 수 있습니다. 이때 확인신청서에는 당해 근로자가 사망한 사실을 입증할 수 있는 서류(사망진단서, 사체검안서, 재적등본 등)와 신청인이상속인임을 입증할 수 있는 서류(가족관계증명서)를 첨부하고 다수의 상속인이 대표자를 선임한 경우에는 대표자선임계를 제출하여야 합니다.

8. 대지급금의 신청 요건

대지급금제도에는 도산대지급금, 간이대지급금, 재직자를 위한 대지급금이 있는데, 각 대지급금의 신청 요건을 각각 설명해 드리도록 하겠습니다.

(1) 도산대지급금의 신청요건

'도산대지급금'은 명칭 그대로 도산한 기업에서 퇴직한 근로자를 상대로 지급하는 대지급금입니다.

┃ 도산대지급금 지급 요건
① '사업주'는 '산재보험 적용대상 사업주'일 것
② '사업주'가 당해 사업을 '6개월' 이상 수행하였을 것
③ '기업의 도산 등 사실'이 인정 될 것
④ '근로자'는 '근로기준법상 근로자'로서 '퇴직기준일'의 1년 전이 되는 날 이후부터 3년 이내에 퇴직하였을 것

1) '사업주'는 '산재보험 적용대상 사업주'일 것

임금채권보장법의 적용대상이 되는 사업장은 산재보험 적용 대상 사업장을 의미합니다. 따라서, 상시 근로자 1명 이상 근무하는 사업장으로서 산재보상보험의 적용대상에 해당하면 별도의 가입 절차 없이 임금채권보장법의 적용을 받습니다. 임금채권의 보장을 받을 수 있는 사업장을 산재보험 적용사업장으로 정한 이유는 회사가 산재보험료를 납부하면서 임금채권보장부담금을 함께 납부하기 때문입니다.

다만, 다음의 일부 업종(사업장) 혹은 산재보상보험의 당연적용 사업장이 아닌 임의 적용 사업장은 임금채권보장법이 적용되지 않습니다.

> **▍임금채권보장법이 적용되지 않는 사업장**
>
> ① 공무원연금법 또는 군인연금법에 따라 재해보상이 되는 사업 ② 선원법, 어선원및어선재해보상보험법 또는 사립학교교직원연금법에 따라 재해보상이 되는 사업 ③ 가구 내 고용활동(가사사용인) ④ 농업, 임업(벌목업은 제외한다), 어업의 상시 5명 미만인 개인 사업자(다만, 법인의 경우에는 상시 근로자수와 무관하게 적용됨)

2) '사업주'가 당해 사업을 '6개월' 이상 수행하였을 것

산재보험의 적용을 받기 위해서는 그 사업주가 근로자의 퇴직일을 기준으로 '6개월' 이상 사업활동을 하였어야 합니다. 실무적으로 공단은 근로자 퇴직시점에 사업장의 고용보험 가입기간이 '6개월 이상'인지 여부로 사업주가 당해 사업을 '6개월' 이상 수행하였는 지를 판단합니다.

3) '기업의 도산 등 사실'이 인정 될 것

'도산 대지급금'은 오로지 기업이 '도산'되었다고 인정되는 경우에 한하여 지급되는 것인데, 여기에서 '기업의 도산'에는 ①법정도산 ②사실상 도산의 두 가지가 있습니다.

> **1. 법정도산 : 법원에 의한 재판상 도산**
> '법정도산'은 법원에 의한 파산의 선고 또는 회생절차의 개시의 결정이 있는 경우에 인정됩니다.
> ① 채무자회생 및 파산에 관한 법률에 의한 파산의 선고
> ② 채무자회생 및 파산에 관한 법률에 의한 회생절차 개시의 결정
>
> **2. 사실상 도산 : 지방노동관서의 장에 의한 도산 등 사실 인정**
> 재판상 도산은 아니지만, 상시 근로자 300인 이하의 일정 규모 기업에 한하여 사업주가 경영악화 등으로 인해 사실상 도산 상태에 빠져 있음을 지방노동관서장이 인정하는 것입니다.

따라서, '도산 대지급금'을 신청하기 위해서는 법원으로부터 파산의 선고 또는 회생절차의 개시의 결정을 받거나(법정도상) 사업장 관할 지방노동관서에서 사실상 도산을 인정받아야 합니다.

4) '근로자'는 '근로기준법상 근로자'로서 '퇴직기준일'의 1년 전이 되는 날 이후부터 3년 이내에 퇴직하였을 것

도산 대지급금의 신청은 '퇴직기준일'의 1년 전이 되는 날 이후부터 3년 이내'에 퇴직한 근로자의 경우에만 신청할 수 있습니다. '퇴직기준일'은 다음과 같이 '재판상 도산'과 '사실상 도산'의 경우를 각각 달리 규정하고 있습니다.

퇴직기준일

① 재판상 도산의 경우
 파산의 선고, 회사회생절차개시의 결정이 있는 경우에는 그 '신청일'('신청일'이지 '결정일'이 아님을 유의하여야 합니다).

② 사실상 도산의 경우
 근로자의 지방노동관서의 장에 대한 '도산등사실인정 신청일('신청일'이지 '결정일'이 아님을 유의하여야 합니다)

'퇴직기준일'이란 근로자의 대지급금 지급대상 요건인 퇴직시기를 판단하는 기준이 되는 날입니다. 따라서, 퇴직기준일은 근로자가 사업주와의 근로관계를 종료한 '퇴직일'을 의미하는 것이 아님을 유의하여야 합니다.

도산대지급금은 '퇴직기준일', 즉, 파산선고나 회생절차개시결정 신청일(재판상 도산) 혹은 도산 등 사실인정 '신청일(사실상 도산)'로부터 과거로 1년, 향후 2년 사이에 퇴사한 근로자라야 신청할 자격이 있습니다. 이를테면, 도산등사실인정 신청일이 2023년 6월1일이라면 2022년 6월1일~2026년5월31일 사이에 퇴사한 근로자라야 도산대지급금을 받을 수 있는 것입니다. 따라서, 퇴사한 후 1년이 지나서 도산등사실인정신청을 하는 경우에는 대지급금을 지급받지 못합니다.

도산등사실인정의 신청은 회사가 사실상 도산 상태에 있는 경우 그 회사에서 근무하다가 퇴사한 근로자라면 누구든지 할 수 있고, 도산등사실인정의 확인은 한번만 하면 되므로, 여러명의 퇴사자들이 도산등사실인정을 신청하더라도 그 중에서 도산등사실인정이 한번 확인되면 나머지 퇴사자들에게도 대지급금을 지급합니다.

(2) 간이대지급금의 신청요건

간이대지급금은 회사의 도산여부와 관계없이 사업주로부터 임금 등을 지급받지 못하고 퇴직한 근로자 혹은 재직 중인 근로자를 상대로 지급하는 대지급금입니다.

> **┃ 간이대지급금 지급 요건**
> ① '사업주'는 '산재보험 적용대상 사업주'일 것
> ② '사업주'가 당해 사업을 '6개월' 이상 수행하였을 것
> ③ 고용노동부로부터 체불임금 등 사업주 확인서를 발급 받을 것
> ④ 체불임금등 사업주확인서가 최초로 발급된 날부터 6개월 이내에 간이대지급금의 지급을 신청할 것 (혹은 퇴직을 한 다음날부터 2년 이내에 소송을 제기하여 승소 판결문, 집행권원, 확정증명원을 발급 받고, 법원의 확정판결 등을 받은 날로부터 1년 이내에 간이대지급금의 지급을 신청할 것)

'사업주 요건(① '산재보험 적용대상 사업주'일 것, ② '사업주가 당해 사업을 '6개월' 이상 수행하였을 것')은 도산 대지급금의 경우와 동일하고, 그 외의 간이대지급금 지급 요건은 다음과 같습니다.

③ 고용노동부로부터 체불임금 등 사업주 확인서를 발급 받을 것

관할 노동청에 진정서를 접수하여 임금체불 조사를 받아 사업주확인서 (임금체불확인서)를 발급 받아야 합니다(통상 1-2개월 소요)

④ 체불임금등 사업주확인서가 최초로 발급된 날부터 6개월 이내에 간이대지급금의 지급을 신청할 것

원래는 고용노동부로부터 체불임금 등 사업주 확인서(임금체불확인서)를 발급받더라 곧바로 간이 대지급금을 신청할 수 없고, 간이대지급금을 신청하기 위해서는 먼저 고용노동부로부터 발급받은 임금체

불확인서를 기초로 법원에 지급명령 등을 제기하여 판결 등이 확정되어야만 하였습니다. 그런데, 최근에는 간이대지급금 지급 절차가 대폭 간소화되어 근로자는 법원에 지급명령 등을 제기할 필요 없이 노동관서로부터 발급받은 임금체불확인서만으로도 간이대지급금의 지급을 신청할 수 있게 되었습니다. 유의할 점은, 임금체불확인서가 최초로 발급된 날부터 반드시 6개월 이내에 간이대지급금의 지급을 신청하여야 하고, 6개월이 경과하는 경우에는 간이대지급금을 지급받지 못한다는 것입니다.

▎재직자에 대한 간이대지급금의 지급

재직근로자도 재직 기간중 1회에 한하여 간이대지급금을 신청할 수 있습니다. 재직자에 대한 간이대지급금의 범위는 재직근로자가 해당 사업주에 대하여 법원에 체불임금에 대한 소송을 제기하거나 관할 고용노동청에 진정·청원·탄원·고소 또는 고발 등을 제기한 날을 기준으로 맨 나중의 임금 체불이 발생한 날부터 소급하여 3개월 동안에 지급되어야 할 임금 중 지급받지 못한 임금, 휴업수당, 출산전후휴가기간입니다. 단, 재직 근로자에 대한 대지급금은 임금액이 고용노동부장관리 고시하는 금액(최저임금의 110%, 2021년 기준 시간당 9,592월, 주40시간 월급 2,004,728원) 미만인 경우에 가능하기 때문에, 현재로서 재직자에 대한 간이대지급금은 저임금자에 한하여 인정된다 하겠습니다.

9. 대지급금의 범위

도산대지급금의 범위는 최종 3월분의 임금 또는 휴업수당 및 최종 3년간의 퇴직금 중에서 미지급된 금액입니다.

(1) 최종 3월분의 임금

'최종 3월분의 임금'이란 근로자의 퇴직일 또는 사실상 근로관계가 종료된 날부터 소급하여 3개월간의 근로로 인하여 지급사유가 발생된 일체의 금품을 말합니다. 여기에서의 '최종 3월'은 문자 그대로 근로자의 퇴직일 또는 사실상 근로관계가 종료된 날부터 소급하여 특정된 3개월만을 의미합니다. 이를테면 근로자의 임금이 6개월간 체불된 상태인데 사용자가 3개월의 체불된 임금을 지급하면서 최종 3개월분의 임금으로 특정한 경우에 최종 3개월 임금은 지급된 것으로 보아야 하므로, 설령 그 이전의 3개월 임금을 지급받지 못한 경우에도 대지급금은 지급받을 수 없습니다. 따라서, 근로자가 회사부터 장기간의 임금체불 상태에서 일부의 임금만을 지급받을 경우에는 반드시 해당 임금이 최종 3개월분의 임금이 아닌 그 이전에 미지급된 임금인 것을 특정하여 명시할 것을 요구하여야 합니다('6. 근로자의 임금은 가장 먼저 지급되어야 합니다.'의 '최종 3개월분의 임금' 참조).

▎**상여금의 경우**

'상여금'이 최종 3월간의 기간 동안의 근로의 대가로 발생한 경우에는 '최종 3월분의 임금'에 포함하며, 이 경우 대지급금의 산정은 해당기간 동안 지급 또는 지급하기로 결정된 금액을 그 결정기간에 따라 비례하여 해당월의 임금에 포함시킵니다.

① 상여금을 3,6,9,12월 말에 3개월의 소정근로일을 8할 이상 근로한 재직자

에게 100% 씩 지급할 경우, 4월말에 퇴직한 근로자의 경우에는 2,3월에 해당하는 상여금이 3월분의 임금에 반영되므로, 2월분 상여금 해당분은 2월의 미지급임금에, 3월분 상여금 해당분은 3월분의 미지급 임금에 포함하여 처리합니다.

② 상여금을 설(200%), 하계휴가(100%), 추석(200%) 등 특정일에 일벙액(률)을 지급하여 각 지급일 사이의 기간이 일정하지 않을 경우 상여금에 대한 대지급금의 산정은 최종 3개월간의 기간에 지급일이 포함되어 있는 자 여부와 관계없이 아래와 같은 방식으로 해당월 임금에 포함시켜 처리합니다.

$$각월의\ 미지급\ 상여금액 \times \frac{연간\ 미지급\ 상여금액}{12월}$$

(2) 최종 3월분의 휴업수당

'최종 3월분의 휴업수당'이란 근로자의 퇴직일 또는 사실상 근로관계가 종료된 날부터 소급하여 3개월간에 사업주가 그의 귀책사유로 인하여 휴업을 실시하여 지급하게 되는 수당을 의미합니다. 따라서, 사업주가 최종 3개월간 중 일정기간에만 휴업을 실시한 경우에는 휴업을 한 기간은 휴업수당을, 그렇지 않은 기간을 임금을 지급합니다.

(예) 2023년 7월 한달 동안 사업주의 귀책사유로 휴업을 실시한 경우, 2023년 7월 31일 퇴직한 근로자의 대지급금 지급보장 범위는 2023년 5~6월분 임금과 7월분 휴업수당 중 미지급액입니다.

(3) 최종 3년간의 퇴직금

'최종 3년간의 퇴직금'이란 법정퇴직금(계속근로년수 1년에 대하여 30일분의 평균임금을 지급)으로 산정된 최종 3년간의 퇴직금 즉, 90일분의 평균임금을 의미합니다(퇴직금의 산정에 대해서는 '제8장 근로계약 종료' 참조).

▎대지급금의 월정 상한액

대지급금으로 지급되는 금액은 미지급 임금 등의 전액이 아니며 일정한 상한액이 정해져 있습니다. 즉, 대지급금의 지급은 대통령령이 정하는 바에 따라 근로자의 퇴직 당시의 연령 등을 고려하여 다음과 같이 월정상한액을 정하고 있습니다(2021.10.14.개정 고시).

(단위: 만원)

퇴직당시 연령	30세 미만	30세이상 40세 미만	40세 이상 50세 미만	50세 이상 60세 미만	60세 이상
임금. 퇴직금	220	310	350	330	230
휴업 수당	154	217	245	231	161

따라서, 대지급금의 월정상한액을 초과하는 미지급 차액에 대해서는 노동관서에서 체불금품확인을 받아 법원을 통해 민사적인 방법으로 해결해야 합니다. 최종 3개월분의 임금과 최종 3년간의 퇴직금, 최종 3월분의 휴업수당에 포함되는 금액에 대해서는 여전히 임금채권 최우선 변제권이 인정되므로 사용자의 재산에 선순위 저당권등이 있는 경우에도 여기에 해당하는 금액은 최우선적으로 변제받을 수 있습니다.

대지급금의 산정

대지급금 산정을 구체적으로 예를 들면 다음과 같습니다.

(예1) 월 400만원을 받던 근로자가 퇴직 당시 연령이 45세이고 최종 5월분의 임금과 최근 5년간의 퇴직금이 체불된 경우 :

- 최종 3월분의 임금 : 350만원 × 3개월 = 1,050만원
- 최종 3년간의 퇴직금: 300만원 (1월의 평균임금은 400만원이나 월정상한액 350만원) × 3년 = 1,050만원

(예2) 29세 근로자의 월급여액이 300만원이고, 그 가운데 사업주로부터 이미 지급된 금액이 50만원인 경우 :

미지급액은 250만원이지만 고시된 상한액이 220만원이므로 220만원을 지급받습니다.

(예3) 3월분 임금 미만을 지급받는 경우, 이를테면 29세 근로자의 월급여액이 300만원인데 2월분 임금과 7일분 임금을 받지 못한 경우 :

대지급금 산정시 미지급 기간이 1월 미만인 경우에는 미지급 날짜수를 따져서 일할 계산하여 지급하는데, 그 일할 계산한 임금의 합계가 연령별 월정상한액을 넘지 않는다면 이를 모두 지급합니다. 즉, 원래의 임금을 일할 계산한 금액의 총액이 월정상한액을 넘지 않는다면 월정상한액을 날자별로 나눈 금액이 아니라 원래의 급여를 기준으로 일할 계산한 금액의 총액을 대지급금으로 지급합니다. 따라서 사안의 경우에는 2개월분 440만원 (220만원 x 2=440만원)과 7일분 70만원(1일분 10만원x7일)의 총합인 510만원을 지급받습니다.

(예4) 45세의 근로자의 월급여액이 340만원인데 2월분 임금과 1월분의 휴업수당(340만원의 70%인 238만원)을 지급받지 못한 경우 :

45세 근로자의 체불임금 상한액은 350만원이고 휴업수당은 245만원이므로 해당 근로자는 2월분의 급여 700만원과 1월분의 휴업수당 245만원의 합계인 945만원을 지급받습니다.

대지급금 신청

대지급금 지급업무는 도산사실 확인, 제당금 지급결정과 통지, 사실확인 등의 업무는 노동관서에서 수행하고, 대지급금지급과 부담금의 징수, 반환 등의 업무는 근로복지공단에서 수행합니다.

1. 재판상 도산의 경우

> ① 재판상 도산발생 현황보고서 (사업주→노동관서)
> ② 사실 확인결과 통지 (노동관서→근로자)
> ③ 지급청구서 송부 (노동부→근로복지공단)
> ④ 대지급금 입금 (근로복지공단→금융기관→근로자)

대지급금 확인신청 및 지급청구(근로자→노동관서)

대지급금 청구인은 사업장 주소지를 관할하는 지방노동관서의 장에게 대지급금지급청구서(서식 1)와 대지급금의 지급요건에 대한 확인신청서(서식 2)를 제출합니다. 신청기간은 재판상 도산의 인정일(파산일, 회생절차 개시일)로부터 2년 이내입니다. 퇴직근로자 개개인에 대한 미지급임금 등을 확인해야 하므로 지급청구서와 확인신청서는 개별근로자별로 모두가 제출해야 합니다.

2. 도산 등 사실인정의 경우

> ① 대지급금 지급요건의 확인신청 (근로자→노동관서)
> ② 사실 확인 결과 통지 (노동관서→근로자)
> ③ 대지급금지급청구서 송부 및 대지급금 송금 (노동관서→근로복지공단→근로자)

(1) 확인신청 및 지급청구 (근로자→노동관서)

'도산 등 사실 인정의 신청'은 사실상 도산한 사업 또는 사업장에서 퇴직한 근로자가 하는 것입니다. 도산 등 사실인정을 받고자 하는 퇴직근로자는 먼저 근로감독관으로부터 체불금품확인서를 발급받은 후, 사업장을 관할하는 지방노동관서의 장에게 도산 등 사실인정신청서 등을 제출하여야 합니다 (서식 3, 4, 5, 6 참조). 사업장이 2 개 이상의 서로 다른 지방노동관서 관할에 소재하고 있는 경우에는 주된 사업장(본사)을 관할하는 지방노동관서에 신청합니다. '도산 등 사실 인정'은 대상사업주에 대해서 하는 것이므로 동일 사업에서 퇴직한 근로자 1인이 도산 등 사실 인정을 받으면 그 사업에서 퇴직한 모든 근로자에게 도산 등 사실인정의 효력이 미칩니다.

(2) 확인결과 통지 (노동관서→근로자)

사실 인정의 신청을 받은 지방노동관서가 도산등사실인정 여부를 결정한 경우에는 지체 없이 그 결과, 즉 도산 등 사실의 인정/불인정 여부를 서면으로 신청인에게 통지해야 합니다. 도산등사실인정 여부의 통지는 신청서를 접수한 날로부터 30일 이내에 하여야 하나, 대상사업주에 대하여 재판상도산이 신청되었거나 사실관계를 확인하기 위하여 부득이한 경우에는 1회에 한하여 30일의 범위 내에서 그 기간을 연장할 수 있습니다.

(3) 대지급금의 청구

사실상 도산을 인정받은 근로자가 대지급금을 지급받고자 하는 경우에는 기업의 도산일(파산일 , 화의개시결정일 , 정리절차개시결정일 도산등사실인정일)로부터 2년 이내에 퇴직 당시의 사업장을 관할하는 지방노동관서에 대지급금의 지급요건에 대한 확인신청서(서식 2)와 대지급금지급청구서(서식 1)를 제출해야 합니다. 이때 대상사업주의 사업에서 퇴직하였다는 사실과 임금 등을 지급받지 못하였다는 사실에 관하여 당해 사업주가 증명하는 서류(퇴직증명서, 임금등체불확인서 등)를 첨부하여야 하나, 이를 첨부하지 않은 것을 이유로 신청서의 접수를 거부할 수 없습니다.

대상사업주에 대해 행하는 도산등사실인정은 주된 사업장(본사)의 소재지 관할 지방 노동관서의 장이 행하는데 반하여 개별 근로자 개개인에 대해 행하는 사실 확인은 신청인이 최종적으로 근무하던 사업장의 소재지 관할 지방노동관서의 장이 행하는 것이 원칙입니다. 그런데 실무상으로는 도산등사실인정을 한 지방노동관서에서 사실확인까지 행하는 경우가 대부분입니다.

(4) 노동부 사실 확인 빛 통지

확인신청서가 접수되면 지방노동관서의 장은 대상사업주 및 대지급금 지급 사유, 지급요건 등의 사실을 확인하여 신청인에게 이를 통지합니다. 만일 사실 확인 통지에 대하여 다투고자 하는 신청인은 노동부장관에게 행정심판을 청구할 수 있습니다.

(5) 근로복지공단 서류송부

신청인이 대지급금 지급요건을 충족한 경우, 지방노동관서의 장은 근로복지공단에 대지급금 지급 청구서와 확인통지서(사본)를 근로복지공단에 송부하여 대지급금 지급을 의뢰합니다. 근로복지공단에서는 특별한 사유가 없는 한 송부 받은 날로부터 4일이내에 금융기관을 통해 청구인의 예금계좌로 입금합니다.

(서식 1) 대지급금지급청구서   )

대지급금지급청구서

①청구서접수일 년 월 일						
②접수지방노동관서		지방청(사무소)		③접수번호		
청구인	④성 명		⑤주민등록번호			
	⑥주 소			(전화 :)		
	⑦체 당 금	원	⑧대지급금 구분	□임금 □휴업수당 □퇴직금		
입금의뢰	⑨입금은행		지점명			
	⑩예 금 주					
	⑪계좌번호					
대상사업주	사업장명		⑫임금채권보장 성립번호			
	대표자 성명		⑬사업개시번호			
	소 재 지					
	⑭산재가입 여부	□가입 □미가입	⑮확인통지서 대장번호			

　　　임금채권보장법시행령 제9조제1항 및 동법시행규칙 제5조의 규정에 의하여
위와같이 대지급금의 지급을 청구합니다.

　　　　　　　　　　　　　　　　　　　　　　년　　월　　일

　　　　　　　　　　　　　청구인　　　　　(서명 또는 인)
　　　　　　　　　　　　　대리인　　　　　(서명 또는 인)

　　　　　　　　근로복지공단　　지역본부(지사)장 귀하

접수	접수일자		처리	선 람		결재	담당	차장	부장	본부(지사)장
	접수번호			조회필						
	처리기간	7일		입력필						수수료 없음

※ ⑨ ~ ⑪란은 뒤쪽의 기재요령을 참고하시기 바랍니다.

(서식 2) 확인신청서

대지급금 등 확인신청서

※ 뒤쪽의 작성방법을 읽고 작성하시기 바랍니다. (앞쪽)

접수번호		접수일			처리기간	14일	
신청인	성명				주민등록번호		
	전자우편주소		전화번호		휴대전화번호		
	주소						
	입사일	년	월	일	임금 지급일	매월	일
대상사업주	사업장명				전화번호		
	대표자성명				상시근로자수		
	소재지						
확인신청사항	1. 파산선고 등 또는 도산등사실인정이 있은 날 및 그 신청일 2. 퇴직일 및 퇴직당시의 연령 3. 최종 3개월분의 임금 또는 휴업수당 및 최종 3년간의 퇴직금중 미지급액 4. 지급받아야 할 대지급금 5. 해당 사업주가 「임금채권보장법」의 적용 대상이 된 날부터 6개월 이상 해당 사업을 한 사실						

「임금채권보장법 시행령」 제10조 및 같은 법 시행규칙 제6조에 따라 위와 같이 확인을 신청합니다.

년 월 일

신청인 (서명 또는 인)
대리인 (서명 또는 인)

○○지방고용노동청
 (지청)장 귀하

	수수료 없음

(서식 3) 대지급금신청시 구비서류

대지급금신청시 구비서류

1. 근로자 개인별 구비서류
   1) 신분증 사본, 개인별 주민등록등본, 대지급금 받을 통장사본(계좌번호 나온 앞면), 도장
   2) 급여 입금된 통장내역(임금 및 체불시점 확인가능 부분, 가급적 입사시부터 최근 내역 까지)
   3) 개인별 체불내용 약술 : 임사일, 퇴사일, 임금 지급일, 체불임금
2. 대지급금 진행 기초 자료
   1) 사업자등록증-(폐업시 폐업증명원과 함께)
   2) 법인등기부등본
   3) 임금대장(퇴사전 2년분 확보, 가능한 전부, 가능한 입사시부터 최근까지 확)
   4) 산재보험가입증명원 : 산재보험 당연 사업장확인
   5) 국민연금, 건강보험 사업장 가입목록 : 도산 등 사실인정 대상 사업주인지 여부
2. 기타 구비서류
   1) 임금 및 퇴직금 지급 능력이 없거나 곤란한지 여부
      재무제표증명원(대차대조표, 손익계산서) , 부속명세서
   2) 유동자산은 어떤 것이 있는 지 여부 정보
      현금 및 현금 등가물, 단기 금융상품 (예금잔고 증명서, 금융거래 확인서, 은행거래현황조회표)
   3) 재고자산은 어떤 것이 있는 지 여부 정보
      제품, 상품 등
   4) 고정 및 유형자산은 어떤 것이 있는 지 여부
      부동산등기부등본, 자동차등록원부, 임대건물일 경우 임대차계약서-상가는 건물주 확인서 추가
   5) 기타 자산이 없음을 증명할 내역 (채무내역서)
      부채명세서(세부내역)-거래업체, 금융기관 등, 각종 공과금/거래처 독촉서, 부도통보서(관련서류), 각종 체납관련 자료 , 기타 채권 · 채무관련 서류일체,
   6) 재산 목록서, 회사 현장 사진자료 채집

■ (서식 4) 도산등사실인정 신청서

도산등사실인정 신청서

※ 뒤쪽의 작성방법 및 유의사항을 참고하시기 바라며, [ ]에는 해당되는 곳에
√ 표시를 합니다.　　　　　　　　　　　　　　　　　　　　　　　(앞쪽)

접수번호	접수일	처리기간	30일

신청인	성명		주민등록번호			
	전자우편주소		전화번호		휴대전화번호	
	주소					
	퇴직한 날 (마지막으로 근무한 날)	년　월　일	체불임금등		임금	원
					휴업수당	원
					퇴직금	원

대상 사업주	사업장명		① 사업의 종류	
	성명(법인인 경우에는 대표자의 성명)		주민등록번호(법인인 경우에는 법인등록번호)	
	근로자수		전화번호	
	소재지	본사		
		사업장		
	사업 활동 현황	사업개시일(　　년　　월　　일), 사업정지일(　　년　　월　　일)		
	사업주의 소재파악 여부	[ ]소재파악 가능　　　　[ ]소재파악 불가능		
	재판상 도산의 신청 여부	[ ]신청　　　　　　　　[ ]미신청		
	② 대지급금 관련업무 지원 공인노무사 지정신청 여부(신청 가능한 대상자의 경우만 해당)	[ ]희망　　　　　　　　[ ] 희망하지 않음		

위의 사업주는 도산등사실인정 대상 사업주로서 사업이 폐지되었거나 폐지되는 과정에 있으며, 임금등을 지급할 능력이 없거나 지급이 현저히 곤란하여「임금채권보장법 시행령」제5조제1항 및 「임금채권보장법 시행규칙」 제2조제1항에 따라 도산등사실인정을 신청합니다.

년　월　일

신청인
(서명 또는 인)
대리인
(서명 또는 인)

○○지방고용노동청(지청)장　귀하

(서식 5) 도산사실인정 신청 보충서면

도산사실인정 신청 보충서면

Ⅰ. 개 요
1. 신 청 인
성 명 : 홍길동(000000-0000000)
주 소 : 서울특별시 구로구 구로동 111-11
연 락 처 : 010-000-0000
전자우편 : 000@gmail.com

2. 대상사업주
사업장명 : (주)홍길동
업 종 : 도소매업
소 재 지 : 서울 강남구 서초동 000 2층

3. 체불현황
> 작성요령 : 사전에 체불액과 대지급금 금액을 계산하되 명확하지 아니한 경우에는 공란으로 하여도 무방함.

Ⅱ. 형식적 요건
1. 사업주의 적격여부
가. 산재보험의 당연적용사업으로서 6개월 이상 사업을 행하였는지 여부
> 작성요령 : 실제 개업일로부터 폐업시점 또는 사업중단시점까지의 사업기간을 개략적으로 정리함

나. 상시근로자수 300인이하인지 여부
> 작성요령 : 연평균 근로자수를 표시하는 방식으로 작성

2. 신청인의 적격여부
신청인 홍길동은 1997년 09월 01일 입사하여 2018년 12월 12일까지 근무하였으며 도산등사실인정 신청일은 2018년 02월 22일인 바, 퇴직한 다음날부터 1년 이내에 신청하였으므로 적합합니다.

Ⅲ. 실질적 요건
1. 사업이 폐업 또는 폐지과정에 있는지의 여부

> 작성 요령 :1) 사업의 내용을 간단히 설명
> 2) 업무중단이나, 폐업 등에 이르게 된 주요 원인 2~3가지 정도 사유를 자세히 기술

2. 임금 및 퇴직금 지급 능력이 없거나 현저히 곤란한지의 여부

> 작성요령 : 가장 최근의 결산서를 첨부하고 결산서의 자산항목과 부채항목에 대해서는 설명. 자산사항과 부채관련사항은 근로자대표나 경리담당, 또는 사업주와의 상담을 통해 정리

Ⅳ. 결과
가. 당해 사업장은 산재보험 당연적용 사업장으로 6개월 이상 당해 사업을 행하여 왔고, 상시 근로자수는 약 0명으로 도산등사실인정 대상사업주이며 모든 근로자들이 2018년 12월 13일 또는 그 이전에 퇴사하여 직원이 전혀 없고 회사 사업장은 이미 폐쇄되었으며 사업주도 사업재계의 의지가 없어 사업을 폐업한 상태입니다.
나. 당해 사업장은 모든 근로자들이 2018년 12월 13일 또는 그 이전에 퇴직하여 직원이 전혀 없고 모든 생산·영업 활동이 중단되었으며 사업장에 남아있는 비품 등은 이미 폐 처분하여 현자 남아있는 자산이라고는 중고 차량 2대와 사업주의 소재지 부동산 뿐이며 이를 민사절차 등을 통해 환가하는 데에는 상당한 시일이 소요될 것으로 사실상 임금지급 능력이 없는 상태입니다.
상가와 같이, 도산등사실인정 요건에 적합하다고 판단되므로 근로자들이 체불임금을 받아 생계를 영위할 수 있도록 도산인정을 하여 주시기 바랍니다.

2019년 3월 일

상기 신청인 홍 길 동 (인)

(서식 6) 대지급금 산정내역서

1. 인적사항 및 지급요건

성 명	홍길동	주민등록번호	000000-0000000	주 소		
연 령	00 세	월정상한액	2,100,000 원	재직기간	09-03-01~11-01-31	지급요건 : 인정
사업장명	동춘항운(주)	상시근로자수	15 명	퇴직금 중간정산일		* 지급여부 지급인정
사업주성명	백성호	사업장전화		파산선고일	2011.10.14	

2. 대지급금 산정내역
 1) 체불임금

	구 분	최종3월0전임금		최종 3월간 체불임금			합 계
체불임금	부터 까지			2010-11-01 2010-11-30	2010-12-01 2010-12-31	2011-01-01 2011-01-31	
	임 금 상여금	18,145,760		3,916,000	3,916,000		25,977,760
	공제액						
	계	18,145,760		3,916,000	3,916,000		25,977,760

◆ 체불임금 중 대지급금 해당액

구 분		최종 3월분	최종 2월분	최종 1월분	합 계
체당임금	기간 부터 까지	2010-11-01 2010-11-30	2010-12-01 2010-12-31	2011-01-01 2011-01-31	
	체불임금 및 상여금	3,916,000	3,916,000		7,832,000
	월정 상한액	2,100,000	2,100,000	2,100,000	6,300,000
	체당금	2,100,000	2,100,000		4,200,000

2) 미지급 퇴직금 : 7,531,590 [통상임금 : 130,533원 33전]

◆ 퇴직금 중 대지급금 해당액

구 분		3년이전 퇴직금	최종 3년분	최종 2년분	최종 1년분	합 계
체당퇴직금	기간별퇴직금 (평균임금*30) 공제액		3,915,990	3,915,990	3,915,990	11,747,970
	공제 후 잔액					
	월정 상한액		2,100,000	2,100,000	2,100,000	6,300,000
	퇴직금중 대지급금해당액		2,100,000	2,100,000	2,100,000	6,300,000

3. 대지급금 총액

임금 중 대지급금 해당액 :   4,200,000 원   총 대지급금
퇴직금 중 대지급금해당액 : 6,300,000 원   해당액 :   10,500,000   원

제7장 부당인사명령 및 부당징계(해고) 구제

1. 인사권과 징계권의 구별

'인사이동'이란 인사권에 기초한 사용자의 명령에 의하여 근로자의 종사업무, 근무장소, 지위등의 변동을 가져오는 것을 의미합니다. 사용자는 업무상 필요한 범위 내에서라면 인사명령에 관한 상당한 재량을 가집니다. '사용종속관계'라는 근로계약의 특성상 사용자에게는 근로자에 대한 지휘·명령권이 인정되기 때문입니다. 그러나, 고양된 신의칙이 적용되는 근로계약의 특성을 고려할 때, 이러한 사용자의 인사권 행사에도 일정한 한계가 있음은 당연합니다. 특히, 사용자의 인사명령이 근로자에게 생활상의 불이익을 발생시키는 경우에는 더욱 그러할 것입니다. 따라서, 사용자의 인사명령이 권리남용에 해당하거나 노동법에 위반되는 경우, 그러한 인사명령은 효력이 없을 것입니다. 그런데, 법원은 사용자의 인사이동이 인사권자인 사용자의 고유한 권리에 속한다는 점에서, 사용자의 인사이동에 대한 업무상 필요성이 인정되는 한, 그로 인한 근로자의 생활상의 불이익이 통상 감수하여야 할 정도를 현저하게 벗어난 것이 아니라면, 이는 사용자의 정당한 인사권 범위 내에 속하는 것이므로 무효로 볼 수는 없다는 태도를 견지하고 있습니다. 따라서, 사용자의 인사명령이 노동위원회나 법원으로부터 무효라고 판정되는 경우는 드뭅니다.

반면에, 사용자의 인사명령이 실질적으로 '징벌'적 성질을 가지는 경우에는 사정이 좀 다릅니다. 근로기준법 제23조 제1항은 '사용자는 근로자에게 정당한 이유 없이 해고, 휴직, 정직, 전직, 감봉, 그 밖의 징벌(懲罰)(이하 '부당해고등'이라 한다)을 하지 못한다.'고 규정하고 있고 여기에서의 '전직(인사이동)'은 '징벌'로서의 전직을 의미합니다[1]. 따라서, 전직 등 사용자의 인사명령이 실질적으로는 '징벌'로서의 성질을 가지는 경우에는 사용자에게 그러한 전직 처분 등에 대한 '정당한 이유'를 요구하고 있습니다. 이를테면, 형식적으로는 회사의 정기인사발령이지만 실질적으로는 근로자를 징벌할 목적으로 먼 지방으로 전근명령을 내리거나 고된 업무로 전보발령하는 경우 그러한 인사이동의 실질은 징계에 해당하므로 사용자에게는 '정당한 이유'가 필요한 것입니다. 따라서, 정당한 이유가 없는 그러한 사용자의 징계처분은 무효입니다.

▌징계처분의 정당성

사용자의 징계처분의 '정당성'을 인정받기 위해서는 ① 먼저 근로자의 행위가 근로계약, 취업규칙, 단체협약 등에 정한 징계해고사유에 해당되어야 합니다(징계사유의 정당성), ② 또한, 사용자에게 근로자를 징계할 사유에 해당하는 경우라 할지라도 사규로 징계위원회 등의 절차가 규정되어 있는 경우에는 반드시 그 절차를 지켜야 합니다(절차적 정당성), ③ 설령 근로자의 행위가 징계사유에 해당하고 사용자가 정해진 징계 절차를 모두 거친 경우라 하더라도, 근로자에 대한 징계는 '비례의 원칙'에 따라 적정하게 행사되어야 합니다.(징계양정의 적정성) 따라서, 이러한 요건을 갖추지 못한 사용자의 징계처분은 '무효'입니다.

나아가, '징계해고'의 경우에는 근로기준법 제23조 이하가 규정한 법정 절차를 거쳐야 하고, 특히, 해고의 사유와 시기를 구체적으로 서면으로 통지하지 않

---

[1] 적지 않은 관련 서적 등에서 인사이동으로서의 전직과 징벌로서의 전직을 구별하지 못하고 인사이동의 경우에도 근로기준법 제23조의 '정당한 이유'가 필요하다고 설명하고 있습니다. 그러나, 인사이동으로서의 전직과 징벌(징계)로서의 전직은 구별하여야 합니다.

은 해고는 해고의 정당성이 있는 지 여부와 무관하게 (설령 해고의 정당성이 인정되는 경우에도) 무효입니다. 즉, 부당해고입니다.

 신문기사 따라잡기

> 대법 "징계 성격의 '전직' 발령, 소명기회 안줬다면 부당전보" : 회사가 사실상 기존 직위를 강등한 '전직(轉職)' 발령을 하면서 징계절차에 따른 소명기회를 보장하지 않았다면 부당한 전보에 해당한다는 대법원 판단이 나왔다.(뉴스핌 2021.12.21. 이성화 기자)

대법원 2부(주심 조재연 대법관)는 세스코가 중앙노동위원회위원장을 상대로 "임원 A 씨에 대한 부당전보구제 재심판정을 취소해달라"며 낸 소송 상고심에서 원고 패소 판결한 원심을 확정했다고 21일 밝혔다.

A 씨는 세스코 B지사 지사장으로 근무하던 2017년 11월 경 출퇴근이 2시간 이상 걸리는 다른 지역 영업담당 부장으로 인사발령이 나자 부당전보라며 지방노동위원회(지노위)에 구제신청을 했다.

지노위는 A 씨 측 구제신청을 받아들였고 중앙노동위원회(중노위) 또한 같은 판정을 내리자 세스코는 이듬해 이를 취소해달라는 소송을 제기했다. 세스코 측은 "A 씨가 관리자인 지사장으로서 업무를 수행하는 것이 불가능하고 입사 후배이지만 상급자인 본부장 C 씨의 권위를 상습적으로 무시하고 불화를 일으켜 인사발령을 한 것"이라며 직위 강등이 아닌 인사권자의 정당한 재량 범위 내에서 이뤄진 '수평적 전보'라고 주장했다.

1심은 그러나 A 씨에 대한 인사명령이 실질적으로 회사 취업규칙이 징계 종류로 정한 '전직'이나 '기타 징벌'에 해당함에도 징계절차 없이 이뤄진 것이므로 위법하다고 했다. 그러면서 A 씨의 부당전직 구체신청을 받아들인 중노위의 재심판정은 정당하다고 판단했다.

1심 재판부는 특히 회사가 A 씨를 영업담당 부장으로 발령한 것에 대해 "회사 내에서의 처우, 지위, 평가, 보수 체계 등에 비춰 사실상 기존 직위를 강등한 것"이라며 "A 씨의 비위행위를 문책·처벌하고자 하는 징계처분에 속한다"고 봤다.
이어 "회사는 징계처분이나 인사명령을 할 수 있으나 취업규칙상 전직도 징계의 한 종류라고 규정돼 있으므로 징계절차에 따른 소명 기회 등을 보장해야 한다"며 "징계절차에 따르지 않아 정당한 인사권의 범위를 벗어난 권리남용에 해당한다"고 설명했다.
2심도 "인사위원회에 A 씨를 출석시켜 소명의 기회를 부여하는 등 취업규칙에서 정한 징계절차를 거치지 않은 인사명령은 위법하다"며 같은 판단을 내렸다.
대법원 또한 "원심 판단에 취업규칙상 징계의 종류, 징계처분의 개념 등에 관한 법리를 오해하거나 필요한 심리를 다하지 않은 잘못이 없다"며 세스코 측 상고를 기각했다.

▍부당한 인사평가와 승진 누락에 대한 구제는 가능한가?

인사고과나 승진 대상의 결정은 사용자 고유의 경영권에 기초한 인사권을 행사하는 것이므로 사용자는 상당한 재량을 가집니다. 그런데, 고양된 신의칙이 적용되는 근로계약의 특성을 고려할 때, 이러한 사용자의 인사권 행사에도 일정한 한계가 있음은 당연하므로 회사의 인사평가나 승진누락결정이 명백하게 객관적인 합리성이 결여된다든지 노동법에 위반되는 경우 그러한 부당승진 누락이 권리남용에 해당함을 주장하며 취소를 구할 수도 있습니다. 그러나, 승진의 의사 결정은 평가 결과 뿐 아니라 기업의 업무상 필요성, 근로자 개인의 조직인화력, 충성도 등도 고려 요소이므로 인사평가 결과의 객관적 합리성의 결여만으로 승진 누락이 사용자의 권리남용이라고 평가하기는 어렵습니다. 그런데 근로자가 회사의 위법 행위를 고발하거나 부당한 지시를 거부한 것이 이유가 되어 평가상 불이익을 받거나 성별이나 종교 혹은 국적을 이유로 차별을 받았다든지, 정당한 노조활동, 적법한 연차휴가의 사용 등과 같이 법으로 보장된 활동으로 불이익한 취급을 받은 경우라면 각각의 사유에 따라 불이익한 취급 자체를 금지하는 법규를 근거로 사용자를 고발하거나 부당한 처분의 취소를 구하는 것이 보다 쉬울 수 있을 것입니다.

2. 대기발령(직위해제)이란 무엇인가?

'직위해제'와 '대기발령'은 국가공무원법에서 유래한 것으로서, 이 법에 따르면 '특히 업무수행능력이 부족하거나 근무성적이 나쁜 자'에 대해서는 직위해제에 이어 3개월의 대기발령을 명하도록 되어 있습니다(국가공무원법 제73조의3 제3항). 따라서 '직위해제' 후에는 직무에 종사하지 못하는 '대기발령'이 따르는 것이 일반적입니다.[2]

직위해제와 대기발령은 법적 개념은 아니므로 사업장마다 그 내용과 성격을 달리하지만, 일반적 의미의 직위해제나 대기발령은 확정적인 처분이 아니라 장래의 위험을 예방하기 위한 '잠정적'인 처분이라는 점에서, 사용자에게 상당한 재량이 인정되는 것이 원칙입니다. 판례도 '(징계의 성격을 지니지 않은 원래적 의미의) 대기발령이 근로자에게 불이익한 처분이라도, 대기발령이 취업규칙 등에 징계처분으로 규정되어 있지 않다면, 이는 원칙적으로 인사권자인 사용자의 고유권한에 속하는 인사명령의 범주에 속하는 것이라고 보아야 하고, 인사명령에 대하여는 업무상 필요한 범위 안에서 사용자에게 상당한 재량을 인정하여야 하므로, 위와 같은 처분이 근로기준법에 위반되거나 권리남용에 해당하는 등의 특별한 사정이 없는 한, 단지 징계절차를 거치지 아니하였다는 사정만으로 위법하다고 할 수 없다'는 입장입니다.

---

[2] 직위해제는 직위를 박탈하여 직무수행을 못하게 하는 것이 그 본질적인 내용인 반면, 대기발령은 반드시 직위의 박탈을 전제로 하는 것은 아니라는 점에서 차이가 있기는 하지만, 양자는 모두 근로자에게 일정기간 동안 보직을 부여하지 않고 대기시키는 인사발령이라는 점에서 그 기능이 사실상 동일하기 때문에, 실무상 양자가 일체로 행하여지는 경우가 많고 개념상 혼용되어 사용되기도 합니다. 설령, 양자의 개념을 구분하더라도 직위해제가 대기발령에 선행하는 처분이라는 정도의 의미만 있을 뿐 그 구별의 실익도 크지 않습니다. 따라서 이하에서는 양자를 '대기명령'으로 취급하여 일체적으로 다루기로 합니다.

반면에, 취업규칙 등 '징계의 장'에 징계의 종류로서 직위해제나 대기발령을 규정하게 된다면, 이는 징벌의 성질을 가지는 것이므로, 이러한 직위해제의 경우에는 직위해제의 사유, 절차 등의 정당성은 사용자의 통상적인 인사명령에 대한 정당성의 기준3)이 아닌 징계처분의 정당성(징계사유 및 징계절차의 정당성, 징계양정의 정당상)의 기준에 따라야 할 것입니다.

실무에서 대기발령의 정당성이 문제가 되는 것은 주로 대기발령의 업무상 필요성에 그 합리성이 인정되는 지, 특히, 대기발령이 장기간으로 이어지는 경우에 그럴 만한 업무상 필요성이 인정되는 지 여부입니다. 일단, 대기발령은 장래의 위험을 예방하기 위한 '잠정적'인 처분이라는 점에서, 대기발령의 업무상 필요성이 인정되는 한 사용자에게는 대기발령에 대한 상당한 재량이 인정되는 것이 원칙입니다. 따라서, 사용자가 업무상 필요성이라는 사유를 내세우는 경우에는, 그 업무상 필요성이라는 사유가 객관적으로 전혀 타당성도 없는 터무니 없는 경우가 아닌 한, 사용자가 표면적으로 내세우는 업무상 필요성의 합리성을 부정하기는 어렵습니다.

그러나, 설령 대기발령이 그 명령 당시에는 정당한 경우라고 하더라도, 대기발령과 같은 잠정적인 인사명령의 기간은 합리적인 범위 내에서 이루어져야 할 것이므로, 대기발령 등의 인사명령을 받은 근로자가 상당한 기간에 걸쳐 근로의 제공을 할 수 없다거나 근로를

---

3) 사용자의 인사명령은 사용자의 업무상 필요성과 근로자의 생활상 불이익을 비교형량하고, 비교형량과정에 서의 사용자의 보상조치, 근로자와의 성실한 협의 등 신의칙상 요구되는 절차등을 준수하여야 그 정당성이 인정될 수 있습니다. 다만, 대기발령 처분을 함에 있어서 근로자 본인과 성실한 협의절차를 거치지 아니하였다는 사정만으로 배치전환처분이 권리남용에 해당하여 당연히 무효가 된다고는 볼 수 없습니다.

제공을 함이 매우 부적당한 경우가 아님에도, 사회통념상 합리성이 없을 정도로 부당하게 장기간 동안 잠정적 지위의 상태로 유지하는 것은 특별한 사정이 없는 한 정당한 이유가 있다고 보기 어려우므로, 그러한 장기간에 걸친 대기발령은 무효라 할 것입니다. 이를테면, 징계처분 전에 사실조사를 위한 대기발령은 가능할 것이지만, 조사에 필요한 기간 이상으로 지나치게 장기간 대기발령 상태에 둔다든지, 조직개편 과정에서 일시적으로 대기발령을 내릴 수는 있겠지만, 충분히 업무를 부여할 수 있는 상황임에도 장기간에 걸쳐서 업무를 배제하는 경우에는 대기발령의 합리적 필요성이 인정되지 않을 것입니다[4].

▎ 대기발령에 따른 당연 면직처분의 정당성

취업규칙에 '대기발령 후 일정 기간이 경과했음에도 직위를 부여받지 못한 경우에 면직(당연퇴직)한다'는 취지의 규정을 두고 있는 경우가 있습니다. 이와 관련하여 판례는 '일단 대기발령이 정당하게 내려졌다면 그 후 대기발령 기간 동안 직무수행능력의 회복이나 근무태도 개선 등 대기발령의 사유가 소멸되어 마땅히 직위를 부여해야 할 사정이 있음에도 합리적인 이유 없이 직위를 부여하지 아니하는 등의 경우가 아닌 한 면직(당연퇴직)의 정당성이 인정된다'고 보고 있는데, 회사에서는 이러한 판례의 취지를 '3개월 동안 대기발령 상태가 계속되고 복직되지 못한다는 사실만으로 근로자는 당연면직될 수 있다'고 잘못 해석하기도 하였습니다. 이에, 최근의 판례는 '일단 대기발령이 인사규정 등에 의하여 정당하게 내려진 경우라도 일정한 기간이 경과한 후의 당연퇴직 처리 그

---

[4] 대법원도 2005다3991판결에서, 구조조정 과정에서 발생한 잉여인원에 대해 2000년 12월에 행해진 대기발령 처분이 자산매각 및 고용승계가 이루어진 2002년 10월 이후에도 상당기간 지속된 경우, 최초 대기발령을 행할 필요성은 인정될 수 있으나 고용승계가 이루어진 이후에도 당해 대기발령 조치를 유지한 것은 합리적 필요성이 인정되지 아니하므로 무효인 것으로 보았습니다.

자체가 인사권 내지 징계권의 남용에 해당하지 아니하는 정당한 처분이 되기 위해서는 대기발령 당시에 이미 사회통념상 당해 근로자와의 고용관계를 계속할 수 없을 정도의 사유가 존재하였거나 대기발령 기간 중 그와 같은 해고사유가 확정되어야 할 것'이라고 하여, 3개월 동안 대기발령되었다는 사실만으로 사용자가 일방적으로 근로관계를 종료(해고)할 수는 없는 것이고, 대기발령 사유부터 따져서 사회통념상 사용자가 당해 근로자와 고용관계를 도저히 계속할 수 없는 정당한 이유가 인정되어야 한다는 점을 명확히 했습니다(대법원 2007.5.31. 선고 2007두1460 판결 등). 따라서, 사용자는 3개월동안 대기발령 상태가 계속되고 복직되지 못한다는 사실만으로 근로자를 당연히 면직(해고)처분할 수는 없는 것이고, 사용자가 근로자를 면직(해고)처분하기 위해서는 대기발령이라는 인사명령의 합리성 이외에도 면직(해고)처분에 대한 정당성 요건(근로기준법 제23조 제1항)이 별도로 필요합니다.

 신문기사 따라잡기

> 대기발령 후 당연면직, 규정있어도 '해고'…법원 "서면통지 해야"(노동법률 2020.12.07. 이지예 기자)

인사규정에 따른 대기발령 후 면직도 실질적으로 징계해고에 해당하기 때문에 근로기준법상 해고 절차를 따라야 한다는 법원 판결이 나왔다.
수원지방법원 제15민사부(재판장 이헌영)가 지난 10월 29일, A조합법인 근로자 김 모 씨가 회사를 상대로 청구한 해고무효확인 소송에서 김 씨 손을 들었다. (2019가합20989)
A법인에서 일하던 김 씨는 2018년 3월경부터 2019년 1월경까지 10회에 걸쳐 사유서와 경위서를 작성하게 됐다. 정산 과정에서 전산에 입고 물량을 늘려서 입력하거나 선급금을 회수하지 않는 등 담당 업무를 소홀히 했다는 이유였다. 이에 김 씨는 회사로부터 주의를 3차례 받게 됐다.
A법인은 2019년 1월 인사위원회에서 김 씨에게 대기발령을 명령했고 그는 2월부터 자택에서 대기하게 됐다. 그러나 A법인은 김 씨에게 발령을

내는 대신 또 다시 인사위원회를 열었다. 4월 경 열린 인사위원회에서는 '대기발령 된 자가 3개월이 경과하도록 직위 또는 직무를 부여받지 못할 때 면직한다'는 인사규정에 따라 김 씨를 면직했다.

김 씨는 근로기준법에서 정하는 해고 절차를 밟지 않았기 때문에 부당해고라며 해고무효 소송을 제기했다. 그러나 A법인은 "인사규정에 따른 면직"이라며 징계해고와 다르다고 맞섰다. 회사 측은 설사 징계해고라고 하더라도 김 씨를 해고할만한 정당한 이유가 있다고 주장했다.

법원은 김 씨 손을 들었다. 재판부는 "(이 사건 면직은) 근로자의 의사에 반해 사용자의 일방적 의사에 따라 근로계약 관계를 종료시키는 것으로서 실질적으로 징계해고에 해당하므로 근로기준법에 따른 제한을 받는다"고 판단했다. 결국 근로기준법에 따라 해고사유와 해고시기를 서면으로 통지했는지, 정당한 이유가 있었는지가 쟁점이 됐다.

법원은 "대기발령통보서에는 그 사유가 추상적이고 간략하게 적혀있을 뿐 문제가 되는 행위가 발생한 시점이나 구체적인 사실관계는 포함하고 있지 않다"며 "김 씨가 면직 과정에서 자신의 징계사유에 대해 실질적으로 해명할 기회를 부여받았다고 볼 수 없고 근로기준법에 따른 서면통지의무를 제대로 이행했다고 볼 수도 없어 절차적으로 위법해 무효"라고 판단했다. 김 씨가 받은 면직통보서에도 구체적인 내용 대신 인사규정 내용만 적시돼 있었다.

재판부는 "이 사건 면직처분은 절차적 정당성이 없으므로 면직에 A법인이 주장하는 사유가 있는지 여부나 A법인이 그 사유를 이유로 면직을 하는 것이 징계재량권을 일탈·남용해 위법한지 여부에 관해서는 더 나아가 살펴볼 필요 없이 무효"라며 A회사에게 김씨가 면직으로 인해 받지 못한 임금까지 지급하라고 판단했다.

3. 인사이동을 하는 데 근로자의 동의가 필요한가?

평소에 하던 일과 전혀 다른 일을 시키는데 부당한 거 아닌가요? 집에서 먼 지방으로 발령을 받았는데 어떻게 하나요? 회사에서 계열사로 발령을 내렸는데 거부할 수 있나요? … 직장인들이 자주 하는 질문들입니다.

　이들 질문들은 모두 하나같이 '인사이동의 정당성'에 관한 것으로서, 그 공통적인 취지는 결국 '회사가 인사이동 명령을 하는 경우에도 개별 근로자의 동의가 필요한가?'로 요약될 것입니다. 이러한 질문에 대한 답변은 일률적으로 하기는 어렵기 때문에, 이들 질문을 인사이동의 형태에 맞추어 개별적으로 답변해 드리도록 하겠습니다. 그러기 위해서는 먼저 인사이동의 종류에 대하여 알아보아야 할 것입니다.

　일단 인사이동의 형태는 '동일한 직장내의 인사이동'과 '기업간의 인사이동'으로 나눌 수 있습니다. 먼저, 동일 기업 내에서 근로자의 직무내용(전보)이나 근무장소(전근)을 통틀어 '전직' 혹은 '배치전환'이라고 합니다. 그리고 기업간의 인사이동으로는 전출과 전적이 있습니다.

▍인사이동의 종류
- 동일한 직장내의 인사이동 (전직) : 전보 / 전근 (배치전환)
- 기업간의 인사이동 : 전출 / 전적

　위의 질문 중 '평소에 하던 일과 전혀 다른 일을 시키는데 부당한 거 아닌가요?'는 결국 동일한 직장내의 인사이동 중 '전보처분'의 정당성을, '집에서 먼 지방으로 발령을 받았는데 어떻게 하나요?'는 동일한 직장내의 인사이동 중 '전근처분'의 정당성을, '회사에서 계열사로 발령을 내렸는데 거부할 수 있나요?'는 기업간의 인사이동 중 '전출명령'의 정당성을 의미하는 것입니다.

(1) 동일한 직장내의 인사이동(전직) : 전보/전근(배치전환)

　동일한 기업내의 인사이동인 배치전환(전직)을 함에 있어서는 원칙적으로 근로자의 동의가 필요한 것은 아닙니다. 다만, 근로계약서에 근로의 내용이나 근무 장소가 명시적으로 특정되어 있는 경우라면, 근로계약의 내용과 다른 근로의 내용이나 근무 장소로 변경하는 것은 결국 근로계약의 내용을 변경하는 것이므로 원칙적으로 근로자의 동의가 필요할 것입니다. 그런데, 이러한 근로자의 동의는 근로계약서를 작성할 때 사전적·포괄적으로 행하여지는 것이 일반적이기 때문에(예: 회사의 사정에 따라 업무내용이나 근로장소를 변경할 수 있으며 근로자는 이에 동의한다) 실무상 문제되는 경우는 드뭅니다.

　문제가 되는 경우는 업무의 내용이 본질적으로 달라지는 경우일 것입니다. 이를테면, 일반 사무직으로 고용된 근로자를 영업직으로 업무의 내용을 변경할 수는 있겠지만, 그러기 위해서는 근로계약의 신의성실의 원칙상 근로자에 대한 충분한 업무교육과 더불어 근로자 본인과 성실하게 협의하는 등의 절차를 거쳐야 할 것입니다. 즉, 사용자의 인사권의 행사는 권리의 남용(인사권의 남용)에 해당하지 않아야 합니다. 그러나, 사용자의 인사권의 행사에는 원칙적으로 광범위한 재량이 인정되는 것이므로, 전보명령에 대한 사용자의 업무상 필요성이 인정되는 한, 그러한 전보명령이 사용자의 권리남용에 해당하여 무효로 인정되는 경우는 그리 많지 않습니다.

　다만, 근무 장소가 변경되는 전근명령의 경우로서 근로자의 생활상 불이익이 지나치게 큰 경우(예: 연고지가 전혀 없는 먼 지방으로 근무지를 변경하는 경우)에는 그에 상응하여 근로자의 생활상 불이익을 경감·회피하기 위한 사용자의 보상조치가 뒤따라야 하며 근로자와 성실한 협의를 거쳐야 할입니다. 따라서, 이러한 신의칙상 요구되는 조치를 충분히 거치지 않은 전근명령은 인사권의 남용으로서 무효가 될 수 있을 것입니다. 또한, 남녀고평법이나 노동조합법과 같은 특별법에 위반되는 배치전환의 경우(예: 육아휴직후 복귀한 근로자에 대한 불이익한 배치전환, 노동조합 조합원에 대한 불이익한 처분 등)에도 무효가 될 수 있습니다.

(2) 기업간의 인사이동 : 전출/전적

'전출'이란 근로자가 원래 고용된 기업에 소속해 있으면서 다른 기업의 사업장에서 상당기간 종사하게 되는 것을 말하며(실무적으로는 '사외 파견근무'라고 부릅니다), 이에 반해 '전적'은 원래 고용된 기업과의 근로관계를 종료하고 다른 기업에 새로 입사하는 것을 의미합니다. 따라서 전출 및 전적은 전보나 전근(배치전환)과 같은 단순한 보직이나 근무장소의 변경의 차원을 넘어서 근로관계에 있어서의 업무지휘권의 주체가 달라지는 중대한 변경이므로 원칙적으로 근로자의 '동의'가 필요합니다. 그리고, 여기에서의 근로자의 동의는 개별적 구체적 동의를 의미하고, 전보나 전근(배치전환)에서의 동의, 즉, 사전적·포괄적 동의로는 충분하지 않습니다. 따라서, 근로계약서를 작성하는 경우에 행해지는 사전적·포괄적 동의(예: 회사의 사정에 따라 업무내용이나 근로장소를 변경할 수 있으며 근로자는 이에 동의한다)만으로 회사가 근로자를 타기업에 전출이나 전적시킬 수 없는 것이 원칙입니다. 다만, 계열사간의 전출이나 전적의 경우에는 (마치 동일한 직장내의 인사이동과도 같이) 근로계약서를 작성하면서 사전적·포괄적으로 동의를 받아도 유효하다는 것이 대법원의 입장입니다. 그런데, 원기업으로의 복귀가 예정된 전출과 달리 원기업에서의 근로관계를 완전히 종료하고 새로운 계열사 기업으로 입사하는 전적의 경우에는 적어도 원근로계약서를 작성할 당시에 향후 전적할 기업을 특정하고(복수기업도 가능함) 전적할 기업에서 종사해야 할 업무 등 기본적 근로조건에 관해 구체적으로 인식하고 있어야 한다는 것이 대법원의 태도입니다.

주의할 점은, 대법원은 근로자의 묵시적 동의도 인정하고 있다는 것입니다. 즉, 근로자가 사용자의 전출 명령에 응하여 일정 기간 아무런 이의를 제기하지 않고 꾸준히 근무하였다면, 근로자가 그러한 전출명령을 묵시적으로 동의한 것으로 보게 됩니다. 따라서, 근로자가 뒤늦게 사용자의 전출에 근로자 본인의가 없으므로 무효라고 주장할 수 없다는 점을 유념하셔야 합니다.

나아가, 계열사 간 전출이나 전적에 대한 근로자의 명시적 혹은 묵시적 동의가 없는 경우에도, 기업그룹 내에서 근로자의 동의를 얻지 않고 다른 계열기업으로 전출이나 전적시키는 '관행'이 그룹 내 기업 구성원들에게 일반적으로 아무런 이의 없이 받아들여 '사실상 제도'로 확립되어 있다고 인정되는 경우에는 근로자의 동의가 없더라도 계열사내의 전적의 유효성이 인정될 수 있다는 것이 대법원의 입장입니다. 다만, 기업 내 관행에 의한 전적의 경우에는 계열사간의 전적이 사실상 제도로 확립되었다고 보아 근로자의 동의가 없는 전적의 유효성이 인정된 사례는 일부 하급심 판례 외에는 거의 찾아보기 어렵습니다.

전적과 전출의 근로관계

1. 전출과 근로관계

　유효한 전출이 이루어지는 경우에, 근로자는 원래의 소속 회사와 근로관계는 존속하지만(통상 '휴직'처리됨) 근로는 전출기업에 제공하므로, 원래 소속회사와는 근로제공을 전제로 하지 않는 부분만 계속 적용되고, 그 외의 근로 제공과 관련된 부분은 전출기업의 취업규칙에 따르게 됩니다. 그 결과, 원래의 기업 및 전출기업과 근로자 사이에는 이중의 근로관계가 성립하는 것으로 보아야 할 것이므로, 원래의 기업뿐 아니라 근로자를 직접 지휘·감독하는 전출기업도 일정한 사용자책임을 부담합니다.

　유효한 전적이 이루어진 경우에 근로자는 전출된 새로운 기업에 대하여 근로를 제공할 의무를 부담하며, 계속근로기간은 두 기업에서의 근무 기간을 통산하여 원래의 기업의 재직기간으로 산정하여야 할 것입니다. 반면에, 사용자의 전출명령이 근로자의 동의 없이 행하여진 경우, 근로기준법 등 강행 법규에 위반한 경우, 혹은 부당노동행위로 행해진 경우에 그러한 전출명령은 무효이므로 근로자는 노동위원회에 부당전출구제신청을 제기하여 원직복귀될 수 있을 것입니다. 나아가, 근로자가 그러한 무효인 전출명령을 거부하는 것을 이유로 한 해고는 '부당해고'에 해당할 것이므로, 근로자는 노동위원회에 부당해고 구제신청을 하거나(근로기준법 28조 1항) 법원에 해고무효확인소송을 제기할 수 습니다.

2. 전적과 근로관계

　유효한 전적이 이루어진 경우에 당해 근로자의 종전 기업과의 근로관 계는 원칙적으로 단절되므로, 이적하게 될 기업이 종전 기업의 근로관계를 승계하지 않습니다. 다만, 계열사간의 전적의 경우, 당사자 사이에 종전 기업과의 근로관계를 승계하기로하는 특약이 있거나 이적하게 될 기업의 취업규칙 등에 종전 기업에서의 근속 기간을 통산하도록 하는 규정이 있는 것과 같은 특별한 사정이 있는 경우에는 당해 근로자의 종전 기업과의 근로관계는 단절되지 않고 이적하게 될 기업이근로자의 종전 기업의 근로관계를 승계한다고 보아야 할 것입니다.

　전출이 근로자의 동의 없이 행하여진 경우, 근로기준법 등 강행법규에 위반한 경우, 혹은 부당노동행위로 행해진 경우에는 그러한 전적명령은 무효입니다. 따라서 근로자가 그러한 전적명령을 거부하는 이유로 한 해고는 '부당해고'에 해당할 것이므로, 근로자는 노동위원회에 부당해고 구제신청을 제기하거나 법원에 해고무효확인소송을 제기할 수 있을 것입니다.

 신문기사 따라잡기

> "본인 동의없는 공무원전출 무효".(한겨레 2003.12.25. 김동훈 기자)
>
> 서울시 소청심사위원회는 강남구청장이 강남구의회에 근무하던 공무원을 본인 동의없이 서울시로 전출시킨 것에 대해 무효결정을 내렸다고 24일 밝혔다.
>
> 전국 16개 광역자치단체에 설치된 소청심사위원회에서 본인 동의없는 전출에 대해 제동을 건 것은 이례적인 일로, 이번 결정은 앞으로 지자체 단체장들의 인사권 행사에도 영향을 줄 것으로 보인다.
>
> 시 소청심사위는 지난 22일 강남구의회 전문위원으로 근무하던 정아무개(56·행정5급)씨가 지난 9월 25일 서울시 산하 한강시민공원사업소 공원이용과장으로 인사 발령이 나자, "강남구청장이 동의절차 없이 전출시킨 것은 부당하다"며 낸 소청심사에서 정씨의 소청을 받아들여 무효 결정을 내렸다. 지방공무원법에는 본인 동의를 얻어 전·출입해야 한다는 규정이 명시돼 있지 않지만, 대법원은 지난 2001년 12월 "지자체장은 전·출입 인사를 할 때 해당 공무원의 동의를 받아야 한다"고 판결한 바 있다.
>
> 또 국가인권위원회는 지난 9월 공무원 변아무개(46·지방5급)씨가 대구 중구청장을 상대로 낸 진정사건에 대해 "본인 동의 없는 공무원 전출인사는 헌법이 보장한 행복추구권 등을 침해한 것"이라며 행정자치부 장관에게 지방공무원법 관련 규정의 개정을 권고한 바 있다.
>
> 서울시 관계자는 "소청심사에서 기각하더라도 정씨가 행정소송을 낼 경우 대법원 판례에 따라 정씨의 승소 가능성이 높아 보였다"며 "이번 결정으로 단체장들이 직원들의 인사교류를 할 때 해당 공무원의 의사를 더욱 존중할 것으로 보인다"고 말했다.

4. 휴직중에도 임금이 지급되어야 하는가?

'휴직'이라 함은 근로관계를 유지하면서 일정한 기간 동안 근로제공이 면제되는 상태를 의미합니다. 원래적 의미의 휴직은 근로자 개인의 사정으로 사용자에게 휴직을 신청하고 사용자가 이를 승낙함으로써 실시하는 '의원 휴직'을 말합니다. 근로제공이 면제되는 휴직기간 동안 무노동 무임금의 원칙상 사용자는 임금지급의무를 부담하지 않습니다. 근로자의 신청에 의한 의원휴직 사유로는 주로 학업이나 자격 취득을 위한 연수, 본인이나 가족의 요양(사상병 휴직), 조합전임으로 인한 휴직, 군입대로 인한 휴직, 공직취임으로 인한 휴직 등이 있습니다.

의원휴직의 경우에는 설령 취업규칙 등에서 휴직사유로 규정하고 있는 경우라고 하더라도 사용자가 반드시 휴직처리하여 줄 의무는 없는 것이 원칙입니다. 다만, 사용자에게는 근로계약상 부수적 의무로서 자신의 지휘 감독아래에서 근로를 제공하는 근로자에 대한 보호의무와 안전배려 의무 등이 인정된다고 할 것이므로, 이를테면, 근로자가 상사·동료의 폭행·협박으로 직장생활을 감당할 수 없음을 이유로 휴직 신청을 하는 경우에는 (직장 내 괴롭힘 금지에 따른 조치와는 별도로) 근로자의 휴직 신청을 승낙할 신의칙상 의무가 인정된다고 보아야 할 것입니다. 그 외에, 근로자가 휴직을 신청하면 사용자가 반드시 휴직을 승낙해야 하는 의무가 있는 노동관련법령상의 휴직(예 : 육아휴직, 가족돌봄휴직, 업무상 재해로 인한 산재휴직 등)의 경우에는, 취업규칙 등에서 휴직사유로 규정하고 있는 지의 여부와 무관하게, 법에서 정한 바에 따른 휴직을 부여하여야 함은 물론입니다.

▌휴가와 휴직의 비교

1. 공통점

'휴가'와 '휴직'은 모두 근로의무가 있는 날, 즉, 근로계약이나 취업규칙.단체협약 등으로 근로를 제공하기로 정한 '소정근로일'에 근로를 제공하지 않는다는 점에서 공통됩니다. 휴가와 휴직의 종류도 ① 법으로 정해진 '법정휴가(휴직)'와 ② 근로계약 · 단체협약 · 취업규칙으로 정해진 '약정휴가(휴직)'으로 나뉘는 바, 법정휴가(휴일)의 경우에는 당사자의 의사로 배제할 수 없고 법에서 정한 요건이 발생하면 반드시 부여하여야 한다는 점도 공통됩니다.

2. 차이점

'휴가'는 비교적 그 기간이 단기간이지만 '휴직'은 비교적 장기간이라는 점에서 차이가 있습니다. 따라서 휴가기간에는 소정근로일만 포함되는 경우가 일반적이지만, 휴직기간은 소정근로일 뿐 아니라 근로의무가 없는 휴일/휴무일도 휴가기간 안에 포함됩니다. 휴직 중에서 '직권휴직'은 근로자의 의사에 반(反)하여 부여된다는 점에서 휴가와 구별되며, 따라서 원칙적으로 근로기준법 제23조 1항에 의한 정당한 이유가 있어야 합니다.

한편, 근로자가 신청하는 원래적 의미의 휴직인 의원휴직 외에 '직권휴직'도 있습니다. '직권휴직'이란 근로자가 휴직을 신청하지도 않았음에도 사용자가 일정한 사유를 이유로 휴직을 명하는 인사명령을 의미합니다. 판례는 '근로자가 해당 직무에 종사하는 것이 불능이거나 적당하지 아니한 사유가 발생한 때에 그 근로자의 지위를 그대로 두면서, 일정 기간 그 직무에 종사하는 것을 금지시키는 사용자의 처분'이라고 직권휴직을 정의하고 있습니다. '직권휴직'은 근로자의 의사와 관계없이 부여된다는 점에서 휴가와는 다르며, 근로자가 근로를 제공하지 않는다는 점에 있어서는 정직과 유사하나, 근로자의 비위를 이유로 하는 제재가 아니라는 점에서 징계의 일종인 '정직'과도 구별됩니다.

휴직명령을 포함한 인사명령은 원칙적으로 사용자의 고유권한인 인사권의 행사의 하나이므로 이러한 인사명령에 대해서는 업무상 필요한 범위 안에서 사용자에게 상당한 재량이 인정됩니다. 다만, 직권휴직은 사용자가 근로자의 요구하지 않았음에도 부여한다는 점에서 직권휴직 조치를 내리는 경우에는 그에 대한 '정당한 이유'가 있어야 합니다(근로기준법 제23조 제1항). 즉, 정당한 이유 없는 사용자의 직권 휴직조치는 무효이므로 근로자는 노동위원회에 부당휴직구제신청을 제기하여 미지급된 임금 등을 지급할 것을 요구할 수 있습니다.

한편, 직권휴직이 근로자의 사유가 아닌 사용자의 영역에서 발생한 사유에 따른 것이라면 그것은 사실상 '휴업'에 해당할 것이므로 근로기준법 제46조에 따라 평균임금의 70% 이상의 휴업수당을 지급하여야 할 것입니다. 그런데, 그러한 직권휴직이 사용자의 고의 과실 등 민법상 귀책사유에 의한 것이라면 휴업수당이 아니라 휴직기간 동안 임금전액이 지급되어야 합니다('휴업'에 대해서는 아래의 '4. 휴업하는 경우에도 임금이 지급되어야 하는가?' 참조).

▌대기발령과 휴직의 관계

'대기발령'이란 근로자가 현재의 직위 또는 직무를 계속 담당하게 되면 장래에 업무상 장애 등이 예상되는 경우에 이를 예방하기 위하여 일시적으로 당해 근로자에게 직위를 부여하지 아니함으로써 직무에 종사하지 못하도록 하는 잠정적인 조치를 의미합니다. 대기발령은 일반적으로는 출근은 하되 직무에 종사하지 못하도록 하는 것이므로 '휴직'과 다르지만(대기발령의 경우에는 '기본급'만 지급되는 것이 일반적입니다), 출근의무를 부여하지 않는 '자택대기'의 경우에는 법리상 '휴직(직권휴직)'에 해당합니다(따라서, 원칙적으로 근로자의 귀책사유로 인한 직권휴직기간 중에는 임금이 지급되지 않는 것이 원칙이지만, 사규에 따라서는 기본급 혹은 일정액의 급여가 지급되기도 합니다). 다만, 사용자가 근로자의 귀책사유가 아니라 회사의 귀책사유에 해당하는 경영상의 필요에 따라 개별근로자들에 대하여 출근의무를 부여하지 않는 대기발령을 하였다면 이는 근로기준법 제46조 제1항에서 정한 '휴업'에 해당하므로 휴업수당을 지급하여야 합니다('휴업'에 대해서는 아래의 '4. 휴업하는 경우에도 임금이 지급되어야 하는가?' 참조).

 신문기사 **따라잡기**

> 저성과 직원 '강제 휴직' 시킨 시중은행, 5천만원 배상 판결(뉴데일리경제 2023.01.24. 김동우, 김상진 기자)

국내 한 시중은행이 성과가 낮은 직원을 강제로 휴직시켰다가 미지급 급여 5천만 원을 배상하게 됐다.

24일 법원에 따르면 서울중앙지법 민사합의41부(부장판사 정봉기)는 전 직원 A씨가 B은행을 상대로 낸 인사발령 무효 확인 및 손해배상청구 등 소송에서 원고 일부 승소 판결했다.

지난 2012년 B은행에 재직 중이던 A씨는 '성과 향상 프로그램' 대상자로 선정됐다. 성과 향상 프로그램은 인사고과나 업무 실적이 낮은 직원들을 선발해 교육 훈련을 시킨 뒤 영업점으로 보내 일정 수준 이상의 영업 성과를 강요하는 프로그램이다.

프로그램 대상자가 된 A씨는 2012년 1월부터 2018년 1월까지 총 8차례 전보 명령을 받았고 실적이 없다는 이유로 2차례의 감봉 처분을 받았다. 수개월 간 강제로 휴직을 당하거나 대기 명령을 받기도 했다. 아울러 3개월마다 ▲사회봉사활동(50%) ▲연수 및 자격증(30%) ▲수익실적(20%)으로 구성된 평가도 받게 됐다.

A씨는 결국 2019년 1월 특별 퇴직을 신청해 B은행을 나왔다. 이 과정에서 A씨는 은행의 인사 처분이 부당하다는 취지로 소송을 내 휴직기간 동안

미지급된 임금 3천410만 원을 지급받았다.
하지만 A씨는 지난 2021년 12월 휴직에서 복귀한 뒤 인사 발령이 나기 전까지 8개월 간 미지급된 임금과 감봉된 임금 등 총 1억4천156만 원을 지급해 달라며 B은행을 상대로 다시 소송을 냈다.
또 '괴롭힘을 위한 인사 조치'와 사회봉사활동을 강요 당해 입은 정신적 피해 보상금 6억3천400만 원도 지급하라고 요구했다.
사건을 심리한 재판부는 "사측은 인사에 관한 재량권을 일탈·남용해 위법한 평가기준을 운영하고 근로계약서에서 예정한 직무 범위에 벗어난 비자발적인 사회봉사활동을 사실상 강제하는 위법한 지시를 했다"며 "사측은 A씨에게 감액된 임금 상당액을 지급할 의무가 있고 미지급 급여 중 4천998만 원과 위자료 500만 원을 배상하라"고 판결했다.

5. 휴업하는 경우에도 임금이 지급되어야 하는가?

회사를 '휴업'하는 경우에도 임금을 지급해야 하는가? 이것은 대단히 어렵고 복잡한 질문이기 때문에, 먼저 '휴업'의 개념에 대하여 살펴보도록 하겠습니다.

앞에서 살펴본 '휴직'은 근로자 개인의 사정으로 사용자에게 휴직을 신청하여 근로제공이 면제되는 의원휴직이 원칙적인 형태입니다. 반면에, '휴업'이란 근로자에게 근로제공의 능력과 의사가 있음에도 불구하고 근로자가 아니라 사용자측의 귀책사유로 인하여 근로자가 근로를 제공할 수 없는 상태를 말합니다. 따라서, 여기에서의 휴업은 사용자의 귀책사유, 즉 사용자의 고의, 과실로 근로계약 불이행하는 것(근로자의 근로제공을 수령하지 못하는 것)을 의미한다 할 것입니다.

사용자의 귀책사유로 인한 휴업에 관한 민법의 규정은 간단합니다. 민법 제538조 제1항에 따르면, 사용자의 책임 있는 사유로 계약을 이행하지 않는 경우, 즉 사용자의 귀책사유로 인한 휴업의 경우에 근로자는 사용자에게 임금 전액을 청구할 수 있습니다. 여기에서의 사용자의 '귀책사유'란 사용자의 고의·과실을 의미합니다. 이를 달리 말하자면 사용자의 귀책사유(고의·과실)가 없는 휴업의 경우에 근로자는 사용자에게 임금을 전혀 청구할 수 없다는 의미가 됩니다. 이를테면, 원자재 파동으로 인하여 회사를 휴업한다든지, 최근의 코로나 사태로 인하여 부득이하게 사업장을 휴업하는 경우는 사용자의 고의·과실을 인정하기 어려우므로 사용자의 귀책사유는 인정되지 않을 것이고, 따라서 이러한 경우에 근로자는 사용자에게 임금을 청구할 수 없습니다. 여기까지는 일반적인 민법의 법리입니다.

그런데, 이와 같은 민법의 원리를 관철하게 되면 임금으로 생활하는 근로자의 생계가 치명적 위험에 처할 수 있습니다. 따라서, 사회법 영역인 노동법, 그 중에서도 근로기준법에서는 설령 사용자의 민법상 귀책사유(고의·과실)가 인정되지 않아 사용자가 임금지급 책임을 면하는 경우라 할지라도, 상시 5인 이상 사업장의 경우에는 예외적으로 휴업수당을 지급할 수 있도록 규정하고 있습니다. 즉, 근로기준법 제46조 제1항에 따르면 '사용자의 귀책사유'로 휴업하게 되는 경우에 사용자는 휴업수당(평균임금 70% 이상)을 지급하여야 합니다. 따라서, 민법상 '귀책사유'와 근로기준법상 '귀책사유'의 개념은 동일하지 않다는 것을 알 수 있습니다. 즉, 임금의 전액 지급 사유인 민법상 귀책사유는 사용자의 고의, 과실을 의미하지만, 휴업수당의 지급사유인 근로기준법상 '귀책사유'는 사용자의 고의, 과실을 의미하는 것이 아니라, 사용자의 영역(사용자의 지배범위)에서 발생한 일체의 사유를 포함하는 넓은 개념입니다. 따라서, 민법상 귀책사유인 사용자의 고의, 과실이 인정되지 않는 경우(예: 원자재 파동)라고 하더라도, 사용자의 영역에서 발생한 사유로 인하여 휴업하게 되는 경우에는 근로기준법상 귀책사유는 인정될 것이므로 사용자는 근로자에게 근로기준법상 휴업수당을 지급하여야 하는 것입니다

그렇다면, 근로기준법에서의 '귀책사유'의 범위가 문제될 것인데, 법원은 천재지변과 같은 불가항력적인 사유가 아닌 한 사용자의 영역에서 발생한 모든 사유는 사용자의 귀책사유로 넓게 해석합니다. 따라서, 상시 5인 이상 사업장의 경우에는 천재지변에 준하는 불가항력적인 사유가 아닌 한 회사가 휴업하는 경우에는 반드시 휴업수당(평균임금 70% 이상)을 지급하여야 하는 것입니다(다만, 통상임금이 평균임금의 70%보다 많은 경우에는 통상임금을 지급할 수 있습니다5)). 다만, 사용자에게 귀책사유가 있어 휴업수당을 지급하여야 하는 경우이지만, 사용자의 휴업이 부득이한 사유로 사업을 계속하는 것이 불가능한 경우로서 노동위원회로부터 휴업수당 감액을 승인 받은 사용자는 기준 미달의 휴업수당을 지급하거나 휴업수당의 지급을 면제받을 수 있기는 하지만(근로기준법 제46조 제2항), 실무적으로 기준 미달의 휴업수당을 지급하거나 휴업수당의 지급을 면제받는 경우는 매우 드뭅니다.

그런데, 근로자가 휴업수당으로 평균임금의 70%를 지급받았는데, 알고보니 회사가 휴업한 것이 근로기준법상 귀책사유가 아니라 민법상 귀책사유인 사용자의 고의·과실에 의한 것이라면 어떻게 될까요?

---

5) 비고정적인 임금(예: 영업수당, 연장,야간,휴일 근로 수당)이 없는 경우에는 평균임금과 통상임금의 차이가 많지 않으므로 휴업수당으로 평균임금의 70% 이상을 지급하면 되지만, 비고정적인 근로가 많은 근로자의 경우에는 평균임금이 통상임금보다 높게 되는데, 통상임금이 평균임금의 70%보다 많은 경우에는 통상임금을 지급합니다.

이러한 경우, 근로자는 사용자에 대하여 임금 전액의 지급을 요구할 수 있는 것이므로, 결국 휴업수당과 임금의 차액을 추가로 지급할 것을 요구할 수 있을 것입니다. 즉, 임금체불이 발생할 수 있습니다.

▌ 휴업수당의 중간수입공제의 한계

중간수입이란 근로자가 휴업기간 중 다른 회사에서 일을 하거나 기타 영리활동을 함으로써 발생한 수입을 말합니다. 중간수입이 발생하는 경우 회사는 모든 중간수입을 공제할 수 있는 것이 아니고, 휴업수당을 초과하는 금액에 한하여 근로자의 중간수입을 공제할 수 있습니다.

(예) A사의 평균임금 100만원인 경우, B사로부터의 중간수입 공제

① 휴업기간 중 B사 중간수입이 60만원인 경우 : 중간수입 60만원이 휴업수당 70만원(평균임금의 70%)에 미달하므로 공제할 것이 없으므로 휴업한 회사는 휴업수당 70만원이 그대로 지급되어야 합니다.

② 휴업기간 중 B사 중간수입이 80만원인 경우: 중간수입 80만원이 휴업수당 70만원을 초과하므로 휴업수당 70만원에서 초과하는 10만원을 공제한 60만원 (70-10=60만원)이 지급되어야 합니다.

③ 휴업기간 중 B사 중간수입이 120만원인 경우: 휴업수당인 70만원을 초과하는 부분만 공제되므로 120만원 - 70만원 = 50만원을 휴업수당 70만원에서 공제하므로 휴업수당 70만원 - 중간공제 50만원 = 20만원을 근로자에게 지급되어야 합니다.

6. 해고란 무엇인가?

사용자의 '해고'란 근로자의 의사에 반하여 근로계약을 해지하는 사용자의 '일방적 의사표시'를 의미합니다. 실제 사업장에서 불리는 명칭과 무관하게 근로자의 의사에 반하여 사용자의 일방적인 의사로 이루어지는 모든 근로계약 관계의 종료는 해고로 보아야 합니다. 이

를테면, 근로자의 '희망퇴직'이나 '권고사직'은 사용자가 근로자의 의사에 반하여 근로계약을 일방적으로 해지하는 것이 아니고, 사용자와 근로자가 근로계약을 해지할 것을 합의한 '합의해지'이지만, 회사가 당초 사직의사가 없는 근로자에게 부당한 영향력을 행사하여 희망퇴직을 신청하도록 하거나 사직서를 제출하도록 하였다면, 실질적으로 이는 사용자의 일방적인 근로관계의 종료인 '해고'에 해당합니다.

여러 가지의 근로관계의 종료 중에서 '사용자의 해고'가 중요한 이유는, 오로지 '사용자의 해고'에 한하여 근로기준법이 정한 엄격한 요건을 준수해야하기 때문입니다. 즉, 사용자가 근로자를 '해고'하는 경우에는 실체적 요건으로서 근로기준법 제23조 제1항의 '정당한 이유'가 필요하며, 절차적 요건으로서 근로기준법 제27(해고사유 등의 서면통지) 및 근로기준법 26조(해고예고기간)를 준수하여야 하고, 이상의 모든 요건을 갖춘 경우라 하더라도 시기적으로 ① 업무상 부상 또는 질병(공상포함)의 요양을 위한 휴업기간과 그 후 30일 동안 ② 산전산후 휴업기간과 그 후 30일간 ③ 육아휴직기간 동안은 해고할 수 없습니다(근로기준법 제23조 제2항, 고평법 제19조 제3항).

결론적으로, 명칭이나 절차를 불문하고 실질적으로 그것이 '해고'(즉, 사용자의 일방적인 의사에 의하여 이루어지는 모든 근로계약관계의 종료)로 평가된다면, 근로기준법에서 규정한 실체적 요건(정당한 이유)과 절차적 요건 등을 모두 갖추어야만 유효한 해고로 인정됩니다. 다만, 상시 4인 이하의 사업장에서 근로자를 해고하는 경우에는 근로기준법 제23조 제1항의 '정당한 이유'가 필요하지 않으며, 해고의 방식도 반드시 서면이 아닌 구두에 의한 해고도 가능할 뿐 아니라, 근로자는 노동위원회에 부당해고 구제신청을 제기할 수 없습니다(그러나, 상시 4인 이하 사업장에도 해고예고 및 해고의 시기제한은 적용됩니다).

그러나 이는 노동법적인 측면에서 사용자가 근로자를 해고하는 경우에 근로기준법상 해고와 관련된 일부 요건이 완화되며 근로자는 국가로부터 부당해고 구제신청이라는 행정서비스를 받을 수 없다는 의미일 뿐이며, 민사적인 측면에서 사용자가 근로계약상 부담하는 계약상 의무와는 무관합니다. 이를테면, 상시 4인 이하 사업장에서 '정당한 이유' 없이 해고하지 못한다는 해고제한의 특약을 한 경우에 그 특약을 위반한 경우, 즉, '정당한 이유'가 없는 해고는 무효입니다.

 신문기사 따라잡기

> 법원 "4인 이하 사업장도 '해고제한 특약' 있으면 따라야".(연합뉴스 2023. 01. 20. 이영섭 기자)

근로기준법이 적용되지 않는 4인 이하 사업장도 해고제한 내부규정이 있다면 근로자를 이유 없이 해고하지 못한다는 법원 판결이 나왔다.
20일 법조계에 따르면 서울고법 민사15부(윤강열 양시훈 정현경 부장판사)는 A씨가 한 협동조합을 상대로 제기한 해고 무효 소송에서 최근 원심을 뒤집고 원고 승소로 판결했다.
A씨는 2017년 2월부터 이 조합에서 근무하다가 2020년 8월 코로나19 확산에 따른 '경영상의 어려움'을 이유로 해고됐다.
조합 측은 "상시근로자 4명 이하 사업장으로서 '정당한 이유 없이 근로자를 해고하지 못한다'는 근로기준법 23조 1항이 적용되지 않는다"며 적법한 해고라고 주장했다. 1심 재판부는 이를 그대로 받아들였다.
2심 재판부는 그러나 "상시근로자 4명 이하 사업장이라도 취업규칙에 해고제한 특약을 뒀다면 특약에 따라야 하고, 이를 위반한 해고는 무효"라는 대법원 판례에 근거해 원심판결을 뒤집었다.

재판부는 "조합은 내부 인사 규정을 통해 직권면직, 자연면직, 징계면직에 의해서만 직원의 신분을 박탈할 수 있도록 정하고 있다"며 "경영상 어려움은 이런 면직 사유에 해당하지 않는다"고 판단했다.

법원 관계자는 "이번 판결은 근로자 4명 이하 사업장이라도 '경영상 어려움' 등 막연한 이유로 해고할 수 없다고 판시한 것으로, 향후 비슷한 사건 판단에 영향을 미칠 전망"이라고 말했다.

▎개별법에 의한 해고사유의 제한

한편, 노동관계법 등은 특정한 경우 해고를 제한하는 구체적인 규정을 두고있습니다. 대표적인 예로서 사용자가 남녀의 성이나 국적, 신앙 또는 사회적 신분을 이유로 근로자를 차별적으로 해고하는 행위(근로기준법 제6조), 사용자의 법 위반 사실을 고용노동부장관이나 근로감독관에게 통보한 것을 이유로 해고하는 행위(같은 법 제104조제2항), 근로자의 노동조합 활동을 이유로 해고하는 행위(노동조합법 제81조제1호및 제5호)는 허용되지 않습니다. 또한, 남녀고용평등법은 근로자를 해고할 때 남녀를 차별하는 행위, 일하는 여성의 혼인, 임신,출산을 퇴직사유로 예정하는 근로계약을 체결하는 행위(남녀 고용평등법 제11조제1항 및 제2항), 직장 내 성희롱 피해 근로자 또는 피해를 입었다고 주장하는 근로자에 대하여 해고 등 불리한 조치를 하는 행위(같은 법 제14조 제2항), 사업을 계속할 수 없는 경우가 아님에도 육아휴직을 이유로 해고하거나 육아휴직 기간 동안 해고하는 행위(같은 법 제19조 제3항)를 금지하고 있습니다. 또한, 회생절차 · 파산절차 또는 개인회생절차중에 있다는 이유만으로 정당한 사유 없이 취업제한, 해고 등의 불이익한 처우를 금지하고 있습니다(회생법 제32조의2).

한편, 본사가 외국에 있는 기업의 한국 사무소나 영업소 등의 '상시 근로자수' 산정과 관련하여, 상시 근로자수를 판단하는 경우에 국내 사무소에서 근로하는 근로자만으로 판단할 것인지, 해외 본사 인원도 포함할 것인지에 대하여 논란이 있지만, 최근의 행정해석(근로개선정책과-438, 2014.1.28)과 노동위원회의 부당해고구제신청판정(서울 2013부해 417, 2007부해 61)에 따르면 '국내사무소에 사업의 독립성이 없다면 해외 본사의 인원까지 포함하여 산정해야 한다'고 판단한 사례가 있습니다. 따라서, 본사가 외국에 있는 기업의 한국 사무소나 영업소 등에 근무하는 근로자만으로는 '상시 근로자수'가 4인 이하인 경우라 할지라도 한국 사무소나 영업소가 국내에서 독자적으로 사업을 하는 경우가 아니라면 해외 본사의 인원까지 포함하여 상시 근로자수를 산정하여야 하므로 근로자를 해고하는 경우에도 정당한 이유가 필요하고 근로기준법이 정한 모든 요건과 절차를 지켜야 할 것입니다.

7. 해고의 종류

사용자가 근로자와의 근로계약을 일방적으로 종료하는 경우에는, 즉, 사용자가 근로자를 '해고'하는 경우에는 근로기준법 제23조에 의하여 반드시 '정당한 이유'가 필요하다고 하였는데, 근로기준법 제23조에서 의미하는 해고의 '정당한 이유'가 무엇이냐에 따라 해고는 다음의 3가지 유형으로 분류됩니다. 다시 말하자면, 다음의 세 가지의 정당화사유가 없는 경우에는 어떠한 경우에도 근로자에 대한 '해고'는 인정되지 않습니다.

제7장 부당인사명령 및 부당징계(해고) 구제   297

> **▮ 해고의 종류**
> 1. 통상해고
> 2. 징계해고
> 3. 긴박한 경영상의 필요에 의한 해고 (이른바 '정리해고')

근로기준법 제23조가 규정하는 3가지 해고사유 중에서 회사가 도산되는 것을 방지하기 위해 경영상 필요에 의하여 부득이하게 근로자를 해고하는 것을 의미하는 '③정리해고'는 근로자와 무관하게 오로지 사용자측의 사정으로 인한 해고라는 점에서 '①통상해고'나 '②징계해고'와는 그 성질을 전혀 달리하며 그 개념도 명백하게 다른 해고와 구별됩니다. 그렇다면, 결국 ① 통상해고와 ② 징계해고를 개념상 어떻게 구별할 수 있는가의 여부가 문제일 것인데, 결론적으로 ①과 ②는 근로자에게 '유책사유'가 있는지 없는지의 여부에 따라 구별됩니다. 일반적으로 '해고'라고 하면 '근로자에게 어떤 잘못(유책사유)이 있어서 사용자가 일방적으로 하는 해고, 즉 '징계해고'입니다. 그러나 사용자가 근로자의 의사에 반하여 일방적으로 하는 해고에는 징계해고 외에 '통상해고'도 있습니다.

(1) 통상해고

'통상해고'란 근로계약 고유의 성질상 사용자에게 당연히 인정되는 근로계약의 해지사유입니다. 그렇다면 '근로계약 고유의 성질'이란 무슨 의미인가? 그것은 바로 근로계약을 체결한 '목적'을 의미합니다. 따라서 근로계약 고유의 성질상 당연히 인정되는 해고라 함은 '근로계약을 체결한 목적을 달성할 수 없는 경우'에 사용자가 부득이하게 근로계약을 해지하는 것을 의미하는 것입니다. 이를테면 자동차의 '운전기사'로 고용된 근로자가 사고로 손발을 잃는 경우를 생각해 봅시다. 근로자가 그러한 불의의 사고를 당한 것이 근로자의 유책사유는 아니겠지만, 사용자가 근로자와 근로계약을 체결한 목적인 '운전기사로서의 업무'를 더 이상 수행할 수 없는 것이 명백하므로, 사용자로서는 그러한 근로자를 '해고', 즉 근로계약을 일방적으로 해지할 수밖에 없을 것입니다.

 이와 같이, 근로계약을 체결한 목적을 달성하기 위하여 필요한 정신적, 육체적 또는 그 밖의 업무적격성이 현저하게 결여된 경우에 부득이하게 사용자가 근로계약을 일방적으로 해지하는 것을 '통상해고'라 합니다. 여기에서 근로계약 고유의 성질상 인정되는 해고 사유로는 근로자의 현격한 업무수행능력의 부족, 질병, 성격상의 부적격 등이 그 예가 될 수 있을 것입니다.

 통상해고의 경우에도 신의칙상 '최후의 수단'일 것이 요구되므로, 근로자의 업무능력이나 건강상태가 일정기간의 훈련이나 합리적인 기회의 부여 또는 적절한 치료행위 기타 작업환경의 개선 등으로 극복될 수 있는 경우임에도 불구하고 사용자가 해당 근로자를 해고하는 것은 신의칙상의 배려의무에 반하는 것으로 정당하다고 볼 수 없습니다. 따라서 근로자의 업무능력의 상실의 경우에도 단기내에 회복이 가능하다든지, 근로자의 능력에 적합한 다른 직무로 배치전환할 가능성이 있다면, 이는 근로계약을 유지할 것을 더 이상 기대할 수 없는 경우라 하기 어려우므로, 통상해고가 당연히 허용된다고 볼 수는 없습니다.

저성과자와 통상해고

일반적으로 '저성과자'란 근로자의 업무수행결과가 당해 사업장내의 동종·유사 근로자 혹은 해당 직무에서 평균적으로 요구되는 업무성과에 비하여 현저하게 낮은 자를 의미합니다. 최근에 업무능력이 현저하게 낮은 저성과 근로자를 해고할 수 있는 지 문제되고 있는데, 결론적으로 해당 근로자에게 그의 직위와 보수에 비추어 일반적으로 기대되는 최저한의 실적에 미치지 못할 정도로 근로자의 업무성과가 현저히 부진하여 근로계약관계를 더 이상 유지하기 어려운 경우에 한하여 통상해고로서 근로계약을 해지할 수 있다는 것이 대법원의 입장입니다. 즉, 근로자의 근무 성적이나 근무 능력이 다른 근로자에 비하여 상대적으로 낮은 정도를 넘어 상당한 기간 동안 일반적으로 기대되는 최소한에도 미치지 못하고 향후에도 개선될 가능성을 인정하기 어렵다는 등 사회통념상 고용관계를 계속할 수 없을 정도인 저성과자에 한하여 해고의 정당성이 인정된다고 합니다.6) 문제는 당해 사업장내의 동종·유사 근로자 혹은 해당 직무에서 평균적으로 요구되는 업무성과에 비하여 현저하게 낮다는 것을 어떻게 사용자가 증명할 수 있느냐는 것입니다. 그나마, 영업사원과 같이 근로자의 성과를 정량적인 지표를 통하여 객관적으로 측정이 가능한 경우에는 비교적 그러한 증명이 용이할 수 있을 것이므로 통상해고의 가능성이 상대적으로 높을 것입니다. 그런데, 일반 사무직 근로자의 경우에는 근로자의 업무능력이나 성과가 다른 직원보다 현저히 낮다는 것을 사용자가 증명한다는 것은 대단히 어려운 일입니다. 따라서, 사무직 근로자의 경우에는 ① 먼저 객관적인 평가제도를 통하여 근로자의 능력과 성과를 평가하고, ② 해고하기 이전에 지속적인 면담, 지시, 주의, 경고 조치 등을 통해 스스로 부족한 능력을 개발하고 성과를 향상시킬 수 있도록 기회를 부여하고 능력개발을 위한 교육 및 훈련 등의 기회를 제공함과 아울러, ③

---

6) 이때 사회통념상 고용관계를 계속할 수 없을 정도인지는 근로자의 지위와 담당 업무의 내용, 그에 따라 요구되는 성과나 전문성의 정도, 근로자의 근무 성적이나 근무 능력이 부진한 정도와 기간, 사용자가 교육과 전환 배치 등 근무 성적이나 근무 능력 개선을 위한 기회를 부여하였는지 여부, 개선의 기회가 부여된 이후 근로자의 근무 성적이나 근무 능력의 개선 여부, 근로자의 태도, 사업장의 여건 등 여러 사정을 종합적으로 고려하여 합리적으로 판단하여야 할 것입니다(대법원 2021.02.25. 선고 2018다253680 판결).

배치전환 등 해고회피노력을 병행하고, 그러한 노력에도 불구하고 해고가 불가피한 경우에 한하여 해고하여야 비로소 통상해고로서의 정당성이 인정될 수 있을 것입니다.

 신문기사 따라잡기

저성과자 해고, 정당성 입증 없이는 불가능하다.(뉴일리안 2022.10.20. 이태준 기자)

대기발령 상태인 저성과자를 일정 기간이 지난 후 자동 해고한다는 조항이 취업규칙에 있더라도, 해고할 때는 근로자의 개선 가능성 등을 종합적으로 살펴야 한다는 대법원 판단이 나왔다. 법조계에서는 저성과자라 할지라도 '해고의 정당성'이 부족하다면, 부당 해고에 해당한다는 판결이라고 분석했다. 사측이 '해고의 정당성'을 얼마나 입증할 수 있느냐 하는 것이 관건이라는 얘기다.

19일 법조계에 따르면 대법원 3부(주심 이흥구 대법관)는 해고 노동자 A 씨가 조선업체 B 사를 상대로 낸 해고무효확인소송에서 원고 패소로 판결한 원심을 깨고 사건을 부산고법으로 돌려보냈다고 18일 밝혔다.

18년 동안 B 사에서 일한 A 씨는 2015년 인사고과평가에서 관리직 최하위 등급을 받고 대기 발령됐다. B 사에는 '대기 발령자 근무수칙'이라는 것이 있었다. 대기발령 직원에게 매월 수행 과제를 부여한 뒤 S등급, A등급, B등급 등 5단계 등급 평가를 하고, A등급 이상을 받으면 대기발령을 끝낸다는 내용이다.

사측은 A 씨가 대기발령 후 3개월 연속으로 낮은 등급을 받자 해고했다. 취업규칙에 있는 "보직자로서 무보직 처분을 받은 후 3개월이 지났을 때 해고한다"는 규정이 근거였다. A 씨는 회사가 인사권을 남용했다며 대기발령과 해고 처분 모두를 취소하라는 소송을 제기했다.

1심과 2심은 사측의 손을 들었다. B 사가 조직 개편을 앞두고 인사 규정에 나온 대로 정당하게 인사권을 행사했다고 판단했다. 반면 대법원은 대기발령까지는 적법하지만, 해고는 위법하다며 2심 판결을 파기했다. 아울러 대법원은 사용자가 취업 규칙상 해고 사유를 이유로 노동자를 해고할 때도 '정당한 이유'가 있어야 한다고 명시한 지난해 대법원 판례를 근거로 들었다.

법조계에서는 근무 성적·능력이 다른 근로자 비해 상대적으로 낮은 정도를 넘어, 상당 기간 최소한의 기대치에 못 미치고 향후 개선 가능성도 없는 등 사회 통념상 고용관계를 계속할 수 없을 정도에만 해고의 정당성이 인정된다는 판례가 이번에도 적용된 것이라고 분석했다.

공익인권법재단 공감 윤지영 변호사는 "기본적으로 회사는 노동자한테 더 이상 근로 관계를 유지할 수 없을 정도로 잘못이 중대한 귀책사유가 있는 경우에만 해고할 수 있다는 게 원칙이다. 그래서 해고의 정당성은 중대한 귀책 사유가 있을 때만 해당한다"며 "노동자 측의 잘못이 없더라도 예외적으로 가능한 건 경영상 해고 정리 해고일 때만이다. 해고는 중대한 노동관계의 변화이기 때문에 노동자한테 큰 잘못이 있어야 하고 큰 잘못이라는 게 결국에는 근로 관계를 유지할 수 없을 정도의 잘못일 경우에만 가능하다는 판례가 이번에도 적용된 것"이라고 설명했다.

다만, 대법원이 A 씨에 대한 대기발령은 적법하다고 본 이유에 대해서는 징계가 아니기에 이같이 판단했을 것이라고 한다. 김남석 변호사는 "대기 발령은 원래 회사의 규정에 따라서 진행되는 절차다. 특별히 규정을 위반한 게 없으면 적법하다고 본다"며 "대기 발령은 징계가 아니다. 그래서 내부 규정에 따라서 적법하게 징계 사유나 징계 절차를 준수했으면 특별히 법을 위반한 것이 아니라고 판단했을 것"이라고 분석했다.

대기 발령을 하고 해고를 결정하기까지 회사에서 A 씨에게 타 부서나 다른 업무로 전환 배치를 하는 등 상당한 노력을 하지 않았을 가능성이 높다는 의견도 있었다. 김광훈 노무사는 "우리나라에서 현재까지 나온 대법원 판결까지 종합을 해보면 저성과자라고 하더라도 많은 절차를 거쳐야만 해고를 할 수 있다"며 "특히 저성과자 선정 기준 평가에 있어 객관성이 있어야 한다. 선정된 다음에도 대기 발령 기간 동안에 이 사람에게 개선의 기회를 줘야 한다"고 지적했다.

법조계선 이번 판결로 인해 향후 유사 재판에서도 '해고의 정당성'에 대한 법리가 강하게 적용되리라고 전망했다. 윤 변호사는 "이 사건은 해고

> 사유를 구체적으로 따져봤더니 절차만 형식적으로 지켰지 내용적으로는 잘못됐다고 판단했을 가능성이 크다"며 "해고의 근거가 중요하다. 다른 재판부들도 이 같은 법리를 유지할 것"이라고 전망했다.

(2) 징계해고

'징계해고'란 근로자에게 책임 있는 비위행위 등을 원인으로 사용자가 일방적인 의사표시로 근로관계를 종료시키는 것을 의미합니다. 실무에서는 해임, 면직, 파면이라고도 합니다. 사용자가 근로자의 책임 있는 사유를 이유로 일방적으로 근로관계를 종료시키려면 단순한 근로계약의 불이행으로는 부족하고, 근로자가 직장 질서를 문란케 하는 등 사회통념상 고용관계를 계속시킬 수 없다고 인정될 만큼 해고를 정당화시킬 수 있는 '정당한 이유'가 있어야 합니다(근로기준법 제23조 제1항)7).

해고의 정당한 이유가 있는 경우라도, 취업규칙이나 단체협약 등에 징계위원회 등의 절차가 규정되어 있다면 반드시 그 절차를 따라야 합니다. 단체협약이나 취업규칙에서 해고를 할 때에는 해당 근로자에게 사전통지를 하여 변명의 기회를 제공한다든지, 노동조합 또는 본인과 협의나 동의를 하여야 한다는 등 해고의 절차에 대한 규정을 두는 예도 있는데, 단체협약이나 취업규칙에서 정한 징계절차를

---

7) 사회통념상 근로계약을 계속시킬 수 없을 정도인지 여부는 당해 사용자의 사업의 목적과 성격, 사업장의 여건, 당해 근로자의 지위 및 담당직무의 내용,비위행위의 동기와 경위, 이로 인하여 기업의 위계질서가 문란하게 될 위험성등 기업질서에 미칠 영향, 과거의 근무태도 등 여러 가지 사정을 종합적으로 검토하여 판단하여야 합니다 (대법원 1992.5.12. 선고 91다27518 판결,1998.11.10. 선고 97누18189 판결, 2002.5.28. 선고 2001두10455 판결 등).

지키지 않거나 징계절차를 위반한 경우에는 징계사유의 정당성 여부와 무관하게 그러한 징계는 효력이 없습니다.

정당한 이유가 있으며 형식적으로 징계해고 절차를 모두 거친 경우라 하더라도, 사용자의 징계권의 행사는 신의성실의 원칙에 따라 공정하게 행사되어야 하며 이를 남용할 수 없다는 내재적 한계를 가집니다. 특히, 근로자에 대한 징계해고는 '최후의 수단'으로서 해고 이외에는 도저히 다른 방법이 없을 경우에 한하여 인정되어야 합니다. 즉, 사용자가 취업규칙 등의 징계에 관한 규정을 구체적으로 적용하여 징계처분 중 가장 무거운 해고처분을 내린 행동이 정당하게 되기 위해서는 그 징계사유에 해당하는 근로자의 비위행위가 '사회통념상 근로계약을 계속시킬 수 없을 정도로 근로자에게 책임 있는 사유'에 해당하여야 합니다. 또한, 해고의 전후 사정에 비추어 해고보다 가벼운 제재조치에 의하여 그 징계의 목적을 달성할 수 있음에도 가장 극단적인 해고조치를 취하였다면, 이는 사용자가 징계에 관한 재량권을 남용한 경우에 해당되므로 정당한 해고라고 할 수 없습니다.

(3) 긴박한 경영상의 필요에 의한 해고 (이른바 '정리해고')

회사가 적자 상태라 직원들에게 급여를 줄 상황이 안되는 경우에는 근로자를 해고할 수 있을까요? 네, 그렇습니다. 이러한 경우에 하는 해고를 '경영상 해고'라고 합니다. 즉, 경영상 해고(정리해고)'라 함은 기업의 유지와 존속을 위하여 경영상 필요에 의해 일정한 요건 아래 근로자들 가운데 일부를 해고하는 것을 말합니다.

정리해고는 근로자와 무관한 오로지 사용자측의 경영상 사정으로 인한 해고라는 점에서 통상해고나 징계해고와는 그 성질을 전혀 달리합니다. 정리해고는 사용자의 귀책사유에 의한 해고이므로 원칙적으로 해고로서의 정당한 이유가 인정되지 않아야 하는 것이지만, 그럼에도 불구하고 근로기준법 제24조는 예외적으로 엄격한 요건 하에 정리해고를 인정하고 있습니다. 따라서, 회사가 직원들에게 급여를 줄 상황이 안되는 경우라고 하더라도 당연히 근로자를 해고할 수 있는 것이 아니라 근로기준법이 정한 4가지의 엄격한 요건을 따라야 하는 것이고, 만일 근로기준법이 정한 요건을 지키지 않은 해고는 무효입니다. 즉, 부당해고입니다. 근로기준법 제24조가 규정한 경영상 해고(정리해고)의 요건은 다음과 같습니다. 첫째, 해고를 하지 않으면 기업 경영이 위태로울 정도의 긴박한 경영상의 필요성이 존재하여야 하고, 둘째, 경영방침이나 작업방식의 합리화, 신규채용 금지, 일시 휴직 및 희망퇴직의 활용, 배치전환 등 해고회피를 위한 노력을 다하여야 하며, 셋째, 합리적이고 공정한 정리기준을 설정하여 이에 따라 해고대상자를 선별하여야 하고, 이밖에도 해고에 앞서 노동조합이나 근로자측에 적절한 통지를 하고 이들과 사이에 성실한 협의를 거칠 것이 요구됩니다(근로기준법 제31조).

또한 근로기준법에서는 정리해고 규정과 함께 사용자의 우선 재고용의무를 규정하면서, 정부의 해고 근로자에 대한 생계안정, 재취업, 직업훈련 등의 조치의무를 연계시키고 있습니다(근로기준법 제25조).

▍ 정리해고자의 재고용 의무

경영상 이유로 해고된 사람에게는 이전 직장으로 복귀할 기회가 우선적으로 보장됩니다. 즉, 회사가 근로자를 정리해고(경영상 해고)를 한 경우, 사용자는 근로자를 해고한 날부터 3년 이내에 해고된 근로자가 해고 당시 담당하였던 업무와 같은 업무를 할 근로자를 채용하려고 할 경우에는 경영상 해고된 근로자가 원하면 그 근로자를 우선적으로 고용하여야 합니다(근로기준법 제25조 제1항). 이를테면, 정리해고한 근로자가 해고 당시 담당하였던 업무와 같은 업무를 할 근로자를 새로 채용하면서 정리 해고된 근로자에게 채용 사실을 고지하거나 고용계약을 체결할 의사가 있는지 확인하지 아니하는 경우, 해고된 근로자는 사용자를 상대로 고용의 의사표시를 갈음하는 판결을 구할 사법상의 권리가 있으므로 판결이 확정되면 사용자와 해고 근로자 사이에 고용관계가 성립할 뿐 아니라, 해고 근로자는 사용자의 우선 재고용의무 불이행에 대하여 우선 재고용의무가 발생한 때부터 고용관계가 성립할 때까지의 임금 상당 손해배상금을 청구할 수 있습니다(대법원 2020.11.26. 선고 2016다13437 판결).

 신문기사 따라잡기

> 정리해고 후 신규 채용시 해고자 복직 의사부터 '우선 재고용의무 위반'하면, 사용자는 임금 상당액 손해배상 의무.(중기이코노미 2021.01.07. 이동철 기자)

사용자가 경영상 이유로 해고된 근로자에게 고용계약 체결의사를 묻지 않고 제3자를 채용했다면, 근로기준법 제25조 제1항이 정한 '우선 재고용의무' 위반이라는 대법원 판결이 나왔다.
대법원 제1부는 사회복지법인 상대로 정리해고자가 우선 재고용의무 이행을 청구한 소송에서, 피고가 원고에게 "고용계약을 체결할 의사가 있는지 확인하지 않은 채, 제3자를 채용해 우선 재고용의무를 위반했다"고 판결했다(대법원 2020.11.26. 선고, 2016다13437).
사용자는 신규 인력을 채용할 때, 경영상 이유로 해고된 근로자를 우선 재고용해야한다(근로기준법 제25조 제1항). 과거에는 우선 재고용 노력 의무만 있었는데, 2007년 1월 근로기준법을 개정해, 사용자에게 우선 재고용 노력이 아닌 이행 의무를 부과했다.

> 정리해고자를 법률 규정으로 우선 재고용하도록 한 취지는 간단하다. 귀책사유가 없음에도 사용자의 경영상 판단에 따라 해고라는 불이익을 받은 근로자에게, 사용자가 보상할 책임이 있기 때문이다.
>
> **근기법 제25조 제1항, 고용의무 이행을 구할 사법상 청구권**
>
> 사용자 보상책임에 대해 이 사건 초심은 "근로자가 사용자에 대해 고용의무 이행을 구할 수 있는 사법상의 청구권을 갖는다"고 판단했다(인천지법 2014.09.25. 선고, 2013가합 17168).
>
> 초심 판결은 정리해고된 근로자가 사용자에게 우선 재고용을 청구할 수 있는 요건을 설시했는데 ▲경영상 해고를 한 날부터 '3년 이내' 채용이고 ▲해고근로자와 '같은 업무'를 할 근로자를 채용해야하고 ▲해고근로자가 반대의사를 표시하거나, 고용계약을 체결할 것을 기대하기 어려운 객관적인 사유가 있는 등의 특별한 사정이 없어야한다.
>
> 사용자가 근로기준법 제25조 제1항에 따라 해고근로자를 우선 재고용할 의무가 있음에도 사용자가 우선 재고용의무를 이행하지 않은 경우, 해고근로자는 사용자를 상대로 고용의 의사표시를 갈음하는 판결을 구할 수 있다. 판결이 확정되면 사용자와 해고근로자 사이에는 고용관계가 성립한다. 따라서 해고근로자는 우선 재고용의무가 발생한 때부터 판결에 따라 고용관계가 성립할 때까지 임금 상당의 손해배상금을 청구할 수 있다.

8. 근로자 해고의 법정 요건

사용자가 근로자를 '해고'하는 경우에는 ① 실체적 요건으로서 근로기준법 제23조 제1항의 '정당한 이유'가 필요하며, ② 절차적 요건으로서 근로기준법 제27조(해고사유 등의 서면통지) 및 근로기준법 26조(해고예고기간)를 준수하여야 하고, 이상의 모든 요건을 갖춘 경우라 하더라도 ③ 시기적으로 (i) 업무상 부상 또는 질병(공상포함)의 요양을 위한 휴업기간과 그 후 30일 동안 (ii) 산전산후 휴업기간과 그 후 30일간 (iii) 육아휴직기간 동안은 해고할 수 없습니다(근로기준법

제23조 제2항, 고평법 제19조 제3항).

> **▮ 근로자 해고의 법정 요건**
>
> **1. 실체적 요건**
>
> 　근로기준법 제23조 제1항의 해고의 '정당한 이유' (해고사유의 정당성 + 해고절차의 정당성)*
>
> **2. 해고의 절차적 요건**
>
> 　근로기준법 제27조(해고사유 등의 서면통지)* 및 근로기준법 26조(해고예고기간)
>
> * 해고의 정당한 이유(근로기준법 제23조 제1항)와 해고사유의 서면통지(근로기준법 제27조)는 상시 5인 이상 사업장의 경우에 적용
>
> **3. 해고의 시기적 제한(해고 금지기간)**
>
> 　① 업무상 부상 또는 질병(공상포함)의 요양을 위한 휴업기간과 그 후 30일간 ② 산전산후 휴업기간과 그 후 30일간 ③ 육아휴직기간

　사용자는 '정당한 이유'가 없다면 그 어느 경우에도 근로자를 '해고'할 수 없습니다. 사장님들 중에는 '30일' 전에 해고예고만 한다면 당연히 근로자를 해고할 수 있는 것으로 오해하는 경우가 많은데, 근로자를 해고할 만한 '정당한 이유'가 인정되지 않는다면 어느 경우에도 '해고' 그 자체가 인정되지 않습니다. 따라서 근로자를 해고할 만한 '정당한 이유'가 없다면 '30일'간의 해고예고 기간의 준수 여부 등은 애초에 문제될 여지도 없을 것입니다.

　'정당한 이유'의 내용은 개별적인 사안에 따라 구체적으로 판단되어야 할 것인데, 대법원 판례는 '정당한 이유'에 관하여, '해고'는 '사회통념상 고용관계를 계속할 수 없을 정도로 근로자에게 책임 있는 사유 또는 긴박한 경영상의 사유에 해당되는 경우에만 그 해고의 정

당성이 인정된다'고 하여 상당히 엄격하게 판단하고 있습니다. 이하에서는 사용자의 해고가 정당한 이유가 있다는 전제하에 근로기준법이 정한 절차적 요건에 대하여 개별적으로 살펴보도록 하겠습니다.

(1) 해고예고(해고예고수당)

'해고예고'는 비교법적으로도 대부분의 국가에서 공통적으로 채용하고 있는 해고의 일반적인 절차로서, 영미 보통법상 해고의 요건도 '30일전 해고 통지'이며, 대한민국의 해고예고 기간도 '30일'입니다. 근로기준법 제26조는, 해고에 정당한 사유가 있음을 전제로, 사용자가 근로자를 해고하는 경우에는 근로관계가 종료되는 날로부터 적어도 30일 전에 해고할 것을 예고하거나, 30일분 이상의 '통상임금'을 주어야 한다'고 규정하고 있습니다. 이러한 해고예고제도는 돌발적인 실직의 위험으로부터 근로자를 보호하려는데 그 취지가 있으며, 사용자에 대해서는 대체근로자를 찾는 과정에서 해고를 재고하도록 하는 일종의 숙려기간으로 작용하기도 하고, 근로자에게는 정당한 해고 사유의 유무에 대한 자기변호의 기회를 부여하는 효과도 있다는 것이 법원의 입장입니다.

해고의 예고는 4인 이하 사업장의 경우에도 적용되지만, 정년퇴직이나 기간의 정함이 있는 근로계약의 종료, 합의퇴직 등과 같이 사전에 이미 근로관계의 종료를 예견할 수 있는 경우는 '해고'가 아니므로 해고예고제도 자체가 적용될 여지가 없습니다. 그리고, 근로자가 계속근로기간이 3개월 미만인 경우, 천재·사변 기타 부득이한 사유로 인하여 사업을 계속하는 것이 불가능한 경우, 근로자가 고의로 사업에 막대한 지장을 초래하거나 재산상 손해를 끼친 경우와 같은 '즉시해고' 사유(근로기준법 제26조)가 있는 경우에는 해고예고제도가 적용되지 않습니다.

> **해고예고의 예외 사유인 '3개월 미만의 단기성 계약'**
>
> 2019년 개정 근로기준법에 따르면, 근로자의 고용형태를 불문하고 계속근로기간이 3개월 미만인 경우에는 해고예고제도가 적용되지 않습니다. 여기서 유의할 점은 해고예고가 적용되지 않는 근로자는 계속근로기간이 3개월 '미만' 이라는 것입니다. 따라서, 개정 근로기준법에 따르면 근로계약기간이 3개월인 경우에는 해고예고의 예외사유에 해당하지 않습니다. 해고예고의 예외 사유인 '3개월 미만의 단기성 계약'은 실질적인 관점에서 파악되어야 하므로, 이를테면, 사용자가 해고예고제도를 피할 목적으로 실제로는 3개월 이상의 장기계약임에도, 형식상 3개월 단위의 단기성 계약의 체결을 반복하는 경우는 해고예고 의무에서 제외될 수 없을 것입니다.

'해고예고수당'은 해고로 인해 발생한 금품이지 근로의 대가가 아니므로 평균임금에 포함되지 않으며, 세법상으로는 '근로소득'이 아니라 '퇴직소득'으로 처리됩니다. 또한, 해고예고수당은 임금이 아니므로 임금과 같이 일할분할되어 지급되는 성질의 것도 아닙니다. 이를테면, 근로자로 하여금 해고예고일로부터 15일간 인수인계를 마치고 퇴사하도록 지시하는 경우에, 사용자는 근로자가 15일 동안 근로하였으므로 15일분의 임금을 지급하고 해고예고 수당은 나머지 15일 분만 주어도 되는 것으로 혼동하는 경우가 있습니다. 그러나 해고예고수당은 '임금'이 아니므로 성질상 분할하여 나누어 지급할 수 있는 것이 아니므로, 해고예고기간이 30일에서 일부라도 부족한 경우에는 30일분 이상의 통상임금을 모두 지급하여야 합니다. 극단적인 예를 들자면, 해고예고일로부터 29일 근로하고 30일되기 1일 전에 퇴사하더라도 해고예고수당은 30일분의 통상임금을 모두 지급하여야 하는 것입니다. 또한, 적치된 연차유급휴가를 해고예고기간 중에 강제로 사용하도록 하는 것도 부당합니다.

해고예고수당은 통상임금의 30일분을 지급하도록 되어 있습니다. 즉, 해고예고수당은 한 달치 월급이 아닙니다.

월 209만원, 평일 근무하고 1일 8시간 근무자로 가정 시 해고예고수당은 240만원입니다.

- 한 달치 월급: 2,090,000원
- 해고예고수당 : 2,400,000원

(통상시급 209만원 / 209시간 = 1만원 → 일급: 8 × 1만원 = 8만원, 일급 × 30일 = 240만원)

> **┃ 해고예고수당의 산정**
>
> 사용자가 근로자에게 해고예고를 하지 않는 경우에는 해고예고 수당으로 30일분 이상의 '통상임금' 주어야 합니다.
>
> 예) 기본급 2,635,118원, 식대 100,000원인 경우의 해고예고수당
>
> 1. 통상시급의 계산 : 기본급 2,635,118원 + 식대 100,000원 = 2,735,118월 ÷ 209 =13,086 (통상시급)
>
> 2. 통상일급의 계산: 통상시급 × 8 = 104,693(1일 통상임금)
>
> 1일 통상임금 × 30일 =3,140,805원 = 해고예고수당 (통상임금 30일분)

한편, 해고예고수당은 임금은 아니지만 근로관계로부터 발생하여 근로자에게 귀속되는 '기타금품'으로서 근로기준법 제36조 '금품청산'의 대상이므로 사용자가 자신의 개인적인 금전채권과 해고예고수당을 상계하는 것은 허용되지않습니다.

그렇다면, 회사가 폐업하는 경우에도 해고예고를 하여야 하는 것일까요? 회사가 폐업하여 근로관계를 종료하는 것도 '해고(통상해고)'에 해당하므로 당연히 근로자에게 해고예고를 하거나 해고예고수당을 지급하여야 할 뿐 아니라, 상시 5인 이상 사업장이라면 해고의 서면통지도 하여야 합니다. 다만, 행정해석에 의하면, 회사가 부도로 인해 도산된 경우는 근로기준법 제26조 단서의 즉시해고 사유 중 '부득이한 사유로 사업 계속이 불가능한 경우'에 해당한다고 보아서 해고예고를 할 필요가 없다고 합니다.

유의할 것은 해고예고제도가 해고의 효력과는 아무런 관계가 없다는 것입니다. 즉, 해고의 정당성이 없는 경우에는 해고예고를 적법하게 하여도 해고의 효력은 발생하지 아니하며, 해고가 정당한 사유를 갖추고 있는 한 예고의무를 위반하더라도 해고의 유효성에는 아무런 영향이 없습니다. 즉, 해고예고절차에 위반한 해고도 유효한 것으로 인정되는 것입니다(이 점에서 후술하는 해고의 서면통지와 차이가 있습니다.) 다만, 사용자가 30일 전에 해고예고를 하지 않거나 해고예고수당을 지급하지 않은 경우에는 처벌의 대상이될 뿐입니다(2년 이하의 징역 또는 1천만원 이하의 형사처벌). 또한 부당해고가무효로서 효력이 없어서 근로자가 사업장으로 원직복귀되는 경우에도 해고예고는 해고의 효력과 관계없기 때문에 근로자는 이미 지급받은 해고예고수당을 부당이득으로도 반환할 필요가 없습니다.

(2) 해고의 서면통지

근로자에 대한 해고는 해고사유와 해고시기를 서면으로 통지하여야 효력이 있으며(근로기준법 제27조 제2항), 서면으로 통지하지 않은 해고는 효력이 없습니다. 이것이 해고의 서면통지와 해고예고의 가장 큰 차이점입니다. 즉, 해고예고는 해고의 효력과는 아무런 관계가 없으므로 해고가 정당한 사유를 갖추고 있는 한 예고의무를 위반하더라도 해고의 유효성에는 아무런 영향이 없지만, 해고의 서면통지는 해고의 효력요건이므로 설령 해고가 정당한 사유를 갖춘 경우에도 해고의 서면통지가 없는 해고는 무효입니다. 즉, 부당해고입니다.

근로기준법 제27조의 해고에는 모든 유형의 해고가 포함되므로 서면통지제도는 징계해고 뿐 아니라 통상해고, 정리해고에 대해서도 적용될 뿐 아니라, 해고예고제도가 적용되지 않는 3개월 미만의 단기근로계약등의 경우에도 서면해고통지는 하여야 합니다. 다만, 상시근로자 4인 이하 사업(장)의 경우에는 서면에 의한 해고 통지의무규정(근로기준법 제27조)이 적용되지 않으며, 정년퇴직이나 기간의 정함이 있는 근로계약의 종료, 권고사직이나 명예퇴직을 포함하는 합의퇴직 등과 같이 사전에 이미 근로관계의 종료를 예견할 수 있는 경우는 해고가 아니므로 서면해고 통지는 적용될 여지가 없습니다(그런데, 이러한 경우(예: 권고사직)를 해고로 보지 않아 서면통지를 하지 않았으나, 나중에 해고로 인정되는 경우, 즉 사용자의 일방적인 근로관계의 종료라면 이는 결국 서면통지에 위반한 해고에 해당되므로 그러한 해고는 무효입니다. 즉, 부당해고입니다).

'서면'이란 종이로 된 문서를 의미하므로 이메일이나 휴대폰 문자메세지 등을 이용한 통지는 서면통지로 볼 수 없습니다. 다만, 회사가 전자결재체계를 완비하여 전자문서로 모든 업무의 기안, 결재, 시행과정 등을 관리하는 경우에는 전자문서도 문서로 볼 수 있을 것이며('전자문서법(전자문서 및 전자거래기본법)'에 의한 전자문서의 '문서성'

인정), 근로자가 원거리나 격리장소 에 있는 등의 사정으로 인하여 이메일 외에 의사연락수단이 마땅히 없는 등의 특별한 사정이 있는 경우에는 예외적으로 이메일 등 전자문서를 통한 해고의 서면통지도 인정될 수 있습니다.

해고예고는 반드시 30일 이전에 해야 하지만, 서면통지 시기는 별도로 규정된 바가 없습니다. 다만, 서면통지의 시기는 적어도 해고의 효력이 발생하는 해고처분일 이전이라야 할 것이므로, 해고처분의 효력이 발생한 뒤에 통지한 경우에는 절차상 근로기준법 제27조를 위반한 위법이 있으므로 무효입니다.

해고사유와 해고시기는 구체적이고 명확하게 기재하여야 하는데, 어느 정도 구체적으로 기재하여야 하는 지는 특별히 규정된 바 없지만, 적어도 서면통지의 기재내용에 의하여 근로자는 언제 어떠한 이유에서 해고되었는지 명확하게 인식할 수 있으며 해고에 대응하는 데에 지장이 없을 정도는 되어야 할 것입니다.

> ▎ **해고사유의 기재정도**
> 1. 통상해고의 경우에는 통상해고의 사유, 배치전환이나 임금조정 등 해고 대신에 고용을 유지할 수 있는 방법을 기재하여야 합니다.
> 2. 징계 해고의 경우에는 징계 대상자가 위반한 단체협약이나 취업규칙의 조문만 나열하는 것으로는 충분하다고 볼 수 없고, 해고의 실체적 사유가 되는 사실 또는 비위내용을 구체적으로 기재하여야 합니다.
> 3. 정리해고의 경우에는 해고의 실체적 사유에 해당하는 긴박한 경영의 필요성, 해고회피노력, 선정기준 등을 기재하여야 합니다.

그런데, 징계절차 이전의 감사과정, 사용자와의 면담, 징계위원회

출석요구서 등의 기재내용, 징계위원회 참석 및 근로자의 소명 등을 통하여 근로자가 징계사유를 구체적으로 알 수 있었고 근로자의 방어권 행사에 아무런 장애가 없었다면, 설령 해고사유를 다소 간략·추상적으로 기재하였거나 해고사유를 간략하게 기재하면서 징계회의록 등을 서면통지에 첨부하여도 해고의 서면통지의무 위반으로 보지 않는 것이 최근 대법원의 입장입니다. 다만, 근로자가 징계사유를 구체적으로 알 수 있었기 때문에 실질적으로 근로자의 방어권 행사에 장애가 없었다고 하더라도 해고사유와 해고시기를 전혀 기재하지 않았다면 그러한 서면통지는 효력이 없음은 물론입니다.

해고의 서면통지와 관련하여 근로기준법 제27조는 근로자의 방어권을 보장함으로써 근로자의 권익을 보호하기 위한 강행규정이라고 할 것이므로, 해고 사유가 구체적으로 기재되지 않은 해고통지의 경우에는 해고에 정당한 사유가 있는지 여부를 살펴볼 필요도 없이 해고의 절차적 요건을 충족하지 못하여 무효입니다. 따라서 해고의 정당한 이유가 있는 경우라 할지라도 서면통지를 위반한 경우에는 부당해고에 해당하므로, 노동위원회에서는 원직복귀와 임금 상당액을 지급하는 구제명령을 내려야 합니다. 이 경우, 사용자는 동일한 해고사유에 대하여 다시 서면통지를 하여 절차적 흠을 치유하여야 유효하게 해고처분을 할 수 있겠지만, 그 이전 부당해고기간중의 임금은 여전히 지급해야 합니다. 다만, 해고예고 위반에는 벌칙이 적용되지만, 서면통지 위반에 대한 벌칙은 없습니다.

신문기사 따라잡기

> 어제 첫 출근, 오늘 "회사 사정이"…법원 "부당한 해고".(뉴시스 2022. 05. 01. 류인선 기자)

첫 출근 다음날 회사가 경영상의 이유로 근로자에게 퇴사를 요구했다면 해고에 해당한다는 1심 법원의 판단이 나왔다. 회사가 해고시기와 사유를 서면으로 통지하지 않아 부당해고라고 1심은 지적했다.
1일 법원에 따르면 서울행정법원 행정13부(부장판사 박정대)는 A사가 중앙노동위원회 위원장을 상대로 "부당해고 구제재심 판정을 취소해달라"고 낸 소송에서 지난 3월31일 원고 패소 판결했다.
B씨는 2020년 7월1일 A사에 입사한 후 그 다음날인 2일 퇴사했다. B씨는 퇴사 당일 A사 사내이사와 약 28분간 면담한 것으로 파악됐다.
B씨는 이 자리에서 "결론적으로 경영상의 이유로 해고하는 것인가"라고 물었고, 이사는 "경영상의 이유가 맞다"는 취지로 말했다.
B씨는 A사에게 해고를 당했다며 지역 노동위원회에 구제신청했고, 지방노동위는 "부당해고"라고 결정했다. A사는 재심도 신청했지만 중앙노동위는 이를 기각했다. 이에 A사는 중앙노동위의 재심 기각 결정을 취소해달라고 소송을 냈다.
변론과정에서 A사는 "B씨의 역량 부족 등 근로관계를 종료할 수 밖에 없는 부득이한 사유를 상세하게 설명하며 권고사직을 제안했다. 자발적으로 동의해 이는 부당해고가 아니다"라고 주장했다.
하지만 재판부는 A사가 B씨를 해고한 것이 맞고, 서면으로 해고 시기와 이유를 통지하지 않았으므로 부당해고라고 판시했다.

(3) 해고의 시기적 제한

해고에 대한 정당한 사유가 있더라도 ① 업무상 부상 또는 질병(공상포함)의 요양을 위한 휴업기간 과 그 후 30일 동안 ② 산전산후 휴업기간과 그 후 30일간 ③ 육아휴직기간 동안은 해고할 수 없습니다 (근로기준법 제23조 제2항,고평법 제19조 제3항). 이를 해고금지기간이라고 하는데, 해고금지기간은 상시 5인 미만의 사업장을 포함하여 모든 사업장에 적용됩니다. 산재요양기간 등의 해고금지기간에 한 해고는 위법한 해고로서 사법상 무효일 뿐 아니라, 사용자는 5년 이하의 징역 또는 3천만원 이하의 벌금에 처해집니다.

해고금지기간 중에는 시용근로자에 대하여 본채용을 거부하는 것도 허용되지 않습니다. 본채용을 거부하는 것은 곧 해고를 의미하기 때문입니다. 따라서, 시용근로자가 업무상 부상으로 요양중인 경우에 사용자는 시용기간 만료로 근로계약관계를 종료할 수 없습니다.

 신문기사 따라잡기

법원 "업무상 질병 치료 도중 해고는 무효".(뉴시스 2013.05.29. 노수정 기자)

수원지법 민사9부(부장판사 함종식)는 "업무상 질병을 치료하는 도중 내려진 회사의 해고 결정은 무효"라며 버스기사 진모(46)씨가 회사를 상대로 낸 퇴직무효확인 청구 소송에서 원고 승소판결했다고 29일 밝혔다.
경기지역 한 버스회사에서 근무하던 진씨는 2009년 동료의 회삿돈 횡령 사건에 가담했다는 의혹에 연루돼 월급이 깎인 채 대기발령됐다.
진씨는 결백을 주장하며 대기발령을 거부하다 2010년 12월 지시 불이행 등을 이유로 정직 2개월의 징계를 받았고 정직기간이 끝난 이듬해 2월 새 근무지인 경부선사업소에 배치됐다.
하지만 진씨는 발령 이후 교통사고를 내는 등 새로운 노선에 적응하지 못했고 과도한 스트레스로 결국 우울증 진단을 받고 회사에 진단서를 제출

> 한 뒤 지난해 1월까지 출근하지 않았다.
> 그러자 회사는 인사위원회를 열고 "업무 외 질병에 대한 휴직기간은 6개월을 초과할 수 없다"며 진씨에게 버스기사가 아닌 다른 업무를 할 의향이 있는지 물었지만 진씨가 답변을 거부하자 지난해 2월 퇴직 처분했다.
> 재판부는 판결문에서 "피고는 원고가 횡령사건에 가담했다는 증거가 없음에도 징계하고 배상을 요구하는 소송까지 제기했다"며 "이에 대한 스트레스로 원고가 우울증에 걸린 것으로 보인다"고 밝혔다.
> 이어 "원고의 우울증이 업무상 질병에 해당한다면 치료 도중에 이뤄진 퇴직 처분은 근로기준법을 위반한 것으로 볼 수 있다"고 판시했다.

9. 징계나 해고 등이 부당한 경우에는 어떻게 해야 하나?

원래 근로자가 사용자로부터 부당하게 징계나 해고 등을 당하는 경우에는 법원에 소를 제기하여 구제받는 것이 원칙입니다. 그런데, 법원에 의한 민사소송은 적지 않은 비용이 들뿐 아니라, 3심제의 민사소송이 최종적으로 확정되기 위해서는 상당한 기간이 소요됩니다. 그런데, 근로자의 지위와 관련된 노사간의 분쟁은 그 성질상 조속한 해결이 요구되므로, 우리나라에서는 노동위원회제도를 두어 노사분쟁에 대한 신속한 해결을 도모하고 있습니다[8].

근로자의 측면에서는 노동위원회제도가 법원에 의한 권리구제보다 유리한 측면이 있습니다. 일단, 노동위원회 제도는 태생적으로 근

---

8) 반면에, 분쟁의 당사자가 노동위원회의 결정에 불복하는 경우에는 노동위원회의 초심과 재심 및 그에 대한 항고소송으로서의 행정소송의 3심 단계 그리고 별도로 민사소송을 제기되는 경우에는 민사소송의 3심 단계를 거쳐야 최종적으로 분쟁이 확정되므로, 경우에 따라서는 오히려 노동위원회를 거치는 것이 처음부터 민사소송만을 제기하는 경우보다 많은 기간이 소요될 수도 있습니다. 그러나 노동관계 분쟁의 97%가 노동위원회를 통하여 종국적으로 해결된다는 점을 고려한다면, 노동위원회를 통한 분쟁의 해결은 여전히 유효하다할 것입니다.

로자의 권리를 보장하기 위하여 설립된 기관이라는 점에서, 노동위원회의 운영이 사실상 근로자에게 유리하게 진행되는 측면이 있다는 것을 부인할 수 없습니다. 또한, 법원의 소송과 달리 노동위원회의 경우에는 별도의 비용이 들지 않을 뿐 아니라, 설령 근로자가 노동위원회 심판에서 지는 경우에도 소송의 경우같이 패소한 일방이 승소한 상대방의 소송비용의 일부를 부담하지도 않습니다. 더구나, 노동위원회는 평균임금 일정액(2022년부터 300만원) 이하인 근로자에게는 무료로 국선 대리인을 선임하여 조력하고 있습니다. 한편, 노동위원회 부당해고 판정이 확정된 경우 근로자는 사용자에게 노동위원회 대리인 선임비용 등을 손해배상으로 청구하여 지급받는 경우도 있습니다[9].

임금, 근로시간, 휴가 등 근로조건과 관련해 사용자의 위반 행위가 있을 때, 특히 임금체불이 발생하는 경우에는 사업장을 관할하는 고용노동부의 각 지청에 진정이나 고소 등을 제기할 수 있다는 것은 '임금체불의 구제'에서 살펴보았습니다. 반면에, 부당한 징계, 해고, 전직 등은 고용노동부가 아니라 '노동위원회'라는 별도의 독립기관이 담당합니다. 우리나라에서는 노동관계 분쟁을 담당하는 기관은 원칙적으로 고용노동부이지만, 예외적으로 부당 징계, 해고, 전직 등의 경우에는 노동위원회라는 독립적 행정기관이 담당하고 있는 것입니다. 이를테면, 근로자가 부당해고를 당하면서 동시에 해고예고수당을 지

---

[9] 단, 모든 경우에 근로자가 사용자에 대하여 노동위원회 대리인 선임비용 등을 청구할 수 있는 것은 아닙니다. 부당해고를 당한 근로자가 사용자에 대하여 대리인 선임비용 등을 손해배상으로 청구할 수 있는 경우는 사용자의 부당해고가 단순한 채무불이행이 아니라 민사상 불법행위로 인정될 수 있는 경우, 이를테면, 근로자에게 전혀 해고 사유가 없음에도 오로지 근로자를 괴롭힐 의도로 증거 등을 조작하여 해고하는 것과 같이 해고의 부당함이 객관적으로 명백한 경우에 한합니다.

급받지 못하는 경우, 부당해고 구제신청은 사업장 소재 지방노동위원회에 신청하는 것이며 해고예고수당 미지급은 사업장 소재 고용노동부의 각 지청에 진정이나 고소 등을 제기하는 것입니다.

고용노동부에서는 근로감독관이라는 고용노동부 소속 담당 행정경찰이 접수된 민원을 처리하는 방식이지만, 노동위원회는 고용노동부와 별개의 독립기관으로 외부 전문 인사로 구성된 근로자위원, 사용자위원, 공익위원을 두고 서로의 주장과 반박이 오가는 약식 재판절차를 준용하면서 사건을 판정하고 있습니다.

임금체불 등 근로조건 위반사건의 경우에는 공소시효 기간 이내에 사업장 소재 고용노동부의 각 지청에 진정이나 고소 등을 제기하는 것이지만, 부당한 해고, 징계 등 구제신청은 부당해고 등이 있은 날로부터 3개월 이내에 사업장 소재 지방노동위원회에 신청하는 것입니다. 만일 부당해고 등이 있은 날로부터 3개월이 경과한 후에 노동위원회에 부당해고 등 구제신청을 제기하는 경우, 노동위원회는 사건의 내용을 판단하지도 않고 제척기간 도과로 사건을 '각하'합니다. 따라서, 이 경우에는 노동위원회에 의한 구제는 받을 수 없고 일반법원에 해고무효 등 확인의 소를 제기해야 합니다. 유의할 점은, 설령 사용자의 해고가 명백한 부당해고에 해당한다고 하더라도, 근로자가 퇴사하면서 퇴직금까지 모두 수령하고 사용자가 부당해고한 때부터 상당한 기간이 경과함으로써 사용자로서는 근로자가 이제는 더 이상 부당해고를 다투지 않을 것이라는 신뢰가 형성된 경우에는, 설령 근로자가 뒤늦게 (통상 해고일로부터 7~8개월 이상 경과한 경우) 사용자의 해고가 부당해고임을 주장하더라도 그러한 근로자의 주장은 신의칙에 반하여 허용되지 않는다는 것이 확립된 법원의 입장이라는 것입니다. 따라서, 민사법원에 해고무효 등 확인의 소를 제기하는 경우에는 너무 늦지 않도록 하여야 할 것입니다.

10. 노동위원회에 의한 부당해고 등 구제 절차

사용자가 근로자에 대하여 정당한 이유 없이 해고·휴직·정직·전직·감봉 기타 징벌을 행한 때에 당해 근로자는 노동위원회에 그 구제를 신청할 수 있습니다. 노동위원회를 통한 행정적 구제를 규정한 취지는 법원에 의한 구제는 절차가 복잡하고, 소송기간이 길며, 비용부담이 큰 반면, 근로관계에 관련된 분쟁은 그 성질상 신속한 해결이 요구되므로, 노동위원회를 통하여 비교적 간단하고 빠르게 근로관계에 관한 분쟁을 해결하기 위함입니다.

(1) 구제 신청

① 구제신청의 대상

구제신청의 대상은 '부당해고 등 (정당한 이유 없이 한 해고·휴직·전직·정직·감봉·그 밖의 징벌)입니다. 그러나 해고나 징계 등 근로기준법 제23조에 명시된 것은 예시에 불과하므로 이들과 비슷한 성질을 가진 전출, 전적, 휴직자의 복직거부 등 근로자에게 불이익한 인사처분이라면 구제신청의 대상에 포함됩니다.

② 구제신청의 당사자

부당해고 등의 구제신청을 할 수 있는 근로자는 상시 5인 이상 사업장에 근로하는 근로자입니다(근로기준법 제28조제1항). 부당해고 등의 구제신청은 근로자 개인만이 할 수 있고 노동조합은 할 수 없습니다. 또한, 당해 구제신청의 피신청인은 근로계약 체결의 당사자인 사업주입니다.

③ 제척기간

구제신청은 부당해고 등이 있었던 날부터 3개월 이내에 해야 합니다(근로기준법 제28조 제2항). 사용자가 해고를 예고한 때에는 3개월의 신청기간(제척기간)은 예고한 날이 아니라 해고의 효력 발생일부터 기산합니다. 제척기간이 지나서 부당해고 등을 신청하는 경우, 노동위원회는 사건의 내용을 판단하지도 않고 제척기간 도과로 사건을 '각하'합니다.

④ 신청서의 접수

제척기간이 경과하기 전에 근로자는 사업장 소재 지방노동위원회에 부당해고 구제신청서를 제출합니다(부당해고등 구제 신청서 참조). 구제신청서는 관할 지방노동위원회에서 제공하고 있으며, 필요하면 별지에 신청이유를 기재하여 구제 신청서와 함께 제출할 수 있습니다. 첨부하는 별지의 제목은 '이유서'라고 기재합니다.

부당해고 구제신청의 경우, '신청 취지'에는 다음과 같이 기재합니다.

1. 피신청인의 신청인에 대하여 2018.06.04에 행한 이 사건 정직이 부당정직임을 인정한다.
2. 피신청인은 신청인을 즉시 원직복귀시키고 부당정직 동안 정상적으로 근로하였더라면 지급받았을 임금 상당액을 지급하라.

■ 노동위원회규칙 [별지 제9호의2서식]

부당해고등 구제 신청서

근로자	성 명	홍길동 (생년월일: 750101 , 성별: 남)		
	주 소	○○시 ○○구 ○○로 .. ○○○○○○ 1209호(☎:010-0000-0000)		
사용자	사업체명	○○ 주식회사	대표자	박 ○ ○
	소 재 지	○○시 ○○구 ○○로 .. ○○○○○○ 1209호(☎:010-0000-0000)		
	해고 등 사 업 장	- 사업장명:○○ 주식회사 - 소 재 지:○○시 ○○구 ○○로 .. ○○○○○○ - 대 표 자: 대표이사 박○○		
신청 취지		1. 피신청인의 신청인에 대하여 2018.06.04에 행한 이 사건 정직이 부당정직임을 인정한다. 2. 피신청인은 신청인을 즉시 원직복귀시키고 부당정직 동안 정상적으로 근로하였더라면 지급받았을 임금 상당액을 지급하라.		
신청 이유 (별지 기재 가능)		별지 기재		

위 근로자는
「근로기준법」제28조와 「노동위원회규칙」제39조에 따라 부당해고등 구제를 위와 같이 신청합니다.

20..년   06 월 14 일

신청인   홍길동   (서명 또는 날인)

○○지방노동위원회위원장 귀하

구비서류	없음(다만, 대리인이 신청한 경우 대리인 선임 신고서, 위임장, 직무개시등록증 등)

210mm×297mm(백상지 80g/㎡)

(2) 구제 절차

노동위원회에 구제신청서가 접수되면 노동위원회는 지체 없이 필요한 조사를 해야 하며 당사자를 심문합니다. 즉, 신청서를 접수하면 노동위원회는 사용자에게 구제신청이 접수되었음을 알리면서 근로자가 제출한 서류를 보내줍니다. 사용자는 이에 대하여 '답변서'를 노동위원회에 제출하고, 사용자가 제출한 답변서는 다시 근로자에게 그대로 전달합니다. 근로자는 사용자의 답변서를 보고 반박할 내용이 있으면 '이유서'를 제출합니다. 이와 같이 당사자간에 주장과 반박이 1-2차례 오고 간 후 심문회의 일정이 잡히면, 당사자는 심문회의에 참가하여 심문이 진행되고 당사자의 최종 진술로 심문이 종결됩니다. 심문이 종결되면 심문을 진행한 공익위원 세명 중 두 명 이상이 해고 등이 부당하다고 판단하게 되면 부당해고 등으로 판정됩니다.

(3) 판정

노동위원회의 판정에는 각하결정, 기각 결정, 구제명령이 있습니다.

① 각하 결정

'각하' 결정이란 근로자의 제척기간 등 신청 요건이 결여되어 부적법한 경우, 위원회가 본안 심리를 거절하는 결정을 의미합니다.

② 기각 결정

노동위원회는 심문을 끝내고 부당해고 등이 성립하지 않는다고 판정하면 구제신청을 기각합니다.

③ 구제 결정

노동위원회는 심문을 끝내고 부당해고 등이 성립한다고 판정하면 사용자에게 구제명령을 합니다.

> **▎구제명령의 내용**
>
> 구제명령의 내용으로 노동위원회는 사용자에게 근로자를 원직으로 복직시킬 것과 이에 덧붙여 금전보상으로 부당해고기간 동안의 임금 상당액을 지급할 것을 명령합니다. 설령 사용자가 지방노동위원회의 구제명령에 불복하여 중앙노동위원회에 재심을 청구하는 경우에도 노동위원회의 구제명령을 이행하여야 하고, 만일 사용자가 노동위원회의 구제명령을 이행하지 않는 경우에, 노동위원회는 사용자에 대하여 이행강제금을 부과합니다. 따라서, 대부분의 경우에 노동위원회의 구제명령이 있으면 사용자는 이행강제금을 납부하지 않기 위해서라도 일단 근로자를 원직복귀시키는 것이 일반적입니다.

> **▎구제명령 등에 대한 불복 등**
>
> 당사자가 지방노동위원회의 명령·결정에 불복한 경우 명령서 또는 결정서의 송달을 받은 날부터 10일 이내에 중앙노동위원회에 그 재심을 신청할 수 있으며, 중앙노동위원회의 재심에 불복하고자 하는 경우에는 그 재심판정서의 송달을 받은 날부터 15일 이내에 행정소송을 제기할수 있습니다. 한편, 대법원은 근로자가 부당해고 구제신청을 기각한 재심판정에 대해 불복하여 소를 제기하여 해고의 효력을 다투던 중 근로자가 사직하거나 정년에 도달하거나 근로계약 기간이 만료하는 등의 이유로 근로관계가 종료하여 원직에 복직하는 것이 불가능하다고 하더라도 해고기간 중의 임금 상당액을 지급받을 필요가 있다면 구제신청을 기각한 중앙노동위원회의 재심판정을 다툴 소의 이익이 있다고 보아야 한다는 입장입니다. 다만, 노동위원회에 부당해고 구제 신청을 한 이후에 조사가 진행되는 도중 직장이 폐업하거나 정년이 지난 경우와 달리, 이미 직장이 폐업했거나 정년이 지난 이후에 비로소 노동위원회에 부당해고 구제 신청을 한 경우에는 구제 대상이 될 수 없다는 것이 최근 대법원의 입장입니다.

신문기사 따라잡기

> 대법 "폐업뒤 부당해고 구제신청, 구제 못받아" (동아일보 2022.08.04. 김태성 기자)

직장이 폐업했거나 정년이 지난 이후 노동위원회에 부당해고 구제 신청을 한 경우 구제 대상이 될 수 없다는 대법원의 첫 판단이 나왔다.

3일 대법원에 따르면 대법원 1부(주심 노태악 대법관)는 군부대 미용사로 일했던 A 씨가 중앙노동위원장을 상대로 "부당해고 구제 신청을 기각한 재심 판정을 취소하라"며 낸 소송에서 원고 승소 판결한 원심을 깨고 사건을 서울고법으로 돌려보냈다.

A 씨는 2014년부터 한 육군 사단장과 근로계약을 체결하고 부대 내에서 간부 이발소를 운영했다. 하지만 2018년 5월 사단 측이 수익성 악화를 이유로 이발소를 폐쇄했고 A 씨도 해고됐다. 이에 A 씨는 지방노동위원회에 부당해고 구제 신청을 냈으나 각하됐다. 이어 중앙노동위원회에서 재심 신청도 기각되자 이듬해 소송을 냈다.

하급심 판단은 엇갈렸다. 1심 재판부는 간부 이발소가 이미 폐쇄돼 부당해고 구제 명령이 내려지더라도 A 씨가 얻을 이익이 없다며 소를 각하했다. 반면 2심 재판부는 A 씨에게 받지 못한 임금이 있는 점 등을 들어 구제의 이익이 있다며 A 씨 승소 판결을 내렸다. 노동위원회에 부당해고 구제 신청을 한 뒤 조사가 진행되는 중 직장이 폐업하거나 정년이 지난 경우에는 구제 이익이 있다는 기존 대법원 판례가 근거였다.

그러나 대법원은 "부당해고 구제 신청을 하기 전 근로자의 지위가 소멸한 경우, 구제 명령을 받을 이익도 소멸하는 것으로 봐야 한다"며 원심을 파기했다. 부당해고 구제 신청을 하기 전 이미 직장 폐업 등으로 근로계약 관계를 회복할 수 없게 된 경우 구제명령의 이익이 없다는 판단을 내린 것이다.

(4) 금전보상제

부당해고에 대한 금전보상제라 함은 부당해고 구제절차에서 근로자가 복직을 원하지 않는 경우 노동위원회가 금전보상의 구제명령을 할 수 있도록 한 제도를 의미합니다.

원래 노동위원회의 구제제도의 목적은 원상회복이기 때문에 노동위원회는 '원직복귀'에 초점을 두고 있습니다. 그러나, 원직복귀하여도 노사간의 신뢰관계가 파탄이 난 경우, 근로자로서는 원직복귀하지 않고 부당해고 기간 중의 임금 상당액의 금전보상을 받고 근로관계를 종료하기를 희망할 수도 있습니다. 따라서, 원직복귀하는 대신 노동위원회에 금전보상을 신청할 수 있는 금전보상제를 두고 있는 것입니다. 금전보상명령을 신청하고자 하는 근로자는 심문회의 개최일을 통보받기 전까지 금전보상명령신청서를 제출하여야 합니다(노동위원회 규칙 제64조). 단, 금전보상은 부당해고 구제신청에 대해 노동위원회가 부당해고가 성립한다고 판정하여 구제명령을 내리는 경우에만 해당되고, 해고 외의 휴직, 정직, 전직, 감봉 기타 징벌에 대한 구제명령의 경우에는 해당되지 않습니다.

다만, 실무적으로 근로자가 복직을 원하지 않는 경우라고 하더라도 금전보상을 신청하는 것은 그다지 추천하지 않습니다. 일단, 근로자가 원직복귀하는 경우에 지급받는 금전보상의 내용과 근로자가 금전보상을 신청하는 경우에 지급받는 금전보상의 내용(해고 기간 중의 임금 상당액)이 동일하다는 점에서 근로자가 원직복귀대신 금전보상을 신청할 실익도 사실상 거의 없습니다. 또한, 엄연하게 금전보상제가 인정됨에도 불구하고 일부 공익 위원들은 근로자가 원직복귀 대신 금전보상을 신청하는 것에 대해 부정적으로 보는 경우도 있기 때문입니다.

신문기사 따라잡기

> 허울뿐인 금전보상제도, 기반 강화해야(스카이데일리 2019.12.36. 이지영 기자)

노동위원회가 근로자의 부당해고에 대해서 금전보상명령에 적극적으로 나서지 않아온 현실이 드러났다.

중앙노동위원회에 따르면 2015년부터 올해 8월까지 금전보상명령 379건 중 비용과 위로금이 추가 반영돼 결정된 건은 단 3건(0.8%)에 불과했다.

금전보상명령제도는 근로자가 원직복직을 원하지 않을 때 사용자에게 해고기간 동안의 임금 상당액 이상의 금품을 근로자에게 지급하도록 명할 수 있다. 해당 법은 노사간 신뢰관계가 극도로 훼손된 상태에서 노동자가 원직복직을 원하지 않을 때 구제수단으로 2007년 노사관계 선진화 입법으로 추진됐다.

노동위원회에서 금전보상명령의 실적이 저조한 이유는 '임금상당액 이상'을 보상금으로 지급하라는 게 본 취지인데 '임금상당액'만 지급하도록 명령한 것으로 드러났다. 이는 근로자의 복직을 대체하는 보상금의 기능에 반하는 것이다.

또한 금전보상제도의 운용상의 문제점은 빈번했다. 현재 금전보상명령제도는 근로자가 부당해고 구제 신청 이후 금전보상으로 취지를 변경하고자 할 때 노동위의 승인을 얻어야 한다. 또한 부당해고 판정 이후에는 근로자가 금전보상 신청을 할 수 없도록 돼 있다.

이와 관련 고용노동부는 현행 법률에 따르더라도 부당해고에 대한 위로금을 인정할 수 있으나 구체적인 산정기준이 없어 소극적으로 인정해 왔다는 입장을 밝혔다.

이에 국회에서는 부당해고 판정을 받은 근로자들이 실질적인 보상이 이뤄질 수 있는 금전보상 명령제도를 개선하는 내용의 근로기준법 개정안이 발의됐다. 특히 해당 법안의 개정을 통해 근로자가 분쟁 과정에서 당초 의사와 달리 원직복직을 원하지 않을 경우 금전적인 보상을 받을 수 있어야 한다고 보호하고 있다.

 개정안에서는 부당해고 금전보상명령 시에 해고 기간 동안의 임금 상당액과 별도로 위로금이 지급될 수 있도록 분명히 명시했다. 또한 위로금 지급 기준에 근로자의 근속기간과 연령 등을 고려하도록 하여 실질적인 보상이 가능하도록 했다.

 이외에도 부당해고 구제 신청 이후에도 별도의 승인 절차 없이 근로자의 의사대로 취지 변경이 가능하다. 더불어 원직복직 명령을 받은 근로자까지도 금전보상을 신청할 수 있도록 명시했다.

 노동위원회는 준사법기관이다. 근로자가 해고를 당하면 노동위원회를 통해 권리 구제를 받을 수 있다. 노동위원회는 해고의 부당성이 인정되면 사용자에 대하면 원직 복직 명령과 임금상당액을 지급하도록 명할 수 있다. 과거에는 근로자들은 부당해고를 당했을 시 노동위원회에 원직 복직을 목적으로 구제신청을 제기했다.

 하지만 최근들어 대다수의 근로자들은 부당해고 이후 원직복직을 피할 수 밖에 없는 상황이다. 이는 원직 복귀를 해도 자신을 부당 해고한 사용자와 같은 작업 공간에서 근무를 하며 더 큰 곤경을 초래할 것이라는 판단에서다. 이 때문에 근로자들 대다수는 금전보상을 원하는 것이 현실이다.

 그동안 부당해고 금전보상 명령 제도는 실효성 있게 운용되지 않았다. 이 때문에 부당해고 근로자에게 적절한 보상을 하지 못함은 물론 절차상 불편과 근로관계 단절상태의 장기화를 야기했다. 영국을 비롯한 유럽 주요국의 경우 부당해고에 대한 보상금 산정 시 근속 연수, 연령 등을 고려해 근로자의 피해를 실질적으로 보상하고 재취업을 독려하고 있다. 한국도 부당해고를 당한 근로자들이 허울뿐인 원직 복직 대신 금전보상명령제도의 기반을 정확히 구축해 나가야 할 것이다.

제8장 근로계약 종료

1. 근로관계 종료의 법률관계

근로관계의 종료에는 ① 근로계약의 당사자인 사용자와 근로자의 '의사'와 무관하게 근로계약 기간의 만료 등의 사유로 당연하게 종료되는 '정년퇴직' 및 '계약기간'의 만료 ② 근로계약의 당사자인 사용자와 근로자의 '의사'에 의해 종료하는 (i)'합의해지' 및 (ii) '해고·사직'으로 크게 나눌 수 있습니다.

```
1. 당연 종료 (기간의 만료) 정년 – 정규직
                         계약기간의 만료 – 비정규직
2-1. 당사자의 합의 (사용자) 권고사직, 명예퇴직
               (근로자) 사직-사직원
2-2. 당사자의 일방적 의사표시 (사용자) 해고- 해고예고
                    (근로자) 사직- 사직서
```

근로관계 종료의 법률관계는 결국 근로계약 상대방에 대한 보호와 관련된 문제입니다. 왜냐하면, 근로계약은 이른바 '계속적 계약'으로서 갑작스러운 근로관계의 종료는 상대방에게 예상치 못한 손해를 발생시킬 수 있기 때문입니다. 따라서, 계약기간의 만료나 정년이 사전이 이미 정해져 있어 상대방에게 불측의 손해를 발생시키지 않거나, 혹은 근로계약 당사자가 서로 합의하여 근로관계를 종료시키는 경우에는 근로관계의 종료의 법률관계가 크게 문제되지 않습니다. 결국 근로관계의 종료에서 문제가 되는 것은 당사자가 합의하지 못

하고 일방의 의사로 근로관계가 종료되는 일방의 '의사표시'에 의한 근로관계의 종료의 경우입니다. 당사자가 합의를 하지 못하였다는 의미는 결국 일방 당사자의 의사에 반하여 근로관계가 종료됨을 의미하는 것이기 때문입니다. 따라서 일방의 의사표시로 근로관계를 종료하는 경우에는 항상 상대방에 대한 보호가 문제됩니다. 즉, 사용자가 일방적으로 근로관계를 종료하는 경우에는 상대방인 근로자가 보호되어야 할 것이며, 근로자가 일방적으로 근로관계를 종료하는 경우에는 반대로 사용자의 보호가 문제될 것입니다.

(1) 당연종료(기간의 만료)

'근로관계의 당연 종료'란 근로계약 당사자의 의사나 능력과 무관하게 근로계약 기간의 만료 등의 사유로 근로계약이 당연히 종료하는 것을 의미합니다. 대표적인 근로관계의 당연 종료의 유형으로는 '정년퇴직'과 '계약기간의 만료'로 인한 근로관계의 종료가 있는데, 전자는 '정규직 근로계약'의 경우, 그리고 후자는 '비정규직 근로관계(기간제 근로자)'의 경우의 근로계약 당연종료 사유입니다.

> 1) 정년퇴직 … 정규직 근로관계
> 2) 계약기간의 만료 … 비정규직 근로관계(기간제 근로자)

① 정년퇴직

근로계약서나 취업규칙 혹은 단체협약에서 정한 일정한 연령에 달하여 근로자의 의사나 능력과 무관하게 근로계약이 당연히 종료하는 것을 '정년퇴직'이라 합니다. 사용자가 회사의 정년 규정에 따라 근로자에게 정년이 도달하였음을 알려주는 정년의 통지는 근로자의 정년이 도달하였다는 '사실'을 알려주는 단순한 '사실의 통지'에 불과할 뿐 사용자의 의사와는 무관한 것입니다.

> **▎정년의 도래**
>
> 회사의 취업규칙이나 단체협약에서 당연퇴직사유인 정년을 특정 연령으로 정한 경우, 일반적으로 이는 만(滿) 나이로서 해당 연령에 도달하는 때 정년이 도래하는 것으로 해석합니다. 따라서, 단체협약 등에서 정년을 규정하고 그 정년이 도달(시작)하는 날을 의미하는지, 정년이 종료되는 날을 의미하는 지, 이를 명확히 해 두지 않았다면 원칙적으로 정년(예: 만60세)에 도달한 날로 보아야 합니다. '정년'의 도달은 입사서류 등에 표시된 생년월일이 아니라, 정년에 도달한 '실제의 연령'을 기준으로 판단합니다.
>
> (예) 정년 55세, 1945. 4. 1 생의 경우
>
> 퇴직시점을 ①'정년이 종료되는 날'로 규정한 경우 : 2000. 3. 31
>
> ②'정년이 시작된 날'로 규정한 경우 : 2000. 4. 1

> **▎정년을 경과하여 계속 근로하는 경우에도 정년퇴직이 가능한가?**
>
> 근로자가 정년을 초과하여 계속 근무하는 경우에는 특별한 사정이 없는 한 묵시적으로 정년이 없는 근로계약을 다시 체결한 것으로 간주됩니다. 즉, '정년의 정함이 없는' 근로계약으로 묵시적으로 갱신됩니다. 따라서, 정년이 도래했음에도 사용자가 별다른 의사를 표시하지 않은 상태에서 계속 근로를 시키다가 뒤늦게 이미 정년이 도과한 것을 이유로 일방적으로 근로관계를 종료한다면, 이는 부당해고입니다. 특히, 사업장에서 정년을 넘겨서 계속 근로하는 관행이 이미 존재하는 경우에는 더욱 더 그러합니다.

② 계약기간의 만료

근로계약서나 취업규칙 혹은 단체협약에서 정한 일정한 기한에 달하여 당연히 근로계약이 종료하는 것을 '계약기간 만료에 의한 근로

관계의 종료'라 합니다.

기간의 정함이 있는 '기간제 계약'은 계약기간이 만료되면 별도의 의사표시를 기다리지 않고 당연히 근로계약이 자동적으로 종료되는 것이 원칙입니다. 그러나 계약기간이 종료되었음에도 불구하고 기간제 근로자에게 계약을 갱신할 수 있는 '기대권'이 형성되어 있다고 평가되는 경우에 사용자는 일방적으로 근로관계가 기간의 만료로 당연히 종료되었음을 주장하거나 부당하게 근로계약의 갱신을 거절하는 것은 부당해고와 마찬가지로 아무런 효력이 없고 이 경우 기간 만료 후의 근로관계는 종전의 근로계약이 갱신된 것과 동일합니다 (제9장 비정규직 근로자의 '5.기간제 근로자의 갱신기대권' 참조).

▎**근로계약 기간이 만료했음에도 계속 근로하는 경우의 법률관계**

기간의 정함이 있는 '기간제 계약'의 경우에는 별도의 통보가 없더라도 계약 기간의 만료로 근로관계는 당연히 종료되는 것이지만, 계약기간이 종료되었음에도 불구하고 사용자와 근로자가 별다른 문제 제기 없이 상당기간 계속 근로를 계속하는 경우에는 어떠할까? 이때는 정년퇴직일이 종료하였음에도 계속 근로하는 경우와 마찬가지로 근로계약이 묵시적으로 갱신되었다고 봅니다. 즉, 근로계약기간이 종료되었음에도 근로자가 계속 근로를 제공하고 있으며 사용자도 이에 대하여 어떤 이의도 제기하지 않고 있는 경우에는 민법 제662조에 의하여 묵시의 갱신이 있는 것으로 간주되어 계약기간의 만료와 동시에 만료된 계약과 동일한 근로조건으로 근로계약이 자동 갱신됩니다. 이와 같이 근로계약이 묵시적으로 갱신된 경우에 당사자는 근로기간의 약정이 없는 때와 마찬가지로 언제든지 계약 해지의 통고를 할 수 있는데(민법 제662조 제1항), 이 경우에는 상대방이 해지의 통고를 받은 날로부터 1월 혹은 당기후의 일기를 경과함으로써 해지의 효력이 생깁니다. 다만, 사용자에게는 민법이 아닌 근로기준법 제23조가 적용되므로 사용자가 근로계약을 해지하기 위해서는 근로기준법 제23조 제1항의 '정당한 이유' 등의 요건을 갖추어야 합니다.

(2) 당사자의 '일방적 의사표시'에 의한 근로관계의 종료

1) 근로자의 사직

'사직'이란 근로자 일방의 의사표시로 근로계약관계를 종료시키는 것, 즉, 일방적으로 퇴사하는 것을 의미하는데, 민법은 상대방인 사용자를 보호하기 위하여 근로자의 사직을 ① 기간의 정함이 없는 근로계약(민법 제660조) ② 기간의 정함이 있는 근로계약 (민법 제661조)으로 나누어서 규율하고 있습니다.

① '기간의 정함이 없는 근로계약'의 경우

'기간의 정함이 없는 정규근로계약'의 경우에 근로계약의 당사자는 언제든지 근로계약을 해지할 수 있습니다. 다만, 일방 당사자의 근로계약 해지 통고로부터 상대방을 보호하기 위하여, 민법은 일방 당사자가 통고한 날로부터 '일정한 기간'('1월' 혹은 '당기 후의 일기[1]')이 지나야 비로소 그 효력이 발생하도록 하고 있습니다. 따라서, 근로자가 사직서를 제출하였으나 사용자가 사직서를 수리하지 않는 경우에 근로자는 일정한 사직예고기간 동안은 계속 근로를 제공할 의무가 있습니다. 즉, 사직서가 수리되지 않았다면 근로자는 사직예고기간이 경과하기전까지는 출근할 의무가 있습니다.

그럼에도 근로자가 출근하지 않는 경우에는? 회사 입장에서 그것은 무단결근에 해당하므로 그 기간 동안 임금을 공제할 수도 있으며,

---

1) 이를테면, 월급제 근로자가 1.10 사표를 제출하였으나 사용자가 사표를 수리를 하지 않았다면, 즉, 합의가 이루어지지 않는다면, 근로자가 사표를 제출한 1월의 다음 달인 2월의 마지막 날인 2월 28일의 다음 날인 3월 1일에 사직의 효력이 발생하는 것입니다. 만일, 주급제 근로자라면 사표를 제출한 다음주의 마지막 날인 금요일의 다음날에 사직의 효력이 발생할 것입니다.

그 결과 평균임금이 줄어들어 퇴직금이나 DB형 퇴직연금의 불이익이 발생할 수도 있을 것입니다. 그런데, 일반적으로 평균임금과 통상임금은 큰 차이가 없으므로 퇴직금에 미치는 영향은 제한적입니다. 다만, 근로자에게 다소 타격이 있는 부분은 무단결근이 일정기간 누적되는 경우에 사용자가 직권면직, 즉 해고처리할 수도 있다는 것입니다. 그렇게 되면 인사기록에 '직권면직'이 남아 있게 될 것이고, 회사에서 퇴직금 누진제를 운영하면서 해고된 근로자에게는 누진률을 적용하지 않고 법정 퇴직금만 지급하는 경우에는 정상적으로 퇴사하였을 때보다 적은 퇴직금을 받을 수도 있기 때문입니다. 따라서, 퇴사하기 전에 회사의 퇴직금 관련 규정을 확인해 볼 필요가 있습니다.

▎퇴사하려면 3개월 전에 사직서를 제출하라고 하는 것이 적법한가?

우리나라에서 실무상 다소 혼란이 있는 부분은, '기간의 정함이 없는 근로계약'의 경우에 근로계약서나 취업규칙 등에서 근로자의 '사직 예고 기간'을 민법 제660조가 정한 '법정 기간'과 다르게 정한 경우입니다. 즉, 법 제660조상의 '법정기간'과 다른 근로자의 '사직 예고 기간(예: 3개월)'이 과연 효력이 있느냐의 여부입니다. 대법원은 '민법 제660조가 정한 '법정 기간'과 다른 기간으로 퇴직예고기간을 설정하는 경우에는, 그러한 퇴직예고 기간이 근로자에게 불리하다고 해석되는 한 그 효력이 부정된다'는 입장입니다. 즉, 법제660조상의 법정기간인 '1월' 혹은 '당기 후의 일기'보다 장기간의 사직 예고 기간을 정한 근로자와 사용자의 '합의'가 근로자에게 유리하다고 해석되는 경우에는 (즉, 근로자가 '법정기간' 이상의 장기간의 사직예고를 설정하는 것이 자신에게 유리하다고 보아 이를 인정하는 경우에는) 그러한 사직예고기간은 합의한 대로 유효할 것이지만, 반면에, 그러한 합의가 근로자에게 불리한 것으로 해석되는 경우에는 (즉, 근로자가 '법정기간' 이상의 장기간의 사직예고를 설정하는 것이 자신에게 불리하다고 보아 인정하지 않는 경우에는) 그러한 근로자에게 불리한 사직예고기간을 정한 사규는 편면적 강행규정인 민법 제660조에 위반되어 효력이 없습니다. 따라서, 근로자는 원래 합의한 사직예고기간(3개월)을 주장할 수도 있고, 민법 제660조에서 정한 '사직예고기간(법정기간)'을 주장할 수도 있는 것입니다. 결론적으로 근로자는 원래 합의한 사직예고기간(3개월) 혹은 법정기간(1임금지급기일) 중에서 본인에게 유리한 기간을 택하여 사직기간만 준수한다면, 특별한 사정이 없는 한, 아무 때나 아무런 이유 없이 사용자와의 근로관계를 종료할 수 있을 것입니다.

② '기간의 정함이 있는 근로계약'의 경우

'기간의 정함이 있는 근로계약'의 경우에는 특별히 '계약기간'을 정한 계약 당사자들의 약속이 지켜져야 하기 때문에 '기간의 정함이 없는 계약'의 경우와 달리 '계약해지자유의 원칙'이 배제됩니다. 따라서, '기간의 정함이 있는 근로계약의 경우에는 오로지 '부득이한 사유'가 있는 경우에만 근로계약을 해지할 수 있습니다. 나아가 그러한 부득이한 사유가 일방 당사자의 과실에 의한 것일 경우에는 상대방에게 손해를 배상하여야 합니다(민법 제661조). 그런데, 여기에서 상대방인 사용자의 손해는 구체적인 손해를 의미하고, 구체적인 손해가 있다는 것은 사용자가 증명하여야 하는데, 근로자의 갑작스러운 사직으로 인하여 사용자에게 구체적인 손해가 인정되는 경우는 극히 드뭅니다.

한편, 근로기준법은 근로자의 강제근로를 금지하고 있기 때문에 사용자는 어느 경우에도 근로자가 자기 자유의사에 반하여 근로를 할 것을 강요하지 못합니다. 따라서, 근로자는 일하기 싫은데 사용자가 강제로 일하도록 강요하는 것은 근로기준법 위반으로서 형사처벌 대상입니다.

2) 사용자의 해고

'기간의 정함이 없는 근로계약'의 해지의 경우에는 오로지 근로자만 민법 제660조에서 정한 '해지 예고 기간'만을 준수한다면 아무 때나 아무런 이유 없이 자유롭게 근로계약을 해지할 수 있을 뿐이고, 사용자에게는 민법이 아니라 '근로기준법'이 적용되기 때문에, 사용자가 근로계약을 해지하는 경우에는, 즉, 사용자가 근로자를 해고하는 경우에는 반드시 '정당한 이유'가 필요할 뿐 아니라, 근로기준법에서 정한 해고의 요건을 지켜야 합니다.

(3) 당사자의 '합의'에 의한 근로관계의 종료

다른 모든 계약과 마찬가지로, 근로계약도 계약 당사자인 사용자와 근로자의 '합의'로 종료될 수 있습니다. 사용자와 근로자가 합의로 근로계약을 종료하는 경우에는 특별한 사정이 없는 한 당사자가 합의한 내용에 따라 근로관계는 종료하게 됩니다. 회사의 경영사정 등을 이유로 위로금이나 별도의 보상금 지급 등을 사직의 조건으로 제시하고 근로자가 이를 받아들여 사직서를 제출하는 '권고사직'이나 '명예퇴직' 등도 근로계약의 합의해지의 일종입니다.

합의해지의 경우, 사용자가 사직원을 수리하고 이를 근로자가 통지받은 시점에서 당사자의 '합의'에 의한 근로관계의 종료의 효력이 발생합니다. 따라서 사용자가 사직원을 수리하여 근로자의 해지 청약에 대한 승낙의 의사표시를 하고 이 의사표시가 근로자에게 도달하기 이전에, 즉 사용자와 근로자가 합의하기 전에는 근로자가 그 의사표시를 일방적으로 철회할 수 있습니다[2]. 다만, 근로계약 종료의

---
[2] 원래 민법 제528조의 규정에 의하면 청약의 의사표시는 상대방에게 도달하면 이를

효력이 발생하기 전이라고 하더라도 근로자가 사직의 의사표시를 철회하는 것이 사용자에게 예측할 수 없는 손해를 주는 등 신의칙에 반한다고 인정되는 특별한 사정이 있는 경우에 한하여는 그 철회가 허용되지 않습니다.

▍명예퇴직 (희망퇴직)

명예퇴직(희망퇴직)이란 아직 정년 연령이나 계약기간의 만료에 도달하지 않은 근로자들에게 사용자가 일정한 보상이나 퇴직위로금 등 추가적인 금원을 지급하고 정상적인 퇴직시기를 앞당겨 퇴사하도록 하는 자발적인 조기퇴직제도를 말합니다. 근로기준법에 의한 경영상 해고는 법적 요건이 까다로우며 많은 시간이 소요되므로, 기업에서는 정리해고를 시행하는 대신 명예(희망)퇴직을 선호하고있습니다. 명예퇴직의 법적성격은 근로계약의 '합의해지'의 성질을 가지므로 당사자 간 합의된 바에 따라 그 효력이 발생합니다. 즉, 사용자가 희망퇴직자를 모집하는 행위는 청약의 유인이고, 퇴직희망자들의 신청행위는 청약이며, 사용자가 희망퇴직자를 결정하는 것은 승낙에 해당합니다.

희망퇴직의 효력발생시기에 관하여 법원은 명예퇴직이란 근로자가 명예퇴직의 신청(청약)을 하면 사용자가 요건을 심사한 후 이를 승인(승낙) 함으로써합의에 의하여 근로관계를 종료시키는 것으로, 명예퇴직 대상자로 확정되었다고 하여 그 때에 곧바로 효력이 발생하는 것이 아니라 예정된 명예퇴직일자에비로소 퇴직의 효력이 발생하는 것으로 해석하고 있습니다. 따라서 명예퇴직의 신청은 근로계약에 대한 근로자의 합의해지의 청약에 불과하여 이에 대한 사용자의 승낙이 있어 근로계약이 합의해지되기 전에는 근로자가 임의로 그 청약의 의사표시를 철회할 수 있으나, 근로자와 사용자 사이에 명예되퇴직에 관한 합의가 있은 후에는 당사자 일방이 임의로 그 의사표시를 철회할 수 없습니다.

일방적으로 철회할 수 없는 것이 원칙이지만, 법원은 근로자를 보호하기 위하여 근로자의 사직의 청약에 한하여 예외적으로 그 철회를 인정하고 있습니다.

2. 영업양도, 합병 등 기업변동시의 근로관계

영업양도, 합병과 같은 기업변동에 의하여 근로자의 종전의 근로계약상의 지위가 그대로 포괄적으로 승계됩니다. 즉, 영업양도, 합병 당시 취업규칙의 개정이나 단체협약의 체결 등을 통하여 합병 후 근로자들의 근로관계의 내용을 단일화하거나 변경·조정하기로 하는 새로운 합의가 없는 한, 소멸회사에 근무하던 근로자의 권리와 의무는 종전과 동일한 내용으로 영업양도, 합병 후의 존속회사나 신설회사에 그대로 승계됩니다. 따라서, 근로자의 계속근로연수도 영업양도나 합병 전후를 합산하여 산정하여야 하고, 근로자의 퇴직금도 영업양도나 합병 전후의 계속근로기간을 기준으로 산정되어야 합니다.

▎합병과 영업양도

합병과 영업양도에 의하여 근로자의 종전의 근로계약상의 지위가 그대로 포괄적으로 승계된다는 점에서는 동일하지만, 합병과 영업양도의 법적 성질은 전혀 다릅니다. '회사의 합병'이란 2개 이상의 회사가 상법에 정해진 절차에 따라 회사의 일방이 소멸되고 1개 회사로 남거나(흡수합병) 혹은 2개 이상의 회사 전부가 소멸하고 새롭게 하나의 기업으로 신설되는 것(신설합병)을 말하는데, 합병 후 존속한 회사 또는 합병으로 설립된 회사는 법률의 규정(상법 제235조)에 의하여 합병으로 인하여 소멸된 회사의 권리·의무를 포괄적으로 승계합니다. 즉, 회사의 합병의 경우에는 상법이라는 법률에 의하여 근로자의 종전의 근로계약상의 지위가 그대로 포괄적으로 승계되는 것입니다. 반면에, 영업양도는 법률의 규정이 아니라 영업양도 계약[3]이라는 '계약'에 의하여 근로자의 종전의 근로계약상의 지위가 그대로 포괄적으로 승계되는 것입니다.

---

[3] 영업양도란 일정한 영업목적에 의해 조직화된 업체, 즉 인적·물적 조직을 그 동일성을 유지하면서 전부 이전하는 것을 의미합니다. 대법원 판례에 따르면 영업 양도가 이뤄졌는지 여부는 영업 재산의 이전 규모가 아니라, 종래의 영업조직이 유지되고 그 조직이 전부 또는 중요한 일부로서 기능할 수 있는지 여부에 따라 결정됩니다.

그렇다면, 합병이나 영업양도 등의 경우 양도회사와 양수회사가 특정 근로자를 승계하지 않기로 하는 '승계 배제 특약'에 따라 양도회사의 일부 근로자를 양수회사가 승계하지 않을 수도 있을까?

그것은 합병과 영업양도의 경우가 다릅니다. 회사의 합병의 경우에는 상법이라는 '법률'에 의하여 근로자의 종전의 근로계약상의 지위가 그대로 포괄적으로 승계되는 것이기 때문에 합병 당사자 회사가 특정 근로자를 승계하지 않기로 하는 '승계 배제 특약'은 그 개념상 인정될 여지가 없습니다. 반면에, 영업양도는 법률의 규정이 아니라 영업양도 계약이라는 '계약'에 의하여 근로자의 종전의 근로계약상의 지위가 그대로 포괄적으로 승계되는 것이므로, 양도회사와 양수회사가 계약에 의하여 특정 근로자를 승계하지 않기로 하는 '승계 배제 특약'이 인정될 수 있습니다. 다만, 이러한 승계 배제 특약은 실질적으로 해고나 다름이 없기 때문에 반드시 근로기준법 제23조 제1항 소정의 정당한 이유가 있어야 하고 영업양도 그 자체만으로 정당한 이유를 인정할 수 없다는 것이 대법원의 입장입니다(대법원 2002. 3. 29. 선고 2000두8455 판결).

▎영업양도시 승계되는 근로자의 범위

영업이 포괄적으로 양도되면 반대의 특약이 없는 한 양도인과 근로자 간의 근로관계도 원칙적으로 양수인에게 포괄적으로 승계되는데, 영업양도에 의하여 근로관계가 양수인에 포괄적으로 승계되는 경우 승계의 대상이 되는 근로관계는 영업양도계약 체결일 현재 실제로 그 영업부문에서 근무하고 있는 근로자와의 근로관계만을 의미하고, 그 계약 체결일 이전에 해당 영업부문에서 근무하다가 해고된 자로서 그 해고의 효력을 다투는 근로자와의 근로관계까지 승계되는 것은 아닙니다. 다만, 근로자가 영업양도일 이전에 정당한 이유 없이 해고된 경우 양도인과 근로자 사이의 근로관계는 여전히 유효하고, 해고 이후 영업 전부의 양도가 이루어진 경우라면 해고된 근로자로서는 양도인과의 사이에서 원직 복직도 사실상 불가능하게 되므로, 영업양도 계약에 따라 영업의 전부를 동일성을 유지하면서 이전받는 양수인으로서는 양도인으로부터 정당한 이유 없이 해고된 근로자와의 근로관계를 원칙적으로 승계한다고 보아야 합니다((대법원 2020.11.05. 선고 2018두54705 판결).

 신문기사 따라잡기

> 영업 양도와 쟁송 중인 근로관계의 승계 [알아야 보이는 법(法)].(세계일보 2021 01. 04.김보라 법무법인 바른 변호사)

원고는 A로부터 병원 영업 전부를 양도받아 운영해왔습니다. 영업 양수 당시 A와 근로자 세 명 사이에는 부당해고에 관한 법적 쟁송이 진행 중이었고, 원고는 위 근로자들을 고용 승계 대상에서 제외하였습니다. 위 병원 영업 전부는 애초 B로부터 A에게 1차로 양도, A에서 원고에게 2차로 양도되었습니다. A는 1차 영업 양도 시 병원 근로자 두 명을 승계의 대상에서 제외하였고, 1차 영업 양수 후 나머지 근로자 한 명을 해고한 사안이었습니다.

대법원은 1차 영업 양도 시 근로자 두 명에 대한 근로관계 승계 대상 제외는 실질적으로 해고와 다름없고 정당한 이유가 없으며, 이후 근로자 한 명에 대한 해고 역시 부당 해고로 무효이며, A로부터 영업 전부를 양수한 원고로서는 2차 영업 양도 당시 유효한 근로자 세 명의 근로관계를 원칙적으로 승계하는 것이므로, 원고가 영업 양도만을 이유로 위 근로자들의 고용 승계 요구를 거부한 것은 부당 해고에 해당한다고 판단한 원심과 결론을 같이하였습니다(2020. 11. 5. 선고 2018두54705 판결).

영업의 양도는 일정한 영업목적에 의하여 조직화된 업체, 즉 인적·물적 조직을 그 동일성은 유지하면서 일체로서 이전하는 것을 이릅니다. 영업이 포괄적으로 양도되면 반대의 특약이 없는 한 양도인과 근로자 간의 근로관계도 원칙적으로 양수인에게 포괄적으로 승계됩니다.

영업 양도 당사자 사이에 근로관계의 일부를 승계의 대상에서 제외하기로 하는 특약이 있는 경우에는 그 특약에 따라서 근로관계의 승계가 이루어지지 않을 수 있습니다. 그러나 그러한 특약은 실질적으로 해고나 다름이 없으므로, 근로기준법 제23조 제1항이 정한 정당한 이유가 있어야 유효하며, 영업 양도 그 자체만을 사유로 삼아 근로자를 해고하는 것은 정당한 이유가 있는 경우에 해당한다고 볼 수 없다는 것이 대법원의 입장입니다. 이 사건에서 대법원은 또한 원고가 영업 양도 당시 위 근로자들에 대한 해고가 부당 해고인지를 판단할 수 있었는지에 따라서 고용 승계 여부가 달라진다면 이는 영업 양도인이 영업 양도 직전에 근로자를 자유롭게 해고하는 것을 가능하게 하는 결과를 초래해 부당하다고 지적하였습니다. 즉, 영업 양수인이 영업 양도 당시 위 근로자들에 대한 해고가 부당 해고로서 무효인 점을 알지 못했다거나 해고의 효력에 관하여 판결이 확정되지 않았더라도 고용 승계 의무를 진다는 점을 확인한 것입니다.

영업양도와 임금체불

영업양도에 따라 영업양수인은 영업양도인이 종래 근로자에 대하여 갖고 있던 사업주로서의 지위를 그대로 인수하게 됩니다. 즉, 영업양도인과 근로자 사이의 근로계약, 취업규칙 등에 의하여 형성된 근로조건 등을 포함하는 근로관계는 동일성을 가지고 양수인에게 이전된다 할 것이므로 기존의 근로자의 근로조건 등 근로관계의 내용은 사업주의 교체와 관계없이 아무런 변동이 없다고 보아야 할 것입니다. 따라서, 영업양도시 양수인의 승계 근로자에 대한 퇴직금 지급 채무는 영업양수 전후의 근로기간을 합산하여 산정함이 원칙이며, 영업양도 시점 이후에는 영업양도의 양수인이 종래 양도인이 근로자에게 대해 부담하던 퇴직금을 포함하는 임금지급의무도 그대로 승계합니다.

영업양도의 양수인이 자신에게 고용승계된 근로자에 대하여 영업양도 시점 이후의 임금 및 퇴직금 지급의무를 부담하는 것 외에, 영업양도 시점 이전에 이미 성립되어 체불중인 임금지급채무에 대하여도 책임을 지는가? 영업양도에 따라 근로관계는 포괄적으로 양수인에게 승계되는 것이지만, 영엉양도 이전에 이미 발생한 채무(임금)는 채권자인 근로자의 동의가 없는 한 양수인에게 이전되지 않으므로(민법 제453조 내지 454조) 양도인은 근로자에 대하여 체불임금의 책임을 면할 수 없습니다. 그 결과, 양도인과 양수인의 근로자에 데힌 각 의무는 부진정연대채무관계에 있으므로, 근로자는 양도인과 양수인 모두에게 임금을 청구할 수 있을 것입니다.

 신문기사 따라잡기

> 회사영업 양도받고도 직원 체불 '나몰라라'…법원 "임금 지급"(헤럴드경제 2015 07. 22.김강승연 기자)

생산설비 일체를 양수받고 동일한 장소에서 기존 직원들을 활용해 영업을 계속할 경우, '영업 양도'로 인정돼 기존 직원의 체불 임금까지 지급해야 한다는 법원 판결이 나왔다.

김흥록(가명)씨와 배준현(가명)씨는 2012년 10월부터 경북에 위치한 비금속 광물 제조업체 Y사에서 개업 때부터 근무했다.

Y사는 거액의 채무를 해결 못해 2013년 5월 대물변제 명목으로 H사에 모든 생산설비를 넘겨줬다.

H사는 기존 영업장에서 양수한 설비를 이용해 영업을 지속했다. 김씨와 배씨도 따로 퇴직이나 재입사 절차를 거치지 않고 원래 해오던 업무를 이어갔다.

당시 두 사람은 Y사로부터 제때 월급을 정산받지 못한 상황이었다.

다만 Y사 측은 같은해 7월 29일 김씨에게 "미지급 임금을 7월 31일과 10월 31일까지 나눠 지급한다"는 내용의 확인서를 작성해줬다. 김씨는 물론 배씨도 이 약속을 믿고 바로 다음날 같이 퇴직했다.

그러나 Y사는 체불 임금을 지급하지 않은 채 같은해 8월경 폐업 신고를 해버렸다.

H사는 "확인서 작성 주체가 아니어서 이행 의무가 없다"고 버텼다. 또 김씨에게는 "밀린 임금 명목으로 200만원을 준 적이 있다"며 나머지 금액까

지 내줄 수 없다고 주장했다.

그 어느 쪽에서도 체불 급여를 받을 수 없게 된 두 사람은 대한법률구조공단의 도움을 받아 법원의 판단에 기대기로 했다.

법원은 "H사는 Y사의 생산설비 일체를 양수했고 Y사의 영업장에서 영업을 계속했으며 Y사의 근로자들이 퇴직 및 재입사 절차를 거치지 않고 동일한 업무를 계속했다"면서 "H사는 Y사의 영업을 포괄적으로 양수받았으며 근로관계도 포괄적으로 승계했다고 봐야한다"고 판시했다.

또 김씨와 배씨에게 "밀린 임금 950만원, 1600만원을 각각 지급하라"며 원고 승소로 판결했다.

공단 측은 "영업 양도 사실을 통보받지 못한 근로자가 체불임금 청구 상대방을 특정하지 못해 지급받지 못하는 경우가 종종 발생했다"면서 "이번 판결을 통해 영업 양도가 있는 경 영업양수인이 근로관계를 포괄적으로 승계한다는 점을 명확히 확인했다"고 그 의의를 설명했다.

3. 퇴직급여제도

외국인 CEO들이 공통적으로 이해 못하는 대한민국의 제도는 다름 아닌 '퇴직금'입니다. 그도 그럴 것이, 외국 법제에서 퇴직금(Severance pay)은 퇴사하는 근로자에 대한 '공로 보상'의 성격을 가진다고 보기 때문입니다. 반면에, 우리나라에서의 퇴직금은 근로자의 '임금'으로 보고 있습니다. 즉, 근로자들이 평소에 퇴직금에 해당하는 임금을 적립하고 있다가 퇴직할 때 비로소 그 적립한 임금을 찾아가는 것이 바로 '퇴직금'인 것입니다. 따라서, 고의로 회사의 돈을 횡령해서 회사에 막대한 재산상 손해를 입혀서 즉시 해고당하는 근로자에게도 사용자는 퇴직금을 지급해야만 합니다.

'퇴직급여제도'란 종래의 '퇴직금제도' 및 '퇴직연금제도'를 총칭하는 것으로, 모든 사업장(상시 근로자 4인 이하의 사업장은 2010년 12월 1일부터 적용)은 퇴직금제도 또는 퇴직연금제도 중 하나 이상의 퇴직급여제도를 설정, 운영할 수 있습니다.

> **퇴직금제도**
> 계속근로기간 1년에 대하여 30일분 이상의 평균임금을 퇴직금으로 퇴직 근로자에게 지급하는 제도를 의미합니다(근퇴법 제8조 제1항).
>
> **퇴직연금제도**
> 퇴직연금제도는 확정급여형(Defined Benefit, 근로자의 연금급여가 사전에 확정되며, 사용자의 적립부담은 적립금 운용결과에 따라 변동됨)과 확정기여형(Defined Contribution, 사용자의 부담금이 사전에 확정되고 근로자의 연금급여는 적립금 운용수익에 따라 변동됨)이 있습니다.

(1) 퇴직금 제도

사업장에서 1년 이상 근무한 근로기준법상 근로자로서 1주간의 소정근로시간이 15시간 이상인 근로자라면, 그 고용형태를 불문하고, 정규직 근로자이든 비정규직 근로자이든 아르바이트생이든 일용근로자든 불법체류 외국인이든 명칭 여하 불문하고, 모두 퇴직금을 받을 권리가 있습니다.

법정 퇴직금은 근로자의 계속근로연수 1년에 대하여 퇴직당시의 평균임금 30일분 이상을 지급하여야 합니다(근퇴법 제8조 제1항). 이 경우 평균임금은 근로기준법 제2조 제1항 제6호에 따라 산정합니다(평균임금의 산정에 대해서는 제5장의 '평균임금'편과 뒤에 소개하는 '평균임금 계산 매뉴얼'을 참조).

퇴직금은 만 1년 단위로 산정하는 것이 아니라 근로한 전체 재직일수 (1년 + 나머지 1년 미만의 일수까지 포함)를 1년에 대한 비율로 환산하여 다음과 같이 산정합니다.

> 법정 퇴직금 = [계속근로연수 (재직일수) ÷ 365일] × 30일분의 평균임금

예를 들어서 3년 100일분의 퇴직금을 계산한다고 할 때, 3년 100일은 3년(1,095일)+100일 = 1,195일이므로 이를 비율계산하면 1,195 ÷ 365 = 3.27년이 됩니다. 따라서 퇴직금은 3.27 × 30일분의 평균임금으로 산정하는 것입니다.

퇴직금은 반드시 퇴직 당시의 평균임금을 기준으로 산정하여야 하므로, 이를테면, 근로자가 퇴직 및 재입사를 하면서 중간퇴직금을 지급받았으나 중간퇴직처리가 무효인 경우, 위 중간퇴직금은 중간퇴직 당시의 평균임금을 기준으로 한 것이므로, 근로자가 최종적으로 퇴직할 당시의 평균임금을 기준으로 전체의 퇴직금을 재산정하여야 합니다.

사용자는 근로자가 퇴직한 경우에는 그 지급사유가 발생한 날부터 14일 이내에 퇴직금을 지급해야 합니다. 다만, 특별한 사정이 있는 경우에는 당사자 간의 합의에 따라 지급기일을 연장할 수 있습니다 (근퇴법 제9조).

▌퇴직금 산정을 위한 계속근로기간

사용자는 근로자에게 계속 근로년수 1년에 대하여 30일분 이상의 평균임금을 '퇴직 일시금'으로 지급해야하는데, '계속근로기간'이란 근로계약 체결시부터 근로계약 종료시까지의 역일상의 근로계약 존속기간으로서 이른바 '재직기간'을 말합니다. 근로자의 개근 또는 출근, 휴직, 휴업 등과 무관하게 근로자가 그 사업 또는 사업장에 적을 가지고 있는 기간은 원칙적으로 모두 계속근로기간에 포함되는 것이 원칙입니다. 다만, 직무와 전혀 무관한 개인적인 사유로 인한

> 휴직의 경우에는 퇴직금 산정을 위한 계속근로기간에 포함되지 않음을 취업규칙 등에 명백하게 규정되어 있는 경우에 한하여 계속기간에서 제외할 수 있습니다.

(2) 퇴직연금제도

'퇴직연금제도'란 회사가 근로자의 재직기간 동안 퇴직급여의 지급에 필요한 재원을 외부 금융기관(퇴직연금사업자)에 적립하고, 근로자는 퇴직할 때 적립된 재원으로부터 연금 또는 일시금의 퇴직급여를 받아 노후생활에 사용할 수 있도록 하는 제도를 말합니다.

퇴직연금제도는 확정급여형(DB) 퇴직연금제도, 확정기여형(DC) 퇴직연금제도, 개인형퇴직연금제도(IRP), 중소기업퇴직연금기금제도의 4가지 형태로 구성됩니다.

1) 확정급여(DB) 퇴직연금제도

확정급여(DB) 퇴직연금제도는 근로자가 받을 급여의 수준이 사전에 결정되어 있는 퇴직연금제도를 말합니다(근퇴법 제2조 제8호). 확정급여(DB) 퇴직연금제도는 기존의 퇴직금 제도와 동일하다고 보셔도 무방합니다. 즉, 근로자의 계속근로연수 1년에 대하여 퇴직당시의 평균임금 30일분 이상을 퇴직연금 금액으로 정하고, 연금은 퇴직연금규약에서 정한 바에 따라 종신 또는 5년이상 일정기간으로 분할하여 받게 되는 것입니다. 일반적으로 퇴직시점의 평균임금이 가장 높으므로 확정 급여형 퇴직연금이 근로자에게 유리합니다

2) 확정기여(DC) 퇴직연금제도

확정기여(DC) 퇴직연금제란 급여의 지급을 위하여 사용자가 부담하여야 할 부담금의 수준이 사전에 결정되어 있는 퇴직연금제도를

말합니다(근퇴법 제2조 제9호). 확정급여(DB) 퇴직연금제도의 성질은 퇴직금의 중간정산과 유사한데, 이는 월급을 지급할 때마다 근로자의 퇴직금을 연간임금총액의 12분의 1로 나누어 미리 지급하기로 한 '퇴직금 분할약정'으로 보셔도 무방합니다. 즉, 매년 사용자는 근로자의 퇴직금을 근로자에게 지급하여 퇴직금 의무를 완결하고, 매년 지급된 퇴직금의 처분권은 근로자에게 최종적으로 귀속됩니다. 그 결과, 근로자는 자신에게 귀속된 적립금의 운용방법을 근로자가 스스로 결정하기 때문에 근로자의 적립금 운영 성과에 따라 퇴직 후의 연금 수령액이 증가 또는 감소하게 되므로, 결과적으로 적립금 운용과 관련한 위험을 근로자가 부담하게 됩니다.

3) 개인형퇴직연금제도(IRP)

개인형퇴직연금제도(IRP)란 근로자가 이직하거나 조기 퇴직하였을 경우 지급받은 퇴직금을 바로 사용하지 않고 근로자가 지정한 금융기관의 퇴직전용계정에 계속 적립하여 운용하였다가 최종 은퇴시(만 55세 이후)에 연금 또는 일시금으로 지급받아 노후생활자금으로 활용할 수 있도록 하는 제도로서, 적립금의 운용방법은 확정기여형퇴직연금제도(DC)와 기본적으로 동일합니다.

4) 중소기업퇴직연금기금제도

중소기업퇴직연금기금제도란 중소기업(30인 이하) 사용자가 납입한 부담금으로 공동의 기금을 조성하여 근로자에게 퇴직급여를 지급하는 제도로서, 적립금의 운용방법은 확정기여형퇴직연금제도(DC)와 기본적으로 동일합니다. 다만, 확정기여형 퇴직연금제도와 달리 근로자 개인이 아니라 외부 전문기관과 공단이 적립금을 운용합니다.

신문기사 따라잡기

> 임금피크제 들어갈 경우… 퇴직연금 DB형으로 놔두면 손해봅니다. 퇴직연금 들 때, 나이부터 고려해야 (조선일보 2023 02.08. 이지은 한화생명 경인지역FA센터 FA)

MZ세대(1980년대 초~2000년대 초 출생)와 기성세대 간 갈등을 유머러스하게 그려낸 콘텐츠가 유행하고 있다. 굳이 세대를 구분해 갈등을 야기할 필요가 있느냐는 비판도 나오지만, 퇴직연금에 있어서는 세대 구분이 꼭 필요하다고 강조하고 싶다.

퇴직연금에서는 '사회초년생'과 '임금피크를 앞둔 세대'로 구분이 필요하다. 간단히 말하자면, 사회초년생은 확정급여형(DB)을, 임금피크를 앞둔 세대는 확정기여형(DC)을 선택하는 것이 좋다.

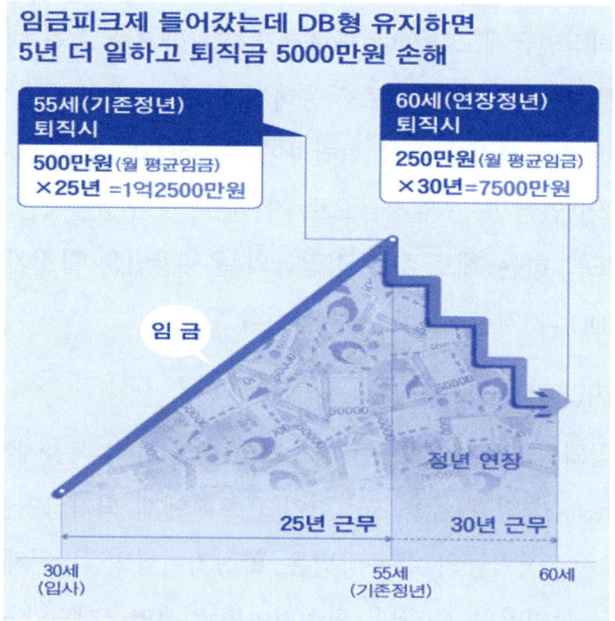

자료=금융감독원

DB형은 퇴직할 때 정해진 퇴직금을 받는 반면, DC형은 근로자가 직접 퇴직금을 운용해 불려나가는 방식이다.

보통 퇴직연금 제도를 운영하는 회사에서는 연초에 근로자에게 퇴직연금 제도 변경 신청을 받는 경우가 많으므로, 지금 시기에 퇴직연금 운용 방식을 점검해볼 필요가 있다.

◇청년층은 DB형, 장년층은 DC형 고려

첫 직장생활을 시작한 A씨, 회사의 퇴직연금제도 DB와 DC 가운데 무엇을 선택할지 고민이다. DB형은 근로 연수에 퇴직 전 3개월간 월 평균임금을 곱해 결정한다. 결국 퇴직 전 3개월간 임금이 퇴직금 규모를 결정짓는다. 따라서 승진 기회가 많고, 임금상승률이 높으며, 앞으로 일할 기간이 긴 사회초년생의 경우에는 DB형에 가입하는 것이 유리하다.

반면 30세에 입사한 후 현재 임금피크제 적용을 앞둔 B(55)씨는 사정이 다르다. 그는 월 평균 500만원 급여를 받는 DB형 퇴직연금 가입자다. B씨는 정년 연장으로 60세까지 임금피크제 적용을 받아 근무할 예정이다.

만약 B씨가 퇴직연금을 계속 DB형으로 유지한다면 어떻게 될까? 임금피크제를 적용하면 연장 정년에 가까워질수록 평균 임금이 줄어 퇴직금 규모도 감소할 수밖에 없다.

예를 들어 B씨가 임금피크에 들어가지 않고 기존 정년인 55세에 퇴직하면, 퇴직금은 월 평균 임금인 500만원에 근속 기간 25년을 곱한 1억2500만원이다. 그런데 임금피크를 적용받으면서 60세까지 5년을 더 일할 때 퇴직금은, 월 평균 임금 250만원(60세, 임금 50% 삭감 가정)에 근속 기간 30년을 곱한 7500만원에 불과하다. 5년을 더 일했는데도 퇴직금 5000만원을 손해 본 셈이다.

물론 임금피크제에 들어가기 전에 퇴직금을 중간 정산해서 근로자가 손해보지 않도록 배려하는 회사도 많다. 하지만 그렇지 않은 회사들도 있으므로 근로자 본인이 어떤 방식의 퇴직금이 유리한지 미리 알아두는 것이 필요하다.

또 임금피크제가 아니더라도 장년층이 되면 커리어상 자신의 급여가 가장 높다고 판단되는 시기에 DC형으로 전환하는 게 유리하다.

◇ DC형에서 DB형으로 전환은 불가능

모든 회사의 근로자가 DB형에서 DC형으로 전환 가능한 것은 아니다. 자신이 다니는 회사가 두 제도를 모두 도입한 회사여야 하고, 회사의 퇴직연금규약에 제도 전환이 가능하도록 규정돼 있어야 하며, 전환 규정이 있어도 전환 시기가 회사마다 달라 회사별 조건을 확인해야 한다.

통상적으론 연 1회 혹은 분기 1회 등으로 규정하고 있으니 내가 일하는 회사의 퇴직연금규약을 확인해볼 필요가 있다.

DB형으로 퇴직연금을 가입하던 C씨, 직접 운용에 자신이 있어 DC형으로 전환을 했다. 그런데 주식시장 하락 등으로 운용수익률이 좋지 않자, 다시 DB형으로 전환을 하고 싶어졌다. 가능할까?

답은 '아니요'다. DC형 적립금을 DB형으로 이전하는 것은 개인의 운용성과를 기업에 전가시키기 때문에 허용되지 않는다. 따라서 DC형으로의 전환은 신중하게 결정해야 한다.

DC형으로 전환하면 무주택자의 주택 구매와 같은 법정 사유에 해당될 경우 중도인출이 가능하기 때문에 DC 전환을 고민하는 사람도 많다. 지난해 말 통계청에 따르면, 2021년 퇴직연금 중도인출 인원이 5만5000명에 이르는데, 이 중 절반 이상인 54.5%가 주택 구입 목적으로 사용한 것으로 나타났다. 이런 경우에도 DC형으로 전환한 이후에는 다시 DB형으로 복귀하는 것이 불가능하다.

◇ 연간 DC형 전환은 10만건, 수익률은 2%대

금융감독원 자료에 따르면, 지난해 DB형에서 DC형으로 전환한 사례는 약 10만건이다. 수년 전부터 개인이 퇴직연금을 직접 운용하는 경향이 뚜렷해졌고, 최근에는 주식시장이 약세장에 들면서 시장 상승기를 노리며 퇴직연금을 직접 운용하려는 근로자들도 늘었기 때문이다.

하지만 금융감독원의 2021년 통계에 따르면, DC형 수익률은 2.49%에 불과했다. 고용노동부에 따르면 지난해 상반기 통상임금상승률이 5.3%다. 이를 감안하면 수익률은 저조하다.

근로자 상황이나 연령에 따라 달라 단순 비교는 어려울 수 있다. 하지만 MZ세대로 묶이는 사회초년생들은 자신의 몸값인 연봉을 올리는 게 퇴직금 규모와 연결되므로 DB형이 유리하다.

4. 퇴직금 중간정산과 퇴직금분할지급약정

퇴직금은 근로자를 고용하는 사용자에게 가장 부담이 되는 부채이기도 합니다. 이를테면, 20년 근속사원이 퇴직할 당시의 월임금이 500만원이라면, 회사가 지급해야 하는 퇴직금은 대략 1억 2천만원 (24개월 급여)정도 되기 때문에, 회사 입장에서는 무척 부담스러운 금액일 수밖에 없습니다. 따라서, 우리나라에서는 매달 임금을 지급할 때마다 퇴직금을 분할하여 지급하는 이른바 '퇴직금 분할약정'이 일반적으로 통용되었습니다.

퇴직금 분할약정은 근로자가 퇴사하여 퇴직금이 발생하기 전, 즉 근로자 재직시 퇴직금을 미리 정산하는 '퇴직금 중간정산'의 일종입니다. 2012년 7월 26일 근로자퇴직금보장법이 전면적으로 개정되기 전에까지는 퇴직금 중간정산을 자유롭게 할 수 있었기 때문에, 퇴직금 중간정산의 일종인 퇴직금분할약정 역시 허용되었습니다. 그런데, 2012년 7월 26일 근로자퇴직금보장법이 전면적으로 개정되면서 그러한 상황은 완전히 바뀌게 되었습니다. 2012년 개정된 근퇴법은 퇴직금의 중간정산은 원칙적으로 금지하면서, 예외적으로 시행령이 규정한 아래의 사유에 한하여 중간정산을 인정합니다.

▌퇴직금의 중간정산 사유

1. 무주택자인 근로자가 본인 명의로 주택을 구입하는 경우
2. 무주택자인 근로자가 주거를 목적으로 전세금 또는 보증금을 부담하는 경우. 이 경우 근로자가 하나의 사업에 근로하는 동안 1회로 한정한다.
3. 근로자가 ① 근로자 본인 ② 근로자의 배우자 ③ 근로자 또는 그 배우자의 부양가족의 6개월 이상 요양을 필요로 하는 질병이나 부상에 대한 의료비를 해

당 근로자가 본인 연간 임금총액의 1천분의 125를 초과하여 부담하는 경우
4. 퇴직금 중간정산을 신청하는 날부터 거꾸로 계산하여 5년 이내에 근로자가 「채무자 회생 및 파산에 관한 법률」에 따라 파산선고 혹은 개인회생절차개시 결정을 받은 경우
5. 사용자가 임금피크제도를 시행하는 경우
6. 사용자가 근로자와의 합의에 따라 소정근로시간을 1일 1시간 또는 1주 5시간 이상 단축함으로써 단축된 소정근로시간에 따라 근로자가 3개월 이상 계속 근로하기로 한 경우
7. 근로기준법 일부개정법률의 시행에 따른 근로시간의 단축으로 근로자의 퇴직금이 감소되는 경우
8. 재난으로 피해를 입은 경우로서 고용노동부장관이 정하여 고시하는 사유에 해당하는 경우

중간정산시 퇴직금은 중간정산 시점의 평균임금에 따라 산정하며, 중간정산하여 지급한 후의 퇴직금 산정을 위한 계속근로기간은 정산시점부터 새로 처음부터 시작합니다.

▎법정요건을 갖추지 않은 퇴직금 중간정산의 효력

퇴직금 중간정산 및 퇴직금분할약정이 원칙적으로 금지되었음에도 불구하고, 퇴직금에 대한 사용자의 부담은 여전한 것이어서, 심지어 현재까지 퇴직금분할약정을 고집하는 회사도 있습니다. 나아가, 일당으로 임금을 지급하는 경우에는 그 사정이 더욱 심각한데, 이들은 매일 지급하는 '일당' 속에 연장근로수당, 연차수당을 비롯한 각종 수당은 물론 퇴직금도 모두 포함하는 포괄임금제 형식으로 계약을 체결하고자 합니다. 그러나, 이러한 포괄임금제 근로계약은 적어도 '퇴직금'에 한해서는 그 효력이 없습니다. 왜냐하면, 퇴직금의 중간정산은 금지되기 때문에, 어느 경우에도 '퇴직금'만은 포괄임금내역으로 포함시킬 수 없기 때문입니다. 그럼에도 불구하고, 법정 요건을 갖추지 않고 퇴직금

을 중간정산을 하거나, 퇴직금을 포괄임금제 형식으로 지급한 경우 그러한 퇴직금 지급의 효력은 어떻게 되는가? 그와 같이 근로자 재직 중 퇴직금정산 명목으로 지급한 금원은 퇴직금지급으로 인정되지 않습니다. 따라서, 근로자가 퇴사하는 경우에 사용자는 퇴직하는 시점의 평균임금을 기준으로 근로자의 모든 근속기간에 대한 퇴직금 전액 지급하여야 합니다.

그렇다면, 근로자 재직 중에 이미 퇴직금 명목으로 지급한 금액은 어떻게 되는가? 이들 금품은 퇴직금으로서의 효력이 없으며, 또한 임금으로 볼 수도 없으므로, 결국 부당이득에 불과합니다. 따라서, 사용자는 근로자가 그러한 부당이득을 임의로 반환하지 않는 경우에는 별도로 민사소송을 제기하여 부당이득의 반환을 구하여야 할 것인데, 설령 부당이득으로 반환을 받더라도, 반환받을 금액은 사용자가 퇴직금 명목으로 이미 지급한 금액 전부가 아닐 것입니다. 근로자의 퇴직금은 근로자가 퇴사할 당시의 평균임금으로 재산정하므로 퇴직금액 그 자체가 높아지는 것이 일반적이기 때문입니다. 그런데, 법원은 이러한 사용자의 부당이득 반환청구를 매우 엄격하게 인정하고 있음을 유의하셔야 합니다. 즉, 근로자의 부당이득이 성립하기 위해서는 사용자와 근로자 사이에 월급 등에 퇴직금을 포함하고 퇴직 시 별도 퇴직금을 지급하지 않는다는 취지의 합의가 존재하고, 퇴직금 명목의 임금 액수가 특정되는 등 사용자와 근로자가 임금과 구별해서 추가로 퇴직금 명목으로 일정한 금원을 실질적으로 지급할 것을 약정한 경우라야 하므로, 설령 근로계약서에 퇴직금분할약정이 있는 경우라도 연봉이나 월급이 분명하게 퇴직금과 구별하여 특정되지 않았고, 임금과 퇴직금 명목의 돈을 구별해서 지급한 게 아니라 월급에 합산하여 함께 지급하였다면 임금과 퇴직금이 명백하게 구분되지 않으므로 전체를 임금으로 보아야 할 것입니다.

퇴직금분할지급약정 사례

사례 1

학원을 운영하는 K 원장은 영어강사 S와 월 250만원에 3.3% 사업소득세를 공제하기로 하고(개인사업자를 의미) 퇴직금은 없는 것으로 계약을 체결했는데, S는 1년이 지나 퇴사하면서 K원장에게 퇴직금을 지급할 것을 요구하고 있다. 이 경우에 K원장은 S에게 퇴직금을 지급하여야 하는가?

사례 2

사례1과 유사한 경우로서, X 원장은 영어강사 Y와 3.3%계약이 아닌 '근로계약서'를 작성하면서 월급은 250만원으로 하고 퇴직금은 매월 지급하는 월급에 포함하기로 하고, 별도로 퇴사시에 퇴직금을 지급하지 않기로 계약을 체결했는데, 1년이 지나자 Y는 퇴사하면서 K원장에게 퇴직금을 지급할 것을 요구하고 있다. 이 경우에 X원장은 Y에게 퇴직금을 지급하여야 하는가?

사례 3

K주식회사는 5개의 영업소를 운영하고 있으며, 각 영업소에는 영업소장 1인, 경리사원 1인, 그리고 일반직원 10명 내외로 구성되어 있다. 그런데 그 중 A영업소의 경우에는 다른 영업소와 달리 퇴직금을 연봉에 포함시켜 매월 지급하는 임금과 함께 매달 퇴직금을 지급하였다. 다른 영업소와 달리 A영업소의 경우에 이와 같이 퇴직금을 연봉에 포함시켜서 매월 퇴직금을 지급하게 된 것은 A영업소 소장이 퇴직금을 미리 받을 것을 희망하는 직원들의 의견을 반영하였기 때문이다. 그런데, A영업소 소장 및 근로자들은 퇴사하면서 퇴직금을 지급할 것을 요구하고 있다. 이 경우에 회사는 A영업소 소장 및 근로자들에게 퇴직금을 지급하여야 하는가?

결론적으로 사례1, 사례2, 사례3 모두 근로자가 퇴사한 날로부터 14일 이내에 퇴직금을 지급해야 합니다.[4] 왜냐하면 근로자에게 퇴직금을 지급할지의 여부는 위의 사례들과 같이 근로계약의 당사자가 합의하여 결정할 수 있는 문제가 아니라, 근로자퇴직급여보장법에 의하여 강제되고 있기 때문입니다. 설령 근로자가 자의적으로 '퇴사시 퇴직금을 지급받지 않겠다'.는 각서를 작성하더라도, 근로자가 퇴사하면서 퇴직금을 달라고 하면 반드시 지급하여야 합니다. 마찬가지 이유에서 설령 연봉금액에 퇴직금을 포함시키더라도 근로자가 퇴

---

[4] 다만, 사례1의 경우에는 3.3%계약을 한 영어강사 S가 개인사업자가 아닌 근로자로 평가되는 경우를 전제로 합니다.

사하면서 퇴직금 지급을 요구하면 사용자는 연봉과 별도로 퇴직금을 지급하여야 합니다.

그렇다면 위의 사례2와 사례3의 공통점과 차이점은 무엇일까? 사례1과 달리, 사례2와 사례3은 모두 퇴직금을 분할하여 매달 임금과 함께 지급하는 이른바 '퇴직금분할지급약정'으로서 이러한 퇴직금중간정산은 예외적으로 허용되는 특정한 사유에 해당하지 않는 한 그 효력이 없다는 것은 이미 설명하였습니다. 사례2와 사례3의 약정은 모두 효력이 없으므로 근로자가 재직기간 중 퇴직금을 분할하여 지급받았음에도 퇴사하면서 퇴직금을 지급할 것을 요구하는 경우, 사용자는 이미 분할하여 지급한 퇴직금액을 포함하는 퇴직금 전액을 근로자에게 지급하여야 합니다.

다만, 사례2와 사례3의 차이점이라면, 사례3의 경우에는 사용자가 근로자에게 재직기간 동안 퇴직금 명목으로 임금과 별도로 지급해온 금원을 부당이득으로 반환받을 수 있는 가능성이 있지만, 사례2의 경우에는 근로자에게 재직기간 동안 퇴직금 명목으로 임금과 별도로 지급해온 금원을 부당이득으로 반환받을 수 있는 가능성도 없다는 것입니다. 왜냐하면, 이미 분할하여 지급한 퇴직금 명목의 금원을 근로자로부터 부당이득으로 반환받기 위해서는 적어도 ① 일단 퇴직금 분할 약정이 명백하게 존재하고, ② 임금과 퇴직금이 엄격하게 분리되어 지급되었어야 하는데, 사례2는 사용자가 퇴직금 구별없이 일방적으로 퇴직금을 임금에 포함시켰을 뿐 아니라 임금과 퇴직금이 엄격하게 분리되어 지급된 것으로 보이지도 않기 때문입니다.

신문기사 따라잡기

> "월급에 퇴직금 포함됐다"는 사장님에 내려진 판결.(한경 2022 12. 07. 곽용희 기자)

2018년부터 약 1년 반 동안 치과기공소에서 근무하던 A는 사업주를 상대로 퇴직금을 달라고 주장했다. 사업주의 답변은 "이미 퇴직금은 월급에 포함됐다"였다. 월급에 퇴직금을 포함하는 근로계약을 체결했다는 주장이다. 실제로 급여명세서에 따르면 매월 퇴직금 조로 12만원가량 지급된 것으로 기재돼 있었다.

사장은 A의 소송에 대해 되레 "월급에 포함해서 받은 퇴직금을 돌려달라"는 취지의 반소를 제기했다. 그 돈으로 퇴직금을 주겠다는 계산이다.

전주지법 제1민사부는 지난 10월 6일 A가 회사를 상대로 청구한 임금 소송에서 원심을 뒤집고 A의 청구를 인용했다. 반대로 사업주의 반소는 기각했다.

원칙적으로 근로기준법에 따르면 퇴직금을 분할해서 지급하는 '분할 약정'은 엄연히 무효다. 합당한 중간 정산 사유가 없는 한 퇴직금 청구권을 근로자가 사전에 포기하게 만드는 것은 강행규정 위반으로 무효라는 게 대법원의 판단이다.

다만 이 경우 지급 약정 자체가 무효이므로, 퇴직금 조로 지급된 금원은 근로자의 '부당이득'이 된다. 따라서 근로자는 사용자에게 그간 퇴직금 조로 받은 돈을 우선 반환하고, 퇴직금을 따로 받는 형식을 취해야 한다.

하지만 이번 판결에서 전주지법 재판부는 다른 판단을 내렸다. A가 그간 받은 퇴직금 조의 임금을 반환할 필요가 없다는 판단이다.

재판부는 먼저 근로자의 부당이득이 성립하기 위해서는 "사용자와 근로자 사이에 월급 등에 퇴직금을 포함하고 퇴직 시 별도 퇴직금을 지급하지 않는다는 취지의 합의가 존재하고, 퇴직금 명목의 임금 액수가 특정되는 등 사용자와 근로자가 임금과 구별해서 추가로 퇴직금 명목으로 일정한 금원을 실질적으로 지급할 것을 약정한 경우에만 해당 법리가 적용된다"는 대법원 판결(2020.8.27.선고 2017다290613)을 근거로 들었다.
법원은 "(A의 근로계약은) 연봉이나 월급이 분명하게 특정되지 않았고, 임금과 퇴직금 명목의 돈을 구별해서 지급한 게 아니라 월 1회 합산해서 지급했다"며 "퇴직금 명목의 돈을 실질적으로 지급하는 약정 있다고 볼 수 없다"고 꼬집었다.
또 퇴직금 항목으로 지급된 돈을 제외하면 나머지 임금이 법정 최저임금에 미달하는 점 등을 근거로 들어 "퇴직금 명목으로 지급한 돈은 실질적으로는 임금의 일부로 지급된 것"이라고 판단했다.
결국 명목만 퇴직금으로 지급했을 뿐 사실상 임금이기 때문에, 기존 대법원판결의 법리대로 퇴직금을 반환할 필요가 없다는 지적이다.
일부 영세업체는 여전히 퇴직금을 월급에 포함해서 지급하는 것을 근로조건으로 내거는 곳이 없지 않다. 퇴직금 정산이 간편하다는 이유에서다.
적발돼도 근로자에게 지급할 퇴직금과 상계 처리를 해버리면 그만이기 때문에 아직도 만연하다는 분석이다.
하지만 이번 판결에 따르면 자칫 이런 꼼수를 쓰다가는 이중으로 퇴직금을 지급해야 될 수 있다는 게 전문가들의 지적이다.

5. 퇴직시 금품청산제도

사용자는 근로자의 사망·퇴직 등의 사유가 발생한 날로부터 '14일 이내'에 임금, 보상금 기타 일체의 금품을 청산해야 주어야 하며, 14일이 경과한 날로부터 단 하루라도 금품을 청산하지 않으면 '임금체불'이 성립하게 됩니다(근로기준법 제36조). 근로기준법 제36조의 법문에는 '사망 또는 퇴직한 경우'라고 되어 있지만, 여기에서의 '퇴직'은 통상해고, 징계해고, 경영상 해고 등 모든 종류의 퇴직사유를 포함하는 '넓은 의미의 퇴직'으로 보아야 합니다.

근로자의 사망 또는 퇴직의 사유가 발생한 날로부터 14일 이내에 금품을 청산하지 않으면 사용자는 임금체불에 따른 형사처벌의 대상 (3년 이하 징역 또는 2,000만원 이하의 벌금)이 되고, 근로기준법 제37조가 정한 임금 및 퇴직금의 경우에는 14일이 지난 그 다음날부터 연 100분의 20이라는 높은 지연이자가 가산됩니다.

> 예) 근로자가 2017.5.1에 사직서를 제출하였고 사용자가 2017.5.9에 사직서를 수리하였음을 근로자에게 통보한 경우
>
> 14일의 기산점은 2017.5.10이므로 사용자는 2017.5.24 까지 퇴직금을 비롯한 근로관계에서 발생한 모든 금품을 청산해 주어야 합니다. 그리고, 임금 및 퇴직금의 경우에는 2017.5.25 부터 연 100분의 20의 지연이자가 가산됩니다.

청산되어야 할 금품의 범위는 임금, 퇴직금, 재해보상금 등 근로관계에서 발생한 그 밖에 일체의 금품입니다. '임금'은 근로기준법 제2조 제1항 제5호에서 규정한 임금을 말하는 것으로 연장·야간·휴일 근로수당, 연차휴가수당, 출산전후휴가수당, 휴업수당, 상여금 등 근로자가 청구할 수 있는 모든 임금을 포함합니다. '그 밖에 일체의 금품'은 적립금, 보증금, 저축금, 퇴직금, 해고예고수당, 귀향여비, 퇴직위로금, 명예퇴직금, 월세지원금 등 명칭에 관계없이 사용자에게 지급의무가 있는 일체의 금품을 의미합니다. 연말정산환급금도 근로자에게 귀속되어야 할 금품이므로 퇴직일로부터 14일 이내에 지급하여야 합니다. 다만, 근로제공과 무관하게 근로자가 개인적으로 회사에 투자한 금원이라든지 회사로부터 받을 특허 등에 관한 개인적인 '로열티' 등과 같이 근로관계와 무관한 금품 등은 근로기준법상의 금품 청산의 대상이 아닙니다.

법정퇴직금 등의 지급의무 없는 경우임에도 불구하고 사용자가 임

의로 퇴직금조로 금품지급을 약정한 경우(예: 1주 15시간 미만의 근로자의 경우에 근로계약이나 별도의 약정으로 퇴직금을 지급하기로 정한 경우 등)에도 이들 금원은 '기타 금품'에 포함되므로 사용자가 그러한 금품 미지급에 대한 체불책임을 질 수 있습니다.

> **▎ 금품청산 진정 제기 시기**
>
> 금품청산 진정 제기 시기는 금품청산 사유 (예: 퇴직)가 발생한 그 다음 날로부터 14일이경과한 다음날입니다. 금품청산 사유 발생하기 이전에 임금 등이 체불된 경우라도 금품청산 사유 (예: 퇴직)가 발생한 이후 14일이 경과하여야 근로자는 사용자를 근로기준법 제36조(금품청산)을 이유로 고용노동부에 진정이나 고소를 제기할 수 있다는 것입니다.

6. 실업급여의 수급

실업급여(구직급여)[5]란 고용보험에 가입한 근로자가 실직하였을 때 구직하는 기간 중의 생활을 보조하거나 취업을 촉진하기 위해 지급하는 보험급여를 말합니다. 그런데, 실업급여는 불가피하에 실업 상태에 놓이게 된 근로자의 생계 및 재취업활동, 즉 구직활동을 지원하기 위하여 지급하는 보험급여이므로, 보험사고, 즉 '실업'이 근로자의 잘못으로 인하여 발생한 경우에는 자기 책임의 원칙상 실업급여가 지급되지 않는 것이 원칙입니다. 따라서 고용보험법에서는 근로자의 중대한 귀책사유(잘못)로 해고 또는 권고사직되거나 자기 사정으로 근로자가 스스로 이직할 때도 실업급여를 받을 수 없도록 정

---

[5] 실업급여는 구직급여와 취업촉진수당(조기재취업수당, 직업능력개발수당, 광역구직활동비, 이주비)으로 이뤄져 있습니다. 따라서, 일반적으로 알려진 '실업급여'는 정확히는 '구직급여'를 말합니다.

하고 있습니다.

먼저, 실업급여를 받을 수 없는 근로자의 '중대한 귀책사유'의 종류로서 고용보험법 시행규칙 제58조가 한정적으로 나열한 사유는 다음과 같습니다.

> **▌실업급여를 받을 수 없는 '중대한 귀책사유'**
>
> 형법 또는 직무 관련 법률 위반 행위로 금고 이상의 형을 선고받은 경우, 사업에 막대한 지장을 초래하거나 재산상 손해를 끼친 경우(거래처 금품·향응 수수, 사업 기밀 유출, 허위 사실 유포 또는 불법 집단행동 주도, 공급 유용·배임, 제품·원료 등의 절취·불법 반출, 근무상황 실적 조작, 사업장 기물의 고의 파손, 영업용 차량의 무단 대리운전으로 교통사고 발생등), 정당한 이유 없이 장기간 무단결근한 경우 등

따라서 위에 해당하는 근로자의 중대한 귀책사유로 해고 또는 권고사직된 경우에는 실업급여의 지급이 제한될 수 있습니다. 또한, 자기 사정으로 근로자가 스스로 사직서를 제출하고 이직한 '자발적 이직'의 경우에도 실업급여를 받을 수 없습니다. 다만, 사직서를 제출하여 외면상 '자발적 이직'으로 보이더라도 그러한 이직이 불가피하다고 인정될 수 있을 때는 실업급여를 받을 수 있습니다. 고용보험법에서는 시행규칙에 근로자의 수급자격이 제한되지 아니하는 정당한 이직 사유를 열거하고 있으므로, 근로자의 이직사유가 법에 정해진 '정당한 이직 사유'에 해당하는 경우에는 실업급여를 받을 수 있습니다.

■ 고용보험법 시행규칙 [별표 2] 〈개정 2022. 6. 30.〉
　근로자의 수급자격이 제한되지 아니하는 정당한 이직 사유(제101조제2항 관련)
1. 다음 각 목의 어느 하나에 해당하는 사유가 이직일 전 1년 이내에 2개월 이상 발생한 경우
　가. 실제 근로조건이 채용 시 제시된 근로조건이나 채용 후 일반적으로 적용받던 근로조건보다 낮아지게 된 경우
　나. 임금체불이 있는 경우
　다. 소정근로에 대하여 지급받은 임금이 「최저임금법」에 따른 최저임금에 미달하게 된 경우
　라. 「근로기준법」 제53조에 따른 연장 근로의 제한을 위반한 경우
　마. 사업장의 휴업으로 휴업 전 평균임금의 70퍼센트 미만을 지급받은 경우
2. 사업장에서 종교, 성별, 신체장애, 노조활동 등을 이유로 불합리한 차별대우를 받은 경우
3. 사업장에서 본인의 의사에 반하여 성희롱, 성폭력, 그 밖의 성적인 괴롭힘을 당한 경우
3의2. 「근로기준법」 제76조의2에 따른 직장 내 괴롭힘을 당한 경우
4. 사업장의 도산·폐업이 확실하거나 대량의 감원이 예정되어 있는 경우
5. 다음 각 목의 어느 하나에 해당하는 사정으로 사업주로부터 퇴직을 권고받거나, 인원 감축이 불가피하여 고용조정계획에 따라 실시하는 퇴직 희망자의 모집으로 이직하는 경우
　가. 사업의 양도·인수·합병
　나. 일부 사업의 폐지나 업종전환
　다. 직제개편에 따른 조직의 폐지·축소
　라. 신기술의 도입, 기술혁신 등에 따른 작업형태의 변경
　마. 경영의 악화, 인사 적체, 그 밖에 이에 준하는 사유가 발생한 경우
6. 다음 각 목의 어느 하나에 해당하는 사유로 통근이 곤란(통근 시 이용할 수 있는 통상의 교통수단으로는 사업장으로의 왕복에 드는 시간이 3시간 이상인 경우를 말한다)하게 된 경우
　가. 사업장의 이전
　나. 지역을 달리하는 사업장으로의 전근

다. 배우자나 부양하여야 할 친족과의 동거를 위한 거소 이전
　라. 그 밖에 피할 수 없는 사유로 통근이 곤란한 경우
7. 부모나 동거 친족의 질병·부상 등으로 30일 이상 본인이 간호해야 하는 기간에 기업의 사정상 휴가나 휴직이 허용되지 않아 이직한 경우
8. 「산업안전보건법」 제2조제2호에 따른 "중대재해"가 발생한 사업장으로서 그 재해와 관련된 고용노동부장관의 안전보건상의 시정명령을 받고도 시정기간까지 시정하지 아니하여 같은 재해 위험에 노출된 경우
9. 체력의 부족, 심신장애, 질병, 부상, 시력·청력·촉각의 감퇴 등으로 피보험자가 주어진 업무를 수행하는 것이 곤란하고, 기업의 사정상 업무종류의 전환이나 휴직이 허용되지 않아 이직한 것이 의사의 소견서, 사업주 의견 등에 근거하여 객관적으로 인정되는 경우
10. 임신, 출산, 만 8세 이하 또는 초등학교 2학년 이하의 자녀(입양한 자녀를 포함한다)의 육아, 「병역법」에 따른 의무복무 등으로 업무를 계속적으로 수행하기 어려운 경우로서 사업주가 휴가나 휴직을 허용하지 않아 이직한 경우
11. 사업주의 사업 내용이 법령의 제정·개정으로 위법하게 되거나 취업 당시와는 달리 법령에서 금지하는 재화 또는 용역을 제조하거나 판매하게 된 경우
12. 정년의 도래나 계약기간의 만료로 회사를 계속 다닐 수 없게 된 경우
13. 그 밖에 피보험자와 사업장 등의 사정에 비추어 그러한 여건에서는 통상의 다른 근로자도 이직했을 것이라는 사실이 객관적으로 인정되는 경우

　실업급여는 다음의 네 가지 조건에 모두 해당해야 지급받을 수 있습니다.

> **▎실업급여(구직급여) 요건**
> ① 이직일 이전 18개월간 피보험단위기간이 통산하여 180일 이상일 것,
> ② 근로의 의사와 능력이 있음에도 불구하고 취업하지 못한 상태에 일 것,
> ③ 이직사유가 '수급자격제한사유'에 해당하지 않을 것,
> ④ 재취업을 위한 노력을 적극적으로 할 것,

먼저, 이직일 이전 18개월간 고용보험 피보험 단위 기간이 총 180일 이상이어야 하는데, '18개월'은 하나의 회사에서의 근무기간뿐 아니라 여러 회사의 근무기간을 모두 합해 계산합니다. 그리고 여기에서 '피보험단위기간' 180일은 재직기간이 아니라 '근무기간'을 의미하는데, '근무기간'이란 보수지급의 기초가 된 날로서 재직기간 중에서 무급휴일이나 휴무일을 제외한 '피보험단위기간'을 의미합니다. 구체적으로, 이러한 피보험단위기간에는 소정근로일뿐 아니라 사업주로부터 보수를 지급받은 유급휴일, 사업장의 사정으로 휴업한 기간에 평균임금의 70% 이상의 휴업수당을 받은 기간, 출산전후휴가기간 등 사업주로부터 금품을 지급 받은 유급휴가기간 등이 모두 포함됩니다. 단, 무급휴일(예: 출산전후 휴가에서 마지막 1개월은 무급휴일입니다)내지 무급휴무일(예:토요일)은 보수지급의 기초가 되는 날이 아니므로 피보험단위기간에 산입되지 않습니다.

근로자가 근로의 의사와 능력이 있음에도 불구하고 취업하지 못한 상태에 있어야 하므로, 이를테면 근로능력을 상실한 장해가 있거나 상시 입원이 필요한 질병이 있는 경우에는 실업급여를 받을 수 없습니다. 또한, 재취업을 위한 노력을 적극적으로 할 것을 요구하므로 구직자는 구직급여 수급 기간 중 구직활동에 대한 증빙을 제출하여야 합니다.

가장 중요한 것은 실업급여 수급자격이 인정되는 정당한 이직사유(고용보험법 시행규칙)에 해당하여야 하는데, 고용보험법 시행규칙 제101조 제2항 별표에 열거된 구직급여(실업급여) 수급자격이 인정되는 정당한 이직사유에 대해서는 위에서 이미 살펴보았지만, 이를 기초로 실업급여 수급자격이 제한되지 않는 정당한 이직사유를 구체적으로 살펴보면 다음과 같습니다.

(1) 임금체불로 인한 이직

임금을 지급받지 못하거나 지급이 지연되어 이직하는 경우로서 다음 각 호의 1에 해당하는 경우
- ㉮ 이직 전 1년 이내에 월 임금액의 3할 이상을 지급받지 못한 달이 2월 이상 되어 이직하는 경우
- ㉯ 이직 전 1년 이내에 임금의 전액이 소정의 지급일보다 1월 이상 지급이 지연되는 달이 2월 이상 되어 이직하는 경우

(2) 경영위기로 인한 이직

사업장의 도산·폐업이 확실하거나, 대량의 감원이 예정되어 있어 이직하는 경우로서 다음 각 호의 1에 해당하는 경우
- ㉮ 사업장이 파산청산절차 개시신청이 이루어짐으로써 이직하는 경우
- ㉯ 부도어음이 발생하여 금융기관과의 거래가 정지되는 등 사업장의 도산이 거의 확실시되어 이직하는 경우
- ㉰ 사실상 당해 사업장과 관련된 사업 활동이 정지되어 재개될 전망이 없어 이직하는 경우
- ㉱ 사업장이 생산설비의 자동화·신설 또는 증설, 사업규모의 축소*조정 등으로 인하여 고용정책기본법시행령 제20조의 규정에 의한 대량고용변동신고 요건에 해당되어 이직하는 경우
- ㉲ 감원 등 사업장의 고용조정계획이 확정·발표됨으로써 이직하는 경우

(3) 정리해고로 인한 이직

다음 각 호의 1에 해당하는 사정으로 사업주로부터 퇴직을 권고 받거나, 인원감축이 불가피하여 고용조정계획에 따라 실시하는 퇴직희망자의 모집에 의하여 이직하는 경우
- ㉮ 사업의 양도*인수*합병
- ㉯ 일부사업의 폐지 또는 업종전환
- ㉰ 직제개편에 따른 조직의 폐지*축소
- ㉱ 신기술의 도입, 기술혁신 등에 의한 작업형태의 변경
- ㉲ 경영의 악화, 인사적체 등 기타 위 각호에 준하는 경우

(4) 통근곤란으로 인한 이직

사업장이 다른 곳으로 이전되어, 통근이 곤란(통근시 이용할 수 있는 통상의 교통수단으로는 사업장으로의 왕복소요시간이 3시간이상인 경우를 말한다.)하게 되어 이직하는 경우. 다만, 사업주가 통근편의 제공 등의 보완조치를 하여

통근시 왕복소요시간이 3시간미만이 되는 경우를 제외한다.
(5) 가족별거로 인한 이직
통근이 불가능 또는 곤란한 사업장으로 전근되어 배우자 또는 부양해야할 동거친족(배우자, 3촌 이내의 혈족 또는 인척을 말한다. 이하 이 규정에서 같다)과 부득이하게 별거하게 되었기 때문에 이직하는 경우
(참고) 배우자 발령으로 인한 거주지 이전으로 인한 퇴사시 실업급여 수급을 위한 서류
1. 주민등록등본 - 1개월 이내
2. 본인의 주민등록 초본 - 1개월 이내
3. 배우자의 재직증명서
4. 배우자의 발령장 - 발령 전후 근무지 확인 가능해야
5. 본인의 진술서 - 배우자 발령일, 배우자 발령전후 근무지 주소, - 이사일, 전입신고일, 이사전후 주소지 기재

(6) 가사사정으로 인한 이직
동거를 위한 주소이전, 육아, 노약자의 간호 등 가정사정의 변화를 이유로 이직하는 경우로서 다음 각 호의 1에 해당하는 경우
㉮ 배우자(사실상 혼인관계에 있는 자를 포함한다) 또는 부양해야할 친족과의 동거를 위하여 주소를 이전하게 됨으로써 통근이 곤란하게 되어 이직하는 경우
㉯ 자녀의 양육(초등학교 입학이전의 연령에 해당하는 영유아 보육을 말한다)을 위하여 보육시설을 이용하거나 친족 등에게 자녀의 양육을 맡김으로써 사업장으로의 통근이 불가능 또는 곤란하게 되어 이직하는 경우
㉰ 부·모의 사망 또는 30일 이상 본인의 간호를 필요로 하는 부·모 또는 동거친족의 질병·부상 등으로 인하여 부득이하게 이직하는 경우

(7) 경영상 휴업으로 인한 이직
경영상 이유로 의한 휴업이 2월 이상(휴직전 평균임금의 70%이상의 금품을 받은 기간 제외) 계속되고 생계곤란 및 조만간 복직할 가능성이 없어 이직하는 경우

(8) 근로조건 허위광고로 인한 이직
채용시 제시된 근로조건 또는 채용후 일반적으로 적용받던 임금·근로시간과 실제 임금·근로시간이 2할 이상 차이가 있거나 기타 근로조건이 현저하게 낮아지게 되어 이직하는 경우(임금을 비교하는 경우에는 초과근로의 대가로 지급받는 임금은 제외한다). 다만, 피보험자가 근로조건 변경에 동의하여 근로조건이 낮아지게 된 경우는 이에 해당하지 아니한다.

(9) 차별대우로 인한 이직

상사나 동료 등으로부터 종교, 성별, 신체장애, 노조활동 등을 이유로 불합리한 차별 대우를 받은 사실에 의해 이직하는 경우

(10) 성희롱으로 인한 이직
상사나 동료로부터 본인의 의사에 반하여 성희롱, 성폭력, 기타 성적인 괴롭힘을 당하여 이직하는 경우

(11) 휴업으로 인한 이직
사업장의 전일(全日) 휴업이 월중 5일이상이거나 부분휴업이 월중 통산하여 40시간 이상인 달이 3월 이상 계속되어 이직하는 경우

(12) 강제휴직으로 인한 이직
사업주의 강제휴직조치로 휴직한 후 휴직상태가 2월 이상 계속되어 이직하는 경우

(13) 기술도입으로 인한 이직
신기술 또는 신기계가 도입되어 본인의 지식·기능으로는 적응이 불가능하여 이직하는 경우로서 다음 요건을 모두 갖춘 경우
㉠ 신기술 또는 신기계가 도입되어 피보험자가 당해 기술 또는 기계를 활용·취급하게 됨으로써 피보험자가 가지고 있던 전문지식 또는 기능을 충분히 발휘할 기회를 잃게 되었을 것
㉡ 피보험자가 당해 기술 또는 기계를 활용·취급하는 업무 또는 이러한 업무와 관련된 지식·기술에 관한 교육훈련 등에의 적응이 곤란할 것

(14) 중대재해위험으로 인한 이직
이직 전 6월 이내에 산업안전보건법 제2조의 규정에 의한 중대재해가 발생한 사업장으로서 당해 재해와 관련된 노동부장관의 안전보건상의 시정명령을 받고도 시정기간내에 이를 시정하지 않아 이직하는 경우(다만, 당해 사업장에서 동일 재해위험에 노출된 경우에 한한다)

(15) 질병 등으로 인한 이직
체력의 부족, 심신장애, 질병, 부상, 시력*청력*촉각의 감퇴 등으로 인하여 피보험자에게 부여된 업무를 수행하는 것이 불가능 또는 곤란하게 되어 이직하는 경우

(참고) 질병으로 인한 실업급여 요건
질병, 부상 등 신체적 조건의 변화로 인해 퇴직하는 경우, 실업급여를 지급받을 수 있는 수급자격이 인정되는지 여부는 근로자의 신체적인 조건 변화로 담당하고 있었던 업무를 더 이상 수행할 수 없는지, 기존업무를 수행하지 못하더

라도 회사로부터 새로운 업무를 부여받은 경우 수행이 가능한지에 따라 결정됩니다. 즉, 질병, 부상으로 인해 본래의 맡은바 업무를 수행할 수 없었으나, 회사로부터 새로운 업무에 취업할 것을 명령받았고, 새로운 업무를 수행하는 것이 가능함에도 퇴직하는 것은 정당한 사유로 인정되지 않습니다. 그러나 휴직을 허락해 달라는 휴직원을 신청하거나 다른 업무로 전환해 달라고 신청을 하였으나 회사가 이를 허락해 주지 않아 사직을 하는 경우에는 실업급여를 받을 수 있다고 봅니다, 질병, 부상으로 인해 맡은바 업무를 수행하는 것이 불가능하여 퇴직하는 경우에는 다음과 같은 사항을 주의하여야 합니다.

1) 퇴직하기 전에 병원으로부터 진료를 받아야 합니다.
재직 중에는 병원진료를 받지 않았다면 실업급여수급자격을 인정받기 어렵습니다.

2) 의료기관의 진단서가 준비되어 있어야 한다.
진단일을 퇴직일 이전이어야 하며, 8주이상의 치료를 요하여야 합니다.

3) 의사의 소견서를 퇴직 전에 미리 받아 두어야 한다.
실업급여 신청 당시의 의사소견내용에는 반드시 '앞으로 몇 주(몇 개월) 치료 후 일반적 노동 또는 경미한 근로에 종사할 수 있다'는 내용이 포함되어 있어야 합니다. 만일 치료 후 정상적 근로가 불가능하다는 의사소견이 있다면, 고용센터에서는 근로능력이 없는 것으로 간주하여 실업급여 수급자격을 인정하지 않을 수 있습니다.

4) 기타 유의사항
진단서를 회사에 제출할 때는 '사직하겠다'는 의사표시를 먼저 하지 말고, '종전 업무를 계속하기 어려우니, 휴직을 허락해 달라'는 휴직(병가) 신청을 하거나, '다른 업무로 바꾸어 달라'는 요청을 하여야 합니다. 나중에 고용센터에서는 회사에 '근로자가 휴직신청이나 업무전환을 요구한 사실이 있느냐'는 사실확인서를 회사에 요구할 수도 있기 때문입니다. 또한, 회사가 유급병가를 부여할 수 있는 제도가 있다면 병가를 먼저 부여 받고 병가기간이 종료되어야 실업급여가 가능하기 때문에 실업급여가 지급되지 않을 수도 있습니다

(16) 결혼퇴직 관행으로 인한 이직
결혼, 임신, 출산, 병역법에 의한 의무복무 등으로 인한 퇴직이 관행인 사업장에서 그 관행에 따라 이직하는 경우

(17) 저임금 등으로 인한 이직
이직 전 3월간 소정근로시간의 임금이 최저임금법에 의한 최저임금보다 낮거나

이직 전 3월간 주당 평균근로시간이 56시간이상인 달이 계속되어 이직하는 경우

(18) 사업주의 법위반으로 인한 이직

사업주의 사업내용이 법령에 위반하여 이직하는 경우로서 다음 각 호의 1에 해당하는 경우
㉮ 취직당시와는 달리 현재의 사업내용이 법령에서 금지하는 재화 또는 용역을 제조하거나 판매하는 등의 이유로 이직하는 경우
㉯ 법령의 제*개정으로 종전의 사업내용이 위법하게 되어 이직하는 경우

(19) 계약기간의 만료, 정년의 도래로 인한 이직

계약기간의 만료, 정년의 도래로 회사를 계속 다니는 것이 불가능하여 퇴직한 경우

(20) 기타 객관적으로 정당하다고 인정되는 경우

기타 위에 준하는 사유가 있다고 인정되는 경우에는 구직급여(실업급여) 수급이 가능할 수 있으므로, 고용노동부에 위에 준하는 사유가 있다고 판단되는 경우에는 일단 실업급여 수급자격 심사를 요청할 수 있습니다.

7. 권고사직과 실업급여

'권고사직'이란 사용자의 근로계약 해지의 청약의 의사표시 (퇴직의 권유)에 대하여 근로자가 이를 승낙 (사직서의 제출)함으로써, 즉 사용자가 근로자가 상호 '합의'함으로써 근로계약을 종료하는 '합의해지'를 의미합니다. 권고사직은 양 당사자의 '합의에 의한 근로관계의 종료'라는 점에서, 사용자의 일방적 의사표시에 의한 근로관계의 종료인 '해고'나 근로자의 일방적인 의사표시에 의한 근로관계의 종료인 '의원사직'과 구별됩니다. 그런데, 외형적으로는 '권고사직'으로 보이지만, 회사가 당초 사직의사가 전혀 없는 근로자에게 부당한 영향력을 행사하여 사직서를 제출하도록 하였다면, 실질적으로 이는 사용자의 일방적인 근로관계의 종료인 '해고'에 해당할 것입니다.

> **권고사직 사례**
>
> 직원 : 사장님, 부르셨나요?.
> 사장 : 아! 홍길동씨 어서와..그런데 이번에 홍길동씨가 제출한 보고서가 문제가 많은 거 같아...기본적인 오타도 너무 많이 보이고..
> 직원: 그런가요?. 사실 저도 처음하는 일이다보니..죄송합니다. 앞으로는 그런 일이 없도록 하겠습니다.
> 사장 : 그래서 말인데 홍길동씨. 아무래도 이 일이 홍길동씨에게 맞지 않는 거 같아... 입사한 지 얼마 안됐는데 이런 일이 이번에 처음 있는 것도 아니고... 미안하지만 좀 더 적성에 맞는 다른 일을 알아보는 건 어떨까?
> 직원: 한 번 더 기회를 주셨으면 하는데...
> 사장: 미안해요 홍길동씨...
> 직원: 네 알겠습니다. 사장님. 저 그 대신 실업급여를 받을 수 있도록 권고사직처리해 주셨으면 합니다.
> 사장 : 알겠어. 그건 그렇게 처리해 주도록 하지...

어쩌면 여러분도 위와 유사한 경험을 하셨을지 모르겠지만, 위의 사례는 부당해고에 해당할 가능성이 상당히 높습니다. 일단, 위의 사례가 외형적으로는 '권고사직'의 형식을 취하고 있기는 합니다. 그러나, 사례를 자세히 보면 사용자가 당초 사직의사가 전혀 없는 근로자에게 영향력을 행사하여 사직서를 제출하도록 한 정황이 유력합니다. 즉, 외형적으로는 권고사직이지만, 실질적으로 이는 사용자가 일방적으로 근로관계를 종료하는 '해고'로 보아야 할 것입니다. 따라서, 사용자의 해고가 정당하기 위해서는 일단 해고의 정당한 이유가 인정되어야 할 뿐 아니라 해고의 서면 통지 및 해고의 예고 등의 절차를 준수하여야 할 것인데, 위의 사안에서는 해고의 정당성이 인정되기 어렵습니다. 설령 해고의 정당성이 인정된다고 하더라도, 해고의 서면 통지를 하지 않았으므로 해고의 정당성 여부는 따져 볼 필요도 없이 이러한 해고는 무효입니다. 즉, 부당해고입니다. 그런데, 만일 위의 사안에서 근로자가 실업급여를 받을 조건으로 '사직서'를 제출하였다면, 결론적으로 근로자가 사용자로부터 부당한 압력을 받아 '해고'당하였음을 주장하는 것이 사실상 거의 불가능합니다. 따라서, 근로자는 회사에 사직서를 제출하는 것은 신중에 또 신중을 기할 일입니다.

▍권고사직과 실업급여

권고사직은 실업급여가 지급될 수 있는 '정당한 이직 사유'의 하나이지만, 법이 정한 '정당한 이직 사유'로서의 권고사직은 정리해고 과정에서의 희망퇴직이나 사용자의 경영 사정과 관련되는 사유로 인한 권고 퇴직 등에 한정되어 있다는 것을 유의하셔야 합니다. 고용보험 상실사유 분류 항목 중 '권고사직' 코드는 ①'23. 경영상 필요 및 회사 불황으로 인한 인원 감축 등에 따른 퇴사(해고 · 권고사직 · 명예퇴직 포함)'와 ②'26. 근로자의 귀책사유에 의한 징계해고 · 권고사직'의 두 가지 종류를 정하고 있습니다. 일단, 23번 코드는 실업급여 수급자격이 인정되지만, 자질 부족을 이유로 하는 권고사직의 경우에 여기에 해당하지 않습니다. 26번 코드는 징계해고로 인한 이직(26-1), 사규상 징계해고 사유에 해당하나 권고사직을 당한 경우(26-2), 근로자의 귀책사유가 징계해고정도에 해당하지 않지만(업무능력 미달 사유 등 포함) 사업주가 권유해 사직한 경우(26-3)로 구분되므로, 위의 사안과 같이 자질 부족을 이유로 하는 권고사직의 경우에는 26-3에 해당할 것입니다.

26-1, 26-2는 근로자 귀책사유가 해고될 정도인 경우여서 회사에 별다른 불이익이 없지만, 23번 코드에 의한 권고사직이나, 26-3번 코드로 이직한 경우 '인위적인 고용조정에 따른 이직'으로 간주되어 회사는 고용보험법상 각종 정부 지원이나 외국인 근로자 고용허가 등에 제약을 받을 수도 있습니다. 이러한 이유로 회사는 권고사직 처리를 기피하는 경향입니다. 실무상 26-3번 코드의 경우에는 권고사직 사유를 확인하는 절차를 거치기는 하지만, 그 사유가 업무 능력 미달 등과 같이 고용보험법에서 정한 '중대한 귀책사유'에 해당하지 않는다면 실업급여 수급이 가능합니다. 따라서, 근로자가 사직서를 작성할 때는 절대로 '개인 사정'으로 사직한다고 기재하지 마시고, 반드시 '권고사직'으로 기재하여야 한다는 것을 명심하시기 바랍니다.

제9장 비정규직 근로관계

1. 비정규직 근로자란 무엇인가?

'비정규직 근로자'란 '정규직 근로자'가 아닌 근로자를 널리 일컫는 용어입니다. 따라서, 비정규직 근로자의 개념을 이해하기 위해서는 먼저 정규근로자가 무엇을 의미하는 지 알아야 할 것입니다. 일반적으로 '정규직 근로자'라 함은 ① 정년까지 고용이 보장되며 ② 전일제로 근무하며 ③ 고용과 사용의 주체가 분리되지 않는 근로자를 말합니다. 따라서, '비정규직 근로자'는 이러한 '정규 근로자'에 대비되는 개념으로서 ①정년까지 고용이 보장되지 않으며 (기간제 근로자 : 임시직, 계약직, 일용직 등) ② 전일제로 근무하지 아니하며 (단시간 근로자 : Part Time, 아르바이트 등) ③고용과 사용의 주체가 분리되는 근로자(파견근로자 등)를 의미합니다.

정규직 근로자		비정규직 근로자
① 정년까지 고용이 보장되며 (고용의 지속성)	←→	① 근로계약기간에 있어서 정년까지 고용이 보장되지 않는 근로자 (기간제 근로자 : 임시직, 계약직, 일용직)
② 전일제로 근무하며(근로시간)	←→	② 근로시간에 있어서 전일제로 근무하지 않는 근로자 (단시간 근로자 : Part Time, 아르바이트)
③ 고용과 사용의 주체가 분리되지 않는(근로형태) 근로자	←→	③ 근로형태에 있어서 고용과 사용의 주체가 분리되는 근로자 (파견근로자)

(1) 기간제 근로자

기간제 근로자라 함은 '기간의 정함이 있고 정년의 보장이 되지 않는 기간제 근로계약'을 체결한 근로자를 의미하는데, 이는 고용의 지속성(근로계약기간)인 측면에서 기간의 정함이 없고 정년까지 고용이 보장되는 정규직 근로자와 대비되는 비정규직 근로자의 한 유형입니다. 실무에서 이러한 '기간제 근로자'는 계약직, 촉탁직, 임시직, 파트타임, 아르바이트 등의 다양한 명칭으로 불려집니다.

어디까지나 원칙적인 근로형태는 기간의 정함이 없는 근로계약 즉, 정년까지 고용이 보장되는 정규직 근로계약이며, '기간제 근로자'는 단기고용의 필요성이 있는 경우에 한하여 사용하여야 합니다(따라서, 근로계약서에 근로계약 기간이 없는 경우에는 기한의 정함이 없는 정규직 근로계약이 체결된 것으로 추정됩니다[1]). 그런데, 사용자는 정규직 근로자를 채용해야 하는 경우에도 기간제 근로자의 채용을 선호하기 때문에, 국가는 '기간제 및 단시간근로자 보호 등에 관한 법률'(이하 '기간제법')을 제정하여 상시 5명 이상 근로하는 사업(장)의 기간제 근로자의 사용기간은 2년을 초과하지 아니하는 범위 안에서 사용할 것을 허용하고 있습니다. 즉, 근로자가 동일한 직장에서 2년을 초과하여 근로를 제공하는 경우에는 2년을 초과한 시점부터 '기간의 정함이 없는 근로계약'을 체결한 정규근로자의 신분으로 법률상 자동전환됩니다. 따라서, 만일 사용자가 정규직 근로자 신분으로 법률상 자동 전환된 근로자를 기존에 체결한 계약기간이 만료되었음을

---

[1] 기간제 근로자의 경우에는 '계약기간'이 필요적 서면 명시사항이므로 반드시 '계약기간'을 서면으로 명시해야 합니다(기간제법 제17조). 기간제 근로자의 근로조건 명시에 대해서는 제2장 근로계약의 '근로조건 서면명시'를 참조하시기 바랍니다.

이유로 근로관계를 일방적으로 종료시키고자 한다면, 이는 결국 '해고'에 해당하므로 근로기준법 제23조제1항의 '정당한 이유'가 필요합니다. 다만, 예외적으로 아래의 경우에는 2년을 초과하여 기간제 근로자를 사용할 수 있습니다.

> **▌2년 사용기한 제한의 예외 근로자**
> 1. 사업의 완료 또는 특정한 업무의 완성에 필요한 기간을 정한 경우
> 2. 휴직·파견 등으로 결원이 발생하여 당해 근로자가 복귀할 때까지 그 업무를 대신할 필요가 있는 경우
> 3. 근로자가 학업, 직업훈련 등을 이수함에 따라 그 이수에 필요한 기간을 정한 경우
> 4. 「고령자고용촉진법」제2조제1호의 고령자(만55세 이상)와 근로계약을 체결하는 경우
> 5. 전문적 지식·기술의 활용이 필요한 경우[2]와 정부의 복지정책·실업대책 등에 따라 일자리를 제공하는 경우로서 대통령령이 정하는 경우[3]
> 6. 그 밖에 제1호 내지 제5호에 준하는 합리적인 사유가 있는 경우로서 대통령령이 정하는 경우

---

[2] ① 박사학위(외국에서 수여받은 박사학위 포함)를 소지하고 해당분야에 종사하는 경우(박사학위 과정 수료하였으나 학위를 수여받지 못한자는 해당되지 않음)
② '국가기술자격법' 제9조제1항제1호에 따른 기술사 등급의 국가기술자격을 소지하고 해당 분야에 종사하는 경우 ③ 기간제법 시행령 별표 2에서 정한 전문자격을 소지하고 해당 분야에 종사하는 경우 : 건축사 공인노무사 공인회계사 관세사 변리사, 변호사 보험계리사, 손해사정사 감정평가사, 수의사 세무사 약사, 한약사 한약업사 한약조제사 의사 치과의사, 한의사 경영지도사 기술지도사 사업용, 조종사 운송용조종사 항공교통관제사, 항공기관사, (25개)
[3] ① 고용정책 기본법, 고용보험법등 다른 법령에 따라 국민의 직업능력 개발, 취업 촉진 및 사회적으로 필요한 서비스 제공 등을 위하여 일자리를 제공하는 경우, ② 제대군인 지원에 관한 법률 제3조에 따라 제대군인의 고용증진 및 생활안정을 위하여 일자리를 제공하는 경우,③ 국가보훈기본법 제19조제2항에 따라 국가보훈대상자에 대한 복지증진 및 생활안정을 위하여 보훈도우미 등 복지지원 인력을 운영하는 경우

그리고, 이와 같이 '기간의 정함이 없는 근로계약'을 체결한 정규근로자의 신분으로 법률상 자동 전환된 근로자(무기직 근로자)의 근로조건은 회사의 취업규칙 등에서 달리 정하고 있지 않은 한 원칙적으로 정규직 근로자에게 적용되는 취업규칙 등이 정한 근로조건이 동일하게 적용되어야 합니다(상세한 것은 '2. 무기직 근로자의 근로조건' 참조).

(2) 단시간 근로자

▌단시간 근로자의 개념

일반적으로는 '단시간 근로자'란 전일제(1일 8시간 1주 40시간)로 근무하는 정규직 근로자보다 근로시간이 짧은 근로자를 의미하는 것이지만, 기간제 및 단시간근로자 보호 등에 관한 법률(이하 '기단법)에서 정의하는 '단시간 근로자'는 단순히 근로시간이 짧은 근로자를 의미하는 것이 아니라, 그 사업장에서 같은 종류의 업무에 종사하는 비교 대상 근로자로서의 통상 근로자를 전제로 하는 개념입니다. 즉, 기단법에서의 단시간 근로자란 1주 동안의 '소정근로시간'이 그 사업장에서 같은 종류의 업무에 종사하는 '통상근로자'의 1주 동안의 소정근로시간에 비하여 더 '짧은' 근로자를 의미하는 것입니다. 따라서, 해당 사업장에 단시간 근로자와 동종 또는 유사 업무에 종사하는 비교 대상 근로자가 없는 경우, 이를테면 전문직 근로자들로 구성된 회사에 채용된 전문직 근로자가 아닌 일반 사무직 근로자의 근로시간이 전문직 근로자보다 짧다고 하여도 사무직 근로자는 기단법상 단시간 근로자가 아니므로 아래에서 설명하는 기단법의 보호를 받을 수 없습니다.

기단법은 단시간 근로자의 특성을 고려하여 여러 가지로 단시간 근로자를 특별히 보호하고 있습니다. 일단, 단시간 근로자의 근로조건은 당해 사업장의 동종업무에 종사하는 통상근로자의 통상 근로자와 비교하여 단지 '근로시간'에 비례해서만 차이를 두어야 하며,4) 근로시간과 관계없는 근로조건은 통상 근로자와 동등하게 보호해야 합니다. 따라서, 단시간 근로자의 통상임금은 당해 사업장의 동종업무에 종사하는 일반 근로자의 통상임금의 수준과 동일해야 하고, 근로시간과 관계없는 근로조건은 통상 근로자와 동일하게 부여하여야 하므로, 단시간 근로자에게도 연차휴가, 주휴일, 퇴직금, 4대 보험 등을 통상의 정규근로자와 동일하게 부여해 주어야 합니다[5].

> **┃ 초단시간 근로자의 근로조건**
>
> 1주 소정근로시간이 15시간 미만인 이른바 '초단시간 근로자는 ① 퇴직금 ② 주휴수당 ③ 연차수당 ④ 4대보험 (산재는 가입) ⑤ 무기계약직 전환 등이 배제된다는 특이성이 있습니다.

단시간 근로자는 소정근로시간과 일수가 통상 근로자보다 짧은 근로자로서 단시간 근로자의 근로시간의 길이·시간대·근로일수는 근로자의 생활일정에 기초하여 구성되는 것이 일반적입니다. 따라서, 그러한 단시간근로자의 근로시간의 선택은 존중되어야 할 것이므로 단시간 근로자의 시간외·휴일 근로는 예외적인 경우에 한하여 반드시 근로자의 개별 동의를 전제로 허용됩니다. 또한, 단시간 근로자는 사용자의 일방적인 초과근로 지시에 대하여는 거부할 수 있을 뿐 아니라, 초과근로를 거부한 것을 이유로 사용자가 해고 등 불이익한 처분을 하는 것은 형사처벌의 대상입니다.

---

[4] 이를테면, 단시간 근로자는 통상 근로자보다 근로시간이 짧으므로 그에 비례해서 단시간 근로자의 임금은 통상 근로자의 임금보다 낮게 됩니다.

[5] 그런데, 주휴수당, 연차휴가, 실업급여 등은 소정근로시간을 기준으로 지급하는데, 단시간 근로자의 소정근로시간은 통상 근로자의 소정근로시간보다 적으므로, 결국 소정시간을 기준으로 지급하는 단서간근로자의 주휴수당, 실업급여 등은 통상근로자보다 낮을 것입니다.

▌단시간 근로자의 초과근로의 제한

1. 일반 근로자의 경우와 달리, 단시간근로자의 경우에는 연장근로를 하는 경우에는 근로자의 동의를 받아야 합니다.[6]
2. 연장근로가 가능한 시간이 최대 1주 12시간이라는 점에서는 일반 근로자와 동일하지만, 연장근로의 기준시간이 일반 근로자와 다릅니다. 즉, 일반근로자는 1일 법정근로시간을 초과하는 연장근로시간이 최대 1주 12시간이지만, 단시간 근로자는 (법정근로시간이 아니라) 소정근로시간을 초과하여 1주 12시간 이상 근로시킬 수 없습니다.[7]
3. 일반근로자의 경우에는 법정 근로시간을 초과하는 이른바 법외초과연장근로에 대해서만 가산임금을 지급하지만, 단시간 근로자는 소정근로시간을 초과하는 연장근로시간에 대해서는 항상 통상임금의 100분의 50이상의 가산임금을 지급하여야 합니다.[8]

단시간 근로자의 '근로일별 근로시간'은 반드시 구체적으로 서면 명시하여야 하고(기단법 제17조),[9] 근로계약서상에 단시간 근로자의 임금은 반드시 '시급'을 명시하여야 합니다.

---

[6] 일반 근로자의경우에는 동의가 아니라 당사자가 '합의'하면 연장근로가 가능하다. 동의와 합의는 모두 사전에 근로계약서를 작성할 때 포괄적으로 할 수 있다는 점에서는 동일하지만, 합의는 근로자 개인과의 합의뿐 아니라 집단적 합의(예: 근로자대표나 단체협약)도 가능하지만, 동의는 집단적으로 할 수 없다는 점에서 구별됩니다.

[7] 일반근로자는 소정근로시간이 법정근로시간 미만이라면 1주 12시간 이상 연장근로가 가능하지만(예: 소정근로시간이 1일 6시간, 1주 30시간인 경우: 1주 최대 10시간(법내연장) + 12시간(법외연장)= 1주 연장근로 22시간까지 가능),단시간 근로자는 소정근로시간을 초과하는 연장 근로시간이 항상 12시간입니다(예: 단시간근로자의 소정근로시간이 6시간인 경우 연장근로는 최대 1주 12시간까지 가능)

[8] 일반근로자의 연장근로는 법내연장근로인 이른바 법내초과근로에 대해서는 가산임금을 지급하지 않지만(예: 소정근로시간이 1일 6시간인 일반 근로자가 특정일에 10시간을 근로한 경우에는 소정근로시간을 초과하지만 법정근로시간 1일 8시간 이내의 근로시간인 2시간에 대해서는 가산임금을 지급하지 않고, 법정근로시간 8시간을 초과하는 2시간에 대해서만 가산임금을 지급), 단시간 근로자의 경우에는 소정근로시간을 초과하는 근로에 대해서는 항상 가산수당을 지급하여야 합니다. 즉, 단시간근로자는 이른바 법내초과근로에 대해서도 가산수당을 지급해야 합니다.

[9] 단시간 근로자의 서면명시에 대해서는 제2장 근로계약의 '근로조건 서면명시'를 참조하시기 바랍니다.

(3) 파견 근로자

'근로자파견'이라 함은 파견사업주가 근로자를 고용한 후 그 고용관계를 유지하면서 사용사업주와 체결한 근로자파견계약의 내용에 따라 자신과 고용관계를 유지하고 있는 근로자를 사용사업주에게 파견하여 사용사업주의 지휘명령을 받으며 사용사업주에게 근로를 제공하도록 하는 것을 의미합니다. 따라서 근로자 파견의 근로계약은 필연적으로 파견사업주, 파견근로자, 사용사업주의 '3면 당사자의 법률관계'라는 형태를 취하게 됩니다.

▌ 3면 당사자의 법률관계 (파견 근로관계)

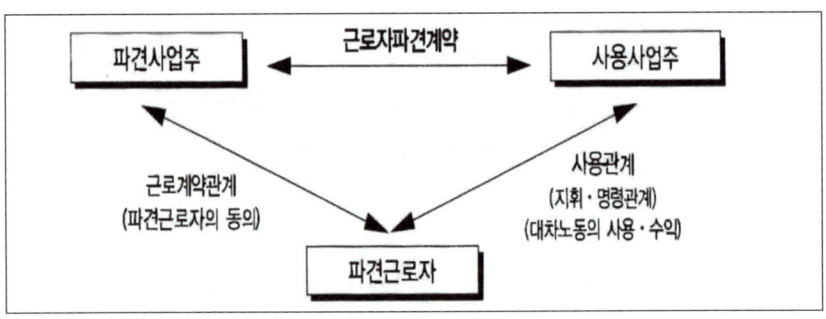

'3면 당사자의 법률관계'인 파견 근로관계에서는 사용사업자가 근로자와 직접 근로계약을 체결하지 않으면서도 근로자 파견계약을 통하여 근로자를 자신의 지휘 감독하에 둘 수 있기 때문에, 사용사업주가 직접 근로자와 근로계약관계를 형성하는 것을 회피하는 탈법적인 수단으로 악용될 수 있습니다. 따라서, 파견법은 오로지 제한된 업종에 한하여 엄격한 요건하에 근로자파견을 인정하고 있을 뿐 아니라, '불법파견'의 경우에는 파견사업주와 사용사업주 모두를 파견법 위

반으로 처벌하고, 사용사업주에게는 파견근로자를 직접 고용할 의무를 부과하고 있습니다. 특히, 최근 대법원은 사내하청 근로자뿐 아니라 수급업체가 도급인의 근로자와 분리되어 전산관리시스템(MES) 방식에 의한 제조업의 도급업무를 수행하는 경우까지 불법파견으로 보고 도급인(원청) 사업주에게 수급업체가 고용한 근로자를 직접고용하도로 하여 그 파장이 매우 크다고 할 것입니다.

▍**파견사업주 및 사용사업주의 의무**

'3면 당사자의 법률관계'인 파견근로관계는 고용관계(파견사업주)와 사용관계(사용사업주)가 분리되므로 근로기준법상 사용자 책임을 서로 회피할 위험이 있습니다. 따라서 파견법은 파견사업주 및 사용사업주 모두를 근로기준법상 사용자로 보면서, 파견근로자 보호를 위해 양자의 사용자 책임을 분배하는 동시에 양자가 모두 공동 책임하는 경우를 규정하고 있습니다.

1. 파견사업주만을 사용자로 보는 경우

파견 근로자와 근로계약을 직접 체결한 당사자는 파견사업주입니다. 따라서 파견근로자는 파견사업주 사업장의 상시 고용 근로자 수에 포함될 뿐 아니라 파견사업주가 대부분의 근로기준법의 조항에 대하여 사용자로서 책임을 집니다. 특히, 파견근로자에 대하여 임금지급의 책임을 지는 자는 파견사업주입니다.

2. 사용사업주만을 사용자로 보는 경우

근로자가 실제로 근로를 제공하는 상대방은 사용사업주이므로, 근로자의 근로제공과 관련해서는 사용사업주가 책임을 부담합니다. 따라서, 파견근로자의 출퇴근시간, 휴일 근로, 휴게, 연장 근로 등에 관해서는 사용사업주를 사용자로 보고 사용사업주가 단독으로 사용자 책임을 집니다. 따라서 사용사업주가 파견근로자에게 휴게시간을 주지 않았다든지 여성 근로자에게 생리휴가를 주지 않았다든지 하는 경우에는 사용사업주가 사용자로서 처벌받습니다. 반면에, 임금 지급 책임은 파견사업주가 부담하므로, 이를테면, 연장근로의 경우에 연장근로시간에 대한 책임은 사용사업주가 부담하지만 연장근로수당은 파견사업주가 지급하여야 합니다.

> ### 3. 파견사업주·사용사업주 양자를 모두 사용자로 보는 경우
>
> 파견근로자에 대한 책임은 원칙적으로 파견사업주에게 있으나, 고용과 사용이 분리되는 간접고용의 특성상 파견근로자를 보호하기 위하여 근로기준법 총칙 중의 균등처우, 강제근로의 금지, 폭행의 금지, 중간착취의 배제, 공민권 행사의 보장, 보고·출석의무 등의 규정 등은 파견사업주와 사용사업자에게도 적용합니다. 특히, 근로자의 임금채권을 보호하기 위하여 파견사업주가 사용사업주의 귀책사유(예: 파견대금 미지급 등)로 인하여 파견근로자의 임금을 지급하지 못하는 경우에는 사용사업주도 당해 파견사업주와 연대하여 책임을 집니다.

2. 비정규직 근로자에 대한 차별은 금지됩니다.

비정규직 근로자(기간제 근로자, 단시간 근로자, 파견 근로자)에 대한 차별은 금지됩니다. 기간제법에 따르면, 사용자는 당해 사업 또는 사업장에서 동종 또는 유사한 업무에 종사하는 정규직 근로계약을 체결한 근로자에 비하여 비정규직 근로자의 근로조건 등을 차별적 처우를 해서는 아니되고, 만일 비정규직 근로자에 대하여 차별하는 경우에 비정규직 근로자는 노동위원회에 차별 시정을 신청하여 구제받을 수 있습니다. 그런데, 기간제법에서 금지하는 차별은 단순히 정규직 근로자와 비정규직 근로자 사이의 차별을 의미하는 것이 아닙니다. 기간제법에서 금지하는 차별은 비정규직 근로자가 정규직 근로자와 동일하거나 유사한 업무를 수행함에도 불구하고 비정규직 근로자를 정규직 근로자에 비하여 임금이나 근로조건 기타 복리후생 등에서 차별한다는 것을 의미합니다. 따라서, 비정규직 근로자와 정규직 근로자가 동일하거나 유사한 업무를 수행하지 않는 경우에는 '차별'

그 자체가 성립하지 않으며, 설령 비정규직 근로자와 정규직 근로자가 동일하거나 유사한 업무를 수행하는 경우에도 그 '차별'에 합리적인 이유가 있는 경우에는 이를 금지되는 차별이라 할 수 없습니다.

▌비정규직 차별 판단의 3단계

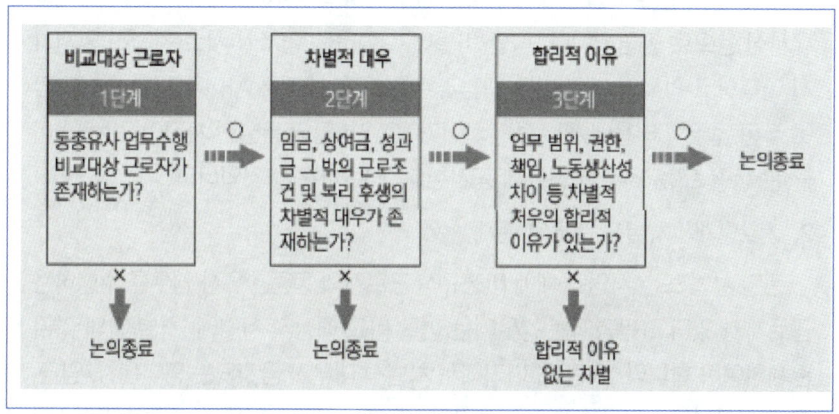

비정규직 차별판단 매뉴얼

1. 제1단계 : 비교대상 근로자의 존재

기간제법에서 금지하는 차별이 성립하기 위해서는 먼저 '차별'이 존재해야 하는데, '차별'이란 동일한 비교 대상자를 다르게 대우하는 것을 의미하므로, 동일한 비교 대상자가 아니라면 애초에 '차별'의 문제는 발생하지 않습니다.[10] 따라서, 비정규직 근로자에 대한 차별적 처우 여부를 판단하기 위해서는 무엇보다 먼저 당해 사업 또는 사업장에 비정규직 근로자와 비교할 수 있는 동일한 '비교대상 근로자'가 존재하여야하는데, 이러한 비교 대상자는 당해 사업 또는 사업장 내에 비정규직 근로자와 '동종·유사업무를 수행하는 근로자'가 있는가의 여부로 판단합니다.

---

10) 실무적으로 '비교 대상자'를 확정하는 것이 가장 중요합니다. 비교 대상자로 인정되지 않는다면 아무리 정규직 근로자와 근로조건 등이 차이가 있더라도 그러한 차별은 기간제법에서 금지하는 차별이 아니기 때문입니다.

동종 · 유사한 업무의 판단

'동종 또는 유사한 업무'란 직종, 직무 및 작업내용이 동일성, 유사성을 가진 업무를 말합니다. '동종 또는 유사한 업무에 해당하는지 여부는 취업규칙이나 근로계약 등에 명시된 업무내용이 아니라 근로자가 실제 수행한 업무를 기준으로 판단합니다. 구체적으로 ① 해당 업무에 있어서 각 근로자 집단의 상호 대체 가능성 ② 각 근로자집단이 수행하는 해당 업무의 유사성 ③ 해당 업무가치의 유사성 등으로 판단됩니다. 다만 이들이 수행하는 업무가 서로 완전히 일치하지 아니하고 업무의 범위 또는 책임과 권한 등에서 다소 차이가 있다고 하더라도 주된 업무의 내용에 본질적인 차이가 없다면 달리 특별한 사정이 없는 한 이들은 동종 또는 유사한 업무에 종사한다고 보아야 할 것입니다.

2. 제2단계 : 차별적 대우의 존재

동일 사업 또는 사업장 내에 비정규직 근로자와 동종 · 유사 업무를 수행하는 근로자가 있다고 판명되는 경우에는 이들 비교 대상자 사이에 '차별적 대우'가 존재하여야 합니다. 그런데, 여기에서 차별적 대우가 금지되는 영역은 ① 임금, ② 정기상여금 · 명절상여금 등 정기적으로 지급되는 상여금, ③ 경영성과에 따른 성과금, ④ 그밖에 근로조건 및 복리후생 등에 관한 사항으로서, 차별적 대우가 금지되는 대상에 포함되지 않는 영역은 사실상 거의 존재하지 않는다고 보아도 무방합니다. 따라서, 사업 또는 사업장 내에 비정규직 근로자와 동종 · 유사 업무를 수행하는 근로자가 있다고 판명되는 경우에는 이들 비교 대상자 사이에는 차별적 대우가 존재한다고 보아도 무방합니다[11].

3. 제3단계 : 차별적 대우의 합리적 이유

제3단계에서는 차별적 대우가 존재한다는 전제하에서, 그러한 차별적 대우에 '합리적인이유'가 있는 지를 판단합니다. 만일, 사용자가 비정규직 근로자를 비교대상 근로자에 비하여 불리하게 대우하는 데에 합리적 이유가 있다면 그러한 불리한 대우는 정당화될 것이므로 이는 차별적 대우로 취급되지 않습니다.

---

11) 실무적으로 차별적 처우로 인정되지 않은 사례로는 사내근로복지기금법에 따라 설립된 사내근로복지기금에서 지원되는 사업(중앙2009차별6, 2009. 7. 5.) 연구실 제공 및 도서 대출 기간 등(중앙2008차별7, 2008. 4. 14.), 주당 2~13시간의 강의를 담당하는 시간강사에게 연구공간을 제공하는 것(중앙2008차별8, 2008. 4. 30) 정도입니다.

여기서 '합리적인 이유가 없는 경우'라 함은 기간제 근로자를 달리 대우할 필요성이 인정되지 아니하거나, 달리 대우할 필요성이 인정되는 경우에도 그 방법·정도 등이 적정하지 아니한 경우를 의미한다고 할 것이고, 합리적인 이유가 있는지 여부는 개별 사안에서 문제가 된 불리한 처우의 내용 및 사용자가 불리한 처우의 사유로 삼은 사정을 기준으로 기간제근로자의 고용형태의 내용과 범위, 권한, 책임, 임금 그 밖의 근로조건 등의 결정요소 등을 종적으로 고려하여 판단하여야 할 것입니다. 이를테면, 생산성이나 숙련도의 차이, 장기근로에 대한 보상 등은 '합리적 이유'가 있다고 볼 수 있습니다.

차별대우의 합리적 이유의 판단

(1) 합리적 이유가 인정될 수 있는 경우

　　① 노동가치 · 노동생산성의 차이

　　② 업무의 범위, 권한, 책임 등이 다른 경우

　　③ 채용방법 · 절차가 다른 경우

　　④ 경력 및 자격증 등의 채용조건, 기준이 다른 경우

(2) 합리적 이유가 인정될 수 없는 경우

　　① 성과상여금의 차등지급에 합리적인 이유가 없는 경우

　　② 수당의 차등지급의 근거가 업무내용이나 업무량 등과 무관한 경우

　　③ 근로자의 노동강도 내지 노동의 질에 기한 차등지급이 과다한 경우

　　④ 채용방법의 차이가 업무수행과 객관적으로 관련성이 없는 경우

3. 비정규직 근로자에 대한 차별시정제도

회사가 비정규직 근로자에 대하여 차별하는 경우에 비정규직 근로자는 노동위원회에 차별 시정을 신청하여 구제받을 수 있습니다. 차별시정 신청권자는 근로기준법상의 근로자로서 상시 5인 이상[12]의 근로자를 사용하는 사업 또는 사업장에서 근로하는 비정규직 근로자(기간제근로자, 단시간근로자 및 파견근로자)입니다. 현행 차별시정제도는 신청권자를 차별적 처우를 받은 비정규직 근로자 당사자로 한정하고, 노동조합에게는 신청권이 인정되지 않기 때문에[13], 차별신청을 반드시 개인 명의로 하여야 합니다. 계약직인 비정규직 근로자의 입장에서는 차별신청을 하는 것이 나중에 회사와 재계약하는 데에 불이익이 있지 않을까 불안할 수 밖에 없는 대목입니다.

비정규직 근로자로서의 지위는 사용자의 차별적 처우가 있었던 때에 있으면 충분하고, 차별시정을 신청할 당시에 까지 그 지위를 유지하고 있어야 하는 것은 아닙니다. 따라서 퇴직하였거나 정규직으로 전환되어 비정규직 근로자가 아니게 된 사람이라도 차별적 처우가 있었던 때에 비정규직 근로자였다면 차별신청을 할 수 있습니다. 그러나 기간제 근로계약을 체결하였다가 고용기간 2년이 경과하여 기간제법에 의하여 이른바 '무기직 근로자'로 전환된 이루어진 근로자는 정규직 근로자로 취급받으므로 차별시정을 신청할 수 없습니다.

---

12) 상시 근로자수의 산정 시점은 차별신청을 하는 때가 아니라 차별적 처우가 있었던 때를 기준으로 합니다. 비정규직 근로자가 국가 및 지방자치단체의 기관에 속한 경우에는 상시 근로자수에 관계없이 차별신청을 할 수 있습니다.
13) 다만, 현재 노동조합의 신청권을 인정하는 내용의 법안이 국회에 계류중입니다(홍영표 의원 대표발의 기간제 및 단시간근로자 보호 등에 관한 법률 일부개정법률안(의안번호 1239호).

차별신청은 비정규직 근로자에 대한 차별적 처우가 있은 날로부터 6월 이내에 제기하여야 합니다. 차별이 있은 날로부터 6개월의 기간이 경과하면 시정을 신청할 권리는 소멸하므로 차별이 발생하였을 때에는 내부적으로 해결할 지의 여부를 판단한 후 6개월이 경과하기 전에 노동위원회에 차별신청을 접수하여야 합니다.

노동위원회는 차별시정신청을 받은 때에는 지체 없이 필요한 조사와 관계 당사자에 대한 심문을 하여야 하는데, 그 절차는 제7장의 '노동위원회에 의한 부당해고 등 구제 절차'와 동일하므로 제7장의 해당 부분을 참조하시기 바랍니다.

노동위원회는 조사·심문을 종료하고 차별적 처우에 해당된다고 판정한 때에는 사용자에게 시정명령을 내립니다. 시정명령의 내용에는 차별적 행위의 중지, 임금 등 근로조건의 개선(취업규칙, 단체협약 등의 제도개선 명령 포함)) 또는 적절한 배상 등이 포함될 수 있으며, 여기에서의 '배상액'은 차별적 처우로 인하여 비정규직 근로자에게 발생한 손해액을 기준으로 정합니다. 또한, 노동위원회는 사용자의 차별적 처우에 명백한 고의가 인정되거나 차별적 처우가 반복되는 경우에는 손해액을 기준으로 3배를 넘지 아니하는 범위에서 배상을 명령할 수 있습니다.

의미가 있는 것은 노동위원회의 시정명령은 해당 사업 또는 사업장의 다른 비정규직 근로자에게도 그 효력이 확대 적용된다는 것입니다. 따라서, 비정규직 근로자 중 한명이 용기를 내어 노동위원회에 차별시정을 신청하는 경우에는 신청권자 당사자뿐 아니라 해당 사업 또는 사업장의 모든 동종·유사 업무에 종사하는 비정규직 근로자에게도 구제명령의 효력이 확대됩니다.

신문기사 따라잡기

> 연세대, 계약직 직원에 수당 미지급…법원 "차별적 처우" (뉴시스 2022 11.09. 김근욱 기자)

연세대학교가 계약직 근로자에게만 수당 및 격려금을 지급하지 않은 것은 '차별적 처우'라는 법원 판단이 나왔다.

9일 법조계에 따르면 서울행정법원 행정11부(부장판사 강우찬)는 연세대가 중앙노동위원회를 상대로 낸 차별시정 재심판정 취소 소송에서 원고 패소 판결했다.

지난 2018년 연세대 미래캠퍼스에 계약직으로 입사한 A씨는 행정사무직에 지급하는 통합수당(월 3만원)과 격려금(연 30만원)을 받지 못한 것이 차별에 해당한다며 강원지방노동위원회에 시정을 신청했다.

이에 노동위는 연세대가 계약직에게만 수당을 지급하지 않는 건 '합리적 이유가 없는 차별'에 해당한다며 배상금을 지급하라고 지난해 6월 판정했다. 그러자 연세대는 노동위 판정에 불복해 행정소송을 제기했다. 연세대 측은 일반 계약직과 행정 사무직은 서로 다른 임금체계가 적용되므로 비교 대상이 될 수 없다고 주장했다.

또 수당과 격려금은 노동조합과의 단체협약에 따라 지급되는데 계약직 근로자는 노동조합에 가입할 자격이 없어 효력이 미치지 않는다고 덧붙였다.

재판부는 연세대의 주장을 받아들이지 않았다. 재판부는 연세대가 기간제법 8조1항을 위반했다고 판단했다.

해당 조항은 기간제 근로자임을 이유로 동종 또는 유사 업무에 종사하는 정규직에 비해 차별적 처우를 하면 안 된다고 명시하고 있다.

재판부는 "일반 계약직과 행정 사무직의 업무 내용 사이에 본질적인 차이가 없다"며 "계약직에 차별적 처우가 존재한다"고 판단했다.

재판부는 또 단체협약이 비조합원에게 미치지 않아야 할 이유가 없다고 짚었다.

재판부는 "노조와 단체협약이나 임금협정을 체결하는 경우 이는 조합원에게 급여를 지급할 의무를 발생시킬 뿐 비조합원에게 급여를 지급하지 않아야 할 의무를 만드는 것은 아니다"고 말했다.
그러면서 "연세대 측의 (노동조합 관련) 주장은 계약직에 대한 불리한 처우를 정당화하는 사유로 볼 수 없다"고 덧붙였다.

4. 무기직 근로자의 근로조건

 기간제법은 사용자가 기간제 근로자를 2년을 초과하여 사용하는 경우에 그 기간제 근로자는 기간의 정함이 없는 근로계약을 체결한 근로자로 간주한다고 규정하고 있습니다. 그리고, 여기에서 '기간의 정함이 없는 근로자'란 계약기간의 정함이 없어서 정년까지 고용될 것이 보장된 '정규직 근로자'를 의미합니다. 그런데 실무에서는 기간제 근로자의 계약기간이 2년을 경과한 근로자를 '무기계약직 근로자'라는 용어를 사용하여 '기간의 정함이 없는 근로자' 즉, '정규 근로자'와 구별하는데, 이러한 '무기계약직 근로자'와 '정규직 근로자'의 차이는 무엇일까요?

 원래 '무기계약직 근로자'라는 용어는 국가나 지방단체와 같은 국가기관에서 사용하던 용어입니다. 국가기관도 기간제법의 적용을 받으므로 기존에 국가기관에서 장기간 계약직으로 근무해 오던 근로자들이 기간제법 제4조에 의하여 '계약기간의 정함이 없는 근로자'로 전환되자, 이들을 공가기관의 정규근로자인 '공무원'과 구별하기 위하여 '무기계약직 근로자'라는 용어를 사용하게 된 것입니다.[14] 그런데, 국가기관이 아닌 일반 민간기업에서도 '기간의 정함이 없는 근로

---

[14] 왜냐하면, 국가기관의 공무원과 국가의 법률관계는 사법상 근로계약관계가 아닌 '공법관계'이기 때문에 민간인 근로자인 계약직 근로자와 공무원의 공법관계를 용어상 구별할 필요성이 있기 때문입니다.

자'를 '정규 근로자'와 구별하여 '무기계약직 근로자'라는 용어를 사용하는 것은 애초에 동일한 정규직 근로자임에도 불구하고 양자를 차별하겠다는 의도가 숨어 있다고 보아야 할 것입니다. 실제로 기업이나 노동계에서 정규직이라 하지 않고 '무기직', '중규직', '준규직', '유사정규직'이라 불리우는 이들 기간의 정함이 없는 근로자는 정규직에 비하여 임금, 복리후생 등 처우에 있어서 통상 큰 차이를 두고 있는 경우가 대부분입니다.

기간제법은 기간제 근로자를 2년 초과하여 사용하면 무기계약직으로 전환되도록 규정할 뿐, 전환된 이후 임금 등의 근로조건에 대해서는 어떠한 언급도 하고 있지 않습니다. 이 때문에 기간제 근로자가 무기계약직으로 전환될 때 그 근로조건을 어떻게 설정할 것인지는 사용자와 근로자간에 협의하여 결정할 사항으로 통상 인식되었고, 결국 무기계약직 근로자는 정규직에 비하여 임금, 복리후생, 승진기회 등에 있어서 차별받는 것을 당연시하는 것이 사회적 분위기였습니다. 현실적으로도 비용 문제 때문에 기업이 기간제 근로자를 무기계약직으로 전환하면서 그 임금수준을 정규직과 동일하게 맞춰주기는 쉽지 않았기 때문입니다.

한편, '비정규근로자'의 경우와 달리, '기간의 정함이 없는 근로자'인 정규 근로자'들 사이의 차별을 금지하는 노동법 규정이 존재하지 않기 때문에, 무기계약직 근로자들이 과거 비정규직 근로자의 신분에 있을 때는 비정규직법의 보호를 받았으나, 정작 이들이 정규직 근로자로 신분이 전환이 되는 경우에는 더 이상 비정규직 근로자가 아니므로 비정규직법의 보호를 받지 못하는 아이러니컬한 현상마저 발생하게 되었습니다. 즉, 무기직 근로자는 사실상 정규직 근로자와 동일한 업무를 수행함에도 불구하고, 이들은 더 이상 비정규직 근로자가 아니므로 비정규직법의 보호를 받지 못하여 경우에 따라서는 오히려 무기직 근로자들이 비정규직 근로자일 때보다 열악한 지위에 있을 수도 있다는 비판이 있어 왔습니다. 그리하여 무기직 근로자들은 근로기준법 제6조의 '사회적 신분'에 '무기직 계약'과 같은 고용형태도 포함되어야 한다는 주장도 제기되고 있으며, 실제로 일부 하급심에서는 '고용형태(근로형태)'도 차별이 금지되는 사회적 신분에 해당하는 것이므로 무기계약직 근로자를 다른 정규직 근로자와 차별하는 것은 근로기준법위반 이라는 취지의 판결까지 선고된 바 있지만, 이 문제는 아직 대법원에 의하여 결론이 나지 않은 상태입니다.

그러던 중 최근에 대법원은 기간제법 제4조 제2항에 따라 기간의 정함이 없는 근로계약을 체결한 것으로 간주되는 근로자의 근로조건은 다른 특별한 사정이 없는 한 동종 또는 유사 업무에 종사하는 기간의 정함이 없는 정규직 근로자에게 적용되는 취업규칙 등이 동일하게 적용되어야 한다고 판시하였습니다(대법원 2020. 2. 6. 선고 2018다241083 판결).

유의하실 점은, 위의 판례에서 대법원은 '다른 특별한 사정이 없는 한'이라는 단서를 달고 있다는 것입니다. 따라서, 회사의 취업규칙에서 무기직 근로자를 정규직 근로자와 '달리 정한 경우'에는 동종 또는 유사 업무에 종사하는 기간의 정함이 없는 정규직 근로자에게 적용되는 취업규칙 등이 여전히 무기직 근로자에게도 동일하게 적용되지 않을 수도 있습니다. 그럼에도 불구하고, 이 대법원 판결은 적지 않은 파장을 몰고 올 수도 있습니다. 만일, 취업규칙에서 달리 정하지 않은 기업의 경우에는 동종 또는 유사 업무에 종사하는 기간의 정함이 없는 정규직 근로자에게 적용되는 취업규칙 등이 무기직 근로자에게도 동일하게 적용되어야 한다고 대법원이 확인하였기 때문입니다.

 신문기사 따라잡기

> 대법 "무기계약직 근로자, 정규직과 동일 임금 지급해야", "같은 취업규칙 적용, 정기적 호봉 승급도 이뤄져야"…2심 판결 뒤집어(연합뉴스 2020 01.14. 임수정 기자)

기간제에서 무기계약직으로 전환된 근로자에게 정규직과 같은 취업규칙을 적용해 호봉이나 수당을 동일하게 인정해야 한다는 대법원 판결이 나왔다. 대법원 3부(주심 이동원 대법관)는 A씨 등 대전MBC 소속 무기계약직 근로자 A씨 등 7명이 "정규직과 동일 임금을 지급하라"며 대전MBC를 상대로 낸 소송의 상고심에서 원고 패소로 판결한 원심을 깨고 사건을 대전고법으로 돌려보냈다고 14일 밝혔다.

A씨 등은 대전MBC에 기간제로 입사한 뒤 2010년 3월부터 2011년 7월까지 무기계약직으로 전환된 직원들이다.

그러나 이들은 무기계약직 전환에도 불구하고 기간제 근로자였을 때와 동일한 형식의 고용계약서를 작성했다.

이에 따라 이들은 정규직 근로자와 비교해 적은 돈을 받았다. 기본급 및 상여금은 80% 수준만 나왔고 자가운전보조금은 매달 10만원 정도 적게 지급됐다. 근속수당은 지급되지 않았다. 또 2012년 5월 이후 정기적인 호봉 승급도 이뤄지지 않았다.

이에 A씨 등은 "동일한 부서에서 같은 직책을 담당한 정규직 근로자들과 동일한 대우를 해달라"며 소송을 냈다.

재판에서는 기간제법에 따라 기간제에서 무기계약직으로 전환된 근로자에게도 정규직 근로자들과 같은 취업규칙이 적용되는지 여부가 쟁점이 됐다. 앞서 1심은 대전MBC 근로자의 손을 들어줬지만, 2심은 무기계약직과 정규직에 서로 같은 기준을 적용할 수 없다며 원고 패소로 판결했다.

> 하지만 대법원은 "기간의 정함이 없는 근로계약을 체결한 근로자들에게 동일한 부서 내에서 같은 직책을 담당하며 동종 근로를 제공하는 정규직 근로자에게 적용되는 취업규칙 등에서 정한 근로 조건이 그대로 적용돼야 한다"고 판시했다[15].
> 그러면서 "대전MBC 무기계약직 근로자들에게 정규직 근로자의 취업규칙 등에서 정한 기준에 따라 기본급, 상여금, 근속수당 등이 지급돼야 하며 정기적인 호봉 승급도 이뤄져야 한다"고 판단했다.

5. 기간제 근로자의 갱신 기대권

기간의 정함이 있는 '기간제 계약'은 계약기간이 만료되면 별도의 의사표시를 기다리지 않고 당연히 근로계약이 자동적으로 종료되는 것이 원칙입니다. 그러나 계약기간이 종료되었음에도 불구하고 기간제 근로자에게 계약을 갱신할 수 있는 '기대권'이 형성되어 있다고 평가되는 경우에 사용자는 일방적으로 근로관계가 기간의 만료로 당연히 종료되었음을 주장하거나 부당하게 근로계약의 갱신을 거절하는 것은 부당해고와 마찬가지로 아무런 효력이 없고(따라서, 부당하게 계약의 갱신이 거절된 근로자는 노동위원회에 부당해고 구제신청을 제기하여 구제받을 수 있습니다), 이 경우 기간 만료 후의 근로관계는 종전의 근로계약이 갱신된 것과 동일합니다.

기간제 근로자의 계약 갱신 기대권은 근로계약 이외의 다른 계약에서는 찾아보기 어려운 기대권으로서, 이는 법원의 판례에 의하여 형성된 법리입니다(대법원 2011. 4. 14. 선고 2007두1729 판결 등). 이

---

[15] 대법원은 항상 "기간의 정함이 없는 근로계약을 체결한 근로자들에게 동일한 부서 내에서 같은 직책을 담당하며 동종 근로를 제공하는 정규직 근로자에게 적용되는 취업규칙 등에서 정한 근로 조건이 그대로 적용돼야 한다"고 판시한 것은 아니고 '다른 특별한 사정이 없는 한'이라는 단서를 달고 있다는 것을 유의하시기 바랍니다(필자 주).

러한 갱신기대권은 기단법상 2년 사용기한 제한의 예외에 해당하는 고령자.라든지 관리직·전문직 종사자 등의 경우에도 인정되고 있으며, 최근에는 종전 용역업체 소속 근로자의 새로운 용역 업체에 대한 고용승계기대권으로까지 그 영역이 확장되고 있습니다(대법원 2021. 6.3. 선고 2019누59402판결).

판례의 갱신기대권 법리에 따르면 다음과 같은 경우에는 근로자에게 갱신기대권이 인정될 수 있습니다.

① 근거규정이 있는 경우

근로계약, 취업규칙, 단체협약 등에서 기간만료에도 불구하고 일정한 요건이 충족되면 근로계약이 갱신된다는 취지의 규정을 두고 있는 경우에는 근로자의 갱신기대권이 인정됩니다. 이러한 갱신기대권을 인정할 수 있는 징표를 살펴보면 다음과 같습니다.

> ① 사업이 한시적, 일시적 사업이라고 볼 수 없으며, 근로계약, 취업규칙, 단체협약 등에 계약갱신에 관한 규정을 두고 그 요건과 기준을 정하고 있거나, 이러한 기준에 따라 계약을 갱신해 온 실태가 있는 경우
>
> (예) 기업의 사업 운영계획서에 계약기간을 1년 단위로 갱신하도록 되어 있고, 사업이 한시적, 일시적 사업이라고 볼 수 없으며, 계약기간 동안 운전자들의 운행실적 등을 감안하여 위탁기간 연장이 가능하며, 계약만료 30일 전까지 이의가 없을 때 계약 자동연장 규정을 두고 있고 갱신 기준, 점수 이상을 획득한 경우에는 계약갱신에 대한 신뢰관계가 형성 되어 있는 점 등을 종합하면 근로계약 갱신에 대한 정당한 기대권이 인정됩니다.
>
> ② 계약갱신의 요건과 절차, 그리고 이에 따른 평가절차를 두고 있고, 특별한 사정이 없는 한 계약을 갱신하거나 정규직 근로자로 임용한다고 명시하는 경우
>
> (예) 사용자가 파업으로 인한 부족인력 충원을 위해 공개모집을 했으나 지원자가 적어 '1년 근무(사용) 후 정규직 임용을 조건으로 하여 근로자를 채용하였

고, 계약서에도 시용기간 중에 사규 저촉행위를 하지 않는 한 시용기간 만료와 동시에 일반직사원으로 임용한다'고 명시하였으며, 당시 함께 채용된 자 대부분이 정규직 근로자로 임용되었다면 근로자의 계약갱신과 정규직 임용에 대한 기대권이 인정됩니다.

또한, 사용자가 계약직 사원 평가 및 재계약 기준을 제정하여 매년 정량적 평가 정성적 평가 등 근무성적 평가를 실시하였고 그 결과 하위 5%에 해당하는 근로자들을 제외한 대부분의 근로자들에 대하여는 재계약을 체결해 온 점 등을 감안하면, 계약직 근로자들 사이에는 일정 기준을 상회하는 한 계약이 갱신된다는 신뢰관계가 형성되어 있다고 볼 수 있으므로 근무성적 평가결과 일정한 순위 이상의 성적을 얻게 되면 기간제 근로계약이 갱신되리라는 정당한 기대권이 인정됩니다.

③ 계약서에 자동연장 조항이 있는 경우

근로자와 체결한 계약서에서 계약기간이 만료하기 전 일정 기간까지 상호 서면으로 이의가 없을 때에는 계약은 동일한 조건으로 자동 연장된다는 규정을 두고 있는 경우, 관련규정에서 근무실적 평정 결과 최종 평점이 일정 점수 이상일 경우 계약을 자동으로 연장하도록 규정되어 있는 경우, 1년 단위로 계약을 체결하되 1년 이상 사용하여야 하는 경우 재계약할 때 계약서에 특별한 사유가 없는 한 계약기간이 1년 단위로 계속 연장되는 것으로 간주하는 규정을 두고있는 경우 등이 여기에 해당합니다.

④ 해당 근로자와 동종 근로자의 근로계약이 수차례 갱신되고 거부된 사례가 없다면, 근로자에게는 계약이 만료되더라도 특별한 사정이 없는 한 근로관계가 계속될 수 있으리라 는 정당한 기대권이 형성되어 있다고 볼 수 있습니다.

② 근거규정이 없는 경우

근거규정이 없더라도 ① 근로계약의 내용과 근로계약이 이루어지게 된 동기 및 경위, ② 계약갱신의 기준 등 갱신에 관한 요건이나 절차의 설정여부 및 실태, ③ 근로자가 수행하는 업무의 내용 (예: 일시적으로 발생된 결원을 충원하기 위하여 채용된 것이 아니라 상시 발생하는 업무를 수행하기 위하여 채용된 경우) ④ 동종업무를 수행하는 다른 근로자들의 갱신여부 등 근로관계를 둘러싼 여러 사정을 종합하여 볼 때 근로계약 당사자 사이에 일정한 요건이 충족되면 근로계약이 갱신된다는 신뢰관계가 형성되어 있는 경우에는 근로자에게 그에 따라 근로계약이 갱신될 수 있으리라는 정당한 기대권이 인정될 수 있습니다.

6. 불법파견이란 무엇인가?

파견 근로관계에서는 사용사업자가 근로자와 직접 근로계약을 체결하지 않으면서도 근로자 파견계약을 통하여 근로자를 자신의 지휘감독하에 간접적으로 둘 수 있기 때문에, 사용사업주가 근로자 파견을 근로자와 근로계약관계를 형성하는 것을 회피하는 탈법적인 수단으로 악용될 수 있습니다. 따라서, 파견법은 매우 엄격한 요건하에서서 근로자파견을 인정하고 있으며, 이러한 요건에 맞지 않은 파견을 '불법파견'으로 규정하고 있습니다. 불법파견은 다음의 3가지 유형이 있는데, 이들 불법파견은 형사처벌의 대상일 뿐 아니라, 사용사업주는 당해 파견근로자를 직접 고용할 의무를 부담합니다(파견법 제6조의 2).

1. 파견대상업무 위반
2. 파견기간의 위반
3. 무허가 파견

(1) 파견대상업무 위반

파견법은 제조업의 직접생산공정업무를 제외하고 전문지식·기술·경험 또는 업무의 성질을 고려하여 파견사업에 적합하다고 판단되는 업무를 대통령령으로 규정하고 있습니다.(표: '근로자파견 상시적 허용업무' 참조) 따라서, 직접생상공정업무에 파견 근로자를 사용하는 것은 불법파견입니다. 다만, '직접생산공정업무'라 하더라도 ① 재직 근로자의 출산·질병·부상 등으로 결원이 생긴 경우 또는 ② 일시적·간헐적으로 인력을 확보하여야 할 필요가 있는 경우에는 근로자 파견이 가능합니다.

한편. 파견법은 '절대파견금지업'무를 정하고 있는데, '절대 파견 금지업무'란 어떤 사유로도 근로자 파견사업을 할 수 없는 업무를 의미합니다. 따라서, 절대적 파견 근지업무에 대해서는 근로자의 출산·질병·부상 등으로 결원이 생긴 경우 또는 일시적·간헐적으로 인력을 확보하여야 할 필요가 있는 경우와 같은 일시적 파견 허용사유에 해당되어 파견하는 것도 허용되지 않습니다.

> 절대 파견금지 업무 ① 건설현장에서 이루어지는 업무, ② 항만·철도 등에서의 하역업무로서 근로자공급사업 허가를 받은 지역의 업무 ③ 선원법에 따른 선원의 업무, ④ 산안법 28조의 유해·위험 업무, ⑤ 의료인의 업무 및 간호조무사의 업무 ⑥ 그 밖에 근로자보호 등의 이유로 파견의 대상으로서 적절하지 못하다고 인정되어 시행령을 정하는 업무('진폐의 예방과 진폐근로자의 보호 등에 관한 법률'에 따른 분진작업을 하는 업무, 여객자동차운수사업운전업무, 화물자동차운송사업운전업무 등(파견법 시행령 2조 2항)

표: 근로자파견 허용업무

	대상업무	비고
120	컴퓨터관련 전문가의 업무	
16	행정, 경영 및 재정 전문가의 업무	행정 전문가(161)의 업무를 제외한다.
17131	특허 전문가의 업무	
181	기록 보관원, 사서 및 관련 전문가의 업무	사서(18120)의 업무를 제외한다.
1822	번역가 및 통역가의 업무	
183	창작 및 공연예술가의 업무	
184	영화, 연극 및 방송관련 전문가의 업무	
220	컴퓨터관련 준전문가의 업무	
23219	기타 전기공학 기술공의 업무	
23221	통신 기술공의 업무	
234	제도 기술 종사자, 캐드 포함의 업무	
235	광학 및 전자장비 기술 종사자의 업무	보조업무에 한한다. 임상병리사(23531), 방사선사(23532), 기타 의료장비 기사(23539)의 업무 제외
252	정규교육이외 교육 준전문가의 업무	
253	기타 교육 준전문가의 업무	
28	예술, 연예 및 경기 준전문가의 업무	
291	관리 준전문가의 업무	
317	사무 지원 종사자의 업무	
318	도서, 우편 및 관련 사무 종사자의 업무	
3213	수금 및 관련 사무 종사자의 업무	
3222	전화교환 및 번호안내 사무 종사자의 업무	전화교환 및 번호안내 사무 종사자의 업무가 당해 사업의 핵심 업무인 경우 제외.
323	고객 관련 사무 종사자의 업무	
411	개인보호 및 관련 종사자의 업무	
421	음식 조리 종사자의 업무	「관광진흥법」 제3조에 따른 관광 숙박업의 조리사 업무 제외
432	여행안내 종사자의 업무	
51206	주유원의 업무	
51209	기타 소매업체 판매원의 업무	
521	전화통신 판매 종사자의 업무	
842	자동차 운전 종사자의 업무	
9112	건물 청소 종사자의 업무	
91221	수위 및 경비원의 업무	「경비업법」 제2조제1호에 따른 경비업무 제외
91225	주차장 관리원의 업무	
913	배달, 운반 및 검침 관련 종사자의 업무	

(2) 파견기간 위반

근로자 파견기간은 상시허용업무의 경우에는 1년을 초과하지 못합니다(파견법 제6조 제1항). 다만, 파견사업주·사용사업주·파견근로자간의 3자 합의가 있는 경우에는 파견기간을 연장할 수 있으며, 이 경우 1회에 한하여 1년의 범위에서 연장이 가능합니다. 따라서, 근로자 파견기간은 최장 2년이므로, 파견직으로 한 회사에서 2년 이상 근로하는 경우에는 불법파견에 해당합니다.

한편, 파견법은 근로자 파견 기간에 대하여 다음과 같은 예외를 인정한다.

① 55세 이상 고령자의 경우

55세 이상의 고령자의 경우에는 연장 횟수 및 총 파견기간에 대한 제한 없이 파견기간을 연장할 수 있습니다.

② 출산·질병·부상 등 그 사유가 객관적으로 명백한 경우

출산·질병·부상 등 그 사유가 객관적으로 명백한 경우의 파견기간은 그 사유해소에 '필요한 기간'으로 병가 또는 휴가기간으로 합니다.

③ 계절적 요인 등 일시적·간헐적 사유로 인력확보가 필요한 경우

일시적·간헐적으로 인력을 확보하여야 할 필요가 있어 파견근로자를 사용하고자 할 경우의 파견기간은 3개월 이내가 원칙적이며 당사자간의 3자 합의(파견사업주, 사용사업주, 파견근로자)가 있는 경우에 1회에 한해 3개월의 범위 안에서 연장이 가능합니다. 따라서, 이 경우의 근로자 파견기간은 최장 6개월입니다.

(3) 무허가 파견

파견사업을 하고자 하는 자는 파견법 제9조의 요건을 갖추어 고용노동부장관의 허가를 받아야 하는데, 고용노동부장관의 허가를 받지 않은 파견업자로부터 근로자를 파견받아 사용하는 것을 '무허가 파견'이라고 하는데, 무허가 파견도 '불법파견'의 하나입니다.

> **┃ 불법파견과 사내하도급**
>
> '도급'이란 당사자의 일방(수급인)이 어느 일을 완성할 것을 상대방(도급인)에게 약정하고 상대방인 도급인은 이 그 일의 결과에 대하여 수급인에게 보수를 지급할 것을 약정함으로서 성립하는 민법상의 전형계약의 하나로서, 도급계약의 본질적인 요소는 '완성된 일의 결과'를 계약의 목적으로 한다는 것입니다. 이러한 도급'은 사용자와 근로자의 2면 당사자 법률관계라는 점에서, 3면 당사자 법률관계인 근로자 파견과는 구조적으로 다른 계약 형태입니다. 따라서 적법한 도급에는 파견법이 적용될 여지가 없습니다. 그런데, 형식으로는 도급(사내하도급), 업무위탁, 아웃소싱 등의 명칭으로 불리지만, 실질적으로는 발주자(원청)가 외주업체인 수급인의 근로자를 자신의 지휘·명령 하에 두는 간접 근로관계를 유지하는 경우에는 그 계약의 명칭이나 형식과 무관하게 '근로자 파견'에 해당하므로 '파견법'이 적용됩니다. 특히, 사내 하도급의 경우에는 외주업체인 수급인의 근로자가 발주자(원청)의 사업장에 와서 발주자(원청)의 근로자들과 함께 혼재하여 일하는 경우가 있는데, 이러한 사내 하도급의 경우에는 불법파견으로 인정될 가능성이 높습니다. 심지어 최근에 대법원은 사내 하청 근로자뿐 아니라 수급업체가 도급인의 근로자와 분리되어 전산관리시스템(MES) 방식에 의한 제조업의 도급업무를 수행하는 경우까지 불법파견으로 보고 도급인(원청) 사업주에게 수급업체가 고용한 근로자를 직접고용하도로 하여 그 파장이 매우 크다고 할 것입니다.

신문기사 따라잡기

> '불법파견' 카허 카젬 전 한국지엠 사장 집행유예…검찰 항소(뉴시스 2023 01.16. 김동영 기자)

협력업체 소속 근로자 1700여명을 불법 파견한 혐의로 재판에 넘겨진 카허 카젬 전 한국지엠(GM) 사장에게 징역형의 집행유예를 선고한 1심 판결 결과에 검찰이 불복해 항소했다.

검찰이 인천지법에 항소장을 제출하면서 2심은 서울고등법원 인천 원외재판부에서 진행될 예정이다.

앞서 인천지법 형사2단독(재판장 곽경평)은 지난 9일 열린 선고공판에서 파견근로자 보호 등에 관한 법률 위반 혐의로 불구속 기소된 카허 카젬 전 사장에게 징역 8개월에 집행유예 2년을 선고했다. 또 한국지엠 법인에 벌금 3000만원을 내도록 했다.

재판부는 또 같은 혐의로 기소된 한국지엠 전·현직 공장장 등 임원 4명에게는 벌금 700만원을, 협력업체 대표 13명에게는 벌금 200만~500만원을 각각 선고했다.

앞선 선고공판에서 재판부는 "한국지엠은 매월 시장상황 등에 따라 차량 생산대수와 컨베이어 벨트 속도 등을 결정하고 생산량에 따라 근로시간을 설정했다"며 "컨베이어 속도에 따라 협력업체 근로자들의 근무 시간과 강도, 속도 등이 정해졌다"고 설명했다.

이어 "협력업체는 사실상 한국지엠이 세운 생산계획 등을 토대로 협력업체 근로자들의 작업량 시간 등을 결정했다"며 "한국지엠이 협력업체에게 추가 작업, 특근 등의 내용이 담긴 추가 작업 통보서 및 작업통보서를 통해 일방적으로 작업을 지시한 점 등을 고려하면 이는 노동자 파견에 해당한다"고 판단했다.

그동안 재판에서 피고인들은 "근로자 파견에 대한 고의가 없었고, 그 이전에 관할 관청과 검찰 등으로부터 적법한 사내도급이라는 수차례 판단을 받은 적이 있다"면서 자신들의 행위가 불법 파견에 해당하지 않는다고 주장해 왔다.

하지만 재판부는 "사내 협력업체 근로자들은 한국지엠이 제공한 작업공간에서 생산계획에 따라 생산속도·시간을 맞춰 작업을 했고, 협력업체가 독자적인 장비설비를 구축해 작업을 진행한 것도 아니다"라면서 "한국지엠은 협력업체로부터 단순히 노동력을 제공받아 자동차를 생산한 것"이라면서 이들의 주장을 받아들이지 않았다.

카허 카젬 사장 등은 2017년 9월부터 지난해 12월까지 한국지엠의 부평·창원·군산공장에서 고용노동부장관으로부터 파견업 허가를 받지 않은 24개 협력업체로부터 근로자 1719명(부평 14개 업체 797명, 창원 8개 업체 774명, 군산 2개 업체 148명)을 파견 받아 파견이 금지된 자동차 차체 제작, 도장, 조립 등 직접 생산 공정에 근무하게 한 혐의로 기소됐다.

파견근로자보호 등에 관한 법률 제5조에 따르면 근로자 파견은 제조업의 직접 생산 공정업무를 제외하고 전문지식·기술·경험 또는 업무의 성질 등을 고려해 적합하다고 판단되는 업무에 한해 가능하다. 이를 어기면 3년 이하의 징역형이나 3000만원 이하의 벌금형을 선고받는다.

▎직접고용과 직접 고용시 파견근로자의 근로조건

불법파견의 경우에 사용사업주는 당해 파견 근로자를 직접 고용할 의무를 부담하는데, 이 때 사용사업주가 파견 근로자와 근로계약을 체결할 때에는 기간을 정하지 않은 근로계약을 체결하여야 함이 원칙입니다. 또한, 사용사업주가 파견근로자를 직접 고용하는 경우에 있어서 파견 근로자의 근로조건은 사용사업주의 근로자 중에서 당해 파견근로자와 동종 또는 유사 업무를 수행하는 근로자가 있는 경우에는 그 근로자에게 적용되는 취업규칙 등에서 정한 근로조건에 따르고, 사용사업주의 근로자 중에서 당해 파견근로자와 동종 또는 유사 업무를 수행하는 근로자가 없는 경우에는 당해 파견근로자의 기존 근로조건의 수준보다 저하되어서는 안됩니다.

제10장 직장 근로자의 보호

1. 직장내 괴롭힘 금지란 무엇인가?

　기존 노동법은 직장 내 성희롱이나 신체적 영향과 관련된 안전보건 조치에 관해 사업주에게 일정한 의무를 부과하고 있지만, 조직내 왕따 같은 다양한 형태의 괴롭힘에 대해서는 별도의 규정이 없었습니다. 그러나 직장 내 괴롭힘이 사회적 이슈가 되면서, 이를 더 이상 근로자 개인 차원의 문제로 볼 것이 아니라는 사회적 분위기가 형성되어 사업주에게 직장내 괴롭힘의 예방과 발생시 조치의무를 부과하는 근로기준법 제76조의 2가 신설 되었습니다. 최근에는 관련 내용을 다시 개정하여 괴롭힘 행위자가 사용자나 사용자의 친족(배우자, 4촌 이내 혈족, 4촌 이내인척)인 근로자인 경우 및 사용자가 일정한 조치 의무를 위반한 경우에 대한 과태료 규정을 신설하여 보다 실효성을 높였습니다.

　근로기준법은 직장내 괴롭힘을 기업 내 조직의 문제로 보고, 원칙적으로 기업내 해결을 추구하는 방식을 택하고 있습니다. 즉, 법은 일단 직장 내 괴롭힘 금지 규정을 회사 내에 둘 것을 강제하면서, 사용자나 다른 근로자에 의한 직장 내 괴롭힘이 있음에 대한 신고가 있거나 발생 사실을 인지했을 때 회사는 지체 없이 객관적으로 사실 확인을 위한 조사를 실시하여야 하며, 조사 기간 중 피해근로자 보호를 위해 근무장소의 변경, 유급휴가 명령 등 적절한 조치를 할 의무를 부과하고 있습니다. 조사 결과 직장 내 괴롭힘 발생 사실이 확인된 경우 피해근로자가 요청하면 근무장소의 변경, 배치전환, 유급휴가 명령 등 적절한 조치를 하고, 조사 결과 직장 내 괴롭힘 발생 사실이 확인된 때에는 피해근로자의 의견을 들어 지체 없이 행위자에 대하여 징계, 근무장소의 변경 등 필요한 조치를 하여야 합니다. 아울러 직장 내 괴롭힘발생 사실을 신고한 근로자 및 피해근로자에게 해고나 그 밖의 불리한 처우를 금지하고 (위반 시3년 이하의 징역 또는 3000만 원 이하의 벌금), 직장 내 괴롭힘 발생 사실을 조사한 사람, 조사 내용을 보고받은 사람 및 그 밖에 조사 과정에 참여한 사람에게 비밀 누설 금지 의무를 규정하고 있습니다.

근로자의 직장 내 괴롭힘에 대한 1차적인 조사 권한은 회사에 있습니다. 따라서 직장 내 괴롭힘을 당한 경우 회사의 담당 기구나 부서(보통 고충처리기구 같은 전담 기구나 인사부서)에 신고해야 하고, 해당 부서에서 조사 및 판단 절차를 진행합니다. 객관적이고 공정한 조사와 전문적인 판단을 위해 외부 전문기관에 조사나 괴롭힘 여부 판단을 의뢰해 진행하기도 합니다. 다만 직장 내 괴롭힘 행위자가 사업주(개인)나 대표이사(법인)인 경우 회사에 신고하는 것이 무의미하기 때문에 고용노동부에 곧바로 진정을 제기할 수 있고 고용노동부 근로감독관이 직접 조사하고 괴롭힘 여부를 판단합니다.[1]

---

1) 그러나, 괴롭힘 당사자가 사용자일 때 피해 노동자가 적절한 구제를 받기 힘들다는 한계가 있으므로, 최근에는 직장내 괴롭힘 해결을 사용자에 맡길 게 아니라 국가기관의 공정한 조사를 통해 실질적인 괴롭힘 방지가 이뤄지도록 해야 한다는 제안이 나오고 있습니다. 이를테면, 노동위원회가 직장내 괴롭힘 사건을 조사하고 판정할 수도 있을 것입니다.

▌'직장 내 괴롭힘'의 개념

　직장 내 괴롭힘은 직장 생활에서 발생하는 모든 괴로움을 포괄하는 개념이 아니라 법에서 정의하는 '직장 내 괴롭힘'이 발생하였음을 전제로 사업주에게 각종 조치 의무를 부과하는 것입니다. 근로기준법은 '직장 내 괴롭힘'이라 함은 사용자 또는 근로자가 직장에서의 지위 또는 관계 등의 우위를 이용하여 업무상 적정 범위를 넘어 다른 근로자에게 신체적·정신적 고통을 주거나 근무환경을 악화시키는 행위를 의미한다고 정의하고 있습니다(근로기준법 제76조의2).

　일단 직장 내 괴롭힘의 행위자가 될 수 있는 사람은 '사용자 및 근로자'입니다. 따라서, 사업주, 경영담당자, 사용자를 위해 행위하는 중간 관리자를 비롯해 상사, 동료, 심지어 부하 직원도 행위자가 될 수 있습니다. 그러나 고객이라든지 거래 관계에 있는 다른 회사의 사용자나 직원은 직장 내 괴롭힘의 행위자가 되지 않습니다.

　직장 내 괴롭힘이 성립하려면 첫째, '직장에서의 지위 또는 관계 등의 우위를 이용한 행위'여야 합니다. '우위성'은 피해근로자가 행위자에게 저항하기 어려울 가능성이 있는 상태를 말하는데, 행위자에게 이런 우위성이 없거나 우위에 있더라도 이를 이용한 행위가 아니라면 직장내 괴롭힘으로 인정되지 않습니다. 사용자가 상급자라면 '지위의 우위'가 인정될 것입니다. '관계의 우위'는 사실상 우위를 점하는 모든 관계를 포함하는 개념으로 훨씬 넓게 인정됩니다. 개인 대집단과 같은 수적 우위, 학벌, 성별, 나이, 출신 지역, 인종과 같은 인적 속성, 업무 역량, 조합원 여부, 직장 내 영향력, 정규직 여부 등도 사실상 우위를 점하는 요소가 될 수 있을 것입니다.

　둘째는, 문제된 행위가 '업무상 적정범위를 넘어 다른 근로자에게 신체적·정신적 고통을 주거나 근무환경을 악화시키는 행위'라야 합니다. 그 행위가 사회 통념에 비추어 업무상 필요성이 인정되지 않거나 업무상 필요성이 인정되더라도 그 방식이나 정도가 사회 통념에 비추어 볼 때 적정한 수준을 벗어나야 합니다. 이를테면, 사적 용무 지시와 같이 업무상 필요성이 인정되지 않는 행위라면 괴롭힘이 인정될 수 있을 것입니다. 그러나 업무상 필요성이 있더라도 그 방식이 폭행, 폭언, 인격 모독 등 부적절한 형태로 이루어지거나 비슷한 처지에 있

> 는 다른 근로자에 비해 합리적인 이유 없이 유독 피해자에게만 이루어진 것이라면 이 역시 적정범위를 벗어난 행위로 볼 수 있습니다. 이 밖에 집단 따돌림이나 업무수행 과정에서 의도적 무시·배제, 과도한 업무 부여 등도 특별히 다른 사정이 없다면 괴롭힘 행위에 해당할 수 있습니다. 이때 행위자에게 고통을 줄 의도가 있는지 여부는 중요하지 않습니다. 문제된 행위가 피해자와 같은 지위에 있는 일반적이고 평균적인 사람의 입장에서 볼 때 신체적·정신적 고통을 느끼게 하거나 근무 환경을 악화시키는 행위로 평가될 수 있다면 충분합니다.

이를테면, 팀장의 성질이 몹시 깐깐해서 뭐든 그냥 넘어가지 않고 보고서를 내면 자기 방으로 불러 차가운 말투로 조목 조목 반박하고 미흡한 부분에 대해 질책하고 다시 작성하라고 반복적으로 요구하는 탓에 빈번히 야근을 하게 되고, 급기야는 회사에 출근하는 것이 두렵고 우울감에 정신과 치료까지 받게 되었다면 그러한 상사를 직장 내 괴롭힘으로 회사에 신고할 수 있을까요?

일단 팀장은 상사이므로 지위의 우월성이 인정되고 팀장의 행위는 직장에서의 업무 수행 중 행한 행위이므로 '직장에서 지위의 우위를 이용한 행위'에 해당함에는 의문의 여지가 없습니다. 다만, 이러한 팀장의 행위가 업무상 적정 범위를 넘은 행위인지에 대해서는 쉽게 단정할 수 없습니다. 만일, 팀장이 업무 지시나 질책 과정에서 폭행, 폭언, 욕설, 인격 모독적 발언 등 모욕이나 무안을 주는 언동이 있거나 동료들이 참석한 회의자리에서 공개적으로 질책하는 등 표현 방식이 모욕적이라면 괴롭힘이 성립할 수 있습니다. 그러나 팀장이 방으로 불러 장시간 리뷰를 하거나 미흡한 부분을 질책하고 보고서 재작성을 요구한 행위는 객관적으로 팀장의 권한 범위 내에서 업무를 지시하고 검토한 것으로 보입니다. 따라서, 팀장의 이러한 행위는 지나치게 정도를 벗어나서 상식적으로 용납하기 어렵거나 물리적으로 불가능한 수준이 아니라면 적정범위를 벗어난 행위로 보기 어렵습니다. 게다가 부하 직원을 자신의 방으로 불러 다른 직원들에게 노출되지 않는 상황에서 업무상 질책을 한 것은 적절한 방식이라고 볼 수 있습니다.

한편, 직장내 괴롭힘을 신고하면 팀장이나 회사로부터 보복당할 것을 걱정할 수도 있겠지만, 직장 내 괴롭힘을 신고한 근로자 및 피해근로자에게 에게 해고나 그 밖의 불리한 처우를 하는 경우에 회사는 3년 이하의 징역 또는 3000만 원 이하의 벌금이 부과될 수 있기 때문에 회사 입장에서는 신중할 수 밖에 없으며 이후 직속 상사를 통한 새로운 괴롭힘이나 2차 가해가 발생하지 않도록 각별히 유의하게 될 것입니다.

그런데, 현행 제도하에서는 직장 내 괴롭힘 조사는 회사 내 조직에서 자체적으로 시행한다는 한계가 있고, 법으로는 괴롭힘 신고자를 보호한다고 하지만 이는 겉으로 드러나는 불이익 처우에 한정될 뿐 회사 내의 인간관계에 영향을 주는 상황까지 막아주지 못할 수 있습니다. 따라서, 만일 직장내 괴롭힘이 인정되지 않는 경우에는 피해자가 깐깐한 상사 밑에서 일하기 싫어 괴롭힘 신고를 악용했다고 오해할 수도 있고, 팀장과의 관계가 껄끄러울 것으로 예상해 피해자를 다른 부서로 전환배치할 수도 있는데 괴롭힘 신고를 한 사람을 다른 부서에서 꺼리는 일을 겪을 수도 있습니다.

신문기사 따라잡기

> '직장 내 괴롭힘 상식 뒤집혔다…"하급자, 상급자 가해도 성립"(서울경제 2023.01.23. 양종곤 기자)

최근 하급자가 상급자를 대상으로 한 직장 내 괴롭힘이 성립한다는 중앙노동위원회의 판정이 나왔다. 해당 사건의 개별성을 감안하더라도 직장 내 괴롭힘은 상급자가 하급자에게 한다는 '상식'을 뒤집은 판정이다. 24일 중앙노동위원회에 따르면 지난달 중노위는 A씨가 상급자 B씨를 상대로 직장 내 괴롭힘을 해 회사로부터 받은 '2개월 출근 정지' 징계가 부당하다고 구제를 신청한 사건에 대해 징계가 정당하다고 판정했다.
우선 중노위는 A씨를 비롯해 하급자 19명이 그룹장인 B씨에게 한 행동이 업무상 적정 범위를 넘어섰다고 봤다. 하급자들은 B씨를 상대로 사임을 요구하는 피케팅을 하고 현수막을 걸고 홍보물을 배포했다. 연판장도 작성했다. 이로 인해 B씨는 신체와 정신적 고통으로 치료를 받았다.
특히 이 사건의 관건은 직장 내 괴롭힘이 성립하는지였다. 근로기준법 76조는 직장 내 지위 또는 관계 우위를 위해 신체와 정신에 고통을 주거나 근무환경을 악화시키는 행위를 직장 내 괴롭힘으로 규정했다. 직장 내 우위는 상급자에 있는 게 일반적이다. 이 때문에 그동안 직장 내 괴롭힘은 상급자가 하급자에게 하는 가해로 인식됐다. 이번 판정처럼 하급자가 가해자로 인정되는 경우도 흔하지 않았다고 알려졌다.
중노위는 '우위'의 요건을 상하 관계로 좁혀 판단하지 않았다. 하급자가 수적으로 다수(19명)인 상황도 우위인 상태로 판단했다. B씨가 상급자였지만, 임원이 아니라는 점도 판정 과정에서 고려됐다. 사용자로 인정받는 임원과 근로자가 아니라 같은 근로자끼리 일어난 일이라는 것이다.
이번 판정은 우위의 요건을 폭넓게 해석했다는 점에서 의미를 찾을 수 있다. 하지만 이번 판정을 여러 직장 내 괴롭힘 상황에 대입할 수 있을지는 미지수다. 만일 노동조합이 직접 나서 상급자에 대한 문제 제기를 했다면, 괴롭힘으로 볼 수 있을지와 정당한 노조 활동을 한 것인지를 놓고 해석이 엇갈릴 수 있다. 이번 사건의 경우 하급자들은 집단 행동을 하기 전 노조에 도움을 청했지만, 거절당한 것으로 전해졌다. 이에 대해 중노위 관계자는 "노조 활동이었다면이란 식의 가정으로 기존 사건을 새롭게 판정할 수 없다"고 설명했다

2. 직장 내 성희롱 금지

직장 내 괴롭힘과 마찬가지로 '직장 내 성희롱'도 법에서 정의하는 '성희롱'이 발생하였음을 전제로 사업주에게 각종 조치의무를 부과하는 것입니다(따라서, 직장 내 성희롱이 발생한 경우에도 직장 내 괴롭힘과 동일한 사실 조사 및 조사의무를 사용자에게 부과하고 있습니다). 법이 정의하는 '직장 내 성희롱'이란 사업주·상급자 또는 근로자가 직장 내의 지위를 이용하거나 업무와 관련하여 다른 근로자에게 성적 언동 등으로 성적 굴욕감 또는 혐오감을 느끼게 하거나 성적 언동 또는 그 밖의 요구 등에 따르지 아니하였다는 이유로 근로조건 및 고용에서 불이익을 주는 것을 말합니다(남녀고평법 제2조).

▎직장 내 성희롱의 개념
1. 직장 내의 지위를 이용하거나 업무와 관련이 있을 것

　사업주, 상급자, 근로자가 직장 내의 지위를 이용하거나 업무와 관련이 있는 경우라면 사업장 내부 및 근무시간뿐만 아니라 사업장 밖이나 근무 시간외에도 성립합니다. 예를 들면, 출장 중인 차 안이나 업무와 관련이 있는 회식(야유회) 장소에서 상대의 의사에 반하는 성적 언동 등으로 피해자가 성적 굴욕감이나 혐오감을 느꼈다면 직장 내 성희롱이 성립합니다.
2. 성적 언동이나 성적요구의 불응을 이유로 근로조건 및 고용상 불이익을줄 것 (조건형 성희롱)

성적 언동이나 성적 요구에 불응한 것을 이유로 채용탈락, 감봉, 승진탈락전 직, 정직, 휴직, 해고 등과 같이 채용 또는 근로조건을 일방적으로 불리하게하는 경우입니다. 예를 들면, 직장 내에서 사업주가 근로자에게 성적인 관계를 요구했는데 이를 이유로 해고 등 부당한 조치를 취한다든지, 출장 중 사업주(상급자)가 차 안에서 근로자의 허리, 가슴 등을 만져 근로자가 이에 저항하자 부당한 부서로 배치하는 것 등이 여기에 해당합니다.

3. 성적 언동 등으로 성적굴욕감 또는 혐오감을 유발하여 고용환경을 악화시킬 것 (환경형 성희롱)

성적 언동 등으로 성적굴욕감 또는 혐오감을 유발하여 결과적으로 고용환경을 악화시키는 것을 말합니다. 이때 상대방이 원하지 않은 성적인 언어나 행동이 반드시 반복적이어야 하는 것은 아니고, 한 번의 성적 언동이라도 그 정도가 심한 경우에는 직장 내 성희롱이 될 수 있습니다. 이때, 판단기준은 합리적인 사람으로서 느꼈을 감정을 고려하되 피해자의 주관적 사정을 중심으로 판단합니다. 이를테면, 성적인 음담패설, 외모에 대한 성적인 평가 등의 발언을 하여 근로자가 성적인 굴욕감을 느끼고 근로의욕이 저하된다든지, 근로자의 성생활과 관계되는 소문을 의도적으로 퍼뜨려 근로자에게 심적 고통을 느끼게 하여 일을 제대로 할 수 없게 하는 것 등이 여기에 해당합니다.

성희롱 '행위자'는 사업주, 상급자, 근로자(동료, 하급자)등이 포두 포함됩니다. 상급자의 경우 직장 내의 지위를 이용할 수 있는 위치에 있는 자를 통칭하므로 근로기준법상 근로자로 보기 어려운 대표이사 등기이사, 비상근 임원들도 상급자가 될 수 있습니다.

성희롱 '피해자'는 주로 하급자나 동료 여성근로자가 될 수 있으나 남성도 피해자가될 수 있으며, 특히 하급자인 남성근로자가 상급자인 여성을 성희롱하는 경우도 성립합니다. 피해근로자의 범위에는 모집·채용과정 중의 응시자도 잠정적으로 피고용인의 지위를 가지므로 성희롱의 피해가 될 수 있으며, 파견근로자 및 협력업체근로자도 업무의 연속성이 있고 같은 근로 공간에서 업무를 수행하는 경우 피해자에 해당될 수 있습니다.

> **▌고객 등에 의한 성희롱 방지**
>
> 성희롱 행위자는 사업주, 상급자, 근로자(동료, 하급자)이고 고객은 성희롱의 주체는 아니지만, 사업주는 고객 등 업무와 밀접한 관련이 있는 자가 업무수행 과정에서 성적인 언동 등을 통하여 근로자에게 성적 굴욕감 또는 혐오감 등을 느끼게 하여 해당 근로자가 그로 인한 고충해소를 요청할 경우 근무장소 변경, 배치전환 등 가능한 조치를 취하도록 노력하여야 합니다(위반시 300만 원 이하 과태료). 나아가, 사업주는 근로자가 고객 등에 의한 성희롱 따른 피해를 주장하거나 고객 등으로부터의 성적 요구 등에 불응한 것을 이유로 해고나 그 밖의 불이익한 조치를 하여서는 아니 되고, 이를 위반하는 경우에는 500만 원 이하 과태료가 부과됩니다.

성희롱에 해당하는지 여부와 관련해 종종 문제가 되는 것은 '이런 것도 성희롱인가?' 하는 의문이 드는 애매한 상황입니다. 단순히 개인적인 호감이나 친밀감을 표시하거나 별 뜻 없이 다들 하는 정도의 농담을 한 것뿐인데 피해자가 민감하게 반응하거나 오해해 가해자로 지목된 사람 입장에서는 당혹스럽고, 고충을 처리해야 하는 사업주의 입장에서도 명확한 판단이 서지 않는 상황이 자주 발생합니다. 때로 피해를 본 당사자 입장에서도 이것이 성희롱인지 아닌지 몰라 대처하기 애매해 그냥 넘어가는 일도 많습니다. 간혹 가해자와 피해자가 연인관계일 때도 있는데 이 중 한 사람이 성희롱 피해를 주장하면 어떻게 판단해야 할지 참 난감합니다.

성희롱에 해당하는 지의 여부는 먼저 피해자의 주관적인 감정을 우선적으로 고려해야 합니다. 즉, 피해자가 굴욕감이나 혐오감을 느

겼는지가 가장 중요합니다. 따라서, 성적 언동이 있더라도 피해자가 주관적으로 굴욕감이나 혐오감을 전혀 느끼지 않았다면 문제가 되지 않습니다. 굴욕감이나 혐오감이 반드시 심각한 수준이어야 하는 것은 아닙니다. 못 참을 정도는 아니라도 은근히 불쾌하거나 언짢은 기분이 든다면 그것도 굴욕감이나 혐오감에 해당합니다. 이를테면, '김대리는 참 예쁘다'고 하는 발언에 김대리가 굴욕감이나 혐오감을 느꼈다면 그것은 성희롱에 해당할 수 있습니다.

일단 성희롱을 당하면 불쾌하기도 하고 어떻게 할지 몰라 당황하기 쉽습니다. 직장 내 성희롱을 당했을 때 정색하고 대응하면 분위기가 어색하고 경직될 것 같아 모른 척하거나 무시하는 경우도 많고, 항의하다가 받을 불이익이 걱정돼 억지로 참기도 합니다. 경우에 따라서는 대범한 척 맞받아 장단을 맞추거나 같이 농담을 주고 받기도 합니다. 그러나, 이와 같이 불쾌함을 참다가는 성희롱으로 생긴 피해가 심각한 수준으로 커질 수도 있기 때문에 더 이상 성희롱이 발생하지 않도록 예방하는 일이 무엇보다 중요합니다. 이를테면, 위와 같은 발언(김대리는 참 예쁘다')을 듣고 굴욕감을 느꼈다면 '그런 말씀을 하시는 것은 부적절해 보이는데요'라고 즉시 자신의 의사를 표시하면, 상대방도 자신의 발언에 조심하게 될 것입니다.

그럼에도 불구하고 성희롱이 지속된다거나 성희롱 행위의 정도가 수위를 넘기 때문에 가해자에 대한 적극적인 대응이 필요하다고 판단되는 상황이라면, 대화 기록 등 증거를 보전하고 회사 내 고충처리기구에 도움을 요청하거나 주변의 동료들과 상담하는 것이 좋습니다. 특히, 고충처리기구의 상담기록이나 주변 동료 등의 증인은 가해자의 가해행위의 존재를 증명하는 데에 중요한 자료가 됩니다. 이와 함께 가해자에게 명확한 거부 의사를 표시하고 행위를 중단하도록 요구하는 이메일이나 문자를 보내는 것도 도움이 됩니다.

사업주가 가해자이거나 회사 내에서 적정한 처리를 기대하기 어려운 상황이라면 외부 기관에 도움을 요청하는 것도 한 방법일 것이지만, 일단 법적 조치보다는 회사 내에서 원만하게 문제를 해결할 방법을 찾는 편이 좋습니다. 법적분쟁으로 넘어가면 회사가 오히려 가해자를 보호하려 들고 피해자를 상대로 적극적으로 대응하게 될 수도 있기 때문입니다. 최근에는 성희롱 피해에 대한 진정이나 고발이 많아지고 회사에서도 고용환경의 악화나 생산성 저하 문제, 처벌에 따른 부담과 소송 비용 증가 등 성희롱에 따른 나쁜 영향을 인식하면서 성희롱에 대한 조치나 징계에 적극적으로 나서는 경우가 많아졌기 때문입니다.

▌직장 내 성희롱에 대한 노동위원회 구제 절차의 신설

종래에는 고용상 성차별, 직장 내 성희롱 발생 시 사업주 조치 의무 미이행 등에 대해 처벌만 되고 근로자가 그 시정이나 구제를 신청할 수 있는 수단은 없었으나, 2020. 10. 20. 고용상 성차별 및 직장 내 성희롱에 대한 노동위원회 구제 절차를 도입하는 내용의 남녀고용평등과 일·가정 양립 지원에 관한 법률(남녀고용평등법) 개정안이 국무회의에서 의결됐고, 개정된 남녀고용평등법이 2022. 5. 19.부터 시행되고 있습니다. 개정 남녀고용평등법에 의하면 다음 ①~③의 경우, 차별적 처우 등을 받은 날로부터 6개월 이내에 지방노동위원회에 시정 신청을 하는 것이 가능합니다(남녀고용평등법 제26조)[2].

① 모집, 채용, 임금, 임금 외 금품이나 복리후생, 교육, 배치, 승진, 정년, 퇴직 및 해고 등 고용상 성차별을 받은 경우

---

[2] 현재 직장 내 성희롱뿐 아니라 '직장 내 괴롭힘'의 경우에도 노동위원회에 의한 구제 절차를 신설하려는 움직임이 있습니다.

② 직장 내 성희롱, 고객 등에 의한 성희롱 시 피해근로자가 요청하면 근무장소의 변경, 배치전환, 유급휴가 명령 등 적절한 조치를 해야 하는데, 이러한 조치를 취하지 않는 경우

③ 직장 내 성희롱, 고객 등에 의한 성희롱 시, 성희롱 발생 사실을 신고한 근로자 및 피해근로자 등에게 불리한 처우를 해서는 안 되는데, 이러한 불리한 처우를 한 경우

특히 주목할 부분은 남녀고용평등법 제30조에서 위 노동위원회 절차를 통한 분쟁 해결에서 입증책임은 사업주가 부담한다고 명시하고 있다는 점입니다. 따라서, 근로자 측에서 일단 차별적 처우 등을 받았다고 노동위원회에 시정 신청을 했다면, 차별적 처우 등이 아니라는 점을 사업주가 증명해야 합니다.

개정 남녀고용평등법에 의하면 노동위원회는 시정 신청 후 지체 없이 필요한 조사와 관계 당사자에 대한 심문을 해야 하고(제27조 제1항), 이러한 심문 절차 등에 관한 필요한 사항에 대해서는 중앙노동위원회가 따로 정해 고시하도록 되어 있지만(동조 제2항), 기존의 부당해고 등의 구제신청 절차와 크게 다르지 않습니다. 노동위원회는 이와 같은 심문을 거쳐 시정 신청이 이유 있다고 판단되는 경우 시정명령을 내리게 되는데, 시정명령의 내용에는 차별적 처우 등의 중지, 임금 등 근로조건의 개선(취업규칙, 단체협약 등의 제도개선 명령을 포함한다) 또는 적절한 배상 등의 시정조치 등을 포함하는 것이 가능합니다.

신문기사 따라잡기

> 성희롱·성폭력 피해자 조력자 불이익 금지하는 법적근거 마련(여성신문 2023.01.29. 전혜민 기자)

직장 내 성희롱·성폭력 피해자를 도운 조력하는 자에 대한 불이익을 금지하는 법적근거가 마련됐다.

소병훈 더불어민주당 의원은 이같은 내용을 담은 '남녀고용평등과 일·가정 양립 지원에 관한 법률', '성폭력방지 및 피해자보호 등에 관한 법률' 일부개정법률안을 대표발의했다.

현행법은 직장 내 성희롱·성폭력 피해자와 발생 사실을 신고한 근로자에게 파면이나 징계, 차별 등 사용자의 불리한 처우를 금지하고 있다. 하지만 직장 성희롱·성폭력 행위에 대한 증언 등으로 피해자를 돕는 조력자의 경우 사용자로부터 불리한 조치를 당하더라도 사용자를 처벌할 수 없다.

소 의원은 개정안을 통해 직장 성희롱·성폭력 피해자를 조력하는 자에 대해서도 불리한 처우를 금지해 조력자가 사용자로부터 불이익을 받는 것을 방지하고 피해자가 직장 동료들의 도움을 받을 수 있는 환경을 조성하고자 했다.

이러한 조력자 보호와 사용자 처벌의 필요성은 대법원 판례를 통해 인정됐다. 2017년 12월 대법원은 모 자동차 회사의 직장 성희롱 사건에서 동료가 성희롱 피해자를 도왔다는 이유로 해당 직원에게 보복성 조치를 취한 사측의 행위가 불법에 해당한다는 취지의 판결을 내렸다.

소 의원은 "직장 내 성희롱 및 성폭력 피해자들에게 직장 동료들의 증언과 심리적 지지 등의 조력은 범죄를 입증하는 데 매우 큰 도움이 되지만, 사측이 이러한 조력자들에게 징계 등으로 보복을 하는 경우가 발생하고 있다"며 "피해자들을 도운 조력자들에 대한 처벌을 금지함으로써 피해자가 동료로부터 조력 받을 수 있는 환경을 조성하고 사측에 의한 2차 가해와 보복행위를 근절하고자 한다"고 밝혔다.

3. 산재보상이란 무엇인가?

근로자는 직장에서 일하다가 업무로 인하여 다치거나 질병을 얻게 되거나 심지어 사망하는 일이 있는데, 이와 같은 근로자의 업무상 부상·질병 또는 사망 등 재해에 대하여 이를 보상함으로써 근로자와 그 유족을 보호하는 제도를 산업재해보상제도, 즉 '산재보상'이라고 합니다.

> **▌사회보험방식에 의한 재해보상과 근로기준법상 재해보상의 관계**
>
> 원래 근로자가 업무 도중에 재해를 당하여 구제를 받으려면 사용자에 대하여 민법상 손해배상책임을 물어야 합니다. 그런데, 민법상 손해배상책임은 사용자에게 고의·과실을 그 요건으로 하므로, 만일 사용자에게 고의·과실이 없는 경우에 근로자는 사용자에게 그 책임을 물을 수 없습니다. 설령 사용자에게 과실이 있더라도 재해 근로자측이 사용자의 고의·과실의 존재등을 입증해야 하는 어려움이 있을 뿐 아니라, 재해 근로자측의 과실이 있으면 과실상계에 의하여 배상액도 그만큼 감축됩니다. 이에. 근로기준법은 민법상 손해배상제도의 결함과 한계를 극복하기 위하여 민사상 과실책임의 원칙을 수정하여 무과실책임을 인정하는 재해보상제도3)를 마련하기는 하였지만, 근로기준법상의 사용자의 재해보상(직접보상방식)은 사용자의 경제적 능력의 결여로 재해보상의무를 이행하지 않는 경우 유명무실하게 될 우려가 있습니다. 그리하여 확실하고 신속한 재해보상제도의 확립을 위하여 사업주를 보험가입자로 하여 고용노동부장관이 관장(사업은 근로복지공단이 수행)하도록 하는 '산업재해보상보험법'(이하 '산재보험법')이 제정되었습니다. 따라서 산재보험 적용대상 사업주는 일정한 보험료를 납부함으로써 근로자에 대한 개별보상책임을 면제받게 되며, 국가는 사업주가 납부한 보험료를 재원으로 근로자에게 직접 보상을 실시하게 됩

---

3) 근로기준법상의 재해보상제도는 사용자의 고의·과실 유무를 불문하고 업무상 재해에 대하여 사용자에게 무과실책임을 부과하고 있고(무과실책임원칙), 보상의 종류와 그 액수를 일정하게 정하고 있습니다. 다만, 고의에 버금가는 근로자의 중대한 과실로 발생한 업무상 부상 또는 질병의 경우에는 사용자의 보상책임이 면제될 수도 있습니다.

니다. 다만, 산재보험제도 거의 모든 사업장에 적용되기는 하지만, 일부 사업장의 경우에는 적용되지 않는데, 이러한 산재보험 가입 제외 대상 사업장4)에서 업무상 재해가 발생하는 경우에는 산재보상은 받을 수 없지만, 해당 사업장이 근로기준법이 적용되는 사업장이라면 근로기준법상 재해보상은 받을 수 있습니다. 근로기준법상 재해보상 역시 무과실책임이므로 업무상 재해를 당한 근로자에게 과실이 있는 경우에도 배상액이 감축되지 않아 근로자에게 유리합니다. 따라서, 산재 가입대상이 아닌 사업장에서 근로자의 업무상 재해에 대하여 근로기준법이 정한 재해 보상을 하지 않는 경우에 근로자는 사업장 소재지 관할 노동청에 진정 등을 제기할 수 있습니다.

산재보험법상의 보험급여의 대상이 되기 위해서는 ① 먼저, 근로자의 재해가 '업무상 재해'에 해당하여야 하고, ② 근로자의 재해가 '고의·자해' 등에 의한 재해가 아니어야 합니다.

(1) 업무상 재해에 해당할 것

산재보험법상의 보험급여의 대상이 되기 위해서는 먼저 근로자의 재해가 '업무상 재해'에 해당하여야 하는데, 산재보험법은 업무상 재해를 ① '업무상 사고'와 ② '업무상 질병'그리고 ③ '출퇴근 재해'로 구분하여 규정하고 있습니다.

---

4) 산재 가입 제외 대상 ① 근로자가 아닌 자(근로계약이 아닌 위임, 도급 등의 계약을 체결한 유사고용계약자, 대표이사로서 산재가입 특별적용대상(중소기업 대표이사)이 아닌 자, 특수고용형태 근로자 중 산재보험 특별 적용대상이 아닌 자 등) ② 근로자이지만 근로기준법의 적용이 배제되는 가사사용인 등. ③ 근로기준법상 근로자이지만 산재적용이 배제되는 농업, 어업 및 수렵업 중 법인이 아닌 자의 사업으로서 상시근로자 수가5명 미만인 사업에 종사하는 근로자(산재법 시행령 제2조 제1항 6호)(단, 개인사업자가 아닌 농업,임업,어업 사업을 하는'법인'의 경우에는 근로자를 단 1인만 고용해도 산재보험 가입대상임)위의 자들 중에서 ③ 농업, 어업 및 수렵업 중 법인이 아닌 자의 사업으로서 상시근로자 수가 5명 미만인 사업에 종사하는 근로자(산재법 시행령 제2조 제1항 6호)는 근로기준법상 근로자이므로 근로기준법상 재해보상제도는 적용되지만, 그 외의 자들은 근로준법상 근로자가 아니므로 산재법은 물론 근로기준법상 재해보상제도 역시 적용되지 않습니다

1) 업무상 사고

아래의 산재법 제37조 제1항 제1호가 열거한 업무상 사고 사유의 하나로 근로자가 부상 또는 장해를 입거나 사망할 경우에는 그 사고와 업무사이에 상당인과관계가 추정되어 특단의 반등이 없는 한 업무상 재해로 인정됩니다.

▎**산재보험법 제37조 1항 1호가 열거하는 업무상 사고의 유형**
① 근로자가 근로계약에 따른 업무나 그에 따르는 행위를 하던 중 발생한 사고
② 사업주가 제공한 시설물 등을 이용하던 중 그 시설물 등의 결함이나 관리소홀로 발생한 사고
③ 사업주가 주관하거나 사업주의 지시에 따라 참여한 행사나 행사준비 중에 발생한 사고
④ 휴게시간 중 사업주의 지배·관리하에 있다고 볼 수 있는 행위로 발생한 사고
⑤ 그 밖에 업무와 관련하여 발생한 사고

▎**사업주가 주관하거나 사업주의 지시에 따라 참여한 행사나 행사준비 중에 발생한 사고**

근로자가 근로계약에 따른 업무가 아닌 회사 외의 모임에 참가하던 중 재해를 당한 경우, 이를 업무상 재해로 인정하려면 모임의 주최자, 목적, 내용, 참가인원과 강제성 여부, 운영방법, 비용부담 등의 사정들에 비추어 사회통념상 행사나 모임의 전반적인 과정이 사용자의 지배나 관리를 받는 상태에 있어야 하고, 근로자가 그와 같은 모임의정상적인 경로를 일탈하지 아니한 상태에있어야 합니다. 운동경기·야유회·등산대회 등 각종행사에 근로자가 참가하는 것이 사회통념상 노무관리 또는 사업운영상 필요하다고 인정되는 경우로서 다음의 어느 하나에 해당하는 경우에 근로자가 그 행사에 참가(행사 참가를 위한 준비·연습을 포함한다)하여 발생한 사고는 업무상 사고로 봅니다.

① 사업주가 행사에 참가한 근로자에 대하여 행사에 참가한 시간을 근무한

시간으로 인정하는 경우, ② 사업주가 그 근로자에게 참가하도록 지시한 경우, ③ 사업주에게 사전에 승인을 얻어 참가한 경우, ④ 그 밖에 이에 준하는 경우로서 사업주가 그 근로자의 행사 참여를 통상적·관례적으로 인정한 경우 등

■ 휴게시간 중 사업주의 지배관리하에 있다고 볼 수 있는 행위로 발생한 사고

'휴게시간'은 사용자의 지배관리 하에 있는 시간이라 할 수 없으므로 근로자가 휴게시간 중에 사업장 내 시설을 이용하여 어떠한 행위를 하다가 부상을 입은 경우에는 원칙적으로 업무상 재해라고 할 수 없지만, 휴게시간 중의 근로자의 행위라도 당해 근로자의 본래의 업무 행위 또는 그 업무의 준비 행위 내지 정리 행위, 사회통념상 그에 수반되는 것으로 인정되는 행위로서 그 행위 과정이 사업주의 지배, 관리 하에 있다고 볼 수 있는 경우에는 업무상 재해로 인정됩니다. 예를 들면, 근로자가 휴게시간에 구내매점에 가다가 제품 하치장에서 교통사고를 당한 경우와 같이 본래 업무 행위에 수반된 생리적 또는 부수적 행위인 경우에는 업무상 재해라고 볼 수 있을 것입니다. 반면에, 근로자가 휴게시간 중 노동조합 대의원들끼리 친선 경기를 하는 중에 입은 부상은 그것이 회사가 관리하는 사업장 내 축구장에서 이루어졌다고 하더라도 회사의 지배·관리 하에 있다고 볼 수 없으므로 업무상 재해라 할 수 없습니다.

2) 업무상 질병

산재법 제37조 제1항 제2호가 열거한 업무상 질병에 해당하는 질병은 다음과 같습니다.

■ 산재보험법 제37조 1항 2호가 열거하는 업무상 질병의 유형
① 업무수행 과정에서 물리적 인자(因子), 화학물질, 분진, 병원체, 신체에 부담을 주는 업무 등 근로자의 건강에 장해를 일으킬 수 있는 요인을 취급하거나 그에 노출되어 발생한 질병

② 업무상 부상이 원인이 되어 발생한 질병
③ 근로기준법 제76조의 2에 따른 직장 내 괴롭힘, 고객의 폭언 등으로 인한 업무상 정신적 스트레스가 원인이 되어 발생한 질별
④ 그 밖에 업무와 관련하여 발생한 질병

이러한 '업무상 질병'에는 직업성 질병과 사고성 질병이 있습니다.

① 직업성 질병

직업성 질병이란 업무수행 과정에서 유해위험 요인을 취급하거나 그에 노출되어 발생한 질병을 의미합니다. 산재보험법 제37조는 제1항 제2호 가목에서는 '직업성 질병'으로 볼 수 있는 질병을 '업무수행 과정에서 물리적 인자, 화학물질, 분진, 병원체 등 근로자의 건강에 장해를 일으킬 수 있는 요인을 취급하거나 그에 노출되어 발생한 질병'으로 열거하고 있습니다.

② 사고성 질병

사고성 질병이란 돌발적인 산업재해사고로 인하여 부상을 입고 그로 인하여 질병에 이환된 경우를 말합니다. 사고성 질병은 업무상사유에 의한 부상이 그 원인이 되어 발생하는 질병 뿐 아니라 그 부상 때문에 발생하는 속발성 질병 기타 당초 부상과의 사이에 상당인과관계가 있는 질병을 말합니다.

▎과로성 질병

직업성 질병이나 사고성 질병과 달리 '과로성 질병'의 인정기준에 대해서는 산재보험법에서 직접적으로 명시하고 있지 않지만, '과로성 질병'이란 업무상 과로 및 스트레스와 상당인과관계가 있는 질병을 의미합니다. 과로성 질병은 뇌 심혈관 질병과 정신장해로 크게 구분할 수 있는데, 산재보험법 시행령에 따

르면 업무상 과로의 기준으로 ① 발병 전 12주 동안의 근무시간이 1주 평균 60시간, 4주 64시간 이상일 경우에는 '만성적 과로', ② 1주일 이내 일상 업무에 비해 근로시간이 30% 증가한 경우에는 '단기 과로', ③ 24시간 이내에 돌발사태로 인한 '급성과로'를 인정하고 있습니다. 단, 교대제 업무, 근무일정 예측이 어려운 업무, 유해한 작업환경(한랭, 온도변화, 소음)에 노출되는 업무, 육체강도가 높은 업무, 시차가 큰 출장이 잦은 업무, 정신적 긴장이 큰 업무 등과 같이 업무 부담 가중인자가 큰 업무의 경우에는 만성적 과로의 경우의 인정기준은 발병 전 12주 동안의 근무시간이 1주 평균 60시간에서 52시간으로 완화됩니다.

 신문기사 따라잡기

> 주50시간만 일했는데 뇌경색…'산재' 인정될까요?(머니투데이 2022 11.12. 김주현 기자)
>
> 정신적·육체적으로 부담이 되는 일을 오래 하다보면 자신도 모르는 사이 건강이 악화되기도 합니다. 특히 뇌혈관 또는 심장질환은 정신적·육체적 과로나 갑작스러운 업무 환경 변화의 영향을 받기도 하는데요. 주 50시간 가까이 야외에서 일을 하다 뇌경색 진단을 받은 근로자가 있는데요. 이 경우는 업무상 재해로 인정을 받았을까요?
> 2017년 7월 OO회사에서 차선 도색공사 작업을 담당하던 A씨는 작업 도중 뇌경색 증세를 보였습니다. 다음날 병원에서 뇌경색 진단을 받은 그는 근로복지공단에 요양급여를 신청했습니다. 그러나 당시 공단은 A씨가 발병 전 4주 동안 1주 평균 47시간을 일했고, 발병 전 12주 동안에는 1주 평균 50시간을 일했는데 이는 고용노동부가 고시한 만성 과로 기준에 미치지 못한다는 이유로 질병과 업무 사이 상당인과관계가 인정되지 않는다고 판단, 요양 불승인 결정을 내렸습니다.
> A씨 측은 업무 준비작업부터 작업시간을 더해 하루에만 13시간에 이르는 업무를 진행했다고 주장했습니다. 또 페인트 용해작업은 유해물질과 고온의 환경에 노출되는 업무인 점, 트럭 운전과 작업현장 교통정리는 정신

적·육체적으로 부담이 되는 업무인 점을 비춰볼 때 만성적이고 과중한 업무로 뇌경색이 발생했다며 법원의 판단을 받기로 결정합니다.

산업재해보상보험법(산재보험법)에 따른 '업무상 질병'은 근로자의 업무 수행 도중 업무에 의해 발생한 질병을 의미합니다. 업무와 질병 사이 인과관계가 있어야하지만, 반드시 의학적·자연과학적으로 명백하게 증명돼야 하는 것은 아니고 여러 사정을 고려할 때 상당인과관계가 있다고 추정되는 경우에도 인정됩니다.

업무상의 과로나 스트레스가 질병의 주된 발생원인에 겹쳐 질병을 유발하거나 상태를 악화시켰다면 인과관계가 있다고 보는 것입니다. 또 인과관계 유무는 보통 평균인이 아니라 재해를 당한 근로자의 건강과 신체조건을 기준으로 판단하게 됩니다.

1심 재판부는 A씨의 손을 들어줬습니다. A씨의 진료기록 등을 종합할 때 뇌경색이 A씨의 업무로 인해 발생했거나 자연경과 이상으로 급격하게 악화됐다고 보는 것이 맞다고 판단했습니다. 발병 전 12주 동안의 1주 평균 업무시간이 52시간을 초과하지 않는다고 하더라도 업무부담 가중요인이 복합적으로 작용하는 업무를 해왔고, 상병 사이 관련성이 강하다고 보는 것이 옳다는 이유입니다.

또 공단 측이 고용부 고시에서 규정하는 '뇌혈관 질병 등의 업무시간 관련 기준'에 부합하지 않는다는 이유로 A씨의 요양급여를 승인하지 않았는데, 이는 뇌혈관 질병의 '인정 기준' 자체가 아니라 '인정 기준 여부 결정에 필요한 사항'이기 때문에 구속력을 가진 명령이 아니라고 설명했습니다.

아울러 재판부는 A씨가 구체적으로 출퇴근시간을 특정할 수 없는 환경에서 근무했기 때문에 실제 업무시간은 앞서 산정한 '주50시간'을 초과했을 가능성도 배제할 수 없다고 봤습니다. 또 A씨가 업무를 위해 하루 25㎏ 정도의 페인트 20~25개를 기계에 운반하고 넣는 육체적 강도가 높은 업무를 해왔다고 판단했습니다. 공단 측은 항소하지 않았고, 1심 판결은 그대로 확정됐습니다.

3) 출퇴근 재해

'출퇴근 재해'는 '업무상 사고'에 해당하는 것이지만 종래의 산재보험법에서는 사업주가 출퇴근용으로 제공한 교통수단을 이용하는 경우와 같이 사업주의 관리하에서 하는 출퇴근 재해에 한정하여 업무상 사고를 인정하였습니다. 그러던 중 산재보험법의 개정으로 출퇴근 재해가 업무상 재해의 하나로 추가되면서, 2018년 1월 1일 부터는 근로자의 출퇴근 재해도 산재보험법상의 보험급여의 대상이 되는 '업무상 재해'로 인정되고 있습니다.

▌'출퇴근 중 사고'의 업무상 재해

산재보험법상 출퇴근 재해는 ① 사업주 지배관리하의 출퇴근 재해와 ② 통상의 출퇴근 재해의 두 가지입니다.

① 사업주 지배관리하의 출퇴근 재해

사업주가 출퇴근용으로 제공한 교통수단이나 사업주가 제공한 것으로 볼 수 있는 교통수단을 이용하던 중에 사고가 발생한 경우에는 사업주의 지배 관리성이 인정되므로 당연히 업무상 재해로 인정될 수 있습니다.

② 통상의 출퇴근 재해

사업주의 지배관리하의 출퇴근이 아니고 자신의 자가용이나 일반 대중 교통을 이용하여 통상적인 경로와 방법으로 출퇴근하던 중에 발생한 사고의 경우에도 업무상 재해로 인정될 수 있습니다. 그러나, 통상적인 경로와 방법을 일탈하여 출퇴근하는 경우에는 업무상 재해로 인정되지 않습니다. 이를테면, 퇴근하고 집으로 곧장 귀가하지 않고 물건을 사기 위하여 백화점에 들르거나 개인적인 회식에 참석하고 귀가하다가 교통사고가 발생한 경우에는 통상적인 경로와 방법을 일탈한 것으로 볼 수 있습니다. 반면에, 퇴근하고 귀가하던 중에 주유소에 들러서 급유를 하고 귀가하던 중 사고가 발생한 경우에는 통상적인 경로와 방법을 일탈한 것으로 보지 않을 수 있을 것입니다.

(2) '고의·자해' 등에 의한 재해가 아닐 것

산재보험은 무과실 책임주의에 따르므로 설령 근로자의 과실이 있는 경우에도 과실상계되지 않고 정액보상되는 것이 원칙이지만5), 그것이 단순한 과실을 넘어서 근로자의 고의·자해행위나 범죄행위 또는 그것이 원인이 되어 발생한 부상·질병·장해 또는 사망은 업무상의 재해로 보지 않는 것이 원칙입니다. 이를테면, 출퇴근 재해가 교통사고의 형태로 발생한 경우 교통사고의 주요 원인이 근로자의 음주, 무면허 운전과 같은 고의내지 범죄행위로 발생한 경우에는 보상을 받지 못합니다.

> **▎회식과 업무상 재해**
>
> 회식 자리 음주로 인한 사고가 업무상 재해에 해당하기 위해서는 그 회식 과정이 사용자의 지배관리 범위에 있다고 평가되어야 합니다. 회식을 사용자가 주최한 경우, 회식의 목적이 직원 단합과 같이 업무상 필요에 의한 경우, 회식비를 사용자가 지급한 경우 등과 같은 경우에는 회식이 사용자의 지배관리 범위에 있다고 볼 수 있습니다. 따라서, 이런 회식 자리에서 과음으로 만취된 상태에서 사고가 난다면 업무상 재해가 인정될 가능성이 있습니다. 다만, 회식 자리는 2차, 3차까지 이어지기도 하는데, 1차까지는 공식적인 회식이더라도 2차부터는 더 마시고 싶은 사람들만 남고, 하나둘 빠져나가기도 하기 때문에, 일반적으로

---

5) 따라서, 출퇴근 길에 교통사고가 발생하는 경우에는 산재보험 뿐 아니라 자동차보험이 경합하게 되는데, 무과실책임인 산재보험과 달리 자동차보험은 과실책임주의를 따르므로 일반적으로 근로자는 자동차보험보다는 산재보험으로 처리하는 것이 유리합니다. 왜냐하면 자동차 사고의 경우 자동차보험은 피해자의 과실을 참작하여 보상을 하지만, 산재보험은 무과실책임이므로 설령 근로자에게 과실이 있는 경우에도 과실상계되지 않기 때문입니다. 다만, 근로자의 과실 비율이 경미한 경우에는 자동차보험이 산재보험보다 보장 수준이 높고 법률상 책임까지 보장해 주기 때문에 자동차 보험이 산재보험보다 유리할 수도 있습니다. 따라서, 사안에 따라 두 보험제도의 유·불리를 고려하여 신청할 수 있으며, 산재보험으로 먼저 보상받은 후 자동차보험으로 추가 보상을 받을 수도 있습니다.

2차 회식부터는 업무의 연장으로 보지 않는 경우가 있다는 점을 유의해야 합니다. 또한, 근로자가 회식 모임의 순리적인 경로를 이탈하지 않아야 업무상 재해로 인정받습니다. 이를테면, 근로자가 회식자리에서 평소 자신의 주량을 현저하게 초과하여 음주를 했고 그 때문에 사리판단을 하지 못하는 상태에서 사고가 발생하였다면 회식 중의 사고라도 업무상 재해에 해당하지 않을 수 있습니다.

산재보상의 청구

1. 산재보상 청구서 작성

의사로부터 4일 이상 치료를 요한다는 진단을 받으면 산재신청이 가능합니다. 4일 치료를 요한다는 진단서를 별도로 발급받을 필요는 없으며 최초 요양급여신청서에 의사가 소견을 기재하면 됩니다.

2. 산재 신청 방법

> 산재보상청구서 제출기관
> · 사업장 주소 관할 근로복지공단
> · 건설업인 경우 건설현장 관할 근로복지공단

(1) 최초요양신청

치료받은 병원에 요양급여신청서를 제출하거나 병원이 산재지정병원인 경우에는 병원에 산재 대행을 신청하면 됩니다. 산재지정병원이 아닌 경우에는 요양급여신청서를 관할 근로복지공단의 산재보상과에 제출하시면 됩니다. 필요하면 엑스레이 사진 등을 첨부해야 하는데, 병원에서 안내해 주는 바에 따르면 됩니다.

(2) 요양급여 신청

공단에서 산재요양 승인을 받게 되면 ① 요양비와 ②휴업급여지급 등을 청구하게 됩니다. 간병인 등을 사용한 경우에는 (가족이 간병한 경우 포함) 간병비도 청구할 수 있는데, 이와 관련된 상세한 사항은 병원이나 근로복지공단(대표전화1588-0075)에 문의하시면 친절하게 안내해 드립니다

(3) 휴업급여 청구(휴업급여상병보상연금청구서)

근로자가 요양을 위하여 휴업하는 경우에 지급되는 것입니다. 휴업급여는 일용직 근로자를 제외하고 평균임금 70%가 지급됩니다. 휴업지급을 청구하기 위해서는 청구서에 표시된 추가 서류(임금대장 등)가 첨부되어야 합니다.

3. 산재보상 청구권의 소멸시효

(1) 2018년 6월 12일 이전

모든 보험급여에 대한 청구권은 소멸시효가 3년이었습니다.

(2) 2018년 6월 12일 이후

장해급여 유족급여, 장의비, 진폐보상연금 및 진폐유족연금은 소멸시효가 5년이고, 이 밖의 보험급여 청구권 소멸시효는 3년입니다.

공인노무사 김성권

고려대학교 법과대학 법학과 졸업하고 고려대학교 노동 대학원에 수석으로 입학하여 노동법을 전공하였다. 대한민국 최대의 노무법인으로 알려진 노무법인 유앤의 수석 노무사 출신으로서 현재 대명노동법률사무소 대표노무사인 김성권노무사는 외투기업 전문 노무사로서 인도의 타타 그룹 및 그 계열사를 비롯하여 미국, 독일, 프랑스, 스위스, 싱가폴, 홍콩 등의 기업을 자문하였고 국제노동법포럼(ILF) 대한민국 대표로 활동 중이다. 특히, 2018년에는 미국 University of Minnesota(아이비리그) 초빙 강의로 대한민국 노동법을 소개하기도 하였다.

중앙법률사무교육원(인사노무법률 전임교수) 및 커넥츠 노무사단기 (노동법전임교수)에서 인사노무법률 및 노동법 전임 교수로 있는 김성권 노무사는 한국공인노무사회 및 공인행정사협회 등 전문자격사 협회에서 연수교육 등을 맡았으며, 삼성생명, 교보생명, 미래에셋투자 증권을 비롯한 많은 기업에서 강의하였다.

[주요저서]
- 통합 노동법 강의
- 통합 노동법 사례연습
- 노동법 I 쟁점과 사례연습
- 맨투맨 객관식 노동법(I), 노동법(II)
- 미국의 부당노동행위제도 연구
- 채용에서 퇴직까지, 인사노무관리 매뉴얼 및 해설
- (사장님과 인사관리자를 위해 쉽게 풀어쓴) 노동법 및 인사노무관리매뉴얼
- 노동법 학습을 위한 법학입문
- (공인노무사 2차시험) 노동법 기출문제 및 해설
- 객관식 노동법의 정석
- 공인노무사 7개년 노동법 기출문제 및 실전모의고사 7회
- (공인노무사 2차시험대비) 최신 노동법 주요판례 및 사례연습
- 통합 노동법 요론
- 통합 노동법 쟁점 및 사례
- 노동법 II 쟁점과 사례연습
- 단체협상 가이드북
- 근로자를 위한 임금체불 구제 실무

직장인을 위해 쉽게 풀어쓴 직장인 노동법

2023년 02월 17일 발행

저 자 : 김 성 권
발행인 : 이 인 규
발행처 : 행인출판사
주 소 : 서울시 관악구 신림로29길 8, 112동 405호
전 화 : 02-887-4203   팩 스 : 02-6008-1800
출판등록 : 2018.02.02. 제2018-6호
www.baracademy.co.kr / e-mail : baracademy@naver.com

저자와 협의하여 인지를 생략함

정가 : 30,000원   ISBN : 979-11-91804-10-2(13360)

* 파본은 구입하신 서점에서 바꿔드립니다
* 본 서는 저작권법에 의하여 보호를 받는 저작물이므로 무단 전재와 복제를 금합니다.